Lamott · Die vermessene Frau

Franziska Lamott

Die vermessene Frau

Hysterien um 1900

Wilhelm Fink Verlag

Gedruckt mit Unterstützung des Bundesministeriums für Bildung, Wissenschaft und Kultur in Wien

Umschlagabbildung:
Marina Abramovic, 3 Photos aus der Performance »Luminosity«, 30.09.1999

Photos: Heinrich Hermes, Berlin

Die Deutsche Bibliothek – CIP-Einheitsaufnahme

Lamott, Franziska:
Die vermessene Frau : Hysterien um 1900 / Franziska Lamott. –
München : Fink, 2001
Zugl.: Klagenfurt, Univ., Habil.-Schr., 1998
ISBN 3-7705-3568-5

ISBN 3-7705-3568-5

Herstellung: Ferdinand Schöningh GmbH, Paderborn

Ich erleuchte mich
durch Unermeßliches
Giuseppe Ungaretti

Für Karl

INHALT

VORWORT

Wenn man in die Archive der Geschichte hinabsteigt, sich historischen Quellen nähert, gerät man leicht in Gefahr, der Faszination abgesunkener Welten zu erliegen und sich in zeitgenössischen Fundgruben zu verlieren; ganz besonders dann, wenn die Suche nach Vergangenem in Gegenwärtigem mündet, wenn Funde auf vertraute Geschlechterdynamiken zulaufen. Obwohl die diskursiven Vermessungen von Weiblichkeit im 19. Jahrhundert keinem Dialog der Geschlechter, sondern einem Gespräch unter Männern entsprungen sind, kann man davon ausgehen, daß die Zuschreibungen von Frauen aufgenommen und als Weiblichkeit inszeniert wurden. Die gelehrte oder künstlerische, meist unbewußte männliche Antwort auf die unerhört vermessene Frau erhielt durch deren Verkörperung eine ‚wahrhaftige' Bestätigung.

Daß ich mich nicht gänzlich in ‚Entdeckungen', Dechiffrierungen und immer neuen Umschriften der Texte verloren habe, verdanke ich jenen Freundinnen und Freunden, die mich in meiner Arbeit unterstützten und mir den nötigen Halt gaben, mich auf diese mäandernde Reise zu begeben. So danke ich Giulietta Tibone für viele analytisch inspirierende Spaziergänge durch den Text; Rolf Haubl für sein stetes Infragestellen manch waghalsiger Thesen; Joachim Linder für kenntnisreiche Hinweise auf Literaturproduktionen des 19. Jahrhunderts; sowie der Arbeitsgruppe ‚Kulturanalysen' für ihre Diskussionsfreude in verschiedenen Phasen der Arbeit. Ich danke Horst Schüler-Springorum, der meine Neugier für die Anfänge wissenschaftlicher Kriminologie anstachelte, meinen universitären Begleitern Heiner Keupp, Klaus Ottomeyer und Friedemann Pfäfflin, und ganz besonders Jutta Menschik-Bendele, die mich tatkräftig ermunterte, akademisch mehr aus der Suche im fin de siècle zu machen. Danken möchte ich Karin Findling, die in ihrer freundlichen Genauigkeit immer noch mal etwas fand, was es zu korrigieren galt. Daß ich trotz aller Irritationen, die eigene Textproduktionen hervorrufen, diese Reise nun glücklich beendet habe, verdanke ich Karl J. Meister, der mich seit Jahren mit Koffern voller bedrucktem Papier ertrug, dabei weder seine Gelassenheit noch seine Neugier verlor und mir durch unermüdliche Gesprächsbereitschaft eine Quelle der Bereicherung und ein wichtiges Korrektiv war.

EINLEITUNG

Als ich vor Jahren erstmals in dem 1898 gegründeten »Archiv für Kriminalanthropologie und Kriminalistik« stöberte, um einen Beitrag zur Geschichte der Kriminologie zu schreiben, überraschte, ja irritierte mich nachhaltig das wissenschaftliche Interesse der Kriminologen am weiblichen Körper und an der Sexualität der Frau. Und mit der Irritation veränderten sich meine Blickrichtung und mein Forschungsinteresse.

Das »Archiv« war ein bemerkenswerter Ort interdiskursiver Vernetzung. Dort trafen sich die Männer der ersten Stunde aus Kriminologie, Psychoanalyse, Sexualwissenschaft und Gynäkologie und widmeten sich wahrlich interdisziplinär der intimen Erforschung der Frau. Herausgegeben wurde das »Archiv« von dem Strafrechtswissenschaftler und Kriminologen Hans Gross[1] zusammen mit dem Psychiater Paul Näcke. Bald publizierten dort neben vielen anderen die Psychoanalytiker Sigmund Freud, C.G. Jung, Otto Gross[2], Wilhelm Stekel, Alfred Adler, die Gynäkologen und Sexologen Max Marcuse, Magnus Hirschfeld und Max Hirsch. Je mehr ich mich auf die Frage einließ, was die Wissenschaft der Jahrhundertwende an der Weiblichkeit so sehr beunruhigte, desto deutlicher zeichnete sich ab, daß die diskursiven Bewegungen Versuche darstellten, eine ordnende und mithin beruhigende Antwort auf tiefgreifende zeitgeschichtliche Erschütterungen zu finden. Die als

1 Hans Gross gilt als einer der Begründer der Kriminologie. Er wurde dafür gewürdigt, daß er die junge Disziplin zur selbständigen Wissenschaft befördert hatte. Seiner Initiative war es zu verdanken, daß sich die Criminalpsychologie als Teildisziplin der Kriminologie etablieren konnte. Bevor er 1912 das erste kriminologische Forschungsinstitut an der Universität Graz gründete, lehrte er Strafrechtswissenschaften in Prag. Er war der akademische Lehrer Franz Kafkas, der seine Erfahrungen mit Gross literarisch verarbeitete. Kafka, F. (1975). In der Strafkolonie. Berlin. Siehe dazu auch Müller-Seidel, W. (1986). Die Deportation des Menschen. Stuttgart.

2 Otto Gross, der Sohn des Kriminologen, war Psychoanalytiker, Anhänger des Matriarchats, Bohemien und ein Freund emanzipierter Frauen. Mit Else v. Richthofen-Jaffe (Gattin des Nationalökonomen Edgar Jaffe sowie Doktorandin und Geliebte Max Webers) ebenso wie mit Frieda Gross verbanden ihn Söhne (siehe dazu Green, M., 1976. Else und Frieda – die Richthofen-Schwestern. Kempten). Seine sexualrevolutionären Ansichten standen im krassen Widerspruch zu den traditionalistischen Ordnungsvorstellungen von Hans Gross. Die Auseinandersetzung zwischen Vater und Sohn, die in der Entmündigung des Sohnes gipfelte, erscheint wie ein Sinnbild des ausgehenden 19. Jahrhunderts, dessen Aufbruch in die Moderne sich die Tradition mit aller Kraft entgegenstellte [siehe dazu Hurwitz, E. (1979). Otto Gross. Paradiessucher zwischen Jung und Freud. Zürich. Lamott, F. (1988). Die Kriminologie und das Andere. Versuch über die Geschichte der Ausgrenzungen, 20, S. 168-190; Dies. (1989a). Prof. Dr. Hans Gross gegen seinen Sohn. Zum Verhältnis von Wissenschaft und Subjektivität. In: J. Clair, C. Pichler & W. Pircher (Hg.), Wunderblock. Eine Geschichte der modernen Seele. Wien, S. 611-621].

›Natur‹ verbriefte Garantie der Ordnung der Geschlechter[3] schien aufgekündigt; Stabilität und Bestand der Gesellschaft drohten – in den Angstphantasien der Autoren – an der Veränderung des Geschlechterverhältnisses zu zerbrechen. Die Bedrohungsszenarien und Abwehrstrategien waren also eine Reaktion auf den Verlust eindeutiger Geschlechterdifferenz und auf die Emanzipation der Frau[4].

Im Zentrum meiner Arbeit stehen die wissenschaftlichen Bemühungen um die Herstellung eindeutiger Geschlechterdifferenz. Als globale Kategorie im Umgang mit abweichender Weiblichkeit und Männlichkeit erwies sich das Konzept der Hysterie. Über Hysterie ist Unzähliges geschrieben worden. So finden sich Arbeiten zur Hysterie als Krankheitsbild[5], als Herausforderung für Psychotherapie[6], als Mythos der Weiblichkeit[7], als weibliche Widerstandsform und als Selbstthematisierung der Frau[8], als ethnische Störung[9], als kulturelles Deutungsmuster[10], als medial erzeugtes Konstrukt[11] und als Kunstform[12]. Die vorliegende Arbeit beschäftigt sich mit ei-

---

3 Siehe dazu Honegger, C. (1991, Die Ordnung der Geschlechter. Die Wissenschaften vom Menschen und das Weib. 1750-1850. Frankfurt.), die sich mit der Sozialgeschichte der Geschlechterbeziehungen zwischen dem 18. und dem frühen 19. Jahrhundert beschäftigt.

4 Siehe dazu die kommentierte Textsammlung von Frauen des 19. Jahrhunderts: Menschik, J. (Hg.) (1976). Grundlagentexte zur Emanzipation der Frau. Köln; sowie die von Jutta Menschik vorgelegte Analyse der unterschiedlichen Strömungen der Frauenbewegung: Menschik, J. (1977). Feminismus. Geschichte, Theorie, Praxis. Köln. Die Publikationen der ersten Frauenbewegung wurden in den wissenschaftlichen Texten der Jahrhundertwende, die mir zugänglich waren, nicht rezipiert.

5 Z.B. Israel, L. (1987). Die unerhörte Botschaft der Hysterie. München; Mentzos, S. (1989). Hysterie. Zur Psychodynamik unbewußter Inszenierungen. Frankfurt a.M. Mentzos, S. (1986). Hysterie. Zur Psychodynamik unbewußter Inszenierungen. Frankfurt a.M.

6 Z.B. Rupprecht-Schampera, U. (1997). Das Konzept der ›frühen Triangulierung‹ als Schlüssel zu einem einheitlichen Modell der Hysterie. In: Psyche 51, S. 637-664. Reinke, E. (1983). Psychotherapie. In: I. Beyer, F. Lamott & B. Meyer (Hg.), Frauenhandlexikon. Stichworte zur Selbstbestimmung. München, S. 238-242.

7 Z.B. Schaps, R. (1992). Hysterie und Weiblichkeit. Wissenschaftsmythen über die Frau. Frankfurt a.M.; Braun, v. Chr. (1988). Nicht-Ich. Frankfurt a.M.; Rohde-Dachser, Ch. (1990). Weiblichkeitsparadigmen in der Psychoanalyse. In: Psyche, 1, S. 30-51.

8 Z.B. Honegger, C. & Heintz, B. (1984). Listen der Ohnmacht. Zur Sozialgeschichte weiblicher Widerstandsformen. Frankfurt a.M.; darin auch Smith-Rosenberg, C. Weibliche Hysterie. Geschlechtsrollen und Rollenkonflikt in der amerikanischen Familie des 19. Jahrhunderts. S. 191-216.

9 Z.B. Devereux, G. (1974). Normal und Anormal. Frankfurt a.M.; Essen, v. C. & Habermas, T. (1994). Hysterie und Bulimie. Ein Vergleich zweier ethnisch-historischer Störungen. In: T. Habermas, Zur Geschichte der Magersucht. Eine medizinpsychologische Rekonstruktion. Frankfurt a.M., S. 164-194.

10 Z.B. Honegger, C. (1978). Die Hexen der Neuzeit. Studien zur Sozialgeschichte eines kulturellen Deutungsmusters. Frankfurt a.M.

11 Z.B. Didi-Huberman, G. (1982). Invention de l'hystérie. Charcot et l'Iconographie photographique de la Salpêtrière. Editions Macula, Paris. Deutsche Übersetzung (1996). Erfindung der Hysterie. Die photographische Klinik von Jean-Martin Charcot. München. Showalter, E. (1979). Hystorien. Hysterische Epidemien im Zeitalter der Medien, Berlin.

12 Z.B. Schneider, M. (1985). Hysterie als Gesamtkunstwerk. In: Merkur. Zeitschrift für das europäische Denken, Bd. 35, 9/10, S. 879-895; Schuller, M. (1989). Hysterie als Artefaktum. Zum literarischen und visuellen Archiv der Hysterie um 1900. In: G. Grossklaus & E. Lämmert (Hg.), Literatur in einer industriellen Kultur. Stuttgart, S. 445-467.

nem anderen Aspekt. Im Spannungsfeld zwischen Idealisierung und Entwertung, zwischen Anziehung und Abstoßung der Frau fungiert die Hysterie als soziale Konstruktion zur Abwehr bedrohlicher Gefühle. Die in den Konstrukten enthaltenen Bilder sind Ausdruck und Bewältigungsversuche historisch variierender Ängste vor dem Weib, das die Ordnung zu erodieren droht[13]. Das Ausmaß der Bedrohung läßt sich an der Reaktion auf die unbewußten Phantasien ablesen: Medizin und Strafrecht werden zur Abwehr der Angst eingesetzt, die sie paradoxerweise damit erneut produzieren.[14]

Im Schatten der Veränderung des Geschlechterverhältnisses hatten sich diverse Teildisziplinen ausdifferenziert: So entwarf die Psychoanalyse mit ihrer Theorie zur Ätiologie der Hysterie das Unbewußte als wesentliches Konzept und verhalf damit neuen erkenntnistheoretischen Positionen zur Diskussion. Ihre Erkenntnisse versprachen den Kriminologen der Zeit nicht nur Wege der Annäherung an den »dark continent«, sondern eröffneten neue Möglichkeiten der »Tatbestandsdiagnostik« und Wahrheitsfindung. In Zusammenarbeit mit der jungen Gynäkologie[15] und Sexualwissenschaft wurde Weiblichkeit (und damit auch Männlichkeit) aufs Neue vermessen und im Hinblick auf ihre Reproduktionsfunktion ausgerichtet. Im Koordinatensystem von Medizin und Recht, Alltagskultur, Kunst und Politik organisierte sich die Ordnung der Geschlechter. Verwissenschaftlichung und Verrechtlichung transformierten den ursprünglichen Zustand gesellschaftlicher Bedrohung in ein Problem der Weiblichkeit und führten mittels Hysterisierung zu einer Neuordnung. Am Ende dieses Prozesses war nicht nur die Hysterie nicht mehr das, was sie vorher war, sondern auch die beteiligten Wissenschaften hatten sich verändert.

Im *ersten Kapitel* werfe ich einen Blick auf Bilder des ausgehenden 19. Jahrhunderts. Vor dem Hintergrund zeitgeschichtlicher Irritationen zeigen sich in literarischen, künstlerischen und wissenschaftlichen Phantasmagorien die Ängste, die die epochalen Veränderungen des Geschlechterverhältnisses begleiten. Es wird deutlich, daß die mit dem Modernisierungsprozeß einhergehenden Ambivalenzen spezifische wissenschaftliche Abwehrstrategien auf den Plan rufen, die neben der Verhinderung von Erkenntnis auch konstruktive Leistungen hervorbringen, wie etwa die Etablierung neuer Disziplinen. Die Hysterisierung erweist sich dabei als ein zentraler Mechanismus.

Das *zweite Kapitel* beschäftigt sich mit der methodischen Annäherung an das Material. Der Analyserahmen wird von diskurstheoretischen und psychoanalyti-

---

13 Siehe dazu Strasser, P. (1984). Verbrechermenschen. Zur kriminalwissenschaftlichen Erzeugung des Bösen. Frankfurt a.M., S. 68.

14 Siehe dazu Mosse, G. (1985). Nationalismus und Sexualität. Bürgerliche Moral und sexuelle Normen. München, S. 127.

15 Der Gynäkologe Max Hirsch formuliert in seinem Buch über »Fruchtabtreibung und Präventivverkehr im Zusammenhang mit dem Geburtenrückgang« (1914) die Geburtsstunde seiner Disziplin in Anknüpfung an die Emanzipationsbestrebungen der Frau: »Die völlig veränderte Stellung der Frau im Leben der modernen Kulturvölker hat eine Menge neuer Gedanken aus der Tiefe zutage gefördert, hat neue Wissens- und Forschungsgebiete geschaffen, alte wirksam befruchtet.« (S. VII)

schen Überlegungen getragen, die es erlauben, die manifesten Gehalte der Texte in ein Spannungsverhältnis zu den ihnen inhärenten unbewußten Phantasien und Bildern zu bringen. Dieser Zugang ermöglicht, die wirklichkeitskonstituierende Kraft von Phantasmagorien herauszuarbeiten.

Im *dritten Kapitel* werde ich anhand eines seinerzeit aufsehenerregenden Kriminalprozesses zeigen, wie sich eine spezifisch ›hysterisierende‹ Abwehr in der Struktur des Prozeßberichtes niederschlägt. Im Zentrum des Verfahrens steht die ›Realität‹ gewordene Angstphantasie von Männern: eine schöne, begehrenswerte und todbringende Frau. Dabei wird deutlich, daß die Hysterie nicht nur Gegenstand verschiedenster Fachdiskurse war, sondern sich auch der Alltagsdiskurse bemächtigte und damit sowohl hysterische Texte produzierte wie auch zu einer Hysterisierung der Öffentlichkeit beitrug.

Vor diesem Hintergrund erscheint im *vierten Kapitel* die Hysterie im Fachdiskurs in einem doppelten Sinn: zum einen als die Auseinandersetzung mit dem Phänomen, dessen markantes Kennzeichen das Zeigen und gleichzeitige Verbergen war und ist; zum anderen als die Hysterisierung wissenschaftlicher Diskurse, die Aufklärung versprachen und Remythologisierungen beförderten. Die klassenspezifisch variierenden Konstruktionen, rassistisch und sexistisch aufgeladen, sicherten größtmögliche Distanz durch die Projektion eigener inakzeptabler Selbstanteile. Darüber hinaus zeigen sie, wie bedrohlich die Auflösung herrschender Geschlechterdifferenzen war.

Der Sicherung der Differenz zwischen Mann und Frau dienen auch die »Leibesvisitationen«, mit denen ich mich im *fünften Kapitel* beschäftige. Ich folge den diskursiven Suchbewegungen der Kriminologen, Mediziner und Psychoanalytiker und befasse mich mit der interdisziplinären Wahrheitsfindung am weiblichen Körper. Die symbolischen Bedeutungen verweisen auf unbewußte Phantasien über die Omnipotenz der Frau, die zugleich begehrt und gefürchtet wird.

Im Mittelpunkt des *sechsten Kapitels* stehen die rechtlichen, bevölkerungspolitischen und schließlich »eugenischen« Folgen dieser realitätsmächtigen Phantasieszenarien. Sie bringen die Hysterie mit ihrer schillernden Ambivalenz zum Verschwinden und bereiten den Boden für die »rassehygienische« Wiederaufrichtung einer eindeutigen Geschlechterordnung.

I
ZEITGESCHICHTLICHE IRRITATIONEN

> Der Tatort ist ein Bett. Bäuchlings hingestreckt liegt ein Mann in voller Rüstung auf dem Lager, sein Kopf ist vom Körper abgetrennt am Boden, auf Rosen gefallen. Eine Frau steht nackt neben ihm. Angewinkelt stützt sie ihr linkes Bein auf den Bettrand, in einer Stellung, die ihr – so läßt sich vermuten – die nötige Standfestigkeit zur Ausführung des Schlages gab. Die Tat ist vollbracht. Die linke Hand der Täterin ruht in Siegespose auf ihrem Schenkel, während sie das Schwert in der rechten wie einen Gehstock mit der Spitze auf den Boden setzt. Judith betrachtet mit aufrechter Haltung triumphierend den leblosen Körper ihres Opfers: Holofernes.[1]

Bereits 1841 liefert Friedrich Hebbel mit seiner Aktualisierung der biblischen Tragödie von »Judith und Holofernes« ein zeitgenössisch explosives literarisches Bild des Geschlechterverhältnisses, das viele Künstler und Schriftsteller inspirierte. Anders als im Alten Testament ist die Judith in Hebbels Entwurf eine selbstbewußte, Rache nehmende Frau: Sie köpft den Mann, von dem sie defloriert und gedemütigt wurde. Sie tötet ihn aus Rache für den zugefügten Schmerz, die Enttäuschung und die Mißachtung[2] ihrer Selbstbestimmung. So will es der Dichter. Auch Freud nimmt Bezug auf die Hebbelsche Tragödie. In seinem Aufsatz »Das Tabu der Virginität«[3] deutet er die »archaische Reaktion von Feindseligkeit« als Antwort der sich emanzipierenden Frau auf die Verletzung durch die Defloration. Und da Köpfen als »symbolischer Ersatz für Kastrieren« bekannt ist, wie Freud anmerkt, findet die Bedrohung des Mannes in der Kunst ihren Ausdruck. Helmut Kreuzer weist in seiner Interpretation der Tragödie darauf hin, daß Hebbel ausdrücklich betont hat, »daß er mit Judith die Absicht verfolgt habe, der Frauenemanzipation entgegenzuwirken«[4], also jener Entwicklung, die auch Freud im Rahmen der oben zitierten Arbeit mit dem Signum der Pathologie versehen

---

1 Neben Strathmann, dessen Bild mir als Vorlage dieser Beschreibung diente (Strathmann, C., 1910. Judith und Holofernes. In: E. Fuchs & A. Kind (Hg.), Die Weiberherrschaft in der Geschichte der Menschheit. Bd. I, S. 168.), haben unzählige Maler des 19. Jahrhunderts dieses Motiv gewählt, z.B. Franz v. Stuck, Franz v. Lenbach, Arnold Böcklin, Max Slevogt, Karl Caspar u.a. Die bildliche Darstellung reicht vom frühen Mittelalter bis ins 20. Jahrhundert, doch die einzelnen Aspekte sind einem Wandel unterworfen. H.T. Georgen arbeitet in ihrem Beitrag folgende Unterschiede heraus: Während das Mittelalter in Judith die Personifikation der Demut, Keuschheit und Enthaltsamkeit sieht, repräsentiert sie bis ins 20. Jahrhundert die erotisch anziehende, tödliche Frau. Georgen, H.T. (1984). Die Kopfjägerin Judith – Männerphantasie oder Emanzipationsmodell. In: C. Bischoff (Hg.), Frauen, Kunst, Geschichte: Zur Korrektur des herrschenden Blicks. Gießen, S. 111-125.

2 Kreuzer, H. (1973). Die Jungfrau in Waffen. Hebbels ›Judith‹ und ihre Geschwister von Schiller bis Sartre. In: J. Günther (Hg.), Untersuchungen zur Literatur als Geschichte. Festschrift für Benno von Wiese. Berlin, S. 363-384, hier S. 371ff.

3 Freud, S. (1918). Das Tabu der Virginität. GW XII, S. 159-180.

4 Kreuzer (1973), S. 374.

hat. Hebbel läßt durch Judiths Dienerin Mirza verzweifelt das ›Naturgesetz‹ der Weiblichkeit beschwören: »*Ein Weib soll Männer gebären, nimmer mehr soll sie Männer tödten*«[5].

Doch das Drama und seine Rezeption wirken schließlich Hebbels eigener Absicht entgegen, führt doch Judith die Fähigkeit vor, »den Mann ihrer Liebe handelnd zu vernichten, wenn er sie nur als ›Weib‹ nimmt, aber nicht zugleich als Menschen achtet, und ihre humane Selbstbestimmung brutal negiert.«[6] Hebbel bestätigt also unfreiwillig die Berechtigung der Frauenemanzipation und lehrt durch die Tragödie den Mann das Fürchten.

Aber neben der Furcht ist auch Lust im Spiel. So ist Judith eine exotisch anmutende, mit dem Fluidum des Fremdartigen versehene, grausame Schöne. Das orientalische »Tableau der Leidenschaften«[7] entstammt der phantastischen Projektion der Wünsche nach einer freien, wilden, aber auch riskanten Liebe. »Erotik und Exotik wurden beinahe Synonyma«, so Sternberger[8] über diese spezifische Verknüpfung in der Kunst des 19. Jahrhunderts. Die Bilder von den Zigeunerinnen, den schönen Jüdinnen, den Frauen der Boheme, allesamt Sonderfälle des Orients, Verkörperungen des Nicht-Seßhaften und der Ferne, sind Ausdruck der Sehnsucht nach einem Paradies, der Kehrseite herrschender Realität. In einem Ausstellungskatalog der Königlichen Akademie der Künste zu Berlin des Jahres 1886 kann man lesen:

> Das, was den über die öffentliche Ordnung und Sicherheit wachenden Behörden unserer modernen, wohlpolicirten europäischen Staaten ein Greuel ist, pflegt für die Künstler meist den Gegenstand des lebhaftesten Interesses und die Fundgrube der besten Motive zu bilden.[9]

Fasziniert den Künstler der Jahrhundertwende an Judith der Kontrast von weiblicher Schönheit und entsetzlicher Tat, von heiligem Text und verruchter Sinnlichkeit, so richtet sich das wissenschaftliche Interesse mit Ambivalenz auf die sich emanzipierende Frau. Sie erzeugt widerstreitende Gefühle von Interesse und Abwehr, von Anziehung und Furcht. Die der Ambivalenz inhärente Unentschiedenheit erzeugt Spannungen; denn vor diesem Hintergrund sind Handlungskonsequenzen nicht vorhersagbar, Unsicherheit und Angst vor Kontrollverlust breiten sich aus.

Der Aufbruch in die Moderne mit ihren naturwissenschaftlich-technischen Errungenschaften, der Industrialisierung, ihren Entdeckungen und Erfindungen, den kulturellen Revolutionen und der Umwälzung von Raum und Zeit erzeugt nicht nur einen Rausch der Begeisterung über die Innovationen, sondern ebenso eine bislang ungekannte Angst vor dem Verlust von Kontrolle. Die Umbrüche wirken sich auf die sozialen und politischen Strukturen aus, auf die Geschlechter-

---

5 Kreuzer (1973), S. 371.
6 Kreuzer (1973), S. 374.
7 Sternberger, D. (1974). Panorama oder Ansichten vom 19. Jahrhundert. Frankfurt, S. 56.
8 Sternberger (1974), S. 57.
9 Zitiert nach Sternberger (1974), S. 58.

beziehungen und die Lebenswelt, auf die Wahrnehmung und die Verhaltensorientierung. Die Technik stellt das 19. Jahrhundert vor das Problem des Unfalls[10], eines Ereignisses, das nicht vorhersagbar ist. Es bedarf daher eines neuen »Nervenkostüms«[11], das die Menschen in die Lage versetzt, mit dem Zufall angemessen umzugehen. Die veränderten Erfahrungen prägen die Reflexionen der Zeit, die Selbstdeutungen und die Versuche der Angstbewältigung. Nietzsche formuliert die vorherrschende Angst der Zeit als Furcht vor dem Zufall, dem Ungewissen, dem Plötzlichen, und Durkheim bringt sie als Angst vor dem Fehlen fester Grenzen und erkennbarer Verhaltensregeln in seiner Anomietheorie zum Ausdruck[12].

Daher besteht das vordringliche Interesse der Wissenschaft des ausgehenden 19. Jahrhunderts in der Beseitigung des Chaos und der Wiederherstellung von Ordnung, als Kampf gegen die Mehrdeutigkeit. Den Modernisierungsprozeß begleitende und irritierende Eigenschaften wie Undefinierbarkeit, Inkohärenz, Unvereinbarkeit, Irrationalität, Unlogik, Widersinnigkeit und Ambivalenz[13] werden abgespalten. Wir finden sie wieder im Rahmen des Geschlechterverhältnisses als Repräsentanzen des Weiblichen. Vor dem Hintergrund dieser Dichotomisierung werden jene über die Maße beängstigenden Dimensionen im Konzept der Hysterie gebunden, das als Projektionsfläche einer ins Pathologische gesteigerten Weiblichkeit dient. Doch die Ambivalenzen lassen sich nicht nachhaltig aufheben, sondern sie werden im Bemühen um Beseitigung immer wieder erneut hervorgebracht.[14] Bezogen auf diese »epochalen Veränderungen« ist auch die Psychologie als Produkt der Moderne eine Antwort auf den krisenhaften Verlust historisch gewachsener Sinnkonstruktionen. Als Ort der Selbstvergewisserung hätte sie Medium der Selbstreflexion sein können, wäre sie nicht der Verführung erlegen, mit der Entwicklung universeller Gesetzmäßigkeiten des Psychischen (natur-)wissenschaftliche Anerkennung zu erlangen.[15]

Der Aufbruch in die Moderne ist also durch zwei gegenläufige Tendenzen geprägt: Auf der einen Seite treibt die positivistische Rationalität den Erkenntnisgewinn voran, während auf der anderen Seite all jene die Rationalität störenden und angstauslösenden Dimensionen abgespalten, verdrängt, rationalisiert oder auf andere projiziert werden.[16] *Abwehrmechanismen* werden aktiviert, wenn die

---

10 Siehe dazu ausführlich Schivelbusch, W. (1979). Geschichte der Eisenbahnreise. Zur Industrialisierung von Raum und Zeit. Frankfurt a.M.

11 Siehe dazu Peukert, D.J.K. (1990). Die Jahrhundertwende – eine Epoche? Eine Diskussion zwischen Reinfried Hörl, August Nitschke, Detlev J.K. Peukert und Gerhard A. Ritter. In: A. Nitschke u.a. (1990). Jahrhundertwende. Der Aufbruch in die Moderne, Bd. I, Reinbek b. Hamburg, S. 16.

12 Siehe dazu auch Gay, P. (1986). Erziehung der Sinne. Sexualität im bürgerlichen Zeitalter. München, S. 68.

13 Bauman, Z. (1992a). Moderne und Ambivalenz. Das Ende der Eindeutigkeit. Hamburg, S. 19.

14 Siehe dazu Keupp, H. (1994). Grundzüge einer reflexiven Sozialpsychologie. In: Ders. (Hg.), Zugänge zum Subjekt. Perspektiven einer reflexiven Sozialpsychologie, Frankfurt a.M., S. 226-274, hier S. 248.

15 Keupp (1994), S. 226f.

16 Siehe dazu Devereux, G. (1973). Angst und Methode in den Verhaltenswissenschaften. München.

Konflikte – psychoanalytisch gesehen die konflikthaften Wünsche[17] – unerträglich werden, da sie mit den herrschenden Wertvorstellungen nicht in Einklang zu bringen sind. Dabei besteht ein Großteil der professionellen Abwehrstrategien aus Variationen einer Isolierungs-Strategie, »die angsterzeugendes Material ›entgiftet‹, indem sie es verdrängt oder seinen affektiven Inhalt und seine persönliche Relevanz leugnet.«[18] Die Abwehr beeinflußt die Wahrnehmung; sie kann sie entstellen oder den jeweiligen Erfordernissen anpassen; sie ist imstande, Erinnerungen zu verfälschen und Handlungen zu blockieren.[19] So können Konfliktsituationen, die Abwehrvorgänge auslösen, die Integrität des Individuums und dessen Beziehungen zu den Objekten und der Welt bedrohen. Doch Abwehrstrategien sind nicht einfach nur pathologische oder destruktive Mechanismen, sondern sie sind auch konstruktive Leistungen[20], die stabilisierende und systemerhaltende Funktionen haben: Sie schützen vor narzißtischen Kränkungen und Beeinträchtigungen, sie dienen dazu, den Menschen vor »Verletzungen und Einbrüchen in sein Selbstgefühl zu schützen, wie umgekehrt ein stabiles Selbstwertgefühl die Notwendigkeit von Abwehrorganisationen herabsetzen dürfte.«[21] Ziel der Abwehr ist also die Aufrechterhaltung bzw. Wiederherstellung von Sicherheit und Wohlbefinden. Was im Rahmen der selbst- bzw. objektpsychologischen Theorien primär als Schutz des Subjekts thematisiert wird, hat für die Ergebnisse der von Abwehrmechanismen bestimmten Wissensproduktion weitreichende Konsequenzen. Im wissenschaftlichen Kontext verkehrt die Abwehr »die Rationalität in ihr Gegenteil und stellt sie in den Dienst irrationaler Destruktivität.«[22] An die Stelle von Aufklärung tritt (Re-)Mythologisierung[23], statt (Selbst-)Erkenntnis wird Unbewußtheit[24]

17 Freud entwickelte bereits 1894 ein erstes Abwehrkonzept, das er 1926a in seiner Arbeit über »Hemmung, Symptom und Angst« (GW XIV, S. 113-205) als ein wichtiges Instrument der klinischen Psychoanalyse ausformulierte.

18 Devereux (1973), S. 109.

19 Siehe dazu Steffens, W. & Kächele, H. (1988). Abwehr und Bewältigung – Mechanismen und Strategien. Wie ist eine Integration möglich? In: H. Kächele & W. Steffens, Bewältigung und Abwehr. Beiträge zu einer Psychologie und Psychotherapie schwerer körperlicher Krankheit. Heidelberg, S. 1-50.

20 Anna Freud erweiterte die Theorie der Abwehrmechanismen dahingehend, daß sie nicht nur abwehrende Aspekte betonte, sondern sie auch als konstruktive Leistung theoretisierte. Freud, A. (1936). Das Ich und die Abwehrmechanismen. Frankfurt a.M.

21 Hoffmann, S.O. (1987). Die psychoanalytische Abwehrlehre. In: Forum der Psychoanalyse, 3, S. 34.

22 Erdheim, M. (1987). Ethnopsychoanalytische Beiträge zum Verständnis der Gewalt. In: I. Dröge-Modelmog & G. Mergner (Hg.), Orte der Gewalt. Herrschaft und Macht im Geschlechterverhältnis. Opladen, S. 164-167, hier S. 165. Ders. (1988). Die Psychoanalyse und das Unbewußte in der Kultur. Frankfurt a.M., dort insbesondere das Kapitel »Zur psychoanalytischen Kritik der Wissenschaften«, S. 15-119.

23 Horkheimer, M. & Adorno, Th.W. (1986). Dialektik der Aufklärung. Frankfurt a.M.

24 Christa Rohde-Dachser (1989) hat sich in diesem Zusammenhang mit »Unbewußte(n) Phantasien und Mythenbildung in psychoanalytischen Theorien über die Differenz der Geschlechter« (In: Psyche, 3, S. 193-218) auseinandergesetzt und kommt in ihrer Analyse zu dem Ergebnis, daß das Verhältnis von Aufklärung und Remythologisierung niemals aufzuheben ist, sondern im Prozeß der Reflexion permanent in Gang gehalten wird. Siehe dazu auch Erdheim, M. (1982). Die gesellschaftliche Produktion von Unbewußtheit. Frankfurt a.M.

produziert. Das angstmachende Chaos wird abgewehrt, ohne daß die emotionalen und gesellschaftlichen Erschütterungen selbst Thema der wissenschaftlichen Auseinandersetzung werden. So bleiben die mit der Veränderung des Geschlechterverhältnisses verbundenen Ängste und die Verunsicherungen des Selbstbildes im Verborgenen. Als unbewußte Motive wissenschaftlicher Theoriebildung werden Angst und Abwehr in der Latenz gehalten und tauchen unkontrolliert als Phantasmagorien in den Texten auf. Von Affekten bereinigt wendet sich das wissenschaftliche Erkenntnisinteresse der sich um die Jahrhundertwende etablierenden Disziplinen, ganz in der Tradition einer weiblichen Sonderanthropologie[25], erneut einer Erkundung weiblicher Natur zu. Als Ergebnis finden sich naturwissenschaftlich anmutende Theorien über Geschlechterdifferenz[26], in denen die Polarisierung der Geschlechter die Übersetzung einer durch Projektion entstandenen kollektiven Phantasie ist.[27] In den Texten erscheinen die Phantasmagorien undurchschaut als ontologische Entitäten. Diese Reifikation ist dem Prozeß der »sekundären Bearbeitung« von Träumen vergleichbar. Beide folgen dem Ziel, sie schlüssig »verstellend« zu präsentieren.

Unbewußte Phantasien und Mythen[28] sind mächtig und deshalb ein unverzichtbarer Schlüssel zum besseren Verständnis der gesellschaftlichen Konstruktion von Wirklichkeit. Mythen naturalisieren gesellschaftliche Probleme, wandeln diese ab und deformieren sie zur Pseudo-Natur.[29] Sie beginnen dort, wo der gesellschaftliche Zustand in den Zustand der Natur überführt worden ist, die jede Erinnerung an ihre Herstellung verloren hat. Das macht sie so anfällig für die »Wiederkehr des Verdrängten« und als unbewußte Phantasien den Träumen vergleichbar.[30] Freud benutzte vor allem den Traum als kategorialen Rahmen zum Verständnis der Mythen[31]. Mythen sind, so betonen neben ihm auch andere

25 Honegger, C. (1991). Die Ordnung der Geschlechter. Die Wissenschaften vom Menschen und das Weib. 1750-1850. Frankfurt/New York.

26 Siehe dazu auch Hausen, K. (1976). Die Polarisierung der »Geschlechtscharaktere« – Eine Spiegelung der Dissoziation von Erwerbs- und Familienleben. In: W. Conze (Hg.), Sozialgeschichte der Familie in der Neuzeit Europas. Stuttgart, S. 363-393.

27 Siehe dazu auch Schorsch, E. (1989). Versuch über Sexualität und Aggression. In: Zeitschrift für Sexualforschung, S. 14-28.

28 Dazu auch Rohde-Dachser, Ch. (1989). Unbewußte Phantasie und Mythenbildung in psychoanalytischen Theorien über die Differenz der Geschlechter. In: Psyche, 3, S. 193-218.

29 Barthes, R. (1976). Mythen des Alltags. Frankfurt a.M. Dazu auch Lamott, F. (1993a). Alltagsmythen und Politik. In: P.A. Albrecht, A. Ehlers & F. Lamott (Hg.), Festschrift für Horst Schüler-Springorum zum 65. Geburtstag. Köln, S. 123-136; sowie Lamott, F. (1999). (Dis)Kurs-Korrektur – Kulturhistorische Anmerkungen zur Mißbrauchsdebatte. In: J. Linder & C.M. Ort (Hg.). Verbrechen – Justiz – Medien. Positionen und Entwicklungen in Deutschland von 1900 bis zur Gegenwart. Studien und Texte zur Sozialgeschichte der Literatur. Tübingen, S. 155-170.

30 Für das Verstehen der Irrationalität der aktuellen Debatte um den § 218 StGB wäre eine tiefenhermeneutische Analyse durchaus fruchtbar. Sie könnte jene archaischen Phantasien zum Vorschein bringen, die bereits vor hundert Jahren männliche Wissenschaftler mit dem Strafgedanken ausgerüstet hat, um sich wehrhaft der abtreibenden (=kastrierenden und mächtigen) Frau zu nähern.

31 Siehe dazu Vogt, R. (1986). Psychoanalyse zwischen Mythos und Aufklärung, Frankfurt a.M., als auch Schmid Noerr, G. (1982). Psychoanalytische Mythendeutung. Psyche, 36, S. 577-608.

Vertreter einer aufgeklärten Mythen-Lehre, Kompromißbildungen von Angstabwehr und Wunscherfüllung. Sie vereinen und grenzen aus, integrieren und spalten ab. Sie haben die Funktion, in bestimmten Situationen, die durch schwelende, nicht lösbare Konflikte gekennzeichnet sind, die kollektive Angst auf eine verschlüsselte Weise zu verarbeiten; sie also zu verdeutlichen und gleichzeitig zu verdecken. Das Geheimnis des Erfolgs von Mythen liegt in ihrem Doppelcharakter. Für ihn gilt das gleiche, was Stuart Hall für den Rassismus, Sigmund Freud für die Symptombildung und kritische Kriminologen für Prozesse der Kriminalisierung herausgearbeitet haben: Alle Formen stellen den Versuch dar, Problemzusammenhänge so zu verschleiern, daß sie ihrer Komplexität beraubt, ihrer Bedingungen und Widersprüche entledigt, als fest umschriebene, kontrollierbare Größen erscheinen.

Stellen Symptome Kompromißbildungen aus Triebimpuls und Abwehr dar, so können analog Texte wie Symptome gelesen werden, die zugleich etwas verbergen und sichtbar machen. Sie verbergen das, was zu gefährlich ist, um es offen zu sagen, aber zu bedrängend, als daß es erfolgreich verdrängt werden könnte.

II
METHODISCHE ANNÄHERUNG

Diskursanalyse als Bezugsrahmen

In der methodischen Annäherung an die Texte als Bestandteile von Diskursen greife ich zunächst auf Überlegungen von Michel Foucault zur »Diskursivierung« der Sexualität und zur Diskursanalyse zurück. Foucaults Überlegungen stellen einen Rahmen zur Verfügung, innerhalb dessen den Texten als ›Diskurs-Fragmenten‹ eine besondere Bedeutung zukommt. Eingebettet in die Diskurse der Zeit sind sie mit ihren manifesten Inhalten Bestandteile größerer Zusammenhänge. Doch nicht nur die manifesten Gehalte von Texten und Bildern sind von Interesse, sondern auch die latenten Inhalte, die Hinweise auf unbewußte Imaginationen geben. Versucht man die Texte wie Bilder zu entziffern, so müssen zunächst die immanenten Aussagen analysiert werden, um sie dann im Hinblick auf ihren unbewußten Gehalt zu überprüfen. Lorenzer[1] hat den Symbolisierungsprozeß im kindlichen Spiel mit dem Diskurs als Symbol analogisiert: Beide enthalten »Unsagbares«, also jenen Konfliktstoff, der dem Bewußtsein nicht zugänglich ist und sich in Bildern und Allegorien versteckt. Um diese unbewußten Dimensionen zu entschlüsseln, greife ich auf psychoanalytisch-tiefenhermeneutische Instrumentarien der Textanalyse zurück.

Foucaults *Überlegungen zur Diskursivierung der Sexualität*[2] situieren den Anfang des Diskurses im beginnenden 17. Jahrhundert. Er verknüpft die Geschichte des öffentlichen Sprechens über ›Intimitäten‹ mit den Geständnisprozeduren der Beichtpraxis und entwirft daraus eine Entwicklungslinie hin zur Medizin und schließlich zur Psychoanalyse[3] des 19. Jahrhunderts. Dabei konzentrieren sich, seinen theoretischen Überlegungen zufolge, die Diskurse im Wirkungsbereich der Macht: Sexualität wird eine Angelegenheit der Polizei, ein Untersuchungsobjekt der Medizin, der Psychiatrie, der Kriminologie und ein Dispositiv der Gerichtsbarkeit. Doch letztlich geht es weniger um direkte Machtausübung im Sinne von Verboten oder moralischer Verurteilung als vielmehr um die Regulierung von Sexualität durch die Initiierung eines öffentlich nützlichen Sprechens über sie; denn spätestens seit dem 18. Jahrhundert ist die Zu- oder Abnahme der Bevölkerung ein ökonomi-

---

1 Lorenzer, A. (1986). Tiefenhermeneutische Textanalyse. In: Ders. (Hg.), Kultur-Analyse. Frankfurt a.M., S. 11-99.

2 Foucault, M. (1986). Sexualität und Wahrheit. Bd. 1: Der Wille zum Wissen. Frankfurt a.M.

3 Anders die Einschätzung von C. Honegger (1980). Überlegungen zu Michel Foucaults Entwurf einer Geschichte der Sexualität. Bremen. Sie kritisiert dort die Verallgemeinerung Foucaults, dessen Blick, auf Frankreich fixiert, generelle Aussagen über die Konsequenzen einer Veränderung der Beichtpraxis macht und daraus folgernd der Psychoanalyse den Platz einer Geständnispraxis zuweist.

sches und politisches Problem. Die Fortpflanzung wird zum öffentlichen Anliegen des Staates. *Der weibliche Körper* wird in seiner Reproduktionsfunktion zum zentralen *Element staatlichen Zugriffs*. Foucault prägt dafür den Terminus »Biopolitik« und präzisiert, daß die politische Ökonomie der Bevölkerung die Beobachtung der Sexualität hervorgebracht habe; daher siedelt sich die Analyse der sexuellen Verhaltensweisen an der Grenze des Biologischen und Ökonomischen an. Um die Sexualität rankt sich also ein Strang von heterogenen Diskursen, die mittels spezifischer Analysen Wissen schaffen und Regelungen zu ihrer Steuerung hervorbringen.[4]

Mit der Biologie der Fortpflanzung und dem Interesse an der Bevölkerungsregulierung werden die Geburtenraten, die Häufigkeit des Geschlechtsverkehrs, die Wirkungen von Ehelosigkeit und empfängnisverhütenden Praktiken[5] interessant. Sexualität wird zum Ausstrahlungspunkt von Diskursen und verstärkt das Bewußtsein einer ständigen Gefahr, die wiederum erneuten Anreiz zum Sprechen liefert.[6]

Medizin, Psychiatrie und Strafjustiz beteiligen sich im 19. Jahrhundert an der Gefahrenabwehr, die sich auf die Frau konzentriert: Medizinische Intervention, klinische Prüfung, therapeutische Behandlung und juristische Aktion verschränken sich. Es wird vermessen, dechiffriert, verhört, das Objekt wird zum Sprechen gebracht. Der Körper rückt ins Zentrum des Diskurses. Die Sozialisierung des störanfälligen Fortpflanzungsverhaltens[7] wird von der »Hysterisierung des weiblichen Körpers« begleitet. Foucault hebt sie als wichtigsten Komplex der Ordnung der Geschlechter und als wesentlichen Bestandteil der »scientia sexualis« hervor. Denn: »Die Hysterisierung der Frauen, die zu einer sorgfältigen Medizinisierung ihres Körpers und ihres Sexes führte, berief sich auf die Verantwortung, die die Frauen für die Gesundheit ihrer Kinder, für den Bestand der Familie und das Heil der Gesellschaft tragen.«[8] So ist die Unterwerfung unter das Primat der Fortpflanzung für die Frauen einerseits identitätsstiftend, ermöglicht aber andererseits eben jenen folgenreichen Prozeß der Hysterisierung, in dem Störungen dieses Typs weiblicher Identitätsbildung mit dem Stigma der Hysterie belegt werden. Als solche bezeichnet sie eine fundamentale Bedrohung der Familie sowie der gesellschaftlichen Reproduktionslogik und ruft die Medizin auf den Plan. Männliche Wissenschaftler übernehmen die Erklärung der ›Naturprozesse‹ und männliche Ärzte die Verwaltung des weiblichen Körpers. »Aus der quasi naturwüchsig-gewalttätigen Beherrschung der Frau wird eine systematische.«[9]

In »Sexualität und Wahrheit« fokussiert Foucault darauf, wie das Sprechen über Sexualität von Macht durchdrungen und vom Willen zur Wahrheit be-

---

4 Foucault (1986), S. 39.
5 Foucault (1986), S. 38.
6 Foucault (1986), S. 44.
7 Foucault (1986), S. 126ff. Als weitere Komplexe nennt er die Pädagogisierung des kindlichen Sexes und die Psychiatrisierung der perversen Lust.
8 Foucault (1986), S. 175.
9 Honegger, C. (1978). Die Hexen der Neuzeit. Studien zur Sozialgeschichte eines kulturellen Deutungsmusters. Frankfurt a.M., S. 121. Claudia Honegger, die die Geschlechtsspezifik im Blick hat, kritisiert zu Recht Foucaults Indifferenz. Siehe hierzu besonders Honegger (1980).

stimmt ist. Er zeigt, wie Macht durch ein komplexes Netzwerk in alltäglichen, wissenschaftlichen und politischen Interaktionen aufscheint und immer wieder aufs Neue produziert und reproduziert wird. Macht ist dezentriert, sie vermittelt sich in den kleinsten Verzweigungen, in Mikrostrukturen; und das bedeutet, daß die Zentren staatlicher Herrschaft oder ökonomischer Produktionen nicht unmittelbar prägend für das Leben der Menschen sind. Die Macht erreicht sie über »Kräfteverhältnisse«[10], die ein räumliches und soziales Feld organisieren. Machtverhältnisse wie auch Diskurse breiten sich in den Köpfen der Menschen als Ideologien und Phantasmagorien aus.[11] Sie erreichen die Körper, durchziehen und beeinflussen sie. Durch die Undurchschaubarkeit ihrer Entstehungsgeschichte entfalten sie ihre Wirksamkeit: Als ›natürliches‹ Empfinden des Subjekts werden sie zu seiner ›Natur‹, zu einem Teil des Selbst[12].

Während dieses Potential Foucaultscher Theoriebildung noch weitgehend ungenutzt geblieben ist[13] und auch im Kontext dieser Arbeit im Hintergrund bleibt, sind seine genuin *diskursanalytischen Überlegungen* weitreichend rezipiert worden. Sie stellen der vorliegenden Arbeit einen Rahmen zur Verfügung, in dem das zugrundeliegende Textmaterial nicht als singuläres Produkt eines individuellen Autors, sondern als Teil von Diskursen oder als Ergebnis von Interdiskursen verstanden werden kann. Damit erhalten die Texte als Bestandteile oder Fragmente umfassender Diskurse eine Anbindung an übergreifende Zusammenhänge.

Diskurse fungieren wie »Archive« von Sprachformen, deren Bestände aus kulturell und historisch variierenden Deutungsmustern, Satzformen, Begriffen und Metaphern bestehen, die in einer bestimmten Epoche als allgemein aussagekräftig und in verschiedenen Zusammenhängen verwendbar gelten[14]. Diskurse bestimmen also, was als Wirklichkeit zu verstehen ist, und besitzen als Denk- und Argumentationssysteme die »Macht der Weltdeutung«[15]. Sie strukturieren die symbolische Ordnung und lassen sich über einen gemeinsamen Redegegenstand, der selbst »Produkt einer kulturellen

10 Foucault (1986), S. 113ff.

11 Im Unterschied zu Ideologien, die in den Köpfen sitzen und durch Umdenken zu überwinden sind, schreiben sich die Phantasmagorien im Unbewußten und im Körper unmittelbar ein. Dazu Waldeck, R. (1993). Zur Produktion des ›schwachen Geschlechts‹. Körpergeschichte eines Weiblichkeitsideals. In: Ethnopsychoanalyse, 3. Körper, Krankheit und Kultur. Frankfurt a.M., S. 198-214.

12 Siehe dazu Lorey, I. (1993). Der Körper als Text und das aktuelle Selbst: Butler und Foucault. In: Feministische Studien, 2, Weinheim, S. 10-23.

13 Dazu auch Lüdtke, A. (1994). Stofflichkeit, Macht-Lust und Reiz der Oberflächen. In: W. Schulze (Hg.), Sozialgeschichte, Alltagsgeschichte, Mikro-Historie. Göttingen, S. 65-81, hier S. 73.

14 Vgl. Foucault, M. (1971). Die Ordnung des Diskurses. Frankfurt a.M.; ders. (1989). Die Ordnung der Dinge. Frankfurt a.M.; ders. (1988). Archäologie des Wissens. Frankfurt a.M.; ders. (1986). Sexualität und Wahrheit, Bd. 1, Frankfurt a.M. Siehe dazu auch Sarasin, P. (1994). Autobiographische Ver-Sprecher. Diskursanalyse und Psychoanalyse in alltagsgeschichtlicher Perspektive. In: Werkstatt Geschichte. Diskurs-Experimente, 7, S. 31-43, hier S. 33.

15 Foucault (1971).

Kategorisierung der Realität«[16] ist, definieren. Diskurse bestimmen sich durch ihre Relationen zu anderen Diskursen und den von diesen entworfenen Wissenssystemen. Zwischen ihnen können beliebig unterschiedliche Beziehungen bestehen: Diskurse können andere dominieren und begrenzen, oder sie können sich transformieren. Diskurse können sich in ihren Basisprämissen unterscheiden, aber im Gegenstand Gemeinsamkeiten haben, wie beispielsweise die kriminologischen, psychoanalytischen und sexualwissenschaftlichen Diskurse der Jahrhundertwende das gemeinsame Interesse an der Geschlechterdifferenz, Hysterie und Sexualität teilen. Diskurse mit Verwandtschaft auf der Ebene des Gegenstandes bilden also Diskursgruppen. Diskurse können Grenzen überschreiten zwischen Alltagswissen und wissenschaftlicher Systematisierung. Textgattungen wie wissenschaftliche Essays oder Gerichtsreportagen sind durch das Zusammentreffen verschiedener wissenschaftlicher *Spezialdiskurse*[17] und diverser *»interdiskursiver Elemente«*[18] gekennzeichnet. Link betont im Rückgriff auf Foucault die Notwendigkeit der Betrachtung des Zusammenspiels »zwischen Diskursspezialisierung und interdiskursiver Reintegration des durch Spezialisierung produzierten Wissens.«[19] Mit anderen Worten: Für die Herausbildung eines speziellen medizinischen Diskurses, z.B. über Hysterie, ist die literarische Absorption und Verarbeitung dieses Wissens nicht unwesentlich. Im Gegenteil, das in literarischen Produkten aufgetauchte Wissen wird erneut in den diskursiven Kreislauf aufgenommen und scheint damit den Spezialdiskurs wesentlich mitzukonstituieren[20], und das gilt nicht nur für das Verhältnis zwischen Literatur und Psychoanalyse.[21] So ist die Berichterstattung über Kriminalprozesse im 19. und beginnenden 20. Jahrhundert eine wichtige Quelle für die Konstitution der Kriminologie und der Forensischen Psychiatrie. Dabei findet die »kulturelle Verzahnung«[22] in Zeitschriften wie dem »Archiv für Kriminalanthropologie und Kriminalistik« statt, einem Organ, das ganz wesentlich als Sprachrohr der jungen kriminologischen Disziplin galt. Gerichtsreportagen fungieren als »interdiskursives Netzwerk«[23], indem sie auf spezifische Weise ver-

16 Titzmann, M. (1989). Kulturelles Wissen – Diskurs – Denksystem. Zu einigen Grundbegriffen der Literaturgeschichtsschreibung. In: Zeitschrift für französische Sprache und Literatur, 99, S. 51.

17 Siehe dazu Foucault, M. (1971); ders. (1989); ders. (1988); ders. (1986).

18 Link, J. (1988). Literaturanalyse als Interdiskursanalyse. Am Beispiel des Ursprungs literarischer Symbolik in der Kollektivsymbolik. In: J. Fohrmann, Diskurstheorien und Literaturwissenschaft. Frankfurt a.M. Ders. (1986). Diskurs, Interdiskurs, Macht. In: KultuRRevolution, Nr. 11, S. 4-6.

19 Link (1988), S. 285.

20 Siehe dazu Link-Heer, U. (1983). Über den Anteil der Fiktionalität an der Psychopathologie des 19. Jahrhunderts. In: Zeitschrift für Literaturwissenschaft und Linguistik, 51/52, S. 280-302; Linder, J. (1990). »Verarbeitung« im Rechtssystem? Zu den Austauschbeziehungen zwischen Literatursystem und Rechtssystem. In: SPIEL. Siegener Periodicum zur Internationalen Empirischen Literaturwissenschaft, 9, S. 37-67.

21 Schneider, M. (1985). Hysterie als Gesamtkunstwerk. In: Merkur. Zeitschrift für europäisches Denken, Bd. 35, 9/10, S. 879-895, sowie Schuller, M. (1985b). Literatur und Psychoanalyse: Zum Fall der hysterischen Krankengeschichte bei Sigmund Freud. In: KultuRRevolution, 1985, S. 48-52.

22 Link (1988), S. 285.

23 Link (1988), S. 286.

schiedene medizinische und juristische Spezialdiskurse bündeln und in einen narrativen Erzählstrang einbinden.

Doch Diskurse können auch verschiedene Gegenstände haben und dennoch die Basisprämissen teilen. Dem Denken über verschiedene Gegenstände liegen also dieselben Strukturen zugrunde. In diesem Fall gehören mehrere Diskurse demselben Diskurstyp an, wie z.B. die Naturwissenschaften des 19. Jahrhunderts, die sich auf gemeinsame Basisprämissen beziehen. Neben den diskursspezifischen epistemologischen Basisprämissen muß von der Existenz diskursunspezifischer epistemologischer Basisprämissen ausgegangen werden. Die Gesamtmenge dieser epistemologischen Basisannahmen kann man als Denkstruktur einer Epoche bzw. als Kultur[24] ansehen. Elemente dieser Denkstruktur können selbst Gegenstand eines Diskurses werden, z.B. in der Erkenntnistheorie oder der Wissenschaftstheorie, d.h., daß »Elemente der Denkstruktur wiederum Elemente eben jenes Wissens werden können, das mittels dieser Struktur produziert wird.«[25]

Diskurse organisieren kulturelles Wissen und vice versa. Als Denk- und Argumentationssysteme stellen sie zugleich eine Form der Praxis und der Interaktion dar, die für ihre Zeit spezifische Redeweisen hervorbringt. Diskurse bewegen sich innerhalb institutioneller und kommunikativer Rahmen, die das Sprechen ermöglichen und begrenzen, den Diskurs verwalten, kontrollieren, einschränken, autorisieren oder verbieten.[26] Eine so verstandene Diskursanalyse spürt den Ort des Sprechens im Kontext von Erörterungszusammenhängen auf, die durch externe wie durch interne Regularien geprägt sind und die Ebene des Subjektes überschreiten. Sie nimmt jene Fäden auf, die die Stimme dessen, der redet, mit der diskursiven und durch sie vermittelten soziokulturellen Matrix verbinden, der sie entstammt und auf die sie sich bezieht. Diskursanalysen wären zum Scheitern verurteilt, würden sie »... die Eigenschaften des Diskurses, die Eigenschaften dessen, der ihn hält, und die Eigenschaften der Institution, die ihn dazu autorisiert hat, nicht zueinander in Beziehung«[27] setzen.

Betrachtet man Diskurse und ihre besonderen Formationen, dann spielt der individuelle Autor mit seiner subjektiven Geschichte, seinen möglichen Motiven und Intentionen eine untergeordnete, wenn auch nicht gänzlich getilgte Rolle[28]. Der Autor ist zwar als Schreiber eines Textes anwesend, aber gleichzeitig als spezifische Person mit einer individuellen Biographie abwesend. Auch er ist, wie Uwe Japp in seiner Ortsbestimmung formuliert,

---

24 So Titzmann (1989), S. 55.

25 Titzmann (1989), S. 55.

26 Hartmann, A. (1991). Über die Kulturanalyse des Diskurses. In: Zeitschrift für Volkskunde, 87, S. 19-28.

27 Bourdieu, P. (1990). Die autorisierte Sprache: die gesellschaftlichen Bedingungen der Wirkung des rituellen Diskurses. In: Ders., »Was heißt sprechen?« Die Ökonomie des sprachlichen Tausches. Wien.

28 Siehe dazu Sarasin, P. (1994). Autobiographische Ver-Sprecher. Diskursanalyse und Psychoanalyse in alltagsgeschichtlicher Perspektive. In: Werkstatt Geschichte. Diskurs-Experimente, 7, S. 31-43.

> in Diskurse verwickelt (...), die nicht von ihm selbst verantwortet werden – und deren strukturierende Funktion ihm von Fall zu Fall nicht einmal bewußt ist. Die Diskursanalyse leitet daraus die weitergehende Funktion ab, daß der Autor auch dort, wo er sich selbst die Verantwortung für seinen eigenen Diskurs zuschreibt, nicht wirklich Herr im eigenen Haus ist.[29]

Das ist ganz im Sinne Foucaults, bei dem *der abwesende und gleichzeitig gegenwärtige Autor* als ordnungsstiftende Funktion des Diskurses beschrieben wird. Untersucht wird innerhalb der Diskursanalyse Foucaultscher Provenienz also nicht der Autor als Urheber eines Diskurses, sondern der Diskurs als der historisch variable Spielraum von Autorfunktionen. Foucault vertritt in der »Ordnung des Diskurses« die Ansicht, daß man die positive Rolle des Autors erst dann verstünde, wenn man zugleich seine einschränkende Funktion beachten würde. So gesehen ist die so häufig mißverstandene und auf Roland Barthes zurückgehende Rede vom »Tod des Autors«[30] ein Sprechen über den Tod einer idealistischen Konstruktion, nämlich der Fiktion von einem absoluten Autor.

Psychoanalyse als Text-Verfahren

Auch Freud hat das Subjekt in seine Schranken verwiesen, als er davon sprach, daß »das Ich nicht Herr sei in seinem eigenen Hause«[31]. Doch er bezieht sich anders als Foucault auf die Wirkmächtigkeit der Triebkonflikte und des Unbewußten[32]. Spuren von beidem finden sich in Fehlleistungen, Träumen und Phantasien und sind auch in den Texten aufzuspüren[33], indem der Leser allerdings keine Deutung des Textes anstrebt, sondern sich einer spezifischen »Leseerfahrung«[34] hingibt: »Nur derjenige, der sich vom Text gefangennehmen läßt (und sei es widerstrebend), bringt den Text zu jener Wirkung, die in reflektiertem Überstieg zur Interpretation erkannt werden muß. Nur so wird sichtbar, *was der Text mit*

29 Japp, U. (1988). Der Ort des Autors in der Ordnung des Diskurses. In: J. Fohrmann & H. Müller (Hg.), Diskurstheorien und Literaturwissenschaft. Frankfurt a.M., S. 223-235, hier S. 225.

30 Barthes, R. (1968). La mort de l'auteur. Paris.

31 Freud, S. (1917-1920). Eine Schwierigkeit der Psychoanalyse. GW XII, S. 3-12, hier S. 11. Freud spricht in diesem Beitrag von den drei großen Kränkungen, die die Menschheit seitens der Forschung erfahren hat: von der kosmologischen durch die Kopernikanische Wende, von der biologischen durch die Darwinsche Evolutionstheorie und von der psychologischen Kränkung durch die Freudsche Psychoanalyse.

32 Siehe dazu Marques, M. (1990). Foucault und die Psychoanalyse. Zur Geschichte einer Auseinandersetzung. Tübingen.

33 Für die Arbeit mit historischen Texten gibt Kleinspehn Anregungen: Kleinspehn, T. (1988). Der Ort der psychoanalytischen Theorie in der historischen Forschung – Versuch einer Zwischenbilanz der Psychohistorie. In: Psychologie und Gesellschaftskritik, 3, S. 89-110.

34 Lorenzer, A. (1990). Verführung zur Selbstpreisgabe – psychoanalytisch-tiefenhermeneutische Analyse eines Gedichtes von Rudolf Alexander Schröder. In: KulturAnalysen. Zeitschrift für Tiefenhermeneutik und Sozialisationstheorie, 3, S. 261-277.

dem Leser macht.«[35] Auf diese Weise stößt man auch auf Unregelmäßigkeiten, Brüche und Irritationen, die den kontinuierlichen Fluß des Textes stören. Sie durchbrechen die Eindeutigkeit und »intervenieren«, wie Sarasin sagt, durch ihre Ambivalenz. Sie geben Hinweise auf latentes Material. Freud hat gezeigt, wie an brüchigen Stellen die Spuren des Unbewußten auftauchen, wie aus dem Manifesten das Latente in zunächst sinnlos erscheinenden Versprechern durch die Schranken des Bewußtseins herausdrängt. Daher sieht er die Traumbilder und alltäglichen Versprecher als Ergebnis der psychischen Arbeit von Verdichtung und Verschiebung an, die symbolisch verschlüsselt und in Bilder übersetzt den Gedanken transformieren[36]: die Metapher als Verdichtung von Bedeutungen und die Metonymie als Verschiebung. Über diese Operationen ist der unbewußte Sinn dechiffrierbar. Dieser Gedanke hat Jacques Lacan zu der Aussage inspiriert, das Unbewußte sei wie eine Sprache strukturiert[37], deren Struktur dem handelnden Subjekt gemeinhin verschlossen bliebe. Dabei sind die Strukturen und Mechanismen des Unbewußten ihren Ausdrucksformen – zum Beispiel den Träumen – nicht äußerlich. Träume realisieren sich nicht durch ein intentionales Subjekt, sondern sie sind weit mehr ein Effekt des Unbewußten.[38] So taucht es auf in dem latenten Material von Texten, in den Bildern und Phantasien und vermittelt sich dem Leser und der Leserin durch Irritationen. Wer die Sprache allerdings bloß in ihrer referentiellen Funktion betrachtet, wird den eigenen Irritationen bei der Auseinandersetzung mit dem Text vermutlich keine Bedeutung beimessen. Sie sind dann Störungen der Objektivität und keineswegs Erkenntnismittel.

Die Untersuchung der Wirkung des Textes und die Selbstreflexion machen das Verstehen zu einem aktiven Prozeß, in dem die Welt des Textes in der Phantasie des Lesers und der Leserin neu erschaffen wird. Dabei ist eine wesentliche Frage, die, worauf der Text eigentlich antwortet, und die Antwort auf diese Frage ist eng verknüpft mit dem fragenden Subjekt. Sie ist eine Konstruktion unter vielen möglichen anderen, und wovon der Text redet, ist nicht unabhängig davon, ob ein Mann oder eine Frau liest[39], welche Vorlieben und Wünsche existieren und welche Vorentscheidungen der Situation »Before Reading«[40] vorausgegangen sind. »Die Anziehung, sich mit bestimmten Texten zu beschäftigen« – so Margarete Berger –, »ent-

35 Lorenzer (1990), S. 276.

36 Dazu Raguse, H. (1994). Der Raum des Textes. Stuttgart, besonders S. 138-149.

37 Jacques Lacan hat den Versuch unternommen, Freuds Zeichentheorie und sein Konzept des Unbewußten linguistisch zu reformulieren. In seinem Verständnis ist der unbewußte Sinn ein »Effekt« der Zeichentheorie, da das Unbewußte wie eine Sprache strukturiert sei.

38 Doch das Unbewußte ist ohne das Subjekt ebensowenig denkbar wie zugänglich. Die Bedingung der Möglichkeit, sich diesem Bereich mit seinen eigenen Gesetzmäßigkeiten zu nähern, bleibt an das Subjekt gebunden. Darüber hinaus ist die Bedeutung der Träume für die Wirklichkeit immer durch die symbolische Sinnwelt einer spezifischen Kultur bestimmt, die den Übergang von einer Wirklichkeit zur anderen markiert. (Siehe dazu Berger, P.L. & Luckmann, Th., 1972. Die gesellschaftliche Konstruktion der Wirklichkeit. Stuttgart, S. 104ff.).

39 Siehe dazu Klüger, R. (1994). Lesen Frauen anders? Heidelberg.

40 Raguse (1994), S. 24 bezieht sich auf Rabinowitz, P. (1987). Before Reading. London.

steht vor allem aus einer dem Begriff der Gegenübertragung verwandten Reaktion, die sich zwischen Kunstprodukt und Rezipienten herstellt. Dementsprechend verführt jeder Text, abhängig auch von der Fragestellung, die an ihn herangetragen wird, zum Agieren von Phantasien.«[41] Und dennoch ist dieses »Agieren von Phantasien« nicht ausschließlich Ergebnis willkürlicher Subjektivität, auch kein bloßer Reflex des Objektiven, sondern »etwas Drittes«, bei dem man sich nicht mehr fragt, »ob man es *vorgefunden oder erfunden hat. Beides ist wahr.*«[42]

Dieses Wahrheitsverständnis verweist auf das der Psychoanalyse. Wissenschaftsgeschichtlich markiert Freuds Wende von der Traumatheorie zur Triebtheorie – von der Diagnose traumatisierender Ereignisse hin zur Erkundung der Phantasie – die eigentliche Geburtsstunde der Psychoanalyse. Denn die Beschäftigung mit dem Unbewußten läßt Freud zunehmend an seiner Verführungstheorie zweifeln, und er kommt zu der »sichere(n) Einsicht«, »daß es im Unbewußten ein Realitätszeichen nicht gibt, so daß man die Wahrheit und die mit Affekt besetzte Fiktion nicht unterscheiden«[43] könne. Daher sind nicht die äußeren Ereignisse in ihrer Einwirkung auf die Subjekte zu entziffern, sondern das Erleben soll durch den Erlebenden zu Wort kommen. Erlebnisse und Lebensentwürfe stehen nunmehr im Zentrum der Psychoanalyse.[44] Wenn Freud seine Erkenntnis in das »methodische Postulat«[45] der Gleichsetzung von Phantasie und Wirklichkeit bindet, dann bedeutet das eben nicht, wie seine Kritiker[46] meinen, daß er damit die Wirklichkeit als unwahres Phantasieprodukt dem Bereich der »pseudologia phantastica« zuordnet. Vielmehr betont er damit, daß die Phantasien, als Imagines von Wirklichkeit, Wirklichkeit schaffen.[47] Das gilt insbesondere, »wenn es sich um

41 Berger, M. (1996). »Durch diese schöne Anstrengung mit sich selbst bekannt gemacht...«. Über Texte zu Töchtern und Vätern. In: M. Berger & J. Wiese (Hg.), Geschlecht und Gewalt. Göttingen, S. 120-160, hier S. 156.

42 Raguse (1994), S. 10f.

43 Freud, S. (1986). Briefe an Wilhelm Fließ 1887-1904 (hg. von Jeffrey M. Masson), Frankfurt a.M., Brief vom 21.9.1897, S. 284. Freud teilt Fließ mit, daß er bei näherer Nachforschung festgestellt habe, daß die von seinen Patientinnen berichteten sexuellen Verführungen in der Kindheit nur zum Teil der Realität entsprächen. Dem sogenannten Widerrufsbrief an Fließ wird von den meisten Biographen, die sich mit Freuds Theoriegeschichte auseinandersetzen, eine große Bedeutung beigemessen. Dabei wird der Widerruf häufig als Versuch interpretiert, den der Traumatheorie inhärenten Vorwurf der Verführung durch den eigenen Vater aus Angst vor Prestigeverlust innerhalb der wissenschaftlichen Community zurückgenommen und statt dessen das Kind mit dem Vorwurf der Lüge belastet zu haben. Siehe dazu auch Kessler, A.S. (1989). Zur Entwicklung des Realitätsbegriffs bei Sigmund Freud. Würzburg, insbesondere das Kapitel über das »Problem des Realitätszeichens«, S. 40-48.

44 Lorenzer, A. (1984). Intimität und soziales Leid. Frankfurt a.M., S. 212.

45 Haubl, R. (1995). Die Gesellschaftlichkeit der psychischen Realität. Über die gruppenanalytische Konstruktion multipler Wirklichkeiten. In: Gruppenpsychotherapie und Gruppendynamik. Beiträge zur Sozialpsychologie und therapeutischen Praxis, 1, S. 27-51, hier S. 39.

46 Insbesondere Masson, J.M. (1986). Was hat man dir, du armes Kind, angetan? Reinbek. Miller, A. (1981). Du sollst nicht merken. Frankfurt a.M. Krüll, M. (1979). Freud und sein Vater. München.

47 William I. Thomas und Dorothy S. Thomas 1928, S. 572 formulieren die Annahme (die als Thomas-Theorem in die wissenschaftliche Debatte des 20. Jahrhunderts eingegangen ist) folgendermaßen: »If men define situations as real, they are real in their consequences.«

unbewußte Phantasien handelt, also solche, die nicht als Phantasien erkannt, sondern für wahr gehalten werden«.[48] Freud zerstört damit die dem Positivismus entlehnte Wertehierarchie zwischen einer Wirklichkeit, der die Wahrheit immanent ist, und einer Phantasie, die mit der Unwahrheit gleichgesetzt wird[49]. Durch die begriffliche Unterscheidung von »materieller« und »psychischer Realität« betont er die Anerkennung der Differenz bei gleichzeitiger Akzeptanz der realitätsmächtigen Wahrheitswirkung von Phantasien.[50] In seinen Untersuchungen über »Die Traumdeutung« präzisiert er den für die psychoanalytische Erkenntnistheorie so wichtigen Gedanken, daß die von unbewußten Phantasien strukturierte »psychische Realität eine besondere Existenzform ist, welche mit der materiellen Realität nicht verwechselt werden soll«.[51] Freuds Phantasiebegriff ist im Gegensatz zum alltagstheoretischen oder juristischen, der bewußtseinsnah als Vorstufe zum Handeln interpretiert wird, nicht auf eine »intentionale Absicht des wünschenden Subjekts reduzierbar«.[52] Diese Konstruktion erlaubt eine Analyse von Phantasien, die diese nicht denunziatorisch der Unwahrheit überführt, sondern der Phantasie die Macht zur Konstruktion von Wirklichkeit zuerkennt.[53] Indem sich Freud vom Aufspüren des bewußten Motivs einer Handlung distanziert, vollzieht er den Schritt von der Ereignisdiagnose zur Erlebnisanalyse[54] und verzichtet damit auf die Suche nach einer ›objektiven‹ Wahrheit.[55] Freud skizziert damit einen Weg aus der polarisierenden Debatte, der es ihm ermöglicht, jenseits des *Entweder* (Wirklichkeit/Wahrheit) – *Oder* (Phantasie/Lüge) ein Drittes zu etablieren, das beide Möglichkeiten in sich aufnimmt.

Analog dem »Paradigmawechsel«[56] der Psychoanalyse geht es in der Analyse von Texten nunmehr weniger um die Rekonstruktion von objektiven Sachverhalten, al-

48 Haubl (1995), S. 39f.

49 Siehe dazu Kessler (1989).

50 Freud, S. (1916/17). Vorlesungen zur Einführung in die Psychoanalyse. GW XI, S. 385. Zur theoretischen Reflexion des Begriffspaares »materielle Realität« und »psychische Realität«, siehe Haubl, R. (1993b). Szenisches Verstehen als Aspekt psychoanalytischer Deutungspraxis. Zu Geschichte und Systematik psychoanalytischer Hermeneutik. In: texte, 13, S. 7-50, hier S. 19ff.

51 Freud, S. (1900a). Die Traumdeutung. GW II/III, S. 625.

52 Laplanche, J. & Pontalis, J.B. (1986). Das Vokabular der Psychoanalyse, Frankfurt a.M., S. 392. Siehe dazu auch Grubrich-Simitis, I. (1987). Trauma oder Trieb – Trieb und Trauma. In: Psyche, 11, S. 992-1023, hier S. 999. Lamott, F. (1995). Texte und Kontexte der Mißbrauchsdebatte 1890/1990. In: Traverse. Zeitschrift für Geschichte, Zürich, 1, S. 32-44; sowie Haubl, R. (1995).

53 Dazu ausführlicher Lamott (1999).

54 Dazu Lorenzer, A. (1984). Intimität und soziales Leid, Frankfurt a.M.

55 Für Freud wie für Foucault sind die Wahrheitswirkungen wichtiger als der Wahrheitswert, freilich vor dem Hintergrund unterschiedlicher theoretischer Positionen. Zur erkenntnis- und wahrheitstheoretischen Reflexion: Vgl. Foucault, M. (1988). Archäologie des Wissens. Frankfurt a.M. Siehe dazu auch Plumpe, G. & Kammler, C. (1980). Wissen ist Macht. Über die theoretische Arbeit Michel Foucaults. In: Philosophische Rundschau. Tübingen. Siehe dazu auch die kritische Auseinandersetzung mit Foucault von Reinke, E.K. (1979). Schwierigkeiten mit Foucault. In: Psyche, 33, S. 364-376.

56 Kuhn, Th.S. (1978). Die Struktur wissenschaftlicher Revolutionen. Frankfurt a.M. Siehe dazu auch Tömmel, S. (1985). Die Evolution der Psychoanalyse. Beiträge zu einer evolutionären Wissenschaftssoziologie. Frankfurt a.M.

so um außertextliche Referenzen, als vielmehr darum, daß mit dem weitgehenden Verzicht auf die Frage nach der Referenz die Bedeutsamkeit zentral wird.[57] Übertragen auf den Prozeß der Auseinandersetzung mit dem Text bedeutet das, daß die Frage nach der objektiven Wahrheit des Textes oder seiner Interpretation unwesentlich ist. Denn wie sich im psychoanalytischen Geschehen *Übertragung und Gegenübertragung* verschränken und zu einer situativen Wahrheit gerinnen, so hat auch der Text als »Produkt aus Finden und Erfinden«[58] keine bleibende Gültigkeit, sondern ist das Ergebnis einer spezifischen Lektüre. Diese spezifische Lektüre verlangt vom Leser, sich – analog der psychoanalytischen Methode – auf den Text in »freier Assoziation«[59] bzw. mit »gleichschwebender Aufmerksamkeit«[60] einzulassen. Diese Haltung ermöglicht ein Oszillieren zwischen »logischem« und »psychologischem Verstehen«[61], zwischen »semantisch-syntaktischem und szenischem Verstehen«[62]. Das bedeutet inhaltlich:

> ...sich Beschreibungen bildhaft-anschaulich vorzustellen und sich von deren ›Leerstellen‹ aus der spontanen Bewegung der eigenen Vorstellungen zu überlassen (...). Und formal-ästhetisch: das metaphorische Potential in der Semantik der schriftsprachlichen Sprachhandlungen freizusetzen und diese somit szenisch zu verknüpfen.[63]

Und mit Lorenzer läßt sich ergänzen, daß

> die Literaturrezeption (...) von der szenischen Einstellung geradezu gekennzeichnet (wird, F.L.), insofern der Leser ›von Bildern gefesselt‹ wird, und das soll heißen: von vorgeführten ›Lebensentwürfen‹, seien diese ›realitätsgerecht‹ oder ›fiktiv‹. Hinsichtlich der ›Verstehensqualität‹ wird demnach, wenn nicht durchgängig, so doch vordringlich ›szenisches Verstehen‹ gefordert.[64]

Das szenische Verstehen[65] als Bestandteil des Texterlebens hebt Haubl in Anknüpfung an Lorenzer als einen wichtigen Bestandteil der Praxeologie psychoanalytischer Text-Verfahren hervor. Er betont in diesem Zusammenhang eben-

---

57 Raguse, H. (1993). Fiktion und Realität im literarischen Lesen und in der psychoanalytischen Situation. In: Zeitschrift für psychoanalytische Theorie und Praxis, VIII, S. 176-191, hier S. 184.

58 Raguse (1994), S. 11.

59 Raguse, H. (1992). »Freie Assoziation« als Sprache der Psychoanalyse – einige linguistische Reflexionen. In: Zeitschrift für psychoanalytische Theorie und Praxis, VII, S. 293-306. Siehe dazu auch Lorenzer (1990).

60 Freud, S. (1912a). Ratschläge für den Arzt bei der psychoanalytischen Behandlung. GW VIII, S. 376-387, hier S. 377.

61 Ottomeyer, K. (1992). Prinzip Neugier. Einführung in eine andere Sozialpsychologie. Heidelberg, S. 105. Ottomeyer entwirft in seinem Buch das Konzept einer »dialektischen Sozialpsychologie«, in dem er sich auch auf die Basisannahmen der Sozialisationstheorie und der Kulturanalyse von Alfred Lorenzer stützt.

62 Siehe dazu auch Haubl, R. (1991). Modelle psychoanalytischer Textinterpretation. In: U. Flick u.a. (Hg.), Handbuch qualitative Sozialforschung, München, S. 219-223, hier S. 222.

63 Haubl (1991), S. 222.

64 Lorenzer (1990), S. 266.

65 Neben Lorenzer (1990) ausführlich zum Konzept des »Szenischen Verstehens«: Haubl, R. (1993b). Szenisches Verstehen als Aspekt psychoanalytischer Deutungspraxis. Zu Geschichte und Systematik psychoanalytischer Hermeneutik. In: texte, 13, S. 7-50.

so wie Ottomeyer[66] und Raguse die besondere Bedeutung der durch das Übertragungsangebot des Textes ausgelösten Gegenübertragungen des Lesers. Die »Gegenübertragung als analytisches Instrument«[67] fungiert dabei als ein Seismograph für Unbewußtes und damit auch für erregendes und Angstabwehr provozierendes Material.

Vor diesem Hintergrund ist jede Lektüre desselben Textes anders, und jeder Text kann auf vielfältige Weise verstanden werden. Die der Lektüre folgenden Interpretationen sind wiederum Texte, die ihrerseits der Interpretation fähig und bedürftig sind, und das heißt, sie generieren selbst wiederum neue Texte[68]. In diesem Sinne geht es nicht wie in der klassischen Hermeneutik um die Frage, wie Interpretationen einen Textsinn bewahren, als vielmehr um die theoretische Erörterung einer »Textgeschichte«, zu der auch die Intertextualität – der ausdrückliche oder auch unausdrückliche Bezug eines Textes auf andere – gehört[69].

Die psychoanalytisch informierte Diskurs- und Textanalyse ist eine »Lektüreform«[70], die mehrdeutig bleiben muß. Sie stellt einen Versuch dar, den Möglichkeiten der »Sprache entlang assoziierend«[71] etwas im Text zu erhellen, was nicht ausdrücklich benannt ist. So gesehen stellt die vorliegende Arbeit einen »dritten Text« dar, in dem versucht wird, unbewußte Phantasien in wissenschaftlichen und populären Texten zu enträtseln.

66 Ottomeyer (1992), S. 104ff.

67 Lamott, F. (1994). Übertragung und Gegenübertragung. Gegenübertragung als analytisches Instrument. In: R. Haubl & F. Lamott (Hg.), Handbuch Gruppenanalyse, München, S. 181-195, hier S. 188.

68 Raguse (1994), S. 25.

69 Siehe dazu Barthes, R. (1974). Die Lust am Text. Frankfurt a.M.

70 Sarasin (1994).

71 Sarasin (1994), S. 39.

III
DIE HYSTERISIERUNG DER ÖFFENTLICHKEIT

Der folgende Prozeßbericht ist ein Zeitdokument, ein Bild der Moderne. Als solches sind in ihm jene brisanten Fragen nach dem Geschlechterverhältnis geronnen, auf die in den wissenschaftlichen Diskursen der Zeit Antworten gesucht werden. Der vorliegende Fall befindet sich im Fadenkreuz herrschender (Inter-)Diskurse, vor allem zwischen Justiz und Psychiatrie. Mit dem Eintritt in den öffentlichen Raum wird das Spezialwissen popularisiert. Die durch die öffentliche Diskussion transformierten Erkenntnisse bilden dann erneut den Hintergrund, vor dem sich wissenschaftliche Diskursivität entfaltet.[1]

Wie im Kaleidoskop zeigen sich in diesem Kriminalprozeß viele Aspekte, die im Laufe dieser Arbeit auftauchen werden. Die Analyse dieses Berichtes belegt nicht nur, wie sich Faszination und Angst vor der verführerischen Frau im Text verschränken und in welcher Weise die Hysterie als Klassifikation zur Abwehr dieser Bedrohung im Strafverfahren eingeführt wird, sondern auch, wie die Berichterstattung das verführerische Potential in sich aufnimmt und nun selbst zu einem Produkt der Hysterisierung wird. Es zeigt, wie sich der hysterische Interaktionsmodus des anderen und der Öffentlichkeit bedient und sich letztendlich in einem hysterischen Text niederschlägt.

Der Fall

Im Oktober 1913 wird am Schwurgericht in Berlin ein Prozeß eröffnet, über den Hugo Friedlaender im zwölften Band seiner »Interessanten Kriminal-Prozesse« berichtet.[2] Unter Mordanklage stand die 20jährige Hedwig Müller. Sie soll in der Nacht vom 7. auf den 8. März 1913 den 19jährigen Georg Reimann erschossen haben. Zeugen trafen sie am Tatort an. Gegenüber der Polizei gab sie an, daß Reimann, mit dem sie gemeinsam in einer Buchhandlung arbeitete, sich selbst erschossen habe. Sie bestritt jegliche Beteiligung. Nach der Obduktion der Leiche allerdings stand zweifelsfrei fest, daß Selbstmord ausgeschlossen war. Der Tod war durch zwei Schüsse in den Hinterkopf eingetreten. Hedwig Müller stand unter Mordverdacht.

---

1 Es gibt eine Reihe von Beispielen, die diesen Zusammenhang für die Jahrhundertwende belegen. Zum Beispiel: Schnitzler liest Freud. Die Erkenntnisse finden Eingang in seine literarischen Produktionen. Freud liest Schnitzler und treibt aufgrund der Lektüre seine theoretischen Überlegungen voran.

2 Friedlaender, H. (1919). Ein Liebesdrama im Berliner Tiergarten. In: Ders., Interessante Kriminal-Prozesse von kulturhistorischer Bedeutung. Berlin, Bd. XII, S. 195-254.

Die Beziehung zwischen Georg Reimann und Hedwig Müller war nicht nur beruflicher Art. Sie betonte ihre mütterliche Zuneigung, ihr Mitleid ihm gegenüber, der in einem »ungünstigen Milieu« (208)[3] aufgewachsen sei und beschrieb die Art und Weise, wie sie ihn sich zum »Pagen« (208) gemacht habe. Nach ihren Einlassungen sei der Verstorbene »sterblich« (198) in sie verliebt gewesen. Nach langem Werben seitens des jungen Boten sei es zu Intimitäten gekommen. Reimann habe dann von der Existenz eines weiteren Liebhabers, eines gewissen Dr. Sternberg, erfahren. Er habe sie eifersüchtig verfolgt, sie gegen ihren Willen unaufhörlich bedrängt und auf ihr Liebesverhältnis zu dem wohlsituierten Herrn mit Zorn reagiert, habe ihr nachgestellt, ihr keine Ruhe gelassen, dekuvrierende Briefe an den anderen Geliebten geschrieben und sie schließlich bedroht und erpreßt, alles an die Öffentlichkeit zu bringen. Sie habe nach längerer Zeit der Verzweiflung den Vorsatz gefaßt, sich das Leben zu nehmen, und habe aus diesem Grund einen Revolver gekauft. Als es beim letzten Rendezvous der beiden im Tiergarten wieder zum Streit gekommen sei, habe sie keinen anderen Ausweg gesehen, als ihrem Leben ein Ende zu setzen, und den Revolver aus der Tasche gezogen. Als Reimann das sah, habe er ihr die Waffe entrissen, dabei hätten sich Schüsse gelöst und ihn tödlich verletzt oder er habe sich selbst absichtlich erschossen. Genaueres wisse sie nicht, denn dann habe sie das Bewußtsein verloren.

Im Verfahren wurden neben einer ausführlichen, von der Angeklagten in der Untersuchungshaft eigens verfaßten Lebensgeschichte (die während des Verfahrens im Wortlaut zur Verlesung kommt) vier medizinische Sachverständigengutachten vorgetragen. Die Gutachter stimmten mit geringen Differenzen darin überein, daß die Angeklagte das Krankheitsbild einer schweren Hysterie aufweise, doch zur Zeit des Verfahrens nicht als geisteskrank und unzurechnungsfähig anzusehen sei. Inwieweit sie sich zur Tatzeit allerdings in einem Zustand befand, der die freie Willensbestimmung ausschloß, beantworteten die Gutachter nuanciert unterschiedlich. Das Gericht schloß sich nicht der Position des psychiatrisch-medizinischen Sachverständigen an, die auf Exkulpation plädierte; denn der Staatsanwalt war von einer Verminderung der Schuldfähigkeit wegen einer hysterischen Erkrankung nicht überzeugt. Er plädierte auf schuldig, gestand der Angeklagten aber wegen eines starken Affekts Strafmilderung zu; denn schließlich habe sie sich in einer durch das Opfer erzeugten Notlage befunden. Die Geschworenen erkannten die Angeklagte des »Totschlags, unter Billigung mildernder Umstände« für schuldig. Das richterliche Urteil lautete auf zwei Jahre und sechs Monate Gefängnis, die Untersuchungshaft wurde angerechnet.

---

3 Die in Klammern befindlichen Zahlen in diesem Kapitel beziehen sich auf Seitenangaben in Friedlaenders (1919) Bericht.

Der Text und sein Kontext

Der Fall erregte die Öffentlichkeit. Die Boulevardpresse war wochenlang voll von Berichten, deren Ausläufer auch die wissenschaftlichen Diskurse erreichte. Der Autor der »Interessante(n) Kriminalprozesse« trug das Seine dazu bei. Wer war Hugo Friedlaender?

In den Jahren 1910-1919 erscheinen in lockerer Folge zwölf Bände »Interessante Kriminal-Prozesse von kulturhistorischer Bedeutung«[4]. Der Autor ist der Gerichtsberichterstatter Hugo Friedlaender. Im Vorwort des ersten Bandes verleiht Erich Sello[5] den Prozeßberichten einen systematischen Standort innerhalb der »menschlichen Kulturgeschichte«[6]. Die sonst nur fragmentarisch und diskontinuierlich auftauchenden Berichte in Tageszeitungen seien, so Sello, durch die »getreu(e) Aufbewahrung dieser documents humains« ein Besitz für immer und ewig, der kriminalistische und kulturgeschichtliche Forschung auch in Zukunft ermögliche. Bislang habe es in deutscher Sprache nichts der französischen »Gazette des tribunaux«, der italienischen »Eco dei tribunale« oder der »Belgique judiciaire« Vergleichbares gegeben:

> Keine unserer großen Tageszeitungen erachtet die bemerkenswerteren Strafprozesse unserer Tage einer Betrachtung sub specie aeterni für würdig, wie es die TIMES so oft in ihren Leitartikeln getan. Der *neue Pitaval* und *Belmontes* verdienstvolles *Tribunal* sind seit Jahrzehnten eingegangen, der *deutsche Pitaval* ist nicht über das vierte Heft hinaus gediehen und der *Pitaval der Gegenwart* und die gelegentlichen Prozeßberichte in *Groß'* ausgezeichnetem *Archiv* genügen nicht annähernd dem Bedürfnis des Forschers.[7]

Die Einschätzung Sellos verdankt sich vermutlich der pragmatischen Absicht des Vorwortschreibers, das Buch in einer von ihm zuvor konstatierten Wissenslücke zu plazieren. Diesem Kunstgriff stehen eine ganze Reihe von Publikationen entgegen. Insbesondere die »zweite Welle« des justizkritischen Interesses an Strafprozessen, die sich Anfang des 20. Jahrhunderts beobachten läßt und sich in Zeitschriften wie »Pan«, »März«, »Weltbühne« und nicht zuletzt in der »Fackel« von Karl Kraus niederschlägt, belegt eine gegensätzliche Tendenz.[8] Die bis zur Jahrhundertwende vorherrschende täterorientierte, authentische »Pitavalgeschichte«, deren Paradigma Feuerbachs aktenkundige Rekonstruktion der Täterbiographie und des indi-

---

4 Friedlaender, H. (1919). Interessante Kriminal-Prozesse von kulturhistorischer Bedeutung. Berlin, Bd. I-XII.

5 Justizrat aus Berlin, Autor der Bücher »Zur Psychologie der cause célèbre«, Berlin 1910b; sowie einer eigenen Sammlung über »Die Irrtümer der Strafjustiz und ihre Ursachen«, Berlin 1911.

6 Sello, E. (1910a). Vorwort. In: H. Friedlaender, Interessante Kriminal-Prozesse von kulturhistorischer Bedeutung. Berlin, S. 3-7.

7 Sello (1910a), S. 4f.

8 Siehe dazu Linder, J. (1991b). Sie müssen entschuldigen, Herr Staatsanwalt, aber es ist so: wir trauen Euch nicht... Strafjustiz, Strafrechtsreform und Justizkritik im März, 1907-1911. In: J. Schönert, K. Imm & J. Linder, Erzählte Kriminalität. Zur Typologie und Funktion von narrativen Darstellungen in Strafrechtspflege, Publizistik und Literatur zwischen 1770 und 1920. Tübingen, S. 533-570.

viduellen Verbrechens darstellte[9], wurde abgelöst durch die Wiederaufnahme der Vorbilder des frühen 19. Jahrhunderts, die eine Verbindung zwischen täter- und institutionsbezogener Darstellung bevorzugten. Vor diesem Hintergrund ist Friedlaenders Sammlung »Interessante Kriminalprozesse«, ebenso wie die von Häring Mitte des 19. Jahrhunderts herausgegebene Sammlung des »neue(n) Pitaval«[10], durch den Versuch der Herstellung einer Balance zwischen »Authentizitätspostulat und literarisch-narrativer Darstellungsform«[11] gekennzeichnet. Und ebenso wie Häring hat auch Friedlaender gegen die Konkurrenz fiktiver Kriminalerzählungen anzutreten, die zwar an realen Fällen anknüpfen, aber diese frei von institutionellen Gegebenheiten ganz unter das Primat der Spannungserzeugung stellen können. Friedlaender will beides: das Laienpublikum mit spannenden Prozeßgeschichten und die wissenschaftlichen Experten mit juristisch und forensisch relevantem Material erreichen. Seine Berichte sollen lebendige Dokumente von kulturhistorischer Bedeutung sein, die darüber hinaus den Lesern auch eine Quelle der Selbsterkenntnis bieten. Sie seien deshalb so wichtig, da sie ...

> die Nachtseiten der Menschenseele *wirklichkeitsgetreu* schauen lassen, damit wir im Sinne des buddhistischen Tattwamasi – das bist Du selber! – Einkehr halten in unser eigenes Herz... (anders, F.L.) als die müßigen Phantasieausgeburten jener modernen Sherlock-Holmesnovellistik, um die sich die Leser reißen.[12]

Angekündigt wird eine Textgattung, die, anders als die »Sherlock-Holmesnovellistik«, keine literarischen Fiktionen produziert, sondern eine Textsorte, die durch den klaren, »wirklichkeitsgetreuen« Tatsachenblick[13] ausgezeichnet ist. Diese explizite Abgrenzung gegenüber literarischer Fiktion auf der einen Seite und Annäherung an zeitgenössische Wissenschaftsstandards auf der anderen Seite dient der Konstituierung eines eigenen Platzes zwischen Literatur und Wissenschaft. Daher hebt Sello hervor, daß Friedlaenders Kriminalfälle Berichte eines Außenstehenden seien, der sich »als getreuer Chronist kriminalistischer Tagesereignisse« verstehe und als »aufmerksamer Zeuge« aus der Unmittelbarkeit des Eindrucks ein »lebendiges Augenblicksbild« festhalten wolle. Werden einerseits wissenschaftliche Tugenden des Positivismus – wie Distanziertheit und Objektivität – zitiert, so betont der Vorwortschreiber andererseits die Fähigkeit des Autors zu einer lebendigen Beschreibung der Wirklichkeit, die über eine Dokumentation der Ereignisse hinausgeht. Erst das erzählerische Eintauchen in das Geschehen werde den beteiligten Akteuren gerecht. In der Tradition Friedrich Schillers richtet sich das »wirklichkeitsgetreue« Verstehen der Gemütslage des Menschen gegen die »Wirklichkeits-

---

9 Linder, J. (1991a). Deutsche Pitavalgeschichten in der Mitte des 19. Jahrhunderts. Konkurrierende Formen der Wissensvermittlung und der Verbrechensdeutung bei W. Häring und W.L. Demme. In: J. Schönert, K. Imm & J. Linder, S. 313-348.

10 Häring, W. (Hg.) (1841). Der neue Pitaval. Eine Sammlung der interessantesten Criminalgeschichten aus älterer und neuerer Zeit. Leipzig.

11 Linder (1991a), S. 317.

12 Sello (1910a), S. 4.

13 Siehe dazu Bonß, W. (1982). Die Einübung des Tatsachenblicks. Zur Struktur und Veränderung empirischer Sozialforschung. Frankfurt a.M.

fremdheit« der Justiz, ist die Rekonstruktion von Innenvorgängen an die narrative Kraft des Wortes, an das dichterische Vermögen gebunden.[14]

Auch Friedlaender erzählt eine Geschichte. Seine »kriminalistischen Momentaufnahmen« sind daher Dokumente eigener Art. Sie bilden Realität keineswegs photographisch ab, sondern zeichnen narrativ Bilder nach, die sich bewegen, in Widersprüchen verfangen, Brüche hervorbringen und keinesfalls nur Eindeutigkeit und Kontinuität produzieren.

Der vorliegende Prozeßbericht ist nicht nur die Geschichte eines Kriminalprozesses, sondern auch die Geschichte einer Berichterstattung, in der sich der Autor in die Gefühlswelt seines Mediums involvieren läßt und damit eine Dynamik reinszeniert, die der Wahrheit näher zu kommen scheint als jeder Versuch einer Objektivierung.

Die Dramaturgie

Der Prozeß – so Friedlaender – habe »nicht nur in Berlin, sondern im ganzen Deutschen Reiche und auch im Auslande« (197) ungeheures Aufsehen erregt, das sich der außergewöhnlichen Attraktivität der Beschuldigten verdanke.

So hat der Liebreiz der »bezaubernd« (195), »blendend« (197) und »auffallend schönen« (196) Angeklagten offensichtlich auch den Berichterstatter in begeistertes, wenn auch ängstliches Entzücken versetzt. Friedlaender eröffnet seinen Bericht mit Homerschen Assoziationen von Liebe und Tod:

> ... die prächtige Schilderung Homers von den Sirenen, den drei reizenden Jungfrauen, die auf einem Eiland des Westmeeres zwischen der Insel der Kirke und der Szylla, auf einer blumigen Strandwiese, umgeben von bleichenden Menschengebeinen, weilten und durch ihren bezaubernden Gesang die Vorübersegelnden anlockten, um sie zu töten, ist selbstverständlich nur eine romantische Dichtung. Wenn es dem alten Homer vergönnt gewesen wäre, von den Toten aufzuerstehen und in der Nacht vom 7. zum 8. März 1913 den Berliner Tiergarten zu passieren, dann hätte er in der Nähe der Lichtensteinbrücke, bei silberhellem Mondeslicht eine junge Dame, mit einem geladenen Revolver bewaffnet, gesehen, die unwillkürlich an die von ihm geschilderten Sirenen erinnerte. (195)

Der Berichterstatter wählt zur Eröffnung eine dramatische Perspektive, deren Kernstück die Verbindung von Begehren und Tod ist. Orientiert an der Homerschen Odyssee, situiert er den Fall thematisch-inhaltlich analog dem Mythos von Paris, Menelaos und der schönen Helena zwischen Liebe und Tod, Leidenschaft und Vernunft. Durch die Form seiner Darstellung macht er auf jene Gefahren aufmerksam, die dem Autor bei dem Versuch einer »wirklichkeitsgetreuen« Wiedergabe des Falles begegnen. Wie Odysseus dem verführerischen Sirenengesang

---

14 Siehe dazu Schönert, J., Imm, K. & Linder, J. (1991). Erzählte Kriminalität; Link-Heer, U. (1983). Über den Anteil der Fiktionalität an der Psychopathologie des 19. Jahrhunderts. In: Zeitschrift für Literaturwissenschaft und Linguistik, 51/52, S. 280-302. Siehe dazu Freud, S. (1907). Der Wahn und die Träume in W. Jensens ›Gradiva‹. GW VII, S. 31-125.

ausgesetzt ist, so scheint sich auch Friedlaender von der Attraktivität der Angeklagten bedrohlich angezogen zu fühlen. Und wie jener mythischen Gestalt fällt es dem Berichterstatter schwer, professionelle Distanz zu wahren. Das dramatische Bild der Odyssee ist also kein Zufall, transportiert es doch treffend die Angstphantasie: Die Sirenen halten als Ausdruck weiblicher Verführungsmacht den Tod für jene bereit, die ihnen verfallen. Doch Odysseus bedient sich einer List, die es ihm ermöglicht, sich den »gefahrvollen Lockungen, die das Selbst aus der Bahn seiner Logik herausziehen«[15], auszusetzen und gleichzeitig die Gefahr zu bannen. Er läßt sich an den Mast seines Schiffes fesseln, während seine rudernden Gefährten mit Wachs in den Ohren am drohenden Tod vorbeisegeln. Odysseus »neigt sich dem Liede der Lust und vereitelt sie wie den Tod«, so kann er den Sirenen als »Verfallener nicht verfallen«,[16] während die, die den Kurs halten, den verzweifelten Schrei ihres an den Mast gefesselten Befehlshabers nicht hören können.

Der Prozeßbericht liest sich wie eine Odyssee, in der die »archaische Übermacht«[17] weiblicher Verführung, erzählerisch verdichtet, die Möglichkeiten des Umgangs mit ihr in Szene setzt. Während die zum Prozeß hinzugezogenen sachverständigen Aufklärer diese Verführung methodisch umschiffen, kämpft der Berichterstatter mit seiner emotionalen Ambivalenz. Wo er fasziniert seine Anziehung und Ablehnung dramatisch zum Ausdruck bringen kann, werden jene, die wissenschaftlich Kurs gegen Triebimpuls und Affektsturm halten, an die Forderungen der Aufklärung gebunden: an »Nüchternheit«, »Tatsachensinn« und an die »rechte Einschätzung von Kräfteverhältnissen«[18]. Dabei gilt es mit methodisch gesicherter Distanz nicht nur, »Objektivität« zu gewährleisten, sondern vor allem, das gefährdete Subjekt vor Verstrickung zu schützen.

Die sexuelle Attraktivität verführt den Mann, sich seinem Triebwunsch zu überlassen. Die der Kirke im Mythos zugedachte erotische Initiative macht sie zum Prototyp der Hetäre, deren Kennzeichen eine beunruhigende Ambivalenz ist:

> Die Signatur der Kirke ist *Zweideutigkeit*, wie sie denn in der Handlung als Verderberin und Helferin auftritt. (...) Ungeschieden sind in ihr die Elemente Feuer und Wasser, und es ist diese Ungeschiedenheit als Gegensatz zum Primat eines bestimmten Aspekts der Natur – sei's des mütterlichen, sei's des patriarchalen –, welche das Wesen von Promiskuität, das Hetärische ausmachen... Die Hetäre gewährt Glück und zerstört die Autonomie des Beglückten, das ist ihre Zweideutigkeit.[19]

Friedlaender konstruiert ein ebensolches Bild von Hedwig Müller, die dem Typus der durch ihre Schönheit gefährlichen, »männermordenden« Hetäre entspricht. Er verdoppelt in seinem Bericht die Schönheit des »Bösen«, indem er die

15 Horkheimer, M. & Adorno, Th.W. (1986). Dialektik der Aufklärung. Frankfurt a.M., S. 45.
16 Horkheimer & Adorno (1986), S. 55.
17 Horkheimer & Adorno (1986), S. 55.
18 Horkheimer & Adorno (1986), S. 53.
19 Horkheimer & Adorno (1986), S. 64.

beunruhigende Ambivalenz in seinen Text aufnimmt. Die Gleichzeitigkeit von Angst und Lust läßt eine eindeutige Distanznahme nicht zu. Im Gegensatz zu dieser durch überbordende Beschreibungen deutlich markierten alltagsweltlichen Perspektive hat die wissenschaftliche Haltung Distanzierung zur Voraussetzung für erfolgreiche Selbst- und Fremdkontrolle. Unentschiedenheit wird als Unordnung erfahren und infolgedessen mit wachsendem Kontrollverlust assoziiert[20]. Für das Erleben ist es dabei gleichgültig, worauf sich die Angst bezieht, auf den Kontrollverlust des eigenen Selbst oder auf den des anderen. Entscheidend ist, daß die Ambivalenz von Angst und Verlangen grundsätzlich am anderen bekämpft wird, der als Ergebnis dieses projektiven Aktes als bedrohliches Objekt wahrgenommen wird. Halten wir fest: Bedrohlich ist die Inkohärenz, die Mehrdeutigkeit, die Undefinierbarkeit.

Durch diagnostische Einordnung werden undurchschaubare, chaotische, freie, sozial gefährliche, angstauslösende Phänomene strukturiert und systematisiert.[21] Mit vorgeblich zuverlässigen, prägnanten Klassifikationen wird eine »verführerische Einfachheit« etabliert. Verführerisch, weil sie die Realität von ihr inhärenten Zwiespältigkeiten befreit und eine artefizielle, von Affekten bereinigte Wirklichkeit herstellt: »Einfachheit beschwichtigt Ängste, indem sie Unterscheidungen beseitigt.«[22] Die klassifikatorische »Klarheit« ist dabei, wie Zygmunt Bauman sagt, »ein Spiegelbild, ein intellektuelles Äquivalent der Verhaltenssicherheit.«[23] Diesen trügerischen Zusammenhang hat Georges Devereux als den von »Angst und Methode in den Verhaltenswissenschaften«[24] herausgearbeitet, in dem er nicht nur das Objekt der Forschung fokussiert, sondern die affektive Verstrickung des Forschers mit seinem Gegenstand systematisch als Teil des wissenschaftlichen Prozesses berücksichtigt.

Die Angst vor der weiblichen Verführungsmacht und der Wunsch, diese zu kontrollieren, beschäftigt viele Autoren der Jahrhundertwende und besonders jene, die strafrechtlich mit ihnen zu tun haben[25]; denn schließlich haben sie es mit Frauen zu tun, die sich männlicher Kontrolle erfolgreich entzogen, ja, diese gar umgekehrt haben. Friedlaenders Einstimmung in das Prozeßgeschehen nimmt also auch die Furcht juristischer Entscheidungsträger auf, der Ambivalenz zu erliegen und damit die Differenz zwischen ›wahr‹ und ›falsch‹, zwischen ›real‹ und ›imaginär‹ aufzuheben. Der erfahrene Strafjurist Klamroth klagt 1912 im Groß-schen »Archiv für Kriminalanthropologie und Kriminalistik« über die richterliches Handeln gefährdende simulative Kunstfertigkeit weiblicher Angeklagter:

---

20 Siehe dazu Bauman, Z. (1992a). Moderne und Ambivalenz. Das Ende der Eindeutigkeit. Hamburg.

21 Dörner, K. (1975). Diagnosen in der Psychiatrie. Frankfurt a.M.

22 Gay, P. (1986). Erziehung der Sinne. Sexualität im bürgerlichen Zeitalter. München, S. 42.

23 Bauman (1992a), S. 77.

24 Devereux, G. (1973). Angst und Methode in den Verhaltenswissenschaften. Frankfurt a.M.

25 Siehe dazu Klamroth, C. (1914). Frauen als Angeklagte. In: Archiv für Kriminalanthropologie und Kriminalistik, Bd. 57, S. 282-287; Gross, H. (1898). Criminalpsychologie. Graz, besonders S. 437-441; Jassny, A. (1911). Zur Psychologie der Verbrecherin. In: Archiv für Kriminalanthropologie und Kriminalistik, Bd. 42, S. 90-108.

> Die Verstellungskunst ermöglicht es der Mörderin, sich trotz ihres Schuldbewußtseins als schuldlos angeklagte, duldende Frau aufzuspielen. Bei der Anklage des Staatsanwalts bricht sie in Tränen aus, und wer kennt nicht die Wirkung von Weibertränen auf harmlose Gemüter? Den Geschworenen wirft sie flehende Blicke zu; ziehen sie sich zur Beratung zurück, dann ›bricht die Bedauernswerte zusammen‹. Auf nichts versteht sich die Angeklagte besser als auf die Rolle der gekränkten weiblichen Würde und Unschuld. (...) Dazu kommt das von der Angeklagten ausgehende sexuelle Fluidum, das schwache Charaktere gar leicht gefangen nimmt. Damit rechnet die Angeklagte, darauf stellt sie ihr Betragen, ihre Stimme, ihre Haltung, ihre Kleidung ein. Mit andern Worten: den Richtern wird eine regelrechte Komödie vorgespielt, *das Tribunal wird zur Szene*. Man hat sich schon oft über die Kleidung aufgehalten, in der angeklagte Frauenzimmer vor den Richter zu treten belieben. Man hat geglaubt, die Auswüchse in dieser Beziehung auf Konto der weiblichen Eitelkeit allein setzen zu sollen. Man wird einsehen, daß der eigentliche Grund das Bestreben der Angeklagten ist, Eindruck zu machen. Und gerade um dies zu verhüten, um eine objektive Rechtsprechung ohne Ansehen der Person zu gewährleisten, müßte der Vorsitzende des Gerichtshofs es sofort verbieten, daß die Angeklagte in irgendwie auffallender Toilette erscheint. (...) Wären unsere Richter bessere Psychologen, dann könnte es nicht vorkommen, daß sie den Winkelzügen und Künsten weiblicher Angeklagter und dem Druck der öffentlichen Meinung so hilflos gegenüberstünden wie vielfach heute. Wissen ist Macht, das Wissen von den dunklen Irrgängen menschlicher Seele doppelte Macht! Ein derartig ausgebildeter Richter wird sich so leicht nicht düpieren lassen.[26]

Klamroth kehrt das geflügelte Wort »die Szene wird zum Tribunal« um und spricht davon, daß »das Tribunal zur Szene« wird. Im Prozeß gegen Hedwig Müller taucht es wieder auf. Hier führt es der Staatsanwalt ins Feld, als es darum geht, die Realität der nachgestellten Tötungsszene zu bewerten: »Hüten Sie sich aber, auch hier die Szene zum Tribunal werden und einen Theatergebrauch als Beweis dienen zu lassen.« (248) Während der Richter Klamroth davor warnt, die Realität der Gerichtsverhandlung zur Theaterszene werden zu lassen, warnt der Staatsanwalt davor, eine Theaterszene Wirklichkeit werden zu lassen. Beiden gemeinsam ist die unausgesprochene Erkenntnis, daß *die Simulation von Wirklichkeit Wirklichkeit konstituieren kann.*

Daher sind, um das gefürchtete Chaos abzuwehren, professionelle Distanzierungstechniken wichtig, die die Elemente weiblicher Verführung als Simulation, also als Bestandteil eines Betruges oder einer hysterischen Erkrankung, entlarven. Im methodischen Zugriff soll der Sachverständige das »ambivalente Objekt« mit einem eindeutigen diagnostischen Rahmen versehen.

Die Hysterisierung – verstanden als ein Prozeß der Zuschreibung bzw. Etikettierung – dient der wissenschaftlichen Distanzierung, mittels derer die Angst im Kampf gegen das »sexuelle Fluidum« (Klamroth) erfolgreich abgewehrt werden kann. Mit der neugeschaffenen, bipolaren Ordnung von Gesundheit und Krankheit, Schuld und Nicht-Schuld, Gut und Böse, wird die Welt wieder überschau- und lesbar. Das Chaos der Ambivalenz wird der interpersonellen Ge-

---

26 Klamroth (1914), S. 283ff.

schlechterdynamik entzogen und mit dem Stigma der Hysterie an das weibliche Individuum gebunden. In dem abgesteckten Feld individueller Krankheit setzt man die Suche nach der Bedrohung der Ordnung, die nun mit einem diagnostischen Etikett versehen ist, fort.

Friedlaender verdeutlicht durch den fast rhythmischen Wechsel der Erzählstruktur die Funktion der Sachverständigen, indem er vor dem Hintergrund seiner melodramatischen Erzählweise der als Zitat gekennzeichneten objektivierbaren Rede der Gutachter klinische Rationalität verleiht. Im Kontrast der Diskurse bekommt die Rolle des Erzählers ebenso wie die der Sachverständigen ihre spezifischen Konturen.

Diskursive Konstrukte: die Hysterie

Friedlaender dokumentiert in seinem Prozeßbericht durch die Abwechslung unterschiedlicher Textsorten (des Autors, der Angeklagten, der Sachverständigen, des Richters, des Staatsanwalts, der Verteidiger, der Geschworenen) die diversen Diskursformen. So hebt sich sein Stil deutlich von den in den Erzählstrom montierten wissenschaftlichen Diskursen der Mediziner und Juristen ab. Diese bedienen sich zur Beseitigung der Ambivalenz Methoden und Techniken der »semantischen Präzisierung« (Bauman), die alles eliminieren, was nicht genau definiert werden kann, alles, was das Gesetz vom ausgeschlossenen Dritten verletzt. Die Ordnung wird – wie wir gesehen haben – durch Diagnostizieren und Klassifizieren hergestellt.

Diese Aufgabe übernimmt die Forensische Psychiatrie, die eine junge Disziplin ist. Als ein Kind der Aufklärung ist ihre zentrale Kategorie die Vernunft. Diese bringt die neue medizinisch-psychiatrische Erfassung des »ver-rückten« Sinns erst als Vernunftwidrigkeit hervor und ermöglicht, daß der Psychiater nun auch von den Gerichten gehört werden kann. Als Experte ist er imstande, zwischen »krank« und »böse« zu unterscheiden.[27] Wenn auch der Wahnsinn zu Beginn des 19. Jahrhunderts in seinem Wesen undurchschaut bleibt, so ist der Raum, in den er ein-

27 Auch Immanuel Kant hat sich zum Irresein geäußert. Kant reklamiert hartnäckig das Irresein für die Philosophie und das am deutlichsten in der forensischen Frage: Kant will nur die körperlichen Krankheiten den Ärzten überlassen, während das eigentliche Irresein Gegenstand der Philosophie bleiben soll. Denn in der Schuldfrage »kann das Gericht ihn nicht an die medizinische, sondern müßte (der Incompetenz des Gerichtshofes halber) ihn an die philosophische Facultät verweisen. Denn die Frage: ob der Angeklagte bei seiner That im Besitz seines natürlichen Verstandes- und Beurteilungsvermögens gewesen sei, ist gänzlich psychologisch, und obgleich körperliche Verschrobenheit der Seelenorgane vielleicht wohl bisweilen die Ursache einer unnatürlichen Übertretung des (jedem Menschen beiwohnenden) Pflichtgesetzes sein, so sind die Ärzte und Physiologen überhaupt doch nicht so weit, um das Maschinenwesen im Menschen so tief einzusehen, daß sie die Anwandlung zu einer solchen Greuelthat daraus erklären ... könnten.« Kant, I. (1800). Anthropologie in pragmatischer Hinsicht. Königsberg. Herausgegeben von A. Buchenau (1923). Berlin, zitiert nach Dörner, a.a.O., S. 212.

gebettet wird, überschaubar geworden. Mit der »Geburt der Klinik«[28] kann sich daher auch die Universitätspsychiatrie etablieren. Dennoch hat sie Not, als Teilbereich der wissenschaftlichen Medizin Anerkennung zu finden. Das hat vermutlich zwei Gründe: zum einen hatte man das Psychische zwar entdeckt, aber es ließ sich im medizinisch-naturwissenschaftlichen Sinn nicht nachweisen, und das war entscheidend für das medizinische Denken. Zum anderen war die Psychiatrie vor der Preußischen Irrenreform des Jahres 1803 eine vorwiegend »polizeyliche Maßnahme«. Sie galt als »medizinische Policey«, deren Hauptaufgabe weniger im Heilen als in der Herstellung von Ruhe und Ordnung bestand[29]; also im wissenschaftlichen Selbstverständnis der Medizin zunächst keine genuin medizinische Aufgabe. Die Psychiatrie und insbesondere die im forensischen Bereich tätigen Sachverständigen mußten sich im Zuge ihrer Professionalisierung mit dieser historisch gewachsenen Vorstellung auseinandersetzen.

Die psychologischen Interpretationen psychiatrischer Phänomene beginnen sich langsam noch vor der Wende vom 19. ins 20. Jahrhundert auszubreiten, nachdem sich die Einsicht, daß man bislang keine gesicherten anatomischen und physiologischen Grundlagen für das Psychische gefunden hat, in weiten Teilen der Psychiatrie durchgesetzt hat. Die stärksten Impulse, das psychologisch-therapeutische Potential auch für die allgemeine Psychiatrie nutzbar zu machen, kommen aus der forensischen Psychiatrie.[30] Denn, so die Medizinhistorikerin Esther Fischer-Homberger:

> Die psychologische Betrachtung der Hysterie und der ›traumatischen Neurose‹ erlaubte es, die im Rahmen der somatischen Medizin unlösbare Frage zu beantworten, ob ein gegebener traumatischer Neurotiker krank sei oder ob er simuliere – beziehungsweise ob er entschädigungsberechtigt und behandlungsbedürftig sei oder ob er Strafe verdiene.[31]

Die neue Ordnung kann sich etablieren: Der Psychiater betritt die wissenschaftliche und die gerichtliche Bühne mit der Frage nach der Schuldfähigkeit des Delinquenten.

Dreh- und Angelpunkt des Verfahrens gegen Hedwig Müller ist die Frage, ob eine Schuld(un)fähigkeit der Angeklagten zum Zeitpunkt der Tat gegeben war und ob die Tat auf eine Hysterie zurückzuführen sei. Alle am Prozeß Beteiligten konstruieren – wenn auch in unterschiedlicher Weise – ein Bild der Hysterie, das mehr oder weniger geeignet ist, eine Exkulpation zu begründen.

Im Verfahren gegen Hedwig Müller kommen vier medizinische Sachverständige zu Wort: Dr. Steinitz (Praktischer Arzt/Hausarzt), Dr. Hoffmann (Medizi-

---

28 Foucault, M. (1973). Die Geburt der Klinik. Eine Archäologie des ärztlichen Blicks. München. Im Gefolge von Pinel und Esquirol beginnt sich in Frankreich die gerichtliche Psychiatrie schnell zu entwickeln. 1870 bereits entstehen die ersten Lehrstühle für forensische Psychiatrie. Siehe dazu Ackerknecht, E. (1967). Kurze Geschichte der Psychiatrie. Stuttgart, S. 35f.

29 Siehe dazu Crefeld, W. (1983). Über das Verhältnis zwischen Juristen und Psychiatern. In: Recht und Psychiatrie. Werkstattschriften zur Sozialpsychiatrie, Bd. 35, S. 7ff.

30 Siehe dazu Fischer-Homberger, E. (1977). Geschichte der Medizin. Berlin, S. 184.

31 Fischer-Homberger (1977), S. 184.

nalrat/Gerichtsarzt), Dr. Cohn (Nervenarzt) und Prof. Dr. Kortum (Geheimer Medizinalrat und Oberarzt der Irrenanstalt).

Der *Nervenarzt Dr. Cohn* entfaltet in seinem Gutachten eine Symptomatologie der Hysterie, deren Zeichen sich in psychischen und somatischen Störungen der Angeklagten finden. Da sein Hysteriekonzept – ganz im Einklang mit herrschenden Konstruktionen – eine Mischung körperlicher und psychischer Anomalien vorsah, kann er die Hysterie dem Komplex der »Neuropsychosen« (239) zuordnen, die im »Handbuch für Ärzte und Juristen« von Burgl als »Grenzfall zwischen Nerven- und Geisteskrankheit mit vorwiegend nervösen Symptomen«[32] aufgeführt werden. Hedwig Müller weist nach dem Gutachten des Nervenarztes Cohn alle somatischen Zeichen einer hysterischen Erkrankung auf, die auch in den Lehrbüchern der Zeit zu finden sind: Zitter- und Ohnmachtanfälle (238)[33], sensorische Störungen wie eine halbseitige Herabsetzung der Empfindung, eine sogenannte »Hemianästhesie«[34] und als allbekanntes, wichtigstes Zeichen die »hysterische Kugel« (238) oder den »Globus Hystericus«. Dieses Phänomen gilt als »die häufigste Art der Äußerung von Gemütsbewegungen bei den Hysterischen«[35]. Ebenso weitverbreitet ist die Vorstellung eines »schwankenden Charakterbildes« (239) des im Gutachten erwähnten »hysterischen Charakters«[36] der Angeklagten. Vor diesem Hintergrund werden die abnormen Bewußtseinszustände – von den Erinnerungslücken über das »eingeengte« Bewußtsein[37] bis zum »hysterischen Dämmerzustand« (239) – als »objektive« Zeichen einer »schweren Hysterie« (239), wenn nicht gar einer hysterischen Psychose[38] ausgemacht. Dabei wird der als Exkulpationsgrund anzuerkennende »hysterische Dämmerzustand« durch »Halluzinationen und Illusionen«[39] konkretisiert, die einen Geisteszustand ausweisen, der die »freie Willensbestimmung« (239) ausschließt.[40]

Analysen, die sich mit Gutachten dieser Zeit befassen, weisen immer wieder auf die Koexistenz und Kombination äußerst heterogener diagnostischer Kategorien hin. Den Gutachtern geht es »offensichtlich weniger um das Herausfinden ei-

---

32 Burgl, G. (1912). Die Hysterie und die strafrechtliche Verantwortlichkeit der Hysterischen. Ein praktisches Handbuch für Ärzte und Juristen. Stuttgart, S. 8.

33 So auch Burgl (1912), S. 73.

34 Burgl (1912), S. 59.

35 Burgl (1912), S. 70.

36 Burgl (1912), S. 54f.

37 Den »Erinnerungsentstellungen und anderen Störungen der Phantasietätigkeit« widmet Burgl in seinem praktischen Handbuch für Ärzte und Juristen eine besondere Aufmerksamkeit. Er bezieht sich dabei vor allem auf Binswanger, Janet, Oppenheimer, Ziehen und Delbrück.

38 Burgl (1912), S. 87f. nennt im Rahmen seiner Erörterungen der »psychischen Äquivalente hysterischer Paroxysmen« den hysterischen Dämmerzustand als ein in engerer Beziehung zu einem hysterischen Krampfanfall stehendes Symptombild.

39 Burgl überschreibt in seinem Handbuch für Ärzte und Juristen das 10. Kapitel der Symptomatologie der Hysterie mit diesem Titel. Burgl (1912), S. 53f.

40 Es scheint, als habe sich der psychiatrische Sachverständige bei der Abfassung seines Gutachtens genauestens an Burgls Handbuch zur Hysterie für Ärzte und Juristen orientiert. Die symptomatologischen Schlagworte im Gutachten entsprechen zum Teil den Kapitelüberschriften des Buches.

ner spezifischen psychischen Störung als primär um das ›Pathologische‹ als solches, sozusagen die ›Pathologizität‹.«[41] So versucht man, dem Sammelsurium von Diagnosen einen »kohärenten Raum« zur Verfügung zu stellen, in dem »alles Heterogene scheinbar selbstverständlich zusammenpaßt«.[42]

Cohns Konstruktion der Hysterie steht also keineswegs allein, sondern befindet sich ganz im Einklang mit dem herrschenden Diskurs, der sich auch in Burgls Handbuch für Ärzte und Juristen zur Prüfung der »strafrechtliche(n) Verantwortlichkeit der Hysterischen« ausdrückt. Dort findet der psychiatrische Gutachter die geeignete Argumentationsstrategie für die Begründung einer Exkulpation.

Im Verfahren gegen Hedwig Müller ist der Staatsanwalt durch das medizinische Sachverständigengutachten nicht zu überzeugen. Er prüft, entsprechend juristischer Hermeneutik, die im Gutachten konstruierte Symptomkette auf ihre logischen Widersprüche: Die Symptomatologie entspräche niemals den wissenschaftlichen Standards von Objektivität, denn sie beruhe ausschließlich auf den Einlassungen einer als hysterisch diagnostizierten Person, deren wichtigstes Zeichen die Neigung zur Unwahrhaftigkeit und Lüge sei. Da die Lüge der Hysterie immanent sei, könne man sich der Angaben über den seelisch-körperlichen Zustand zum Tatzeitpunkt keinesfalls sicher sein, denn schließlich sei eine retrospektiv gewandte Simulation nicht auszuschließen.

Auf Veranlassung des Untersuchungsrichters hatte Hedwig Müller ihre *Lebensgeschichte* und die Vorkommnisse am 7.3.1913 in schriftlicher Form niedergelegt. Große Teile dieser Selbstdarstellung wurden in der Verhandlung vorgelesen. Friedlaender zitiert daraus in weiten Zügen. Ihre lebensgeschichtliche (Re-)Konstruktion ist so beschaffen, daß sich das in ihr enthaltene Material unschwer den diagnostischen Bemühungen der Sachverständigen fügt und die von ihnen benutzten Deutungsmuster der Hysterie weitgehend bestätigt werden.

Hedwig Müllers Familienbeschreibung führt direkt ins diagnostische Zentrum eines gängigen hereditären Hysterie-Konzeptes, in dem die Degeneration eine bedeutende Rolle spielt, denn durch sie »war die Familie von höchster Höhe zu dem jetzigen Stande heruntergekommen...« (203). Als Beleg familiärer Belastung trägt sie die »Neigung« zur Nervosität vor:

> Beide Brüder haben eine Volksschule besucht, aber durch Fleiß, besonders der älteste, es als Ingenieur in der Brückenbaubranche zu ersten und gut bezahlten Stellungen gebracht. Diese zähe Energie, hochzukommen aus einem Nichts, hatte dem ältesten Bruder *schwere Nervosität* eingebracht, und so sehnte er sich, möglichst schnell ebenfalls die Last abzuschütteln. (204)

Vor diesem Hintergrund beginnt Hedwig Müller nun die biographische Rekonstruktion ihrer Kindheit mit der Einführung einer diagnostisch interessanten Erinnerungsschwierigkeit:

---

41 Lukas, W., Werntz, C. & Lederer, Ch. (1994). Das Sexualdelikt im psychiatrisch-forensischen Gutachten der Jahrhundertwende. In: F. Rotter (Hg.), Psychiatrie, Psychotherapie und Recht. Diskurse und vergleichende Perspektiven. Frankfurt a.M., S. 175-206.

42 Lukas (1994), S. 184.

> Auf meine erste Kindheit, bis etwa zum 6., 7. Jahre, kann ich mich nur soweit besinnen, als ich durch Erzählungen meiner Mutter oder Verwandten unterstützt wurde, da eine mehrwöchige Nervenkrankheit im 12. oder 13. Lebensjahr eine *Gedächtnisschwäche* für längere Jahre zurückliegende Ereignisse zur Folge hatte. (200)

Diese auf eine nicht näher bezeichnete Nervenkrankheit zurückgeführte Gedächtnisschwäche wird später von den medizinischen Sachverständigen aufgenommen werden. Da sie sich selbst nicht erinnern kann, re-konstruiert sie anhand der Schilderungen Dritter (Tante, Mutter) ihre eigene Charakterstruktur, ganz in der Tonart der Hysterie:

> Ich weiß aber aus Schilderungen, daß ich ein außerordentlich geistig reges Kind war, ich war auch ziemlich graziös und zeigte ungefähr im 5. Jahr ein auffallendes Talent zum Theaterspiel. Im Umgang mit Kindern hatte ich eine Art, mir möglichst die Herrscherrolle anzueignen und dachte und handelte stets für die mitspielenden Kinder, ohne aber zänkisch und trotzig zu sein. Lange machte mir jedoch solch Spiel nicht Spaß, ich zog Erwachsene Kindern vor, da diese ja eher meiner Gedankenrichtung folgen konnten. Ich liebte es besonders von Erwachsenen in Gespräche gezogen zu werden, was häufig geschah, da man sich an meiner anmutig bescheidenen, aber doch altklugen Art zu fragen oder Bemerkungen zu machen, belustigte. Im 6. Jahre weiß ich, daß meine Brüder vielfach in einer studentischen Verbindung verkehrten, die in den Vereinszimmern eines Familien-Stammlokales ihre Kommersabende und Sitzungen abhielt. Es war mir eine diebische Freude, mich dort gelegentlich einzuschmuggeln und hatte mir bald einen liebenswürdigen, netten Studenten herausgeangelt, den ich allen als ›meinen Freund‹ vorstellte. Ich war bald der erklärte Liebling sämtlicher Stammtische... (200)

Die weiteren Ausführungen über ihr Liebesleben lesen sich wie eine Fall-Vignette, in der die wesentlichen deskriptiven Merkmale des hysterischen Charakters mit seinem psychodynamischen Hintergrund aufgenommen sind, also Kennzeichen eines wesentlich späteren Hysteriekonzepts, dessen Dynamik von den Sachverständigen 1913 noch nicht dechiffriert werden konnten. Zum einen herrschte ein wissenschaftliches Objektivitätsideal vor, das die systematische Berücksichtigung eigener Affekte nicht erlaubte, zum anderen war die Diskussion 1913 – selbst in Kreisen psychoanalytisch informierter Psychiater – über den methodischen Stellenwert von Übertragung und Gegenübertragung noch nicht so ausgereift, daß sie als analytisches Instrument genutzt werden konnte. Auch Freud ging 1910 noch davon aus, daß die Gegenübertragung ein unerwünschtes Produkt andrängender Triebwünsche des Analytikers sei, die eine Analyse aufs Heftigste stören[43], und der man daher schnellstens Herr werden müsse. Diese

43 Freud benutzte erstmals 1909 den Begriff »Gegenübertragung« in einem Brief an C.G. Jung, in dem er Bezug nahm auf die von Jung angesprochene »Angelegenheit Spielrein«. Voller Empathie für den »Reinfall« seines Kollegen auf die Verführungskünste der Patientin tröstet Freud Jung damit, daß ihm sicher noch die nötige »harte Haut« wachse, um der Gegenübertragung Herr zu werden. Freud, S. & Jung, C.G. (1984). Briefwechsel. Frankfurt a.M., S. 112. Carotenuto, A. (Hg.) (1986). Tagebuch einer heimlichen Symmetrie. Sabina Spielrein zwischen Jung und Freud. Freiburg. Cremerius, J. (1987). Sabina Spielrein – ein frühes Opfer der psychoanalytischen Berufspolitik. Forum der Psychoanalyse, 3, S. 127-142. Siehe dazu auch Lamott, F. (1994). Über-

Angst vor Verstrickung in die therapeutische Situation, die Freud, wenn auch wesentlich bewußter, mit seinen medizinischen Kollegen teilte, verhinderte lange Zeit, die Gegenübertragung als analytisches Instrument zu nutzen. Mit der 1919 erstmals von Ferenczi vertretenen Auffassung, diese sei eine ausgezeichnete Methode zum besseren Verstehen des Unbewußten, wird die Basis für ein Verständnis von Psychodynamik gelegt, das die Analyse von Gegenübertragungsgefühlen systematisch zur Diagnostik heranzieht. Diese Betrachtungsweise ist Voraussetzung für die analytische Wahrnehmung spezifisch »hysterischer« Interaktionsmuster. Im Zentrum dieser erst in den dreißiger Jahren ausformulierten Perspektiven[44] steht neben der besonderen Psychodynamik die hysterische Charakterstruktur mit dem psychodynamisch signifikanten Widerspruch zwischen der enormen Verführungskraft der Hysterika bei gleichzeitiger Unfähigkeit, den Mann tatsächlich zu begehren[45].

Hedwig Müller schreibt über sich:

> Ich kann nicht sagen, daß ich je von Liebessehnen belästigt worden bin. Vielleicht lag es daran, daß man mir schon als dreizehn-, vierzehnjähriges, stark entwickeltes Mädchen nachgestellt und ich stets, wo ich auch hinkam, durch meine tolle Ausgelassenheit und schäumende Jugendlust einerseits und reifere Denkungsart andererseits zum Mittelpunkt des Interesses der Herren wurde, was mir ja a tempo die Wut und Eifersucht der Mädchen, ja Frauen eintrug... Ich habe viele Herren kennengelernt, habe aber immer gesehen, alles möglichst vorübergehend zu behandeln. (...) Aus der ersten natürlichen Veranlagung heraus, mich nicht Menschen anzuketten, zweitens dem absoluten Nicht-Begehren eines Mannes (...) war es mir nie schwer, selbst goldenen Fallen zu entgehen. (206f.)

Die von ihr beschriebene Lust an der Verführung gilt weder dem Mann noch eigener erotischer Befriedigung, sondern einzig narzißtischer Genugtuung. Diese charakterliche Eigenart bestimmt auch die Beziehung zum späteren Opfer:

> Ich merkte sehr bald, daß ich mir diesen Jungen nicht erst gefügig machen brauchte, denn ich hatte mitunter Wünsche oder Anordnungen kaum ausgedacht, so waren sie schon gemacht. Er erriet förmlich meine Gedanken, um sie auszuführen. (...) Kurz gesagt, er war ein Mittelding zwischen Kavalier und Pagen; ich fühlte mich genötigt, ihm öfter Belohnungen (...) zukommen zu lassen. (208)

Und ...

> Er quälte mich mittags, wenn wir allein waren, mit dem albernen Liebesgewäsch und schlug wie ein Toller mit dem Kopf auf den Packtisch, wenn ich nicht reagier-

---

tragung – Gegenübertragung. In: R. Haubl & F. Lamott (Hg.), Handbuch Gruppenanalyse. München, S. 184.

44 Erste psychodynamische Erörterungen des hysterischen Charakters, der auch die Grundlage heutiger Auseinandersetzungen bildet, haben F. Wittels (1931, Der hysterische Charakter. Psychoanalytische Bewegung, 3, S. 138-165) und Wilhelm Reich (1933, Charakteranalyse, Technik und Grundlagen. Berlin) geliefert.

45 Siehe dazu auch Mentzos, St. (1989). Hysterie. Zur Psychodynamik unbewußter Inszenierungen. Frankfurt a.M., S. 45ff.

te. (...) Es genügte eine augenblickliche Zärtlichkeit (...), um ihn wieder zu beruhigen. (210f.)

Das Spiel von Verführung und Zurückweisung spitzt sich dramatisch zu und es endet – wie wir wissen – tödlich.

Die Verteidigung diffamiert die Sexualität des Opfers und seines Bruders, der als Zeuge geladen wird. Der Sechzehnjährige sei ein »körperlich sehr entwickelter, sehr hübscher junger Mann« (223), er sehe dem Erschossenen sehr ähnlich, allerdings sei dieser noch bedeutend hübscher gewesen, kommentiert Friedlaender sein Erscheinen vor Gericht. In der Befragung spricht der Verteidiger ihn auf einen Mann an, den die Angeklagte als potentiellen Liebhaber des Zeugen dem Gericht genannt hatte:

Verteidigung:	Wer war denn der Baron?
Zeuge:	Das war ein Engländer.
Verteidigung:	Wie alt war der Herr?
Zeuge:	Etwa 30 Jahre.
Verteidigung:	Es ist ein besserer Herr?
Zeuge:	Ja.
Verteidigung:	Sie sind homosexuell veranlagt?
Vors. Richter:	Herr Rechtsanwalt, wir können unmöglich jeden Zeugen fragen, ob er homosexuell veranlagt ist, ich kann diese Frage nicht zulassen.
Verteidigung:	Der Herr war ihr Freund?
Zeuge:	Ja.
Verteidigung:	Ist Ihnen vielleicht bekannt, ob Ihr erschossener Bruder anormal veranlagt war?
Zeuge:	Das weiß ich nicht. (224)

Doch die Verteidigung läßt nicht locker, die dem Opfer unterschobene abnorme Sexualität zu explorieren. Einige der Zeugen sollen bestätigen können, Reimann und auch seinen Bruder in Mädchenkleidern gesehen zu haben[46], doch sie hatten nur davon gehört. »Gesehen« hat ihn offensichtlich nur Hedwig Müller:

> Reimann begegnete mir eines Tages auf der Straße in Frauenkleidern und forderte mich auf, mit ihm in ein Kino zu gehen. Ich erklärte ihm, daß ich in solchem Aufzuge nicht mit ihm gehe, denn er sehe ja aus wie eine Dirne. (235)

Dieser seltsam anmutende, nahezu karnevaleske Geschlechtertausch, die Verschiebung der Amoralität auf den in Frauenkleidern verborgenen Mann, läßt den Versuch deutlich werden, auch vor Gericht die Positionen von Täter und Opfer tauschen zu wollen, selbst wenn die Verteidigung im fliegenden Wechsel dann nochmals die Rollen umbesetzt, indem sie betont, daß es mehr als wahrscheinlich

46 Der Verteidigung lag ein Photo vor, auf dem der Getötete mit seinem Bruder in Frauenkleidern zu sehen war. Es handelt sich dabei, wie die Schwester des Opfers aussagt, um ein Photo, das anläßlich einer Silvesterfeier im scherzhaften Spiel entstanden sei.

ist, daß Reimann »auch daran gedacht hat, sie zur Dirne zu machen und ihr Zuhälter zu werden«. (249)

Das dampfig-schwüle, mit sexuellen Perversionen aufgeladene Klima des Verfahrens, in dem die Angeklagte zwischen homoerotischen und bisexuellen Neigungen der Männer placiert wird, entspricht der Zeit. Zum einen hatte sich seit dem ausgehenden 19. Jahrhundert die »Psychopathia sexualis« (Krafft-Ebing, 1886) als ein zentraler Redegegenstand psychiatrischen und juristischen Bemühens etabliert, und zum anderen bot sich zur Diffamierung des Opfers dessen Pathologisierung an. Homosexualität galt als widernatürliches Verlangen, als »funktionelles Degenerationszeichen« (Krafft-Ebing), als eine Form der Entartung, die im § 175 RStGB als Verbrechen wider die Sittlichkeit codifiziert war. In welchem Maße Anfang des 20. Jahrhunderts Homosexualität als schwerwiegendes Delikt gewertet wurde, zeigen die Kriminalstatistiken jener Zeit[47]. Liest man sie vor dem Hintergrund des damals vehement diskutierten, bevölkerungspolitisch alarmierenden Geburtenrückgangs[48], so ergibt sich eine weitere Facette der Interpretation: Die hohe Sanktionsrate könnte auch eine Reaktion auf die geringe Geburtenrate sein. Vor diesem Hintergrund verdankt sich die von der Verteidigung herangezogene Diffamierung des Opfers einem gesellschaftlichen Klima, in dem sexuelle Abweichungen unmittelbar staatliche Interessen tangieren. Die dem Opfer angeheftete Homosexualität bekommt dadurch eine zusätzliche, weitaus dramatischere Konnotation.

Wenden wir uns nun wieder der Hauptverhandlung zu. Bereits vor der Eröffnung wurde Hedwig Müller auf Antrag des *Medizinalrats Dr. Hoffmann* zur Untersuchung ihres Geisteszustandes in das zuständige Irrenhaus gebracht, da sie angab, keinerlei Erinnerung an die Tat zu haben, und behauptete, »sie habe zwei Seelen in ihrer Brust und führe ein Doppelleben«. (217) Dazu seien, so Dr. Hoffmann, »eine anscheinend nicht unwesentliche erbliche Belastung und Erscheinungen nervöser und hysterischer Art« (217) gekommen. Der *Hausarzt Dr. Steinitz*, der Hedwig Müller für ein »außergewöhnlich liebenswürdiges und ungemein intelligentes Mädchen« (215) hielt, berichtete, daß er sie als zwölfjähriges Mädchen wegen eines minder schweren Falls von Veitstanz behandelt habe. In jüngster Zeit vor dem schrecklichen Ereignis habe sie über Nervosität und Schlaflosigkeit geklagt.

Auch der Sachverständige *Nervenarzt Dr. Cohn* hob hervor, daß die Angeklagte eine »erblich stark belastete Person« sei, deren Vater als geisteskrank, der Halb-

47 Siehe dazu Hutter, J. (1992). Die gesellschaftliche Kontrolle des homosexuellen Begehrens. Medizinische Definitionen und juristische Sanktionen im 19. Jahrhundert. Frankfurt a.M.

48 Siehe dazu die Arbeiten von Borntraeger, J. (1912). Der Geburtenrückgang in Deutschland, seine Bewertung und Bekämpfung. Veröffentlichungen auf dem Gebiet der Medizinalverwaltung«, 1, S. 631-794; Herbst (1913). Zur Frage des Geburtenrückganges und die Mittel zu seiner Bekämpfung unter besonderer Berücksichtigung der Verhältnisse im Kreise Kempen. In: Zeitschrift für Medizinalbeamte, 26. Jahrgang, S. 85-101; Wolf, J. (1912). Der Geburtenrückgang. Die Rationalisierung des Sexuallebens in unserer Zeit. Jena. Siehe dazu auch Kapitel VI dieser Arbeit.

bruder als nervös und ein naher Verwandter sowie die Mutter als suizidal gelten. Darüber hinaus

> ...sind bei der Angeklagten eine ganze Reihe von Krankheitszeichen beobachtet worden: Zwangsvorstellungen, Zitteranfälle, ohnmachtsähnliche Anfälle, gesundheitliche Erscheinungen, die man den *hysterischen Globus, die hysterische Kugel* nennt. Die Angeklagte (...) ist sehr intelligent, vielleicht scheint sie intelligenter als sie wirklich ist; sie liebt die Pose unter Benutzung von sprachlichen Klischees, die sie vielleicht aus der Literatur, und vielleicht nicht aus der besten entlehnt hat. Ihr Charakterbild ist schwankend. Ihrem Krankheitsbilde entspricht aber die eigentümliche Gelassenheit, Gleichgültigkeit und unverständliche Ruhe in Momenten, die zu solcher keinerlei Veranlassung gegeben haben. Der objektive Befund ist eine Störung der Reflexe, Störung des Hautgefühls, außerdem ist die eine Körperhälfte weniger empfindlich wie die andere. Wenn man alles zusammenfaßt, handelt es sich hier um das Krankheitsbild einer schweren Hysterie. (238)

Die vom Gericht gestellte Frage nach den Auswirkungen einer schweren Hysterie auf die Beurteilung der Schuldfähigkeit beantwortete er folgendermaßen:

> Nach dem ganzen Ergebnis der Verhandlung und des körperlichen Befundes liegt eine hohe Wahrscheinlichkeit vor, daß die Angeklagte in *einem hysterischen Dämmerzustand* gehandelt hat. Ein derartiger Zustand ist etwa mit den Phantasien einer Fiebernden oder den Handlungen eines Nachtwandlers zu vergleichen. In einem derartigen Zustand ist das Bewußtsein nicht ausgeschaltet, sondern nur eingeengt. Die Person nimmt nur Bruchstücke des Außenlebens in sich auf; es handelt sich gewissermaßen um ein gefälschtes Bild des Außenlebens, da entweder Halluzinationen oder Illusionen hier eine Rolle spielen. (...) Das Abgeben eines Schusses kann bei einer so schwer hysterischen Person einen Dämmerzustand zweifellos hervorrufen. Die Angeklagte hat also während des Schießens schon in einem Dämmerzustand sich befunden und damit in einem Zustand der Geistestätigkeit, der *die freie Willensbestimmung ausschloß.* (239)

Im Gegensatz dazu verleiht Professor Kortum, Oberarzt jener Irrenanstalt, in der die Angeklagte zur Beobachtung war, seinen Schlußfolgerungen aus der hysterischen Erkrankung eine andere Konnotation. Friedlaender schreibt:

> Auf Grund der Beobachtung und der Ergebnisse dieser Verhandlung sei er zu dem Schluß gekommen, daß die Angeklagte eine hysterische Person sei, die zurzeit nicht als geisteskrank und unzurechnungsfähig anzusehen sei. Er stimme aber mit Dr. C. darin überein, daß sie zur Zeit, als die beiden letzten Schüsse fielen, sich in einem Zustande befand, der die freie Willensbestimmung ausschloß. Er gebe die bedingte Möglichkeit zu, daß sich die Angeklagte beim Abgeben der letzten beiden Schüsse *in einem Dämmerzustande* befunden habe – vorausgesetzt, daß ihre Darstellung der Vorgänge wahr sei; er halte sie für wahr. (...) Sollte die Voraussetzung der Wahrheit ihrer Angaben ausgeschlossen werden, so würde er unter diesen Umständen keinen Ausschluß der freien Willensbestimmung, aber wohl eine verminderte Zurechnungsfähigkeit annehmen müssen. (240f.)

Wie nun werden Elemente des medizinischen Diskurses in eine juristische Entscheidung überführt? Friedlaender zitiert das Plädoyer des Staatsanwalts, in dem sich dieser mit den Sachverständigengutachten auseinandersetzt und damit seine Argumentationsstrategien transparent macht:

> Sie werden vielleicht einen anderen Antrag von mir erwartet haben mit Rücksicht auf das Gutachten des Sachverständigen Dr. Cohn. Ich würde diesem Gutachten entschieden folgen, wenn ich es für berechtigt hielte. Gewiß ist Herr Dr. Cohn ein Mann von anerkannter wissenschaftlicher Bedeutung, er hat aber trotzdem ein Gutachten abgegeben, an dem ich die schärfste Kritik üben muß, denn es ist abgegeben ohne ausreichende Unterlage, ohne ausreichende Vergleichsmäßigkeit und ohne den Mut der Konsequenz. Das Gutachten des Geh. Medizinalrats Dr. Kortum klang ihnen vielleicht ähnlich, in Wahrheit aber war es grundverschieden. (...) Herr Dr. Cohn hat die Angeklagte einmal gesehen und gesprochen. Sein Gutachten beruht auf den eigenen Angaben der Angeklagten, die er alle für wahr annimmt, obwohl die Angeklagte doch ausgesprochen hysterisch ist. Hysterische sind aber bekanntlich zur Unwahrhaftigkeit und zur Lüge geneigt. Es hat mir fast einen körperlichen Schmerz bereitet, daß ein Mann von der wissenschaftlichen Bedeutung des Herrn Dr. Cohn ›Zwangsvorstellungen‹ feststellen zu können glaubt, lediglich auf die Angaben der Angeklagten hin (...). Es ist auffallend, daß der Sachverständige eine Zwangsvorstellung festzustellen zu können glaubte. Es wird auf die Verfassung verwiesen, in der die drei Zeugen, die auf den Knall hinzugeeilt waren, die Angeklagte gefunden haben. (...) Es ist doch selbstverständlich, daß ein 20jähriges junges Mädchen nach einer so furchtbaren Szene ganz erschüttert und sprachlos dasteht, dazu braucht man nicht an einen Dämmerzustand zu denken (...). Einem solchen Gutachten kann ich also keinesfalls folgen. (...) Ganz anders lautet das Gutachten des Geheimrats Dr. Kortum, der als Voraussetzung hinstellt, daß die Angaben der Angeklagten wahr sind und bei Wegfall dieser Voraussetzung die Verantwortlichkeit der Angeklagten bestehen läßt. Ich behaupte, daß das letztere der Fall ist und die Angeklagte über die Vorgänge nicht die Wahrheit sagt. (244f.)

Der Staatsanwalt war überzeugt, daß die Angeklagte von dem Recht des Angeklagten »zu leugnen und zu lügen, ausreichend Gebrauch macht«. (246) Seine Version vom Tatgeschehen ist eine andere: Sie sei von dem Getöteten gequält und gedemütigt worden. Nach der Verzweiflungstat – die erklärbar, aber strafbar ist – hätte sie versucht, sich selbst das Leben zu nehmen. Der Staatsanwalt fordert die Geschworenen auf:

> Erklären sie die Angeklagte des Totschlags schuldig, aber bewilligen Sie ihr mildernde Umstände. Folgen sie der zweiten Alternative des Geheimrats Kortum, der da sagte: Wenn die Behauptung der Angeklagten nicht wahr ist, ist sie für ihre Tat verantwortlich. (248f.)

Die Verteidigung widersprach dem Plädoyer des Staatsanwalts und betonte noch einmal die Wissenschaftlichkeit des psychiatrischen Gutachtens, dessen Konsequenz folgerichtig ein Freispruch sein müsse. Friedlaender berichtete vom stürmischen Beifall im Zuhörerraum. Doch alles kam anders, wie wir wissen. Und an diesem letzten Verhandlungstag senkte die Angeklagte »den Kopf zur Erde (...), so daß das schöne Gesicht nicht zu sehen war«. (252)

Melodramatische Inszenierungen

> Wohl war es nicht bezaubernder Gesang, der den 19jährigen Georg Reimann zur späten Nachtstunde an die Stelle des Tiergartens führte, in deren Nähe ein Bach, leise rauschend, dahinfließt. Aber eine bezaubernd schöne Mädchengestalt hatte den ebenfalls entzückend schönen, schwärmerisch veranlagten Jüngling angelockt. Ein kurzer Blick in das engelschöne Antlitz des jungen Mädchens, das die Mordwaffe bereits schußbereit in ihrem Muff verborgen hatte, eine kurze Auseinandersetzung: ›Du oder ich, einer von uns beiden ist zuviel auf der Welt‹, ein kurzes Ringen und – zwei Schüsse hallten durch die Stille der Nacht, ein junges Menschenleben, ein selten schöner, adretter Jüngling, ein zweiter *Paris*, lag entseelt am Boden. Das Blut sickerte in starken Strömen aus dem Hinterkopfe des jungen Mannes, in den er zwei tödliche Schüsse erhalten hatte. Das Erdreich verfärbte sich blutrot. Drei junge Leute waren, von den Schüssen aufgeschreckt, an den Tatort geeilt. Der 19jährige Hausdiener Georg Reimann lag entseelt auf dem feuchten Rasen, das Gesicht nach unten gekehrt. An einem gegenüberstehenden Baum lehnte die auffallend schöne 20jährige Hedwig Müller. Sie sah starr vor sich hin. ›Er hat sich erschossen‹, stammelte sie, dann fiel sie in Ohnmacht. (195f.)

Friedlaenders Prozeßbericht trägt melodramatische Züge: Im »silberhellen Mondeslicht« sehen wir zwei wunderschöne Menschen. Wir hören einen »leise rauschenden« Bach in der Stille, die durch zwei Schüsse unterbrochen wird. Ein Jüngling fällt »entseelt« zu Boden, eine »auffallend schöne« Frau »stammelt« vor Entsetzen, bevor auch sie ohnmächtig zu Boden sinkt.

Die Leinwand ist aufgespannt, und der Leser wird Zeuge eines sich langsam vor ihm abspielenden melodramatischen Films.

Schnitt:

Friedlaender führt uns nun in eine »armselige Hofwohnung der Weltstadt« (196), in der eine »abgehärmte, ältere Frau« (196) vergeblich auf ihre einzige Tochter, die schöne Hedwig, wartet.

> Nichts Gutes ahnend, kleidete sich Frau Müller an und steuerte dem Tiergarten zu. ›Hede! Hede!‹ rief Frau Müller aus vollen Leibeskräften in die Stille der Nacht hinein; alles Rufen und Suchen war vergebens. Frau Müller eilte weinend nach Hause, was mag der Hede passiert sein? sagte sie halblaut, als sie in die Wohnung zurückkehrte und von Hedwig noch immer keine Spur zu entdecken war. Da endlich, kurz vor zwei Uhr nachts, pochte es an der Tür. Hedwig trat mit furchtbar verstörtem Blick ins Zimmer, und noch ehe Frau Müller fragen konnte, was geschehen sei und weshalb sie so spät komme, brach Hedwig in die Worte aus: ›Georg ist tot!‹. (196)

Die Tragödie im Berliner Tiergarten setzt Friedlaender in der Kunstform des sich in der zweiten Hälfte des 19. Jahrhunderts ausbreitenden Melodrams in Szene. Seine Erzählart wirkt wie eine »filmische« Form des auf ein kleinbürgerliches Publikum ausgerichteten Theaters. Das Entstehen des Melodrams verdankt sich dem Bemühen um Natürlichkeit, und ebenso wie Friedlaender erhebt es den Anspruch, das »wirkliche Leben« wiederzugeben.[49] Der Text liest sich wie ein Drehbuch:

Gearbeitet wird mit narrativen Schnitten, die den *Leser als Zuschauer* an unterschiedliche Drehorte, in diverse Monologe und Dialoge führen. Tatort, Wohnort, Untersuchungshaft, Orte der Kindheit und Gerichtssaal, direkte und indirekte Wiedergabe der Einlassungen der Beschuldigten, der Zeugen und der Sachverständigen wechseln sich ab. Und wie im »Kino der Gefühle« wird die Bilddramatik durch die Nähe und Distanz der Kamera, durch ihre Position gestaltet[50]. Was im Kino die Großaufnahme leistet, übernimmt im geschriebenen Text der Originalton, das Zitat. Friedlaender läßt die Beschuldigte über Seiten selbst zu Wort kommen, allerdings mit kleinen, den Textfluß irritierenden Sprüngen, die sich Fehlleistungen des Autors verdanken. An diesen »Bruchstellen« stellt sich die Frage: Wer spricht?[51]

Friedlaenders Text ist durch die narrative Schnitt-Technik wesentlich bestimmt. Die Rede der Sachverständigen zitierend, gibt er dem wissenschaftlichen Diskurs Raum und dokumentiert die Konfrontation unterschiedlicher Diskurse. Der juristische Diskurs zwingt den medizinischen Diskursen seine Norm auf. Friedlaender dokumentiert distanziert die dialogisch angeordnete Rede der Prozeßbeteiligten. Sobald er erzählend fortfährt, verliert sich die Distanz, seine Sprache lädt sich mit Affekten und Übertreibungen auf. Der Text, die Schreib- und Erfahrungsweise wirken eklektizistisch, wie im Melodram.[52] Erlaubt ist alles, was die Wirkung erhöht.

> Die Angeklagte wurde in blauem, ausgeschnittenem Kleide aus der Untersuchungshaft auf die Anklagebank geführt. Es war begreiflich, daß sich die Blicke der zahlreichen Zuhörer und Zuhörerinnnen der blendend schönen Hedwig zuwandten. (...) Die angeklagte junge Frau hatte ein so wohlklingendes, prächtiges Organ und verstand derart logisch ihre Verteidigung zu führen, daß ihr bezauberndes Äußeres ganz wesentlich beim Sprechen gewann. (197f.)

Die melodramatische Erzählweise »verzichtet vollständig auf den von der bürgerlichen Kunst erhobenen Anspruch von Objektivität oder zumindest gebrochener, sinnfällig und nachvollziehbar gemachter Subjektivität (...); die melodramatische Schreibweise beschreibt die Situation aus dem Sinneseindruck heraus und inszeniert für ihn Beweise. Die Schönheit einer Frau, die überwältigend nur für den

---

49 Seeßlen, G. & Roloff, B. (1980). Kino der Gefühle. Geschichte und Mythologie des Film-Melodrams. Reinbek b. Hamburg, S. 15.

50 Siehe dazu Faulstich, W. & Korte, A. (1994). Fischer Filmgeschichte. Bd. 1, 1895-1924. Frankfurt a.M., insb. Kasten, J. (1994). Dramatik und Leidenschaft. Das Melodram der frühen zehner Jahre, S. 233-245.

51 Friedlaender zitiert in direkter Rede aus den mündlich vorgetragenen Memoiren der Hedwig Müller. Das Zitat verliert sich in der indirekten Rede Friedlaenders: »›Nachdem Reimann aus dem Geschäft entlassen war (direkte Rede, F.L.), habe sie ihn endgültig abschütteln wollen...‹ (indirekte Rede)«. (212)

52 Siehe dazu Seeßlen (1980), S. 17, der darauf hinweist, daß in England die extrem eklektische Schreib- und Erfahrungsweise sich vom französischen Präfix méler=mischen ableitet.

Augenblick sein kann, wird mit allen Mitteln festgeschrieben, soll nicht sich verflüchtigen, sondern die Welt der Dinge und die Welt der Sprachen beseelen.«[53]

Anders als im Theater zerstört die Erzählweise der Filmkamera die Distanz zwischen dem Betrachter und dem Gegenstand, wobei die Distanzlosigkeit, mit der Gefühle dargestellt werden, im Melodram imponiert, anders als in der bürgerlich hohen Kunst, die von vornehmer Zurückhaltung, Weltschmerz und Negativität[54] gekennzeichnet ist. Als Gattung ist die melodramatische Erzählweise für starke Affektwirkungen besonders geeignet. Die Sprache ist mit Reihen von Adjektiven aufgeladen, und Friedlaender setzt auf kräftige, gefühlsbeladene Bilder, mit kitschnahen Effekten. Darin ist er Hedwig Müller gar nicht unähnlich, die in der »Benutzung von sprachlichen Klischees, die sie vielleicht aus der Literatur, und vielleicht nicht aus der besten entlehnt hat« (238), dem Gutachter auffällt.

Die unter Anklage stehende »Protagonistin« wird von Friedlaender als Tochter einer alleinstehenden Frau in Armut situiert[55]. Doch Hedwig Müller ist auch die Tochter eines Architekten und stammt, wie der Staatsanwalt hervorhebt, »aus einer guten und früher gutsituierten Familie (...), die durch den trunksüchtigen und liederlichen Vater herabgekommen sei« (246). Auch Reimann – dessen Vater Architekt war – kommt aus einer durch sozialen Abstieg gekennzeichneten Familie. Es scheint, als würde diese Information die Struktur des Melodrams stören, dessen Spannung sich aus klaren Klassengegensätzen ergibt, die Friedlaender durch die Konstruktion einer zwar in Armut lebenden, aber attraktiven Frau pointiert. Der immer wiederkehrende Hinweis auf ihre außergewöhnliche Schönheit, die mehr als ein mittelloses Leben verspricht, läßt einen Ausbruch aus dem armseligen Milieu erhoffen.[56] Und der zeichnet sich – wie wir bereits wissen – durch die Liebschaft mit einem wohlsituierten Herrn ab. Doch – wie im Melodram – ist die *Überschreitung von Klassenschranken*, das ersehnte Glück, niemals ohne Schmerz und Leid, ohne Opfer, zu erlangen. Und wie im Melodram wird der mit dem gelungenen Übertritt erforderliche Verzicht auf die dem bürgerlichen Leben letztendlich abholde Sexualität nicht geleistet. Auch Hedwig Müller scheint das Pendant zum Triebverzicht, die Lust auf Sexualität und Unterwerfung, heimlich

---

53 Seeßlen (1980), S. 18.

54 Siehe dazu Seeßlen (1980).

55 Die Angeklagte beschreibt aus den Gesprächen mit ihrer Tante ihr Herkunftsmilieu differenzierter als Friedlaender, nämlich als das Ergebnis eines sozialen Abstiegs: »... 4-5 Generationen zurückgegriffen (haben) die Vertreter einer Linie Ratsämter am hiesigen Hofe bekleidet, eine andere Linie (ist) auf den Ende des 17. Jahrhunderts berühmt gewesenen Kupferstecher G. Müller zurückzuleiten... Noch mein Großvater und Urgroßvater seien ziemlich bedeutende Männer gewesen und nannte sie (die Tante, F.L.) mir auch Kunststätten, deren Deckenmalereien von den Müllers ausgeführt waren. Die Vertreter der Künstlerlinie waren allmählich zur Porträtmalerei und später zur architektonischen Kunst übergegangen, durch Degeneration war die Familie von höchster Höhe zu dem jetzigen Stande heruntergekommen, und weil die außergewöhnliche Begabung und Intelligenz sämtlicher Männer ihnen hohe Einkünfte brachte und sie dem Leichtsinn nachhingen, Unsummen zu verspielen und zu vergeuden«. (203)

56 Siehe dazu Kapitel IV dieser Arbeit, wo das literarische Produkt einer Männerphantasie den Namen Josefine Mutzenbacher trägt. Auch sie kommt aus Armut und Elend durch die Schönheit ihres Körpers ans Licht.

im eigenen Milieu zu suchen. Ihr junger Liebhaber schreibt kurz vor seinem Tod mit Blick auf den Rivalen:

> Nur der eine Unterschied, daß er ein Mann von Bildung, einen Titel und die Hauptsache wohl Geld hat, und ich in Deinen Augen nur ein Kuli bin. Das ist der eine Unterschied und möchte ich nur wissen, warum Du in erster Zeit so an mir gehangen, mich immer hinbestellt hast und ich mich jedesmal gesträubt hatte, weil ich immer dachte, Du bist keine Dirne. Und dennoch habe ich mich fangen lassen und warum? Weil ich Dir nicht widerstehen konnte! (...) Nun befinde ich mich in Deinen Krallen, jetzt kann und will ich nicht mehr raus. Magst Du jetzt nichts mehr von mir wissen, so sollst Du doch ewig an mich denken. (220)

Der Konflikt ist vorprogrammiert. Mit der Tötung des »proletarischen« Mannes wird auch die (eigene) Triebhaftigkeit getötet.

Mit diesen thematischen Aspekten zeichnet sich der Fall Hedwig Müller für das melodramatische Genre[57] aus. Er ist aus dem Reservoir erzählbarer Geschichten eine besonders geeignete: das kleinbürgerliche Milieu der Protagonistin, die Dreierkonstellation zwischen einem klassenfremden Mann und einem jugendlichen Verführer der eigenen Klasse, die Heldin, umrahmt von einem triebhaften Schurken und einem stillen, aber guten Rivalen, die Anfälligkeit der Geschichte für »richtige« Gefühle und Klassenmoral. Friedlaender wählt diese melodramatische Schreibweise. Sie transportiert auf spezifische Weise die Träume sozial »kastrierter« Frauen auf der Suche nach der Erlösung aus materiellem und sozialem Elend.[58] Der Retter aus der Armut wird mit den positiven Eigenschaften des Triebverzichts und der Sublimation überhöht. Er nimmt sie mit in »gute Opern und gute Theater« (246), »betätigt sich neben seinem Beruf noch literarisch« (207), ist gut, edel, feinfühlig, mit guten Manieren, aber vermutlich ein bißchen impotent.

> Er hatte eine überaus zarte Art, den Zwischenraum zwischen uns so gut zu überbrücken, daß er mir so bald zu einem Erzieher wurde, dem ich manches Benehmen ablernte (...) Unsere Liebkosungen waren zahlreich, aber nicht auf geschlechtliche Erregung berechnet. (207)

Mit der Betonung der Tugenden hebt die Protagonistin die für die bürgerliche Verkehrsform typische Gefühlseinengung und Triebbeschränkung hervor. Die Sexualität ist abgespalten und an den triebhaften Schurken der »unteren« Klasse gebunden. Mit der Dämonisierung des Opfers wird nicht nur der Triebwunsch verteufelt, sondern der eigene Triebkonflikt durch Projektion auf den anderen entäußert.[59] Die richterliche Urteilsbegründung nimmt in melodramatischer Perspektive diesen

57 Siehe dazu Seeßlen (1980).

58 Siehe dazu Seeßlen (1980), S. 30.

59 Und mit der »Liquidierung« der Triebhaftigkeit lassen sich auch die unbewußten Wünsche der »Exekutoren« auslöschen. So läßt sich die alte Ordnung wieder herstellen. Wie im Melodram siegt die Vorstellung und der Wunsch über die Wirklichkeit. Anders als im vorliegenden Fall führt das Happy-End im Melodram zu einer Aussöhnung mit dem eigenen Milieu, denn der Schurke ist klassenfremd. Das »glückliche Ende« der Hedwig Müller hingegen verdankt sich der Klassenzugehörigkeit ihres Opfers, das nicht der urteilfällenden Klasse angehört.

Konflikt wieder auf und schreibt auf ihre Weise mit an der Geschichte einer Frau im Widerspruch ihrer Gefühle:

> Sie kam in die Großstadt, wo die Verlockungen an sie herantraten und wo eine besondere Kontrolle (durch Eltern, Freundinnen, F.L) notwendig gewesen wäre. Der Boden war für sie vorbereitet; sie ging ein Liebesverhältnis ein mit einem Mann, der in anderen Kreisen wie sie lebte. So ideal das gewesen sein mag, es bestand doch eine Kluft zwischen ihnen. Bei der sinnlichen Natur und der ihr innewohnenden Erotik blieb noch ein Platz für einen Zweiten. Georg Reimann war das Gegenstück von Dr. St., und wenn er etwas Lasterhaftes an sich hatte, so war das vielleicht das, was die Angeklagte reizte. ›Einen Kuß auf deinen losen, frechen Mund!‹, so schrieb sie und dies beweist, daß sie sich nicht immer so brav und gebildet unterhalten haben, wie mit Dr. St. Sie sagte selbst: Eine Doppelnatur wohne in ihr, wie ja wohl in jedem Menschen etwas von einer solchen steckt. Sie liebte es, sich mit Reimann etwas nachlässiger und weniger ernst zu unterhalten. So kam eine gewisse Neigung zu ihm. Bei Dr. St. hatte sie einen gewissen Respekt zu bewahren, bei dem jungen Menschen war sie die Königin allein. Dieses Doppelspiel war eine Lage, der sie nicht gewachsen war, denn nun zeigte sich Reimann von der schlechten Seite. Er hatte sie nach dem letzten Brief zu urteilen, auf alle Art bedroht und geängstigt. Bei ihrer *hysterischen Natur* entschloß sie sich zu dem Schritt, der sie von dieser Fessel befreien sollte. In dieser Verfassung hat sie die Tat begangen, die die Herren Geschworenen als Totschlag anerkannt und für die sie ihr mildernde Umstände bewilligt haben. Danach hat der Gerichtshof, in Erwägung, daß sie trotz ihrer Intelligenz eine mangelhafte moralische Bildung besaß und sich in einer Notlage befand, da sie ein Erpresser in ihre Gewalt gebracht hatte, in fernerer Erwägung, daß sie geistig dem Dr. St. nahe-, moralisch aber dem Reimann näherstand, gemeint, eine Strafe mittlerer Art verhängen zu sollen. (253f.)

Wie das Melodram das Schicksal der Frau thematisiert, die Rollenerwartungen verletzt, sich Liebesgeschichten erlaubt, die Klassenschranken durchbrechen[60], nimmt die richterliche Urteilsbegründung jenen gesellschaftlichen Hintergrund männlicher Doppelmoral und weiblich in Szene gesetzter Doppelbödigkeit auf, der auch die Hysterisierung von Frauen hervorbringt. *Doch für das Melodram wie auch für die Hysterie gilt: »Verbotenes, Unmögliches abzulösen und zugleich zu bewahren.«*[61] Es geht wie immer um die (Wieder-)Herstellung von Ordnung in der Welt. Und ebenso wie dem Melodram scheint es der Hysterie möglich zu sein, Geschlechter- und Klassenschranken zu symbolisieren und für Augenblicke zu überschreiten, freilich mit untauglichen Mitteln. Daher dienen beide Ausdrucksformen letztendlich der Versöhnung mit einer unüberwindbar scheinenden Realität.

60 Seeßlen (1980), S. 48.
61 Seeßlen (1980), S. 22.

Hysterische Erzählstruktur

Das Melodram inszeniert Aspekte der Hysterie, und die Hysterie bedient sich melodramatischer Präsentationsformen. Beide lassen sich als Ausdruck des Widerstandes verstehen, da sie auf bestimmte Weise das Drama der weiblichen Initiation in einer männlich dominierten Gesellschaft thematisieren. Beide fixieren die Frau als »Noch-nicht-Frau«, die sich ihrer Identität ungewiß, des Frauseins immer wieder über das Begehren des Mannes versichern muß.

Das Melodram erzählt eine Liebesgeschichte aus der Perspektive der Frau; eine Liebesgeschichte, die aufgehalten, verzögert, unterbrochen und durch gesellschaftliche Konventionen und männliche Vorstellungen zerstört wird.[62] Die Hysterie erzählt die Geschichte des Begehrens und eines Versprechens, das letztendlich nie eingelöst wird. Auch dieses Spiel ist ein Spiel mit Verzögerungen und Unterbrechungen, mit Verführung und Zurückweisung. Das Begehren wird durch die dauernde Verhinderung der Befriedigung aufrechterhalten[63], die nicht gesucht wird, da die Lust darin besteht, sich im Begehren des Anderen zu spiegeln. Oder – wie Lacan sagt – die Hysterie begehrt das Begehren des Anderen. Was im Melodram an äußeren Hindernissen das Glück vereitelt, ist in der Hysterie Bestandteil einer inneren Struktur.

Betrachtet man Friedlaenders Text vor allem unter den Fragen, *wie* er seine Geschichte erzählt und strukturiert, wie er die Protagonistin schildert und welchen Erzähl-Standpunkt er selbst einnimmt, dann lassen sich einige Besonderheiten erkennen: Der Text zeigt deutliche Spuren von Hysterizität. Er wirkt wie das Dokument einer hysterischen Szene, wie ein Abbild der Hysterie. Die Metaphorik ist schrill, die Sprache hyperbolisch. Es finden sich Häufungen von Superlativen. Die Wortwahl scheint den sprachlichen Beständen der »Gartenlaube«[64] entsprungen, die Artikulation ist affektbeladen wie das Melodram.

Der Text ist theatralisch, Aufmerksamkeit heischend, expressiv, agierend und dramatisierend[65], wie die Hysterie. Wie sie wirkt er passagenweise übertrieben und unecht, der großen Geste nachgeahmt. Spielt bei der Hysterie die Identifizierung eine große Rolle, so verweist sie ebenso auf den Gebrauch einer ›geliehenen Geschichte‹, da offenbar keine eigene verfügbar ist. Diese ›Leihgabe‹ kennzeichnet das falsche Selbst, das ohne Selbstdistanzierung den Text des Anderen übernimmt. Der hysterische Ton wird angeschlagen, indem er sich des Originaltons bedient. Auch Friedlaender greift auf die Rede der Angeklagten (und der anderen Prozeßbeteiligten) zurück. Doch manchmal herrscht Unklarheit darüber, wer eigentlich spricht. Suggestibilität und Labilität, Unschärfe und Uneindeutigkeit sind Kennzeichen der Hysterizität. Der Text ist eklektizistisch, zusammengesetzt

---

62 Seeßlen (1980), S. 43.

63 Hiebel, H.H. (1990). Strukturale Psychoanalyse und Literatur (Jacques Lacan). In: K.-M. Bogdal (Hg.), Neue Literaturtheorien. Eine Einführung. Opladen, S. 74.

64 »Die Gartenlaube« war eine illustrierte Wochenzeitschrift, die 1853 als liberales Unterhaltungsblatt gegründet wurde und durch mehrere Verlage ging bis sie 1944 schließlich eingestellt wurde.

65 Siehe dazu Friedlaender (1919), besonders S. 195ff.

aus Originalton, Kommentaren und narrativen Verklammerungen. Sein Schwanken zeigt sich im wechselnden Gebrauch der Erzählstile: Berichterstattung, Kommentar und Essay.

Der Text ist semantisch uneindeutig. Er schwankt zwischen Zeigen und Verbergen. Auch die hysterischen Symptome entziehen sich der Eindeutigkeit der Interpretation durch den Arzt. So tritt der hysterische (Text-)Körper aus der Eindeutigkeit der Repräsentation heraus, d.h., er begehrt auf gegen eine »repräsentationistische Verfaßtheit«[66]. Der Text ist also ambig; denn er »sagt nicht genau, was er meint, oder meint nicht, was er sagt.«[67] Auch in seiner Erzählperspektive ist er uneindeutig, ambivalent: real? fiktional? imaginativ?

Der Text weckt Begehrlichkeiten[68], wie eine hysterische Frau. Er spielt wie sie das Spiel des Verführens, Unterbrechens, Lockens und Zurückweisens. Sexuelle Spannung wird aufgebaut, die Palette perverser Sexualitäten entfaltet: homoerotische und bisexuelle Orientierung, transvestitische Neigungen, sado-masochistische Verstrickung zwischen Täter(in) und Opfer. Der sadistische Zug des jugendlichen Liebhabers paart sich mit dem Versprechen obsessiver Sexualität. Der Bericht greift die exhibitionistischen Züge der Hysterie auf und bedient damit die voyeuristische Lust des Lesers. Die Dynamik des Erzählflusses spitzt sich zu, läuft auf einen Höhepunkt hinaus. Ein Blick hinter die Schlafzimmertür ist das mindeste, was der Leser erwarten kann. Doch der Spannungsaufbau bricht jäh zusammen. Und der Leser, dessen Neugier auf die Spitze getrieben worden ist, bleibt ebenso frustriert zurück wie der von der Hysterie düpierte Mann. Im manifesten Text diktiert die Moral den Abbruch: »Die Schilderung über die Vorgänge in der Wohnung... muß aus Schicklichkeitsgründen unterbleiben.« (211) Die Ent-Täuschung richtet die Aufmerksamkeit auf die vorangegangene Täuschung. Hinter dem grandiosen Versprechen steckt die Leere; keine Moral kann diese überzeugend füllen. Das gilt für die Hysterie und für den Text.

Fragt man also nicht nur danach, *was* der Text erzählt, sondern *wie* er funktioniert, dann wird deutlich, in welcher Weise der von der »sekundären Bearbeitung«[69] freigelegte Subtext die Geschichte gleichzeitig verhüllt und enthüllt. Widersprüchlichkeiten, Ambivalenzen und Textbrüche sind dann mehr als störende Irritationen, nämlich besonders wertvolle Zugangsweisen zum ›Unbewußten‹ des Textes. Sie können ebenso wie plötzlich auftauchende Affekte des Lesers als ›symptomatische‹ Hinweise auf latente Strukturen angesehen werden.

---

66 Schuller, M. (1982). »Weibliche Neurose« und Identität. Zur Diskussion der Hysterie um die Jahrhundertwende. In: D. Kamper & Ch. Wulf (Hg.), Die Wiederkehr des Körpers. Frankfurt a.M., S. 184.

67 Eagleton, T. (1994). Einführung in die Literaturtheorie. Stuttgart, S. 168.

68 Zur Gegenübertragung in der Beziehung zwischen Text und Rezipienten siehe z.B. Raguse, H. (1993). Fiktion und Realität im literarischen Lesen und in der psychoanalytischen Situation. In: Zeitschrift für psychoanalytische Theorie und Praxis, 8, S. 176-190. Berger, M. (1995). Durch diese schöne Anstrengung mit sich selbst bekannt gemacht... Über Texte zu Töchtern und Vätern. In: M. Berger & J. Wiese (Hg.), Geschlecht und Gewalt. Göttingen, S. 120-160.

69 Eagleton (1994), S. 173 knüpft an Freuds Arbeit über die Traumdeutung an.

Die Brüchigkeit des Textes zeigt sich auf verschiedenen Ebenen. Der Aufbau, dem immer wieder ein Zusammenbruch der Spannung folgt, läßt sich nicht nur in der Erzählstruktur, sondern auch in der Wahl der sprachlichen Register des Textes wiederfinden: Schlüpfrigkeiten werden abgelöst von Ernüchterungen, metaphorischer und allegorischer Sprachgebrauch durch das Zitieren objektivierender Positivismen.

Die Diskontinuität des Textes zeigt sich nicht nur im Sprachgebrauch, sondern ergibt sich auch aus der Aneinanderreihung verschiedener Diskursformen. In Friedlaenders Text werden die wissenschaftlichen Diskurse von narrativen Einsprengseln des Autors und interdiskursiven juristischen Erörterungen abgelöst.

Lacan unterscheidet in seiner Diskurstheorie vier Diskurse: den des Meisters, den der Wissenschaft, den der Hysterie und den der Psychoanalyse[70]. Ebenso wie Freud bezieht sich auch Lacan auf das Wahrheitsproblem. War Freud anfänglich der Meinung, die Erinnerungen der Patienten führten ihn zur Objektivität vergangener Ereignisse, so mußte er diese Ansicht revidieren durch die Erkenntnis, daß es »im Unbewußten ein Realitätszeichen nicht gibt.«[71] Damit war die Möglichkeit eröffnet, den Wahrheitsbegriff nicht nur in Übereinstimmung mit der »materiellen Realität«, sondern vom Subjekt aus als »psychische Realität« zu entwickeln. In diesem Verständnis ist Wahrheit an das sich artikulierende Subjekt gebunden. Sie bemißt sich, wie Widmer im Anschluß an Lacan formuliert, »an der Artikulation der Lebensnot, des Verlusts«[72]. Lacan betont, daß es ohne Sprache keine Wahrheit gibt. An die Sprache geknüpft, stellt Wahrheit den Bezug zwischen dem Symbolischen und dem Realen her.[73] Lacan nennt vier Elemente des Wahrheitsproblems, deren Stellung zueinander die Diskursform spezifiziert: Das Subjekt, das Symbolische, das Reale und das Imaginäre. Je nach Anordnung der einzelnen Elemente untereinander läßt sich also sagen, um welchen Diskurs es sich handelt. So stellt

> der universitäre (oder auch wissenschaftliche, F.L.) Diskurs ... das genaue Gegenteil des hysterischen Diskurses dar. Das, was im universitären Diskurs in Vergessenheit gerät, das Subjekt (...), rückt im hysterischen Diskurs in den Vordergrund. Der hysterische Diskurs stört den Wissenschaftsbetrieb, weil er ihn mit der Dimension der Subjektivität konfrontiert (...).[74]

Der hysterische Text widersetzt sich kontinuierlicher Erzählbarkeit[75]. Freud war erstaunt, wie angesichts des zerrissenen Erzählflusses der Hysterie so »glatte und exakte Krankengeschichten Hysterischer bei den Autoren entstanden sind.« Denn:

> In Wirklichkeit sind die Kranken unfähig, derartige Berichte über sich zu geben. Sie können zwar über diese oder jene Lebenszeit den Arzt ausreichend und zusammen-

70 Siehe dazu Widmer, P. (1990). Subversion des Begehrens. Jacques Lacan oder die zweite Revolution der Psychoanalyse. Frankfurt a.M., ders. (1983). In: Psyche, 3.

71 Freud (1986), S. 284.

72 Widmer (1990), S. 129f.

73 Widmer (1990), S. 131.

74 Widmer (1990), S. 143.

75 Schuller, M. (1985b). Literatur und Psychoanalyse: Zum Fall der hysterischen Krankengeschichte bei Sigmund Freud. In: KulturRevolution, 9, S. 48-52.

> hängend informieren, dann folgt aber eine andere Periode, in der ihre Auskünfte seicht werden, Lücken und Rätsel lassen (...). Die Zusammenhänge, auch die scheinbaren, sind meist zerrissen, die Aufeinanderfolge verschiedener Begebenheiten unsicher (...). Die Unfähigkeit der Kranken zur geordneten Darstellung ihrer Lebensgeschichte ... entbehrt auch nicht einer großen Bedeutsamkeit.[76]

Das Kriterium für Hysterie ist also der unter dem Zeichen von Diskontinuität ablaufende Erzählvorgang. Freud benutzte die Erkenntnis – die er anläßlich des Falles »Dora« erläutert – zu diagnostischen Zwecken, immer dann, wenn er den Patienten zuhörte:

> Ich ließ mir ... von der Kranken selbst ihre Geschichte erzählen. Als diese Erzählung trotz der merkwürdigen Begebenheiten, auf die sie anspielte, vollkommen klar und ordentlich ausfiel, sagte ich mir, der Fall könne keine Hysterie sein.[77]

Freud selbst ist im Fall Dora keine »glatte und exakte Krankengeschichte« gelungen. Die Aufarbeitung ist für ihn das »Bruchstück einer Hysterie-Analyse« geblieben.

So sind der diskontinuierliche Erzählfluß, die narrativen Sprünge, die Theatralität und das besondere Involviertwerden des Lesers in den Text ein dem »Beziehungsgeflecht«[78] der Hysterie durchaus angemessenes Dokument, das als Text Zeugnis ablegt über die Hysterisierung der Öffentlichkeit.

Die Verleugnung der Realität

Die Hysterie ist also nicht nur ein Krankheitsbegriff, der im Rahmen forensischer Begutachtung eine zu verurteilende oder zu exkulpierende individuelle Störung bezeichnet, sondern sie ist auch eine *Chiffre für die Unmöglichkeit der Beziehung zwischen Mann und Frau*. Sie kennzeichnet das weibliche Aufbegehren und damit auch die Dezentrierung des Mannes, die im Fall Hedwig Müller tödlich endet. Friedlaenders Prozeßbericht belegt die spürbare Angst vor der weiblichen Verführungsmacht und der damit verbundenen Bedrohung der Rationalität. Es zeigen sich vor allem zwei große Abwehrlinien, die Verwissenschaftlichung und die Ästhetisierung; beiden Formen lassen sich jeweils spezifische Strategien zuordnen.

Friedlaender ästhetisiert das Verfahren, indem er die Realität in ein Melodram verwandelt, das Symptom der Hysterie dramatisch vertextet und damit (re-)inszeniert. Seine Form der Abwehr und Bewältigung unterscheidet sich sowohl von der wissenschaftlich-positivistischen als auch von der psychoanalytischen Zugangsweise.

Hat Freud hinter den Symptomen seiner Patientinnen die gesellschaftlichen Verhältnisse, den Antagonismus zwischen Sexualität und Kultur gesehen, so werden im medizinisch-psychiatrischen Zugriff meist hereditäre Kausalitäten kon-

76 Freud, S. (1905a). Bruchstück einer Hysterie-Analyse. GW V, S. 161-286, hier S. 173f.
77 Freud (1905a), S. 174.
78 Braun, Chr.v. (1988). NichtIch. Frankfurt a.M., S. 22.

struiert. Freud, der im hysterischen Symptom auch das kollektive Schicksal von Frauen in den Blick nahm, hat bereits 1895 in seinen »Studien über Hysterie« als wichtiges psychoanalytisches Behandlungsziel die Aufklärung über individuelle Verstrickungen in allgemeine Strukturen formuliert. Er erklärt seinen Patientinnen, »daß viel damit gewonnen ist, wenn es uns gelingt, Ihr hysterisches Elend in gemeines Unglück zu verwandeln.«[79] Während Freud den Prozeß der Aufklärung vom individuellen Leid zur sozialen Genese verfolgt, während er die Hysterie als Ausdruck gesellschaftlicher Unterdrückung weiblicher Sexualität erkennt, arbeitet sich die herrschende Wissenschaft am Symptomkomplex der Hysterie als individueller Pathologie ab. Freud korrigiert diese wissenschaftlich-kulturellen Formen der Befriedung und Abwehr. In seiner Arbeit über »Das Unbehagen in der Kultur«[80] beschäftigt er sich mit der Sublimationsleistung intellektueller Arbeit und künstlerischer Betätigung und erwähnt am Rande auch die damit verbundenen Abwehrleistungen, nämlich die einer »milde(n) Narkose, in die uns die Kunst versetzt.«[81] Im Prozeßbericht von Friedlaender hat die Ästhetisierung, genauer die Melodramatisierung, durchaus eine solche ›narkotisierende‹ Funktion, die sich gegen Erkenntnis sperrt.

Bei all dem Bemühen der Menschen, »das Glück zu gewinnen und das Leiden fernzuhalten«[82], gibt es eine Reihe von Methoden. Die Sublimierung ist eine davon, deren Feld keineswegs genau abgesteckt ist. So ist nicht klar, ob jede oder nur bestimmte Formen künstlerischer und intellektueller Arbeit gemeint sind, ob die soziale Wertschätzung einer Kultur das entscheidende Kriterium für die Sublimierung ist oder ob auch adaptative Tätigkeiten in Betracht kommen.[83] Freud hat die Sublimierung gegenüber anderen Mechanismen der Abwehr theoretisch nicht ausdifferenziert. Doch spätestens seit Anna Freuds Arbeit[84] darf angenommen werden, daß sich die Abwehr nicht nur gegen Triebansprüche, sondern gegen alles, was Angst hervorrufen kann, richtet und daß sie sich dabei verschiedenster Aktivitäten bedient. Im Sublimationsvorgang können sich verschiedene neurotische Mechanismen wie Verdrängung, Idealisierung oder Verleugnung vermischen. So ließe sich ein literarisches Produkt, das das Unbewußte einer Kultur in sich aufgehoben, aber nicht zum Verschwinden gebracht hat, einem Text gegenüberstellen, der mittels Romantisierung oder Melodramatisierung die Realität »verkitscht«[85]. Milan Kundera reflektiert in seinem Roman »Die unerträgliche Leichtigkeit des Seins«[86] die politische Funktion des Kitsches:

---

79 Freud, S. (1895). Studien über Hysterie: Zur Psychotherapie der Hysterie. GW I, S. 252-312, hier S. 312.

80 Freud, S. (1930). Das Unbehagen in der Kultur. GW XIV, S. 419-506.

81 Freud (1930), S. 439.

82 Freud (1930), S. 440.

83 Siehe dazu Laplanche, J. & Pontalis, J.-B. (1973). Das Vokabular der Psychoanalyse. Frankfurt a.M., S. 479. Die Autoren nennen z.B. Arbeit und Freizeitgestaltung.

84 Freud, A. (1936). Das Ich und die Abwehrmechanismen. Frankfurt a.M. (1986).

85 Etymologisch ist die Herkunft des Begriffes »Kitsch« nicht ganz klar. Historisch taucht er in der zweiten Hälfte des 19. Jahrhunderts als deutsches Wort für Schund, Geschmacklosigkeit auf und

> Wenn das Herz spricht, ziemt es sich nicht, daß der Verstand etwas dagegen einwendet. Im Reich des Kitsches herrscht die Diktatur des Herzens. Das durch den Kitsch hervorgerufene Gefühl muß allerdings so beschaffen sein, daß die Massen es teilen können. Deshalb kann der Kitsch nicht auf einer ungewöhnlichen Situation beruhen, sondern nur auf den Urbildern, die einem ins Gedächtnis geprägt sind: die undankbare Tochter, der verratene Vater, auf dem Rasen rennende Kinder, die verlassene Heimat, die Erinnerung an die erste Liebe. Der Kitsch ruft zwei nebeneinander fließende Tränen der Rührung hervor. Die erste Träne besagt: wie schön sind doch die auf dem Rasen rennenden Kinder! Die zweite Träne besagt: wie schön ist es doch, gemeinsam mit der ganzen Menschheit beim Anblick von auf dem Rasen rennenden Kindern gerührt zu sein! Erst die zweite Träne macht den Kitsch zum Kitsch. (...) Niemand weiß das besser als die Politiker. (...) Der Kitsch ist das ästhetische Ideal aller Politiker, aller Parteien und aller politischen Bewegungen.[87]

Kundera formuliert eine Verbindung zwischen Totalitarismus und der Vorherrschaft des Kitsches, der »eine spanische Wand (ist), hinter der sich der Tod verbirgt.«[88] Was Kundera beschreibt, trifft für Friedlaender zu: Hinter der Melodramatik verschwindet die tödliche Wirklichkeit des Geschlechterkampfes. Sie wird zu einer Romanze, in der das Schicksal denjenigen trifft, der der Leidenschaft allzusehr erliegt. Der Kitsch verzerrt die Realität, indem er Widersprüche aufhebt und eine Versöhnung mit den herrschenden Verhältnissen anstrebt[89]. Das ist es, was Friedlaender, der zwar Aufklärung proklamiert, aber Unbewußtheit produziert, von Freud unterscheidet. Friedlaenders Text bleiben die Strategien der Textproduktion unbewußt. Daher leistet er einer erneuten Maskierung Vorschub, die das Publikum durch ästhetischen Lustgewinn verführt[90], aber letztendlich hinters Licht führt – der Hysterie ganz ähnlich, die der Text ›agiert‹.

Das Paradigma der Psychoanalyse ist die Hysterie, an ihr entwickelt Freud die Theorie und die klinische Praxis. In der Auseinandersetzung mit ihr entfaltet er jene methodischen Grundprinzipien der Annäherung an das Unbewußte, die es ihm erlauben, die Hysterie als unbewußtes Beziehungsgeflecht zu sehen und in der Analyse kenntlich zu machen.[91] Wenn die Hysterika das kollektive Schicksal

---

läßt sich am ehesten mit dem mundartlichen Verb »kitschen« verbinden: Straßenschlamm zusammenscharren und glattstreichen.

86 Kundera, M. (1987). Die unerträgliche Leichtigkeit des Seins. Frankfurt a.M.

87 Kundera (1987), S. 240.

88 Kundera (1987), S. 242.

89 Kundera (1987) definiert in diesem Zusammenhang Kitsch als »Verleugnung der Scheiße«, als das grundsätzlich Unannehmbare im Leben.

90 Siehe dazu Haubl, R. (1993). Die Ästhetisierung des Häßlichen als ethisches Problem – Bausteine einer psychohistorischen Theorie der Erschütterung. In: H.A. Hartmann (Hg.) Augsburger Beiträge zur Ökonomischen Psychologie und Kulturanalyse, Bd. 5 von R. Haubl, Aesthetica II. Fallstudien zur visuellen Kommunikation, S. 169-189.

91 Ute Rupprecht-Schampera (1997) erwähnt in ihrer Arbeit über »Das Konzept der ›frühen Triangulierung‹ als Schlüssel zu einem einheitlichen Modell der Hysterie«. In: Psyche 51, S. 637-664 im Anschluß an J.P. Haas (Bemerkungen zum sogenannten »Hysteriegefühl«. In: Der Nervenarzt, 1987, S. 92-98) ein spezifisches »Hysteriegefühl«, das sich in der Analyse hysterischer Patienten beim Analytiker einstelle und Zweifel an der Echtheit des Erlebens und Verhaltens der Patientin aufkommen ließe. Dabei würden folgende »hysterische Abwehrmechanismen« (S.O.

der Frau, das Unaussprechliche in Szene setzt, dann ist die »Hysterisierung« ein Versuch, das szenisch zur Sprache gekommene unbewußte Material als Krankheit oder Verbrechen zu individualisieren, während Friedlaenders »Melodramatisierung« Freuds Aufklärung eine Remythologisierung entgegenhält: Er verwandelt das »gemeine Unglück« in »hysterisches Elend«.

Mit dieser Gegen-Aufklärung wird die Hysterie erneut reproduziert, aber nicht durchschaut. Um die Jahrhundertwende spricht man von einer »geistigen Epidemie«[92], einem der spätmittelalterlichen »Massenhysterie«[93] vergleichbaren Phänomen, das der Zeitgenosse Freuds und Friedlaenders, der Psychologe Hellpach als »Zeitkrankheit«[94] eindrucksvoll skizziert:

> Die Phantasie war durch städtisches Leben, Erweiterung des Gesichtskreises, Entdekkungen und Erfindungen, aber auch durch die immer mehr auf kultischen Prunk und legendarische Farbenpracht zusteuernde Praxis der Kirche in eine Art Überspannung gebracht. Starke Gefühlsmomente hefteten sich an diese Bereicherung: Zweifel und Vorahnung des neuen auf der einen, Furcht vor den Drohungen der Kirchenlehre auf der andern Seite. Mit erotischem Drange war die Zeit förmlich geschwängert: Die Ausartung der Mode und die Überhandnahme der Zote (...) geben Zeugnis davon. Dazu starke Kämpfe, soziale und politische Unsicherheit (...). Vor allem aber Zügellosigkeit: Zusammenbruch der alten Bindungen auf allen Lebensgebieten, Verlust von Maß und Selbstbeherrschung – Zersetzung, innere Anarchie der Menschenseele. Dicker braucht es für die Hysterie nicht zu kommen.(...) Sie war die geradlinige Folge des zeitlichen Seelenzustandes.[95]

Trotz zeitgeschichtlicher Sensibilität, trotz der Erkenntnis gesellschaftlicher Verursachung bleibt die Hysterie auch hier unverstanden. Sie erscheint jenseits der Dialektik von Individuum und Gesellschaft als ein ungebrochenes Spiegelbild der herrschenden Kultur. Doch der Prozeß ist komplexer: Die Hysterisierung der Öffentlichkeit ist zwar einerseits Ausdruck des Zeitgeistes, aber andererseits produziert sie ihn auch immer wieder aufs Neue mit. Er schlägt sich schließlich in den wissenschaftlichen und alltagsweltlichen Bildern der Hysterie nieder. Auch Hellpach treibt mit seiner Betrachtung das Programm wechselseitiger Bestätigung voran, wenn er mit seinen sozialpsychologischen Überlegungen zur Hysterie direkt ins Schwärmen kommt:

> Hysterie! Die Königin der Neurosen, was Reichtum und Farbenpracht der Erscheinungen angeht. Und darum, wie man so leicht schließt, die Beherrscherin und Len-

Hoffmann) imponieren: Sexualisierung, Verdrängung, Verleugnung, Manipulation eigener Wahrnehmung, Verzicht auf Individuation, (pseudo-)ödipale Reinszenierung.

92 Hellpach, W. (1906). Die geistigen Epidemien. In: M. Buber (Hg.), Die Gesellschaft. Sammlung Sozialpsychologischer Monographien, Bd. 11, Frankfurt a.M.

93 Hellpach führt die »Pathogenese der spätmittelalterlichen Massenhysterie« (1906, S. 87), der sich Ignatius von Loyola entgegengestellte, zum Vergleich an. Seine »Exercitia spiritualia« stelle den Versuch dar, die Hysterie zu überwinden. Er zeichnet eine Linie von Loyola zu Charcot, dem »Großmeister der Hysterieforschung«.

94 Hellpach (1906), S. 87.

95 Hellpach (1906), S. 85.

> kerin geistiger Epidemien überhaupt. Die fleischgewordene Suggestion; und darum in aller Möglichkeit seelischer Ansteckung lauernd.[96]

Die Analyse der »seelischen Übertragungsmöglichkeiten«[97] hat im Rahmen abbild- bzw. infektionstheoretischer Annahmen ihre Grenzen.

Verband Hellpach die Hysterie des späten Mittelalters mit einer »krankhaft gesteigerten Bilderwelt«[98], so sieht er die Hysterie seiner Zeit im Kontext allzu großer kultureller Nüchternheit. Vor diesem Hintergrund ist die Hysterie das Modell eines »übererregten Weibes«, das »das Hirn die Bilder gestalten läßt, welche die Seele sucht.«[99] Das »übererregte«, hysterische Weib ist im Verständnis der Zeit »die geradlinige Fortsetzung der weiblichen Psyche ins Krankhafte«, auch daher scheint die Hysterie so leicht ›übertragbar‹. Bereits das Eingehen auf die Erregungen kann die hysterischen Symptome hervortreiben, die wie »Pilze nach dem Sommerregen aus dem Boden der Weiberseele schießen. Gerade die ›Gegensuggestion‹ kann das bewirken, weil sie eben solch ein Eingehen auf die Hysterisierung selber ist.«[100] Das zeigen besonders die »Sensationsprozesse« als Herde »hysterischer Massenerregungen«.[101] Der Kreis beginnt sich zu schließen: Die »Gegensuggestion« wird – anders als die Gegenübertragung – nicht als Erkenntnisinstrument erkannt, sondern fungiert undurchschaut als mitagierender Verstärker.

Auf diese Weise durchdringen sich Trivial- und Fachdiskurse und schließen die Kluft zwischen Laien und Experten. So mäandert die Hysterie zu Beginn unseres Jahrhunderts durch die Gerichtssäle, die Literatur und das Theater, belebt die populäre Alltagskultur ebenso wie die Wissenschaft.

---

96 Hellpach (1906), S. 74.
97 Hellpach (1906), S. 93.
98 Hellpach (1906), S. 87.
99 Hellpach (1906), S. 80.
100 Hellpach (1906), S. 91.
101 Hellpach (1906), S. 88. Elaine Showalter (»Hystorien. Hysterische Epidemien im Zeitalter der Medien«, Berlin 1997) schlägt mit ihrer kulturwissenschaftlichen Arbeit eine Brücke zwischen hysterischen Erkrankungen des 19. Jahrhunderts und den modernen Epidemien, die zwischen Massenmedien und Zuschauern kursieren.

IV
HYSTERIE IM FACHDISKURS

WISSENSCHAFTLICHE THEATRALISIERUNGEN

Zehn Jahre bevor Sigmund Freud zusammen mit Josef Breuer die »Studien über Hysterie« (1895) publiziert, hospitiert er 1885 an der Salpêtrière bei Charcot. Zu jener Zeit ist die Salpêtrière eine große Bühne, auf der Charcot im Kreise seiner Studenten, Assistenten, Kollegen und anderer interessierter Wissenschaftler die hysterischen Frauen seines Hospitals vorführt. Seine Vorlesung gleicht einer Theaterinszenierung, die in jenem berühmt gewordenen Bild von André Brouillet aus dem Jahre 1887 eingefangen ist, von dem Freud nach seiner Rückkehr aus Paris eine Reproduktion in seinem Wiener Behandlungszimmer aufhängen sollte. Das Gemälde, das exakt einer Photographie nachgebildet ist, zeigt den Meister der »Leçons du mardi« eine Hysterika demonstrierend, die im somnambulen Zustand Charcots damaligem Oberarzt, Joseph Babinski, in die Arme sinkt[1]. Die klinischen Lektionen an der Salpêtrière nehmen jeden Dienstag ähnliche Formen an:

> Die Szenen im Hörsaale der Salpêtrière sind von dramatischer Wirkung. Nicht ohne Grauen sehen die Schüler, wie der kleine Mann im weiten Talare die Weiber in Krämpfen – Femmes en attaques – auftreten läßt, wie dann ein leiser Druck seiner zarten Hand genügt, um einen wilden Paroxysmus auszulösen, und wie der Sturm allmählich sich verzieht, wenn der Beherrscher der dämonischen Gewalten es befiehlt.[2]

Charcot hypnotisiert seine Hysterikerinnen und versetzt sie durch die Berührung ihres Leibes in geordneten hysterischen Aufruhr. Das so initiierte klassische Tableau, den großen hysterischen Anfall, läßt er von dem Klinikphotographen festhalten[3]. Die Bilder der Hysterie, gesammelt in der umfangreichen »Iconographie photographique de la Salpêtrière«[4], belegen seine nosologische Neuordnung, in der er die Hysterie von der Epilepsie und anderen Geisteskrankheiten unterscheidet. Das durch den ärztlichen Blick geschaffene Objekt ist gekennzeichnet durch sichtbare körperliche Merkmale, und die Photographie verspricht diese Sichtbarkeit als objektive Wahrheit, als Realität, im Bild zu bannen. Dabei sei die photo-

1 Siehe dazu: Gödde, G. (1994). Charcots neurologische Hysterietheorie – Vom Aufstieg und Niedergang eines wissenschaftlichen Paradigmas. In: Luzifer-Amor. Zeitschrift zur Geschichte der Psychoanalyse, 14, S. 7-55.

2 Steyerthal, A. (1911). Hysterie und kein Ende. Halle a.A., S. 12 f., zitiert nach Regina Schaps (1992). Hysterie und Weiblichkeit. Wissenschaftsmythen über die Frau. Frankfurt a.M. , S. 57.

3 Siehe dazu Didi-Huberman, G. (1982). Invention de l'hystérie. Charcot et l'Iconographie photographique de la Salpêtrière. Editions Macula, Paris. Deutsche Übersetzung 1996, Erfindung der Hysterie. Die photographische Klinik von Jean-Martin Charcot. München.

4 Iconographie photographique de la Salpêtrière, I (1876-1877), II (1878), III (1879-1880), Bourneville & Regard, Paris: Aux Bureaux du Progrès médical/Delahaye & Lecrosnier, Paris.

graphische Platte »die wahre Netzhaut des Gelehrten«[5]. So hält der positivistische Traum nicht nur Einzug in die Salpêtrière, sondern auch in andere psychiatrische Kliniken, wie das Bethlehem Royal Hospital in London, sowie in die Anstalten von San Clemente in Venedig. Die großen Sammlungen belegen die Bilderbegeisterung der Psychiatrie, die in keinem Punkt der der Kriminalanthropologie nachsteht. Während die photographische Praxis im klinischen Bereich die Würde eines medizinischen Dienstes annimmt, ist sie längst unverzichtbares Instrument erkennungsdienstlicher Anthropometrie. Beide Disziplinen, Psychiatrie und Justiz, sind zu jener Zeit auf der Suche nach einem Kriterium der Differenz, das als »principium individuationis« geeignet erscheint, Identität zuzuweisen und kenntlich zu machen. Die Zusammenarbeit zwischen wissenschaftlichen und gerichtlichen Untersuchungen sowie deren photographischer Antwort bringt einen spezifischen Identitätsbegriff hervor, der sich an der Lesbarkeit im Bild orientiert. Die Photographie ist also dazu da, die Identität einer Person zu »authentifizieren«[6] und die Symptome der Hysterika als sichtbare »Chiffren der Leidenschaft«[7] auf dem Höhepunkt des hysterischen Anfalls im Bild festzuhalten.

Charcot zeigt seine Hysterikerinnen, und diese zeigen ihre Hysterie in der Öffentlichkeit des Hörsaales. Sein Lieblingsmodell ist zweifelsohne Augustine, ein Kind des jungen Mediums Photographie, wie die dreibändige »Iconographie« belegt.

> Was Augustine zu einem der großen Stars der ›Iconographie photographique de la Salpêtrière‹ machte, das war vor allem die Art des zeitlichen Ablaufs ihrer Attacke, immer schön unterteilt durch ›Pausen‹ und ›Entreakte‹, die Art des dramaturgischen Schnitts ihrer Symptome in Akte, Szenen und Bilder.(...) Auf diese Weise gab sich ihr Körper rücksichtlos hin, klein a, klein b, klein c.[8]

Die Einteilung des »großen Anfalls« in vier Phasen ist das Ergebnis eines wissenschaftlichen und medialen Zugriffs, der mittels Zerlegung in Einzelteile der Entsexualisierung dieses Geschehens dient: Der »epileptoiden Phase« folgt der »Clownismus«, den die »leidenschaftlichen Haltungen« ablösen, um schließlich im »Delirium« zu enden. Diese wissenschaftliche (Be-)Reinigung durch scheinbar objektivierende Verfahren dient der Aufhebung von Zweideutigkeit[9] und ist um so notwendiger, als sich dem Betrachter das Orgastische des Vorgangs aufdrängt. Freud dechiffriert den der Amnesie[10] anheimfallenden »arc de cercle« als »Äqui-

5 Londe, A. (1896) zitiert nach Didi-Huberman (1996), S. 42 f. Albert Londe war der Direktor des photographischen Dienstes der Salpêtrière.
6 Didi-Huberman (1996), S. 73.
7 Didi-Huberman (1996), S. 47.
8 Didi-Huberman (1996), S. 137.
9 Douglas, M. (1988). Reinheit und Gefährdung. Eine Studie zu Vorstellungen von Verunreinigung und Tabu. Frankfurt a.M.
10 Freud, S. (1909a). Allgemeines über den hysterischen Anfall. GW VII, S. 233-240.

valent für den Geschlechtsverkehr«[11]. Und Hellpach führt aus, daß jeder hysterische Anfall

> eine Nachbildung, eine Art theatralischer Vorführung des Begattungsaktes (ist, F.L.). Das hysterische Erbrechen ist sozusagen die Karikatur einer Ekelkundgebung. Die hysterischen Lähmungen realisieren die mannigfachsten Vorstellungen von einer aus dem oder dem Grunde herrührenden Unmöglichkeit, ein Glied zu gebrauchen. Die ganze hysterische Erscheinungswelt ist eben wirklich eine Art Theaterspiel, nur darf man nicht an beabsichtigte Komödie denken, sondern es besteht der Zwang, dieses Spiel aufzuführen, dem irgendwie Vorgestellten wirkliche Gestaltung zu geben.[12]

Die Zerlegung in Einzelteile wirkt der ganzheitlichen Wahrnehmung des hysterischen Anfalls als Nachbildung eines »Begattungsaktes«[13], eben als »Koitusäquivalent«[14] entgegen. Charcots Schüler nehmen durch die zergliedernde Auflösung des Spannungsbogens das Zusammenspiel zwischen dem Arzt und seiner Patientin, zwischen dem hysterischen Anfall und der sich Bahn brechenden kulturell tabuisierten Sexualität, zwischen hypnotisch erzeugter Stimulation und der Hervorbringung des Symptoms nicht wahr. Sie konzentrieren sich ausschließlich auf die Identifikation der geordneten Abfolge des Anfallsgeschehens, indem sie sich eines wissenschaftlich-reinen, »photographischen« Blicks bedienen. Während die Dialektik der Beziehung zwischen dem Arzt und seiner Patientin die Kohärenz des Bildes hervorbringt, dient die Bildqualität als Beweis für die Wahrhaftigkeit. Doch im großen hysterischen Anfall scheint die Hysterika in widersprüchlicher Gleichzeitigkeit zwei Körper zu repräsentieren: den eigenen weiblichen (=zurückhaltenden) und den begierigen (=draufgängerischen) des Mannes. Freud beobachtet diesen Widerspruch an einer Frau, die »mit der einen Hand das Gewand an den Leib preßt (als Weib), mit der anderen es abzureißen sucht (als Mann).«[15] In den verdichteten Symptomen des großen hysterischen Anfalls ist die Komplementarität beider Geschlechter aufgehoben, Ambiguität gerinnt zum körperlichen Ausdruck. Damit sind die Eindeutigkeit suggerierenden Bilder »falsche« Bilder. Doch die Präsentation eines bildgerechten »Ersatzkörpers« gewährleistet der Hysterika die Sicherstellung ärztlicher Zuwendung und erlaubt ihr gleichzeitig, aus einer Position der Ohnmacht Macht auszuüben, indem sie die Wissenschaft für sich zu interessieren und sich ihr gleichzeitig zu entziehen vermag. Es scheint ihr zu gelingen, die Ärzte, trotz einiger Zweifel, in ihren diversen Konstruktionen der Hysterie zu bestätigen und damit letztendlich zu beruhigen.[16]

---

11 Stephanos, S., Biebl, W. & Pflaum, F.G. (1979). Der Begriff der Konversion. In: T.v. Uexküll (Hg.), Lehrbuch der Psychosomatischen Medizin. München, S. 441-452.

12 Hellpach, W (1906), S. 78.

13 Hellpach (1906), S. 78

14 Freud (1909a), S. 239.

15 Freud, S. (1908a). Hysterische Phantasien und ihre Beziehung zur Bisexualität. GW II, S. 191-199, hier S. 198.

16 Didi-Huberman (1996), S. 192.

DIE HYSTERISCHE FRAU

> Die Hysterie ist ein Proteus, welcher eine Anzahl verschiedener Formen annimmt, ein Chamäleon, welches ohne Unterlaß seine Farbe wechselt.[17]

In wissenschaftlichen Diskursen, in Nachschlagewerken für Juristen, Polizeibeamte, Mediziner, Psychiater und Psychologen[18] und in forensischen Auseinandersetzungen findet sich um die Jahrhundertwende der eigentümliche Widerspruch zwischen der Klage über die begriffliche und theoretische Unklarheit des Hysterie-Konzepts auf der einen Seite und der häufigen Betonung ihres wichtigen Stellenwerts als klinisches Konzept auf der anderen Seite. Emil Kraepelin formuliert diesen Widerspruch in einem Vortrag »Über Hysterie«[19] (1913) auf der Versammlung bayerischer Irrenärzte in München:

> Unter den Krankheitsbegriffen, mit denen wir tagtäglich arbeiten, ist kaum einer nach Inhalt und Umgrenzung so strittig wie derjenige der Hysterie. Am Krankenbette selbst freilich werden, abgesehen von diagnostischen Schwierigkeiten, die Meinungen der Fachgenossen über die Frage, was als hysterisch zu bezeichnen sei, zumeist gar nicht so weit auseinandergehen. Sobald es sich jedoch um eine Begriffsbestimmung der Hysterie handelt, beginnt sofort der Widerstreit der Anschauungen.[20]

Es ist kein Zufall, daß sich Emil Kraepelin, der entschieden am akademischen Aufstieg der Psychiatrie interessiert ist[21], zur begrifflichen Unschärfe des Hysteriekonzepts äußert. Er befördert die Weiterentwicklung einer medizinischen Diagnostik in der Psychiatrie, die es erlaubt, symptomatische Formen ätiologisch und prognostisch zuzuordnen. Für die »durch psychische Einwirkungen entstehenden

---

17 Sydenham, zitiert nach Binswanger, O. (1904). Die Hysterie. In: H. Nothnagel (Hg.), Spezielle Pathologie und Therapie. Bd. XII, Wien, S. 3.

18 Ratgeber für Juristen, Psychiater und Psychologen; Criminallexika, etc.: Schüle (1890). Handbuch für Geisteskrankheiten; Krafft-Ebing, R.v. (1876). Lehrbuch für gerichtliche Psychopathologie, 3. Auflage 1892; Cramer, A. (1897). Gerichtliche Psychiatrie. Ein Leitfaden für Mediziner und Juristen. Jena; Burgl, G. (1912). Die Hysterie und die strafrechtliche Verantwortlichkeit der Hysterischen. Ein praktisches Handbuch für Ärzte und Juristen. Stuttgart; Gross, H. (1898). Criminalpsychologie. Graz; Gross, H. (1894). Handbuch für Untersuchungsrichter, Polizeibeamte, Gendarmen. Graz; Hoche, A. (1901). Handbuch der gerichtlichen Psychiatrie. Berlin.

19 Kraepelin, E. (1913). Über Hysterie. In: Zeitschrift für die gesamte Neurologie und Psychiatrie, Bd. 18, S. 261-279.

20 Kraepelin (1913), S. 18.

21 Siehe Dörner, K. (1975). Diagnosen in der Psychiatrie. Frankfurt a.M.

Störungen«[22] entwickelt er in enger Verbindung zur naturwissenschaftlichen Methodologie ein Diagnosenschema, um Einzelfälle zu klassifizieren und nosologisch einzubinden.

Das Diagnostizieren der Hysterie wirft Schwierigkeiten auf. Ist man sich in den einzelnen deskriptiven Merkmalen meist einig, so bleiben die Theorien häufig disparat. Dieser Widerstreit der Anschauungen hat verschiedene Gründe. Zum einen führt die gleichzeitige Existenz historisch unterschiedlicher, teilweise anachronistischer Hysteriekonzepte zum Streit zwischen organmedizinisch und psychopathologisch orientierten Vertretern verschiedener Disziplinen; zum anderen fordert die Unterschiedlichkeit die Präzisierung der jeweiligen disziplinären Positionen heraus. Daher wird, trotz aller Abgrenzung, immer wieder die Notwendigkeit eines Austausches betont und gleichzeitig eine spezifische disziplinäre Symptomatologie, Nosologie und Ätiologie der Hysterie reklamiert, mittels derer auf die eigene wissenschaftliche Kompetenz zur Erklärung dieses Krankheitsbildes[23] hingewiesen werden kann.

So verknüpfen Vertreter der Gynäkologie, entsprechend ihrem Selbstverständnis, die Hysterie kausal mit der Erkrankung der Genitalien, während sich die Neurologie und Psychiatrie gegen die – wie Binswanger[24] meint – anachronistische Verknüpfung von Hysterie und Pathologie der Genitalsphäre abgrenzt. Die Gynäkologie ihrerseits setzt sich kritisch mit der Neuropathologie auseinander, die die »Stigmata«, die »Defekte« oder die »Dissociation« der Hysterischen neurologisch oder psychogenetisch verankert. Während die Gynäkologie die Spuren innerer, genitaler Narben zu entziffern sucht und die »Vernarbungsprozesse als Noxe für das Entstehen hysterischer Erscheinungen«[25] verantwortlich macht, nähert sich die Psychiatrie den psychogenen »Erschütterungen« als Ursache der Hysterie. Sind der uteralen Semiotik entsprechend die Heilungsprozesse erkrankter Ovarien gestört und müssen durch chirurgische[26] und manuelle Behandlungsmethoden des Gynäkologen[27] in Gang gesetzt werden, so können die Neurologen diese »Narben in den inneren Genitalien« nicht als Ursache für die Hysterie anerkennen. Es scheint daran zu liegen – wie der Gynäkologe Ziegenspeck meint –, daß eben »jeder etwas anderes unter Hysterie versteht«[28] und jeder mit seinen diszi-

---

22 Kraepelin (1913), S. 18.

23 Durch die spezifische Beschäftigung mit der Hysterie versuchten sich die Psychiater – in Abgrenzung zu anderen Konzepten – zu profilieren. Um eine eigenständige disziplinäre Autonomie bemüht, produzierten sie damit selbst jene Mannigfaltigkeit in den Erklärungsansätzen zur Hysterie, die sie einerseits als Unübersichtlichkeit beklagten und andererseits als Universalinstrument belobigten.

24 Binswanger (1904), S. 1.

25 Ziegenspeck, R. (1902). Frauenleiden und Hysterie. In: Ärztliche Rundschau. Wochenschrift für die gesamten Interessen der Heilkunde. XII. Jahrgang, 7, S. 73-76, hier S. 74.

26 Wurden die Ovarien als hysterogene Zone ätiologisch verortet, so waren Ovarektomien (Siehe dazu Schaps, R., 1992. Hysterie und Weiblichkeit. Wissenschaftsmythen über die Frau, Frankfurt a.M., S. 53) nicht selten die Folge, ebenso wie die Entfernung der Klitoris als therapeutische Maßnahme Anwendung fand (Braun, Chr.v., 1988. NichtIch, S. 24).

27 Ziegenspeck (1902), S. 74, der Massagen, Dehnung und Auspinselungen vorschlägt.

28 Ziegenspeck (1902), S. 74.

plinären Mitteln die von der ›Normalform‹ abweichende Frau ›kontrollieren‹ möchte.

Dabei kämpft die Psychiatrie – die an die Stelle der Genitalleiden den mit einem »Trauma verknüpften emotionellen Shock für die Entwicklung der Hysterie unerläßlich«[29] hält – mit anderen Schwierigkeiten als die organmedizinischen Ansätze. Während die Gynäkologie, am naturwissenschaftlichen Krankheitsmodell orientiert, ein physiologisch-materielles Substrat als verursachend für das Leiden der Frauen ansieht und dementsprechende chirurgische und manuelle Behandlungsmethoden vorschlagen kann, hat die Psychiatrie Mühe, ihre psychopathogenen Annahmen für eine Theorie der Hysterie zu verteidigen. Das zunehmend psychologische Verständnis hat – auf Charcots Annahme eines spezifischen Geisteszustands der Hysterie aufbauend – wegen seiner fehlenden organischen Ätiologie nicht selten Moralisierungen der Krankheit[30] zur Folge, die wenig geeignet sind, die Hysterie theoretisch in ein eindeutiges Krankheitsmodell einzubinden.

Mit der Anerkennung der psychischen Bedingtheit der Hysterie entsteht unter den Medizinern ein Disput über die Frage, inwieweit die hysterischen Dauerstigmata[31] ein Suggestionseffekt seitens des Arztes oder das Ergebnis einer der hysterischen Einbildungskraft entsprungenen Autosuggestion sind.

In seinem Vortrag »Zur Pathogenese der Hysterie« formuliert Binswanger vor der Versammlung der mitteldeutschen Psychiater und Neurologen einige Unklarheiten im Konzept der Hysterie, in dem er die »unendliche Mannigfaltigkeit der Krankheitserscheinungen« betont und zu dem Ergebnis kommt, daß sie »nicht als eine einheitliche Krankheit, sondern als ein pathologischer Symptomenkomplex aufzufassen«[32] sei. Dabei seien auch die »degenerativen Constitutionsmerkmale« für die Einteilung hysterischer Krankheitsbilder maßgeblich. In seiner 1904 erschienenen Monographie über »Die Hysterie« umreißt er den Komplex von somatischen Symptomen der Krankheit bis hin zu Simulation und Betrug:

> Bald sind es vereinzelte degenerative, psychopathische Merkmale, welche dem Krankheitsbild der Hysterie gewissermaßen aufgepfropft sind, so das Heer von Phobien oder auch motivlose Angstzustände, Zwangshandlungen, comödienhafte oder ernsthaft gemeinte Selbstbeschädigungen oder Selbstmordversuche u.a.m., bald sind es ausgeprägte Charakteranomalien auf der Grundlage einseitiger egocentrischer Gefühlsreactionen mit grotesken, bizarren Gefühlsausbrüchen des Zornes, der Verzweiflung, aber auch der leidenschaftlichen Liebe und Hingebung; auch perverse

29 Binswanger (1904), S. 26.

30 Schaps (1992), S. 68.

31 Charcots Dogma der Dauerstigmata (wie Anästhesien an Haut und Organen, veränderte Sinnesempfindungen, Lähmungen einzelner Glieder, Mutismus, Anorexie, globus hystericus, Erbrechen u.a.) markierte in seiner schematischen Darstellungsweise damals einen Meilenstein auf dem Weg zur Ausweitung der Diagnostik und Klassifikation der Hysterie. Siehe dazu Schaps (1992), S. 65.

32 Binswanger, O. (1901). Zur Pathogenese der Hysterie. Vortrag vor der Versammlung mitteldeutscher Psychiater und Neurologen. In: Archiv für Psychiatrie und Nervenkrankheiten, Bd. 34. Berlin, S. 332.

> Gefühlsreactionen mit raffinierter wollüstiger Grausamkeit gehören hierher; endlich begegnen wir excessiven Phantasiewucherungen mit zahllosen Erinnerungsfälschungen oder mit der bewußten Tendenz zur Intrige und Heuchelei, zu Lug und Betrug.[33]

Diese »Phantasiewucherungen« werden als uneindeutige Konstrukte, als Lügen zwischen absichtlicher Täuschung und unbeabsichtigten, krankhaften Wahnideen angesehen, die im Kern nicht von »wissentlicher Unwahrheit« getragen sind, sondern von einer Lüge »bona fide.«[34]

Die »Erkrankung der Vorstellungen« (Möbius) ist ein unberechenbares Phänomen und läßt die Hysterie zwischen medizinischem Heilungsbemühen und juristischer Tatbestandsdiagnostik schwanken. Das Oszillieren zwischen Phantasie und Wirklichkeit, zwischen Erdachtem und Geschehenem, gilt als eine die Hysterie kennzeichnende, mangelnde Reproduktionstreue[35], die im forensischen Kontext die Frage nach der Schuld aufwirft.

Mit der »pseudologia phantastica«[36] wird ein Konstrukt eingeführt, das eine Identifikation der Hysterie mit Begriffen der Lüge und Täuschung, des unbewußten und bewußten Betrugs ermöglicht. Die »pseudologia phantastica« besetzt den definitorischen Grenzbereich zwischen Krankheit und Verbrechen und eröffnet damit die Perspektive auf eine ›moralische Erkrankung‹, in der an die Stelle der Eigengesetzlichkeit von Krankheit nun die moralische Schuld eines ›entarteten‹ Individuums tritt.

Die Wandlungsfähigkeit der Hysterie, deren Symptome sich mimetisch den jeweiligen Verhältnissen anschmiegen, setzt diese nicht nur dem Verdacht des Betrugs aus, sondern verstärkt innerhalb der Medizin den Zweifel, ob der in Anlehnung an naturwissenschaftliche Methoden erhoffte »Fortschritt in der Psychiatrie von der besseren Umgrenzung, schärferen Erfassung der Krankheitsbilder«[37] überhaupt vorangetrieben werden kann.

1911 eröffnet der Psychiater Robert Gaupp seinen Vortrag auf der Jahresversammlung des deutschen Vereins für Psychiatrie in Stuttgart mit dem Zweifel an den Konzepten der Hysterie. Er provoziert die Zuhörer mit der Überlegung, auf den Begriff der Hysterie zukünftig gänzlich zu verzichten, da dieser ein »ärztliches Kunstprodukt«, ein »Mischmasch von Symptomen«[38] anderer Krankheiten sei. Die Hysterie sei eben keine selbständige Einheit, keine »entité morbide« mit zeitlich abgrenzbarem und gesetzmäßig verlaufendem Krankheitsprozeß, sondern eine »abnorme Reaktionsweise des Individuums«[39] oder, in Rückgriff auf Hell-

33 Binswanger (1904), S. 20f.
34 Cramer (1897), S. 132.
35 Delbrück, A. (1891). Die pathologische Lüge und die psychisch abnormen Schwindler. Stuttgart.
36 Delbrück (1891).
37 Raimann, E. (1914). Zur Hysteriefrage. In: Wiener Klinische Wochenschrift, Bd. 27, S. 1412-1419, hier S. 1412.
38 Gaupp, R. (1911). Über den Begriff der Hysterie. In: Zeitschrift für die gesamte Neurologie und Psychiatrie, S. 457-466, hier S. 457. Gaupp bezieht sich dabei auf Charcots in der Salpêtrière erzeugten »grande hysterié«.
39 Gaupp (1911), S. 458.

pach[40], eine »reaktive Abnormität«, die als innere Antwort einer besonders gearteten Psyche auf äußere Anforderungen des Lebens zu verstehen sei. Gaupp bezieht eine medizinkritische Metaposition, wenn er betont, daß die der Hysterie immanenten fließenden Grenzen zwischen Normalität und Pathologie den Rahmen des engen »naturwissenschaftlich-ärztlichen Bereichs«[41] sprengen. Dort wo die Anforderungen des Lebens selbst abnorm sind – so Gaupp – bedarf es nicht der Degeneration als Erklärung von Hysterie. Er bezieht sich in diesem Zusammenhang auf Freud und Breuers »Studien über Hysterie«, die verdeutlichen, daß bestimmte kulturelle Errungenschaften für bestimmte Menschen pathogene Auswirkungen haben können[42], in denen »das Seelische sich in fremdartigen körperlichen Zeichen festankert«[43]. Freuds sexueller Ätiologie allerdings steht Gaupp, wie auch Aschaffenburg[44], skeptisch gegenüber.

Im Gegensatz zu diesen Überlegungen, die den kulturellen und gesellschaftlichen Kontext der hysterischen Phänomene mitberücksichtigen, müssen die naturwissenschaftlich orientierten, positivistischen Forschungen die »Gesetzlosigkeit« der Hysterie im Gegensatz zu anderen Erkrankungen betonen, die, »wenn sie einmal in Gang sind, ihren eigenen inneren Gesetzen gehorchen und weder symptomatisch noch zeitlich so unberechenbar sind wie die hysterischen Erscheinungen«[45]. Denn ihre Krankheitssymptome oder Zeichen – wie Ernst von Feuchtersleben[46] die Symptome semiotisch formuliert[47] – verweisen auf eine da-

40 Hellpach, W. (1904). Grundlinien einer Psychologie der Hysterie. Leipzig.

41 Gaupp (1911), S. 463.

42 Aronsohn beschäftigt sich mit dem Einfluß der Kultur auf Entstehung und Entwicklung des hysterischen Charakters. Aronsohn, O. (1912). Die Hysterie als Kulturprodukt. In: Berliner Klinische Wochenschrift, 9, S. 1185-1186.

43 Gaupp (1911), S. 463.

44 In der Münchener Medizinischen Wochenschrift, November, Nr. 47, 1906 (S. 2301) schreibt C.G. Jung eine Erwiderung gegen einen Beitrag Aschaffenburgs, in dem dieser Freuds Hysterielehre kritisiert. C.G. Jung verteidigt dort »Die Hysterielehre Freuds«.

45 Gaupp (1911), S. 459.

46 Bindeglied zwischen Pinel und Freud ist der Wiener Baron Ernst von Feuchtersleben (1806-1849), der die psychosomatische Medizin als systematische Disziplin gründete. In seinem »Lehrbuch der ärztlichen Seelenkunde« (1845) führte er Begriffe wie Psychose, Neurose, Psychiatrie im modernen Sinne ein und erkannte den menschlichen Organismus als psychophysische Einheit. Er fühlte sich Schlegel und Novalis verpflichtet und war von Kant (1724-1804) stark geprägt, der ihn in der Suche nach gesellschaftlichen Faktoren der Geisteskrankheit stark förderte. Er sah wie andere auch die Hysterie und die Hypochondrie zwar verwandt, aber mit verschiedenen Konnotationen für die jeweiligen Geschlechter.

47 Siehe dazu Feuchtersleben, E.v. (1845). Lehrbuch der ärztlichen Seelenkunde. Wien. Feuchtersleben sah in der Semiotik ein Hilfsmittel zum Nachweis der komplexen Beziehung zwischen psychischen Zeichen und somatischen Ursachen. Doch bezogen auf die Hysterie, der eindeutige Ätiologien fehlen, stößt man an die Grenzen der semiotischen Gesetzmäßigkeit. Ihre Zeichen haben eher einen symbolischen als einen symptomatischen Charakter, da sich z.B. die Zeichen/Signifikanten wie »Affektlabilität«, »Erinnerungsfälschung«, »Lügenhaftigkeit«, »Simulation« nicht eindeutig auf eine Ursache/Signifikat beziehen lassen. So sind sie definitionsgemäß Symbole und keine Symptome. (Siehe dazu Bauer, A., 1993. Die allgemeine Semiotik als Instrument medizinhistorischer Erkenntnis. Vortrag an der medizinischen Hochschule Hannover am 18. Januar 1993. Unver. Manuskript Hannover. Bauer weist in diesem Zusammenhang darauf hin, daß das »semiotisch-formale Signifikat des Wortes ›Symptom‹« nicht identisch ist mit

hinterliegende Ursache. Als Zeichen steht das Symptom im eindeutigen Verweisungszusammenhang zu einer Ursache.

Anders bei der Hysterie. Als Konstrukt übernimmt sie quasi die Funktion eines Containers, in dem die frei flottierenden, uneindeutigen und bedrohlichen Zeichen von Weiblichkeit aufgefangen werden und mittels medizinischer Klassifikationen ihre bedrohliche Ambivalenz verlieren. Colin hat bereits in der Mitte des letzten Jahrhunderts hellsichtig formuliert, daß mit dieser diagnostischen Zeichen-Bündelung Diffusitäten und Störungen des Weiblichkeitsbildes aufgefangen werden:

> Die Hysterie ist ein caput mortuum, in welchem alles, was fremd scheint, alles, was sich der Geist nicht erklären kann, zusammengefaßt wird. Besonders (...) wenn es sich um ›psychisch‹ Kranke handelt. Hat eine Kranke ein etwas fremdes Wesen, ist sie leicht aus dem Gleichgewicht zu bringen, ist ihr Auftreten mehr oder weniger kokett und fantastisch, so heißt es gleich, das ist eine Hysterische, und damit scheint dann alles gesagt. Sehr häufig weiß man gar nicht, was das ist, die Hysterie, aber das Wort ist da, magisch und für die große Masse unverständlich, und es erklärt alles.[48]

Die Hysterie – so scheint es – ist für viele Zeitgenossen selbstevident, eine Alltäglichkeit, die – wie der Kriminologe Hans Gross sagt – »glücklicherweise (...) heute so verbreitet ist, daß jeder beiläufig weiß, wie sich eine damit Behaftete geberdet.«[49]

Die dabei – zur Wende ins 20. Jahrhundert – wissenschaftlich häufig beklagte theoretische Unschärfe zeitigt im alltagspraktischen Vollzug der Klinik und des Gerichts keinen Anwendungsverlust, im Gegenteil, sie bringt Vorzüge mit sich; denn »die Hysterie kennen selbst jene, die sie nicht anerkennen wollen«[50]. Und auch jene, die ihre psychischen, somatischen oder organischen Zeichen nicht eindeutig dechiffrieren können, haben die Symptome der Hysterie »im Gefühl«.[51]

Doch in ihrem Widerspruch zwischen Theorie und Praxis treibt die Hysterie die Forschung an die Grenzen ihres wissenschaftlichen Selbstverständnisses; denn sie erlaubt keine objektive Definition. In ihrer unvorhersehbaren Wandelbarkeit stellt sie die Möglichkeit von Objektivität in den Wissenschaften überhaupt in Frage. Sie sperrt sich gegen die vorherrschenden mechanistischen Bilder einer »Körpermaschine« und sprengt mit dem ihr eigenen Gestaltwandel die Illusionen ihrer wissenschaftlichen Beherrschbarkeit: Beherrschbar ist nur, was sich regelgeleitet wiederholt und als erwartbare Reproduktion prognostizier- und damit kontrollierbar wird.

---

dem in der Medizin geläufigen Symptombegriff.) Die Differenz der Zeichen(charaktere) wird in der Hysterie eingeebnet. Durch die Gleichsetzung von Symbol und Symptom kommt es zur Ausuferung der (»Kenn«-)Zeichen und damit zu einer grenzauflösenden Beliebigkeit der Symptomatologie.

48 Colin zitiert nach de la Tourette, G. (1894). Die Hysterie. Nach den Lehren der Salpêtrière. Bd. 1. Normale oder interparoxysmale Hysterie. Vorwort von J.M. Charcot, dt. Ausgabe von Dr. Karl Grube. Leipzig, S. 284.

49 Gross, H. (1898). Criminalpsychologie. Graz, S. 441.

50 Raimann (1914), S. 1419.

51 Gaupp (1911), S. 460.

Doch die Strategien wissenschaftlicher Kontrolle suchen vergebens, sich an der Gesetzmäßigkeit des Körpers zu orientieren. In seinen frühen Schriften zur Neurosenlehre schreibt Freud, daß sich die Hysterika bei ihren Paralysen und anderen Krankheitsmanifestationen so verhält, »als ob es die Anatomie nicht gäbe oder als ob sie kein Wissen darüber besäße.«[52] Sie setzt die naturwissenschaftlichen Gesetzmäßigkeiten außer Kraft und verweist das erkennende Subjekt auf sich selbst zurück.

Hysterie und Grenzverletzung

Die Hysterie existiert nicht ohne den Betrachter und dessen Standpunkt.[53] Sie ist ein »Beziehungsgeflecht«[54], das durch die Blicke des Betrachters entsteht und sich in den Selbstbetrachtungen der Frauen, die als hysterisch gelten, fortsetzt. Obwohl die beiden Seiten aufeinander bezogen sind, sind sie keinesfalls Spiegelbilder, in denen sich die jeweils andere Seite abbildet, sondern beide bringen sich in komplizierten Brechungen gegenseitig hervor. Daher ist es sinnvoll, wie Christina v. Braun in ihrer Arbeit über Hysterie vorschlägt, beiden Seiten unterschiedliche Begriffe zuzuordnen: die *hysterische Symptombildung* und das *Krankheitsbild der Hysterie*[55]. Während die hysterische Symptombildung die subjektive Wirklichkeit, die »Realität« der Frau repräsentiert, die sich der Präfiguration des Betrachters anpaßt und diese gleichzeitig unterläuft, variiert das Krankheitsbild der Hysterie historisch, gesellschaftlich und kulturell. Berücksichtigt man die gesellschaftliche Dynamik und Funktion der Hysterie im historischen Kontext, dann zeigt sich, daß die scheinbare »Ungesetzmäßigkeit ganz gesetzmäßig verläuft«[56]. Zwar sind die Konstrukte historisch und konzeptionell variabel, aber der phantasmatische Kern scheint konstant: Ob die Hysterie mit der wandernden hystera (Hippokrates) zu tun hat, ob ein der Frau innewohnendes Tier, ein auf »Kinderzeugung begieriges Lebewesen«, so lange »unwillig« ist, wie es ohne Frucht bleibt und erst dann zur Ruhe kommt, wenn »die Begierde und der Trieb die beiden Geschlechter zusammenbringt«[57], oder ob der »durch die Enthaltsamkeit seiner Eigentümerin frustrierte Uterus«[58] im Körper herumspaziert[59] – in allen Bildern trifft der Mann die Frau nicht dort an, wo er sie sucht. In allen Bildern thematisiert sich die Angst vor einem weiblichen Innenleben, das sich selbständig macht, dessen Re-

52 Freud, S. (1893). Quelques considérations pour une étude comparative des paralysies motrices organiques et hystériques. GW I, S. 37-55, hier S. 50f.

53 Freud hat den Hinweis der Hysterika erkenntnistheoretisch verarbeitet und die Beziehungsdimension in seine methodische Annäherung systematisch integriert.

54 Braun, Chr.v. (1988). NichtIch. Frankfurt a.M., S. 22.

55 v. Braun (1988), S. 22.

56 de la Tourette, G. (1894). Die Hysterie. Nach den Lehren der Salpêtrière, S. V.

57 Platon zitiert nach Braun (1988), S. 35.

58 Israel, L. (1987). Die unerhörte Botschaft der Hysterie. München, S. 12.

59 Der Uterus – so die Vorstellung – wandert im Körper der Frau herum, bevor er sich im Gehirn festfressen kann, wo er das (zu) spärlich zur Verfügung gestellte Sperma endlich (wenn auch selbstdestruktiv) kompensiert.

produktionsfähigkeit seitens des Mannes nicht aktiviert und kontrolliert werden kann. Die Phantasien über unkontrollierbare Wanderungen weiblicher Geschlechtsorgane erinnern in ihren Angstpotentialen an ein auf indianische Mythen rückführbares Phantasma[60], das der »Vagina dentata«, die den Mann kastrierende, verschlingende Frau. Sie zerstört den Mann, raubt ihm seine Potenz, indem sie ihm die Zeugungsfunktion vorenthält. So verwundert es kaum, daß in allen Hysteriekonzepten das therapeutische Potential in der Wiederherstellung der Geschlechterordnung gesucht wird. Das Mittel der Wahl ist daher der »geordnete« Geschlechtsverkehr, der den Frauen Fruchtbarkeit zu bringen verspricht und die männliche Potenz sowie den Zugang zum weiblichen Körper sichert.

In welchem Maße die Abhängigkeit des Mannes von der Frau abgewehrt werden muß, kann man in der Entwertung der Frau aufspüren, in den misogynen Symptomen der Hysterie und in den Stigmatisierungen derer, die ihre »natürliche Bestimmung« verweigern, wie z.B. jene Frau, »deren Sexualität nicht in Mutterliebe aufging«[61], wie die Prostituierte, die Nymphomanin, Lombrosos Kriminelle, aber auch die Emanzipierte, die – auf Kosten ihrer Weiblichkeit – zu denken begonnen hatte.

Die hinter den Krankheitsvorstellungen verborgenen unbewußten Bilder sind Ausdruck und gleichzeitig Bewältigungsversuche historisch variierender, diffuser Ängste. Es scheint, als fasse der Betrachter das Unerklärliche und Fremde der widersprüchlichen Zeichen der Hysterie zusammen und stülpe diesen Rahmen über die in Unordnung geratene Realität, während die Benennung suggeriert, dem Namenlosen die Bedrohlichkeit zu nehmen.

Die Hysterie repräsentiert Unordnung. Sie kennzeichnet Grenzverletzungen zur Normalität, zwischen den Geschlechtern, den Klassen, den Wissenschaften und wirft damit medizinische, psychologische, juristische, gesellschaftspolitische sowie epistemologische Fragen auf. Mit den Grenzverletzungen stellt die Hysterie die Ordnung positivistischer Grenzziehung zwischen Normalität und Pathologie in Frage: Klare Abgrenzungen verschwimmen, und die Konzeptionen geschlechtsspezifischer Sexualität beginnen zu changieren.

Strategien der Angstabwehr

Projektionsfläche: Sexualität

Mit der zunehmenden Verbreitung der Annahme, daß die Hysterie ursächlich keine körperliche, sondern eine psychische Anomalie sei, kann sich die »Psychopathia Sexualis« (Krafft-Ebing 1886) als erklärendes Scharnier in der Gynäkologie und der Neuropathologie etablieren. In dem Maße, in dem die Genital*organe* als ursächliche Faktoren zurücktreten, rücken die Genital*funktionen* (Menstruation, Schwanger-

60 Israel (1987), S. 12.

61 Fischer-Homberger, E. (1984). Krankheit Frau. Zur Geschichte der Einbildungen. Darmstadt, S. 113f.

schaft, Laktation, Klimakterium) ins Zentrum der Betrachtung.[62] Die weiblichen Genitalfunktionen sind den gesellschaftlichen Konstruktionen von Weiblichkeit eingeschrieben und damit kulturell überformt. Jede Abweichung von der normalen Vita sexualis der Frau wird vor dem Hintergrund der restriktiven Sexualmoral zum einen als spezifisches Symptom einer hysterischen Erkrankung gewertet und zum anderen als Zeichen *sozialer Abweichung* registriert. Die soziale Abweichung der Frau besteht in der psychopathologisch begründeten Unfähigkeit, den auf Fortpflanzung ausgerichteten Geschlechtsverkehr auszuüben und damit die ihr gesellschaftlich zugeschriebene Reproduktionsfunktion zu erfüllen. Die »Anaesthesia Sexualis«, der »fehlende Geschlechtstrieb«, wie Krafft-Ebing diese Anomalie nennt, oder die Frigidität, die mildere Form der Anästhesie, wird als ein alarmierendes Zeichen der Hysterie entziffert. Krafft-Ebing charakterisiert in seiner »Psychopathia sexualis« die »naturae frigidae« wie folgt:

> Man trifft sie häufiger beim weiblichen als beim männlichen Geschlecht. Geringe Neigung zum sexuellen Umgang bis zur ausgesprochenen Abneigung, natürlich ohne sexuelles Äquivalent, Mangel jeglicher psychischen, wollüstigen Erregung beim Koitus, der einfach pflichtgemäß gewählt wird, ist die Signatur dieser Anomalie.[63]

Auch Hellpach[64] arbeitet in seiner Abhandlung über »Die geistigen Epidemien« heraus, daß die frigiden Frauen »ohne alle Sinnlichkeit (sind), und darum auch ohne so vieles, was damit zusammenhängt«[65]. Er meint damit, daß ihnen »der eigentliche Geschlechtsakt kein dringendes Bedürfnis ist«[66], da ihr Sexualverhalten nicht auf die Erhaltung der Gattung ausgerichtet sei: »Die leichte Entbehrlichkeit der Begattung mit erhaltenem Zärtlichkeitstrieb steht an der *Grenze des Normalen und Abnormen*. Wirkliche Frigidität ist pathologisch«[67]. Denn die Hysterika läßt »das weibliche Element (›Ovulum‹)«[68] vermissen, das die Fortpflanzung und in deren Folge den Bestand der Familie und damit der Menschheit sichert.

Foucault beschreibt diesen normierenden Zugriff auf die Frau, der die Hysterisierung des weiblichen Körpers hervorbringt, als dreifachen Prozeß:

> Der Körper der Frau wurde als ein gänzlich von Sexualität durchdrungener Körper analysiert – qualifiziert und disqualifiziert; aufgrund einer ihm innewohnenden Pathologie wurde dieser Körper in das Feld der medizinischen Praktiken integriert; und schließlich brachte man ihn in Verbindung mit dem Gesellschaftskörper (dessen Fruchtbarkeit er regelt und gewährleisten muß), mit dem Raum der Familie (den er als substantielles und funktionelles Element mittragen muß) und mit dem Leben der Kinder (das er hervorbringt und das er dank einer die ganze Erziehung

62 Siehe dazu Schaps (1992), S. 73.
63 Krafft-Ebing, R.v. (1886). Psychopathia Sexualis. Mit besonderer Berücksichtigung der conträren Sexualempfindung. Wien. Zitiert nach 14. Auflage (1912), S. 58.
64 Hellpach (1906).
65 Hellpach (1906), S. 13.
66 Hellpach (1906), S. 13.
67 Hellpach (1906), S. 14.
68 Schaps (1992), S. 75.

währenden biologisch-moralischen Verantwortlichkeit schützen muß): die ›Mutter‹ bildet mitsamt ihrem Negativbild der ›nervösen Frau‹ die sichtbarste Form dieser Hysterisierung.[69]

In dieser Perspektive ist die Frigidität Kennzeichen der *Grenzverletzung weiblicher Normalität.* Sie ist Zeichen einer Pathologie und repräsentiert das Negativbild erwünschter Weiblichkeit: die Nicht-Mutter – die Hysterika. Unter diesem Signum kursiert sie als eine »die gesellschaftliche Reproduktionslogik fundamental bedrohende Gefahr.«[70] Die Flut psychiatrischer und medizinischer Diskurse über die Hysterie und ihre Begleiterscheinungen belegt das Ausmaß der Gefährdung.

Zur Erklärung der mit der Hysterie verknüpften Frigidität werden je nach theoretischer Couleur unterschiedliche Ätiologien herangezogen: hereditäre Einflüsse, Degenerationserscheinungen, sexuelle Entwicklungshemmungen, emanzipatorisches »männliches« Streben, »sexuelle Anästhesie« als Mittel des Geschlechterkampfes[71], psychosexuelle Traumen[72], Nervenkrankheiten[73].

Dabei verdanken sich die widersprechenden Erklärungen *zwei*, um die Jahrhundertwende gleichzeitig existierenden, *gegensätzlichen Ansichten über die Libido der Frau*[74]. An ihnen hat sich Ende des 19. Jahrhunderts die Sexualwissenschaft herausgebildet.

Während die einen Frigidität als extremen Ausdruck der naturbedingten, geringen weiblichen Libido, als nahezu normale weibliche Konstitution ansehen,[75] vertreten die anderen die Auffassung, daß das sexuelle Empfindungsvermögen der Frau aufgrund des »umfangreichen Geschlechtsapparates des Weibes« weitaus ausgeprägter sei als das des Mannes.[76] Frigidität ist in diesem Konzept also keines-

---

69 Foucault, M. (1986). Sexualität und Wahrheit. Bd. 1: Der Wille zum Wissen. Frankfurt a.M., S. 126.

70 Schuller, M. (1985a). Hysterie – eine strafbare Krankheit? In: KultuRRevolution, 9, S. 34-38, hier S. 34.

71 Wilhelm Stekel, der der Frigidität der Frau ein ganzes Werk widmet, betont darüber hinaus, daß »die sexuelle Anästhesie (...) ein wichtiges Hilfsmittel im Kampf der Geschlechter« (Stekel, W., 1921. Die Geschlechtskälte der Frau. Eine Psychopathologie des weiblichen Liebeslebens. Berlin, S. 239.) sei.

72 Siehe dazu Freud, S. (1918). Das Tabu der Virginität. GW XII, S. 159-180 und Kapitel V dieser Arbeit.

73 Schaps (1992), S. 76.

74 Siehe dazu Schaps (1992), S. 75ff.; Braun, Ch.v. (1988); dies. (1989a). Die Erotik des Kunstkörpers. In: I. Roebling (Hg.), Lulu, Lilith, Mona Lisa... Frauenbilder der Jahrhundertwende. Pfaffenweiler, S. 1-19; dies. (1989b). Männliche Hysterie und weibliche Askese. In: dies., Die schamlose Schönheit des Vergangenen, Frankfurt a.M.

75 Krafft-Ebing, R.v. (1886). Psychopathia Sexualis. Mit besonderer Berücksichtigung der conträren Sexualempfindung. Wien. 14. Auflage (1912), Wien. Neu aufgelegt bei Matthes + Seitz (1984), München; Löwenfeld, L. (1899). Sexualleben und Nervenleiden. Wiesbaden; Moll, A. (1897). Das nervöse Weib. Berlin; Näcke, P. (1899). Kritisches zum Kapitel der Sexualität. In: Archiv für Psychiatrie, S. 340-348; Wulffen, E. (1923). Das Weib als Sexualverbrecherin. Berlin.

76 Ellis, H. (1903). Das Geschlechtsgefühl. Würzburg; Eulenburg, A. (1895). Sexuale Neuropathie, genitale Neurosen und Neuropsychosen der Männer und Frauen. Leipzig; Kisch, H. (1904). Das Geschlechtsleben des Weibes. Bern, Wien; Mantegazza, P. (1889). Die Physiologie des Weibes. Jena; Moraglia, B.G. (1897). Die Onanie beim normalen Weibe und bei der Prostituierten. Ber-

wegs eine Verlängerung der ins Krankhafte gesteigerten Normalität, sondern eine der Norm diametral entgegengesetzte sexuelle Pathologie des ›Weibes‹.

Krafft-Ebing[77] geht davon aus, daß die Sexualität des Mannes im Gegensatz zu der weiblichen »einem mächtigen Naturtrieb« folge und das sinnliche Verlangen der Frau hingegen gering entwickelt sei. Dabei nimmt er eine kleine, aber interessante Einschränkung vor: Das sinnliche Verlangen sei gering, *wenn* die Frau »geistig normal entwickelt und wohlerzogen« sei, also dann, wenn die Kulturleistungen bürgerlicher Erziehung gegriffen haben. Aus der Logik dieser (alles andere als an die weibliche Natur geknüpften) impliziten »Kulturthese« folgert er: »Wäre dem nicht so, so müßte die ganze Welt ein Bordell und Ehe und Familie undenkbar sein. Jedenfalls sind der Mann, welcher das Weib flieht, und das Weib, welches dem Geschlechtsgenuß nachgeht, abnorme Erscheinungen.«[78]

Während Näcke und Löwenfeld[79] wie Krafft-Ebing behaupten, daß die Frauen »im Allgemeinen weniger sinnlich als Männer«[80] seien und dem normalen jungen Mädchen ebenso wie der erwachsenen Frau jegliche sexuelle Empfindung fremd sei, blähen die Gegner dieser weiblichen Asexualitätsthese – wie Havelock Ellis (1903) – den weiblichen Körper zu einem einzigen erogenen Gebilde, zur Inkarnation der Sexualität auf.

Entsprechend dieser beiden Pole betont die Ärzteschaft jeweils unterschiedliche sexuelle Aspekte der Hysterie: zum einen wird die Hysterie den *frigiden*, aber sittlich hochstehenden Frauen zugeordnet, zum anderen neigt man zur Auffassung, daß die Hysterie *erotomanische und nymphomanische Züge* annehmen könne, wie im Frauentyp der Prostituierten oder des Vamp.

Ebenso widersprüchlich und ambivalent wie die Theorien ist auch die Reaktion des ärztlichen Publikums auf das herausragende Stigma, den großen hysterischen Anfall, in dem die Frauen jeglicher körperlichen Kontrolle entledigt, sich unverhüllt exhibierend in Posen tiefster Amoralität und Obszönität der Kliniköffentlichkeit hingeben. Die dem Bewußtsein entzogenen Inszenierungen zeigen die ganz andere Seite der als prüde und moralisch hochstehend wahrgenommenen Frauen bürgerlicher Herkunft. Der Anfall zeigt Ähnlichkeiten mit der Choreographie des sexuellen Aktes.

---

lin; Weininger, O. (1903). Geschlecht und Charakter. Wien. Siehe dazu Schaps (1992), S. 77, sowie v. Braun (1989b), S. 55f.

77 Krafft-Ebing, R.v. (1886), S. 12f.

78 Krafft-Ebing (1886), S. 13.

79 Löwenfeld, L. (1899). Sexualleben und Nervenleiden. Wiesbaden, S. 11.

80 Näcke, P. (1899). Kritisches zum Kapitel der Sexualität. In: Archiv für Psychiatrie, S. 341.

Projektionsfläche: Klasse

Hatte Charcot die Hysterikerin noch mit »Dornröschen« verglichen, so sahen andere sie als provokante, dirnenhafte Frau. Die Hysterie changiert zwischen den beiden Extremen von »abstoßender Kälte«[81] und »leidenschaftlicher Begehrlichkeit«, von Frigidität und Mannstollheit.

Offensichtlich korrespondieren die beiden gegensätzlichen Ansichten über die Libido der Frau mit den klassenspezifisch gespaltenen Weiblichkeitsstereotypen von der bürgerlichen und der proletarischen Frau. Das Gegenbild der bürgerlichen, triebkontrollierten Frau ist die proletarische Repräsentantin unterentwikkelter Kultur, die Verkörperung totaler Triebhaftigkeit.

Vor diesem Hintergrund wird die Konstruktion der »nymphomanen« Hysterika dem Bild der »degenerativen« Hysterie zugeordnet. Diese »ethisch defekte Hysterie«[82] überschreitet die *bürgerlichen Affektschranken* und verkörpert, wie die Prostituierte, den gesellschaftlichen Niedergang. Sie gilt wie diese als sittliche Gefahr:

> Je schwankender das Nervensystem ist, je suggestiver und hemmungsloser das hysterische Grundnaturell, je entarteter die Grundlage, um so gefahrvoller wird schon in dieser Phase der sexuelle Drang. (...) Das hysterische Mädchen schreit nach Befriedigung, sucht Abenteuer und drängt sich den Männern auf. Von einfacher Kokotterie bis zur Schmierschauspielerei finden wir hier alle Übergänge.[83]

Der Prototyp dieses – als sittliche Gefahr projektiv gewendeten – männlichen Begehrens ist die »demi-vierge« Lulu, Projektionsfläche der Wünsche des bürgerlichen Mannes. Als Frau im »kindlichen Urzustand«[84] verführt sie den erwachsenen Mann – dazu, die *Generationsschranken* zu überschreiten und das Inzesttabu zu verletzen.

Im Bild des hysterischen Mädchens lassen sich die ineinanderfließenden Stereotypen von kindlicher Sexualität, proletarischer Sinnlichkeit und Prostitution entziffern.[85] Diese Seite der Hysterie nimmt die polymorph perverse, klassenspezifisch gebundene Sexualität auf und reproduziert in ihren (Krankheits-)Bildern die für die bürgerliche Weiblichkeit tabuisierte Triebbefriedigung, nämlich die des Proletariats: das Mädchen oder die Frau als aktive Verführerin, als Prostituierte und als »sexuelles Raubtier«[86].

Freud hat seinen theoretischen Überlegungen zur weiblichen Sexualität, 1905, die Theorie der polymorph perversen Sexualität des Kindes vorangestellt. Dort betont er, daß die Phase der Entwicklung zur reifen Sexualität für das Mädchen besonders gefährlich ist, wenn sie noch keine »seelischen Dämme« (wie Scham, Ekel,

81 Placzek, S. (1922). Das Geschlechtsleben der Hysterischen. Bonn.
82 Schaps (1992), S. 79.
83 Placzek (1922), S. 32 zitiert nach Schaps, S. 79.
84 Wedekind, F. (1905/1989). Lulu. Erdgeist. Die Büchse der Pandora. Stuttgart.
85 Gilman, S.L. (1982). Das männliche Stereotyp von der weiblichen Sexualität im Wiener Fin de Siècle. In: Jahrbuch der Psychoanalyse, 14, S. 236-263.
86 Gilman (1982), S. 241.

Moral) gegen »sexuelle Ausschreitungen«[87] entwickeln konnte. Die frühe sexuelle Verführung eines jungen Mädchens könnte dieses in ihrer polymorph perversen Anlage fixieren und damit der Entwicklung zur Prostitution Tür und Tor öffnen. Da jeder erwachsene Mensch diese polymorph perverse Disposition in sich trüge, könne auch jede Frau in ihrer Entwicklung prinzipiell stagnieren und ihre Anlage zur Prostitution nutzen. Prädestiniert dazu sei allerdings »das unkultivierte Durchschnittsweib«[88], die Frau des Proletariats, bei der die polymorph perverse Veranlagung ohnehin lebenslang präsent bliebe.

> Sie hat nicht die starke Identifikation mit dem Moralsystem der ökonomisch und sozial herrschenden Klasse entwickelt und kann deshalb zu einem Leben der Perversion verführt werden. Ihre Verführung läßt ihre polymorph perverse Natur zum Vorschein kommen, und sie wird wie die Prostituierte, denn die meisten Frauen ›haben die Eignung zur Prostitution‹. Die Prostituierte ist somit die natürliche Extension des jungen Mädchen.[89]

Ähnlich wie bei Krafft-Ebing ist auch bei Freud[90] der Maßstab weiblicher Normalität die triebunterdrückende, kultivierte, bürgerliche Frau. Nun läßt sich, ausgehend von der 1905 formulierten Sexualtheorie, eine interessante theoriegeschichtliche Verschiebung in Freuds Werk feststellen:

In seinem frühen Verständnis der Ätiologie der Hysterie nimmt er das inzestuöse Sexualtrauma in der frühen Kindheit zum ursächlichen Ausgangspunkt einer späteren Krankheitsentwicklung der Frau. 1905 hat Freud die Annahme einer Realtraumatisierung, wie er sie in der »Verführungstheorie« vertritt, im wesentlichen modifiziert. Freud gibt nun einer der infantilen Sexualität geschuldeten kindlichen Phantasie Raum, der er ein ebenso großes Gewicht beimißt wie der realen Verführung. Angesichts der therapeutischen Erfahrungen in seiner privatärztlichen Praxis mit den Töchtern bürgerlicher Familien verliert das Konzept der Realtraumatisierung für die Ätiologie der Hysterie zugunsten triebtheoretisch begründeter Sexualphantasien an Gewicht. In den »Drei Abhandlungen zur Sexualtheorie« taucht die Verführung des kleinen Mädchens nun in den unteren Klassen im Zusammenhang mit einer späteren Prostitution wieder auf. Mit dieser Verschiebung des ätiologischen Konzepts vom Trauma zum Trieb, von der Hysterie zur Prostitution, korrespondiert eine *Verschiebung zwischen den Klassen:* Die sexuelle Verführung, der Inzest zwischen Vater und Tochter (und mit ihm die väterliche Schuld), wird aus der bürgerlichen Welt eliminiert und in das proletarische Milieu verschoben, das ohnehin schon als triebgesteuert definiert wird. Die Mädchen der unteren Klassen – so die herrschende Ansicht – sind von klein auf

87 Freud, S. (1905b). Drei Abhandlungen zur Sexualtheorie. GW V, S. 27-145, hier S. 92.

88 Freud (1905b), S. 92.

89 Gilman (1982), S. 255.

90 Freud hat aus den Arbeiten der Sexualforscher seiner Zeit ausgiebig geschöpft, wie er in einer Fußnote im ersten Kapitel seiner »Drei Abhandlungen zur Sexualtheorie« angibt. Dort nennt er: Krafft-Ebing, Moll, Moebius, Ellis, v. Schrenck-Notzing, Löwenfeld, Eulenburg, I. Bloch, M. Hirschfeld und die Arbeiten in dem vom letzteren herausgegebenen »Jahrbuch für sexuelle Zwischenstufen«.

der Unmoral ihrer Eltern und der, für viele Familien ökonomisch notwendigen, »Bettgeherleute« oder »Schlafgänger«[91] ausgesetzt. Das eigene Zuhause ist der Ort sexueller Erfahrungen, und die Verführung der Tochter durch den Vater gilt als Gemeinplatz: »Väter und Tochter leben miteinander im Conkubinate; – die Väter nähren sich durch das Schandgewerbe ihrer Töchter...«[92]

Josefine Mutzenbacher[93], vermutlich literarisches Produkt von Männerphantasien, zeugt 1906 als fiktive Frühreife von den Stereotypen kindlicher (polymorph-perverser) und proletarischer Sexualität:

> Aus Armut und Elend, wie ich entstammt bin, habe ich alles meinem Körper zu verdanken. Ohne diesen gierigen, zu jeder Sinneslust frühzeitig entzündeten, in jedem Laster von Kindheit auf geübten Körper wäre ich verkommen wie meine Gespielinnen, die im Findelhaus starben oder als abgerackerte, stumpfsinnige Proletarierfrauen zugrunde gingen. Ich habe mir eine schöne Bildung erworben, die ich nur einzig und allein der Hurerei verdanke, denn diese war es, die mich in Verkehr mit vornehmen und gelehrten Männern brachte.[94]

In den Mythen der mit sexueller Freizügigkeit und niedriger Moral identifizierten Sexualität des Proletariats sind die Frauen Objekte männlichen Begehrens und gleichzeitig der Entwertung ausgesetzte Objekte der Verachtung, verweisen sie doch auf die eigene ungeliebte, da unterdrückte Triebhaftigkeit bürgerlicher Männer. In der Literatur des ausgehenden 19. Jahrhunderts erscheint die Klassengrenzen überschreitende proletarische Sexualität daher nicht nur als Verlust der bürgerlichen Unschuld und Reinheit, sondern auch als Zeichen eines gefürchteten Absturzes, weil sie rigoros »die Mechanismen bürgerlicher Selbstkontrolle«[95] unterläuft. Die proletarische Sexualität kommt wie die Revolution von »unten« aus dem Bereich des Unkontrollierbaren. Sie ist ambivalent, löst Angst und Faszination zugleich aus. Daher wird die Sexualität der Mädchen und Frauen des Proletariats dämonisiert und mystifiziert.[96] Die Kind-Frau dient als Projektionsfläche geheimer männlicher Wünsche. Die Verführbarkeit des Mannes wird umgemünzt

---

91 Siehe dazu Sombart, W. (1906). Das Proletariat. Bilder und Studien. Frankfurt a.M.

92 Hügel, F. (1895). Zur Geschichte, Statistik und Regelung der Prostitution. Socialmedizinische Studien in ihrer praktischen Behandlung und Anwendung auf Wien und andere Großstädte. Wien, S. 205-217, zitiert nach Gilman (1982), S. 240.

93 Mutzenbacher, J. (1991). Die Geschichte einer wienerischen Dirne, von ihr selbst erzählt. Reinbek b. Hamburg, erstmals erschienen 1906.

94 Mutzenbacher (1991), S. 7. Siehe dazu auch den von H. Friedlaender vorgestellten Fall der Hedwig Müller. Kapitel III dieser Arbeit.

95 Bogdal, K.-M. (1978). Schaurige Bilder. Der Arbeiter im Blick des Bürgers. Frankfurt a.M., S. 104.

96 Sie ist, wie Bogdal scharfsinnig formuliert, die gefährlichste Waffe des Egalisierungsprozesses und damit einer drohenden Auflösung des Klassenunterschiedes. Er zitiert in diesem Zusammenhang aus Karl Bleibtreus Novelle »Raubvögelchen« (In: Ders., 1886, Schlechte Gesellschaft. Realistische Novellen. Leipzig, S. 457): »Sein Stolz wird bald genug gedemütigt durch die Erkenntnis, daß er dem Weibe nur dieselbe physische Maschine bedeute, wie jeder andere Hausknecht und Unteroffizier.« Hier deutet sich der in der naturalistischen Literatur des ausgehenden 19. Jahrhunderts gestiftete Zusammenhang von Frau (=Sexualität), Proletariat und Politik an. Siehe Bogdal (1978), S. 107.

in das der kindlichen »Nymphomanin« zur Verfügung stehende Verführungspotential. Der verführte Mann wird als Opfer einer raffinierten Täterin angesehen. Die Verschiebung des Tatortes auf die *proletarische Bühne entlastet den bürgerlichen Mann* und beschuldigt das proletarische Mädchen.

Im Gross'schen »Archiv für Kriminalanthropologie und Kriminalistik« berichtet Max Marcuse 1914 unter dem Titel »Männer als Opfer von Kindern« über die männliche »Schwäche« der Verführbarkeit:

> Zwei kleine Mädchen, von denen das eine noch nicht 14 Jahre alt ist, das andere im September 15 Jahre alt geworden ist, haben sich seit ungefähr 2 1/2 Jahren regelrecht und offenkundig der Prostitution hingegeben (...). Weder die Sittenpolizei noch die Schule (hat) von dem jahrelangen, ganz öffentlichen Herumtreiben dieser beiden Mädchen etwas gemerkt, bis schließlich ein Kriminalbeamter auf ihre Spur kam. Die Untersuchung fördert die überaus beschämende Tatsache zutage, daß diesen zwei früh verderbten Kindern eine Klientel von 36 Männern gegenübersteht, die ihnen ein Absteigequartier eingerichtet hatten, wo viele von ihnen dauernd bei ihnen verkehrten. Da es sich bei den zwei Mädchen um Verbrechen gegen den § 176, 3 des StGB handelt, wurden die Angeklagten in Untersuchungshaft genommen (...). Es wurden mildernde Umstände zugesprochen und den meisten die geringste zulässige Strafe von 6 Monaten Gefängnis erteilt. Der Vorsitzende sagte in der Begründung: nicht die Mädchen seien die Opfer, sondern die Männer, die nicht die nötige sittliche Kraft hatten, den Versuchungen zu widerstehen. (...) Man wunderte sich, daß um solcher verkommener Geschöpfe willen unbescholtene Männer ins Gefängnis wandern mußten, und forderte eine Änderung des Schutzalterparagraphen 176, 3 des StGB in dem Sinne, daß der Schutz nur reinen, unverdorbenen Kindern zugute kommen dürfe. (...) Viele von ihnen (von den angeklagten Männern, F.L.) waren verheiratet, lebten in angesehenen bürgerlichen Stellungen, und ihre bürgerliche Existenz ist nun mit einem Schlage vernichtet.[97]

Die Feministinnen der abolitionistischen Bewegung protestierten lautstark und öffentlich gegen das Urteil. Der Gynäkologe und Herausgeber der »Sexual-Probleme« Max Marcuse kommentiert im »Archiv für Kriminalanthropologie und Kriminalistik« den Protest der Frauen als »unsagbar töricht«, während Katharina Scheven, die Repräsentantin der abolitionistischen Bewegung dagegen empört schreibt, daß ausgerechnet die wohlsituierten Männer, die jahrelang die Notlage schutzloser proletarischer Mädchen ausgebeutet und ihre Frauen mit Kindern betrogen haben, bedauert und als Opfer weiblicher Verführung hingestellt werden: »Wir müssen dagegen ankämpfen, daß man in dem Weib immer die Verführerin erblickt, selbst wenn es in der Gestalt eines unreifen perversen Kindes auftritt.«[98] Ihre zentrale Kritik richtet sich gegen die Beschuldigung der Opfer. Es gibt neben diesem Fall viele Hinweise, daß die Männer der Jahrhundertwende die Frauen wie kleine Mädchen und die Mädchen wie kleine Frauen[99] behandelten.[100]

97 Marcuse, M. (1914). Männer als Opfer von Kindern. In: Archiv für Kriminalanthropologie und Kriminalistik, Bd. 56, 2, S. 188, 189.

98 Marcuse (1914), S. 189.

99 Siehe dazu Kapitel V dieser Arbeit, sowie Lamott (1999); Roebling, I. (Hg.) (1989). Lulu, Lilith, Mona Lisa... Frauenbilder der Jahrhundertwende. Pfaffenweiler.

Der Mythos über die ›freiere‹ Sexualität der ›Unteren‹ entstammt der Gesellschaft jener, »die für die Frauen der eigenen Schicht die Sexualität rigide verbannt hat.«[101]

In engem Zusammenhang mit der Projektion der Verführung auf die sexualisierten Töchter des Proletariats steht eine Überlegung, die Freud in einer Notiz an Wilhelm Fliess richtet. Dort gibt er zu bedenken, ob nicht die weibliche Sexualneurose, die Hysterie der bürgerlichen Töchter, etwas mit der Anwesenheit der (zur Prostitution neigenden) proletarischen Dienstmädchen[102] in den Familien des Bürgertums zu tun hat:

> Durch die Identifizierung mit diesen Personen niedriger Moral, die als wertloses weibliches Material so häufig in sexuellen Beziehungen mit Vater und Bruder erinnert werden, wird eine Unzahl an Belastungen mit Vorwürfen (Diebstahl, Kindesabtreibung) ermöglicht, und infolge der Sublimierung dieser Mädchen in Phantasien sind dann gegen andere Personen sehr wahrscheinliche Vorwürfe in diesen Phantasien enthalten. Auf die Dienstmädchen deutet noch die Prostitutionsangst (allein auf der Straße), die Furcht vor dem unter dem Bett versteckten Mann u. dgl. Es ist tragische Gerechtigkeit darin, daß die Herablassung des Hausherrn zur Dienstmagd durch die Selbsterniedrigung der Tochter gesühnt wird.[103]

Die *Hysterie der Tochter kommentiert* gewissermaßen die bürgerliche *Doppelmoral des Hausherrn,* in dem sie sich – theatralisch überhöht – die verbotenen Zeichen der Begehrlichkeit aneignet. In dieser Perspektive lassen sich die Beschreibungen des großen hysterischen Anfalls im »arc de cercle« wie die sinnlichen Höhepunkte des sexuellen Selbstreports der Josefine Mutzenbacher lesen.

Während das Leitideal der bürgerlichen Frau die Sozialstruktur akzeptiert, die für sie eine Quelle der Selbstkasteiung bleibt, macht die Hysterie verschlüsselt auf die Konflikte aufmerksam.

Doch »die unerhörte Botschaft der Hysterie«[104], die Teilaspekte der kollektiven Verstrickung zwischen den Geschlechtern in sich aufgenommen hat, bleibt im Dunkeln. Als in individualisierte Krankheit transformiertes gesellschaftliches Problem erfährt sie eine deutliche Entwertung.

Tritt der sexuelle Aspekt bei der Hysterie deutlich in den Vordergrund, treffen wir auf die Konstruktion einer »ethisch defekten Hysterie«. Der mit Zeichen sexueller Triebhaftigkeit einhergehende »ethische Defekt« durchbricht die (Klassen-) Schranken bürgerlicher Triebkontrolle und verletzt die Grenzen ihrer strengen

---

100 Dem entsprechen die Konstruktionen psychiatrischer Theorien, in denen die Frau von Natur aus dem Status eines Kindes näher sei als dem erwachsenen Mann. Daher verwundert es nicht, daß sich in den Debatten um eine Strafrechtsreform der Jahrhundertwende die Überlegung ausbreitet, ein eigenes Strafrecht für Frauen und Kinder zu entwerfen. Es scheint, als spiegele sich in der psychiatrischen Infantilisierung und dem Versuch, diese rechtlich zu codifizieren, das Bemühen tradierte Vorstellungen von der Geschlechterdifferenz festzuschreiben.

101 Bogdal (1978), S. 102.

102 Siehe dazu auch die biographischen Notizen zu Freuds böhmischen Kindermädchen aus dem Proletariat von Hardin, H.T. (1994). Das Schicksal von Freuds früher Mutterbeziehung. In: Psyche, 2, S. 97-123.

103 Freud in einer Notiz an Fliess, zitiert nach Gilman (1982), S. 258.

104 Israel (1987).

Affektdisziplin. Das Diagnostizieren der *Hysterie* ist eine Distanzierungsstrategie, die das sexuell Animalische als Rückfall in niedere, unkultivierte und nicht kontrollierbare Sexualität versteht und ihr Krankheits-Räume zur Verfügung stellt, die die zivilisatorischen Errungenschaften der bürgerlichen Klasse unangetastet lassen.

Damit werden die Frauen der eigenen Klasse ebenso entwertet wie jene Frauen des proletarischen Milieus, denen sich der bürgerliche Mann in besonderer Weise zuneigt. Spielt in der Prostitution das ökonomische Machtgefälle zwischen dem bürgerlichen Mann und der proletarischen Frau eine entscheidende Rolle, so ist bei der Hysterisierung der bürgerlichen Frau die Definitionsmacht der Mediziner von großer Bedeutung. Die Bedrohung, die diese Grenzverletzung auslöst, scheint darin zu bestehen, daß die der Doppelmoral immanente Spaltung in »proletarische Triebbefriedigung« und »bürgerliche Sexualität=Fortpflanzung«, in sexuelles Begehren und asexuelle Mutterschaft, von der Hysterika gewissermaßen durchkreuzt wird. Ihre theatralische »Imitation« der Koketterie und Sinnlichkeit überspringt die in Klassenschranken ghettoisierte Ehefrau/Mutter und Hure. Sie verunsichert damit die kontrollierte Sexualökonomie des bürgerlichen Mannes. Von eigener Triebbefriedigung weit entfernt, simuliert die hysterische Frau die Lust, die ihr verboten und daher auf das Spiel der Phantasie beschränkt bleiben muß.

Projektionsfläche: Geschlecht – Die männliche Frau

Viele Autoren betonen gegen Ende des 19. Jahrhunderts, daß hinter der Maskerade sexueller Begehrlichkeiten bei der hysterischen »Nymphomanin« sexuelle Phantasien stehen, die jedoch auch die als »frigide« bezeichneten Hysterikerinnen beherrschen. Während die eine das Spiel der Verführung benutzt, um ihre erotische Macht gegenüber dem Mann auszuüben, dem sie sich doch niemals wirklich hingibt, sondern tödliches Verhängnis bringt[105], liegt die verführerische Attraktivität der anderen in ihrer ätherischen Zurückgenommenheit. Mit kindlich zerbrechlichem Körper, schwach entwickelten Geschlechtsmerkmalen symbolisiert die »femme fragile« jungfräuliche Keuschheit, Sterilität – mithin *Lebensferne und Tod*: »Als ihr typischstes Kennzeichen galt stets das ›Pathos der Distanz‹, mit dem sie uns in Gestalt der schönen Unbekannten, toten Geliebten, Märchenprinzessin, Madonna und als verklärte Kranke in den Werken von Hofmannsthal, Rilke, Altenberg, Heinrich und Thomas Mann begegnet.«[106]

Obwohl die beiden Weiblichkeitskonstruktionen – die »femme fatale« als *Triebwesen* und die »femme fragile« als deren Gegenteil – diametral entgegengesetzt sind, gibt es dennoch Verbindungen: Beide sind Extrempole eines spezifischen Weiblichkeitsmythos, der auch die Hysterie im medizinischen Diskurs der Jahrhundertwende als janusköpfig charakterisiert.

---

105 Repräsentiert in literarischen Figuren wie Judith, Salome, Dalila, Carmen, Lulu. Siehe dazu Hilmes, C. (1990). Die femme fatale. Stuttgart; Roebling (1989)

106 Schaps (1992), S. 141.

Aber noch eine weitere Verbindung läßt beide Konstrukte als zwei Extreme eines Gesamtentwurfes erscheinen: Ob »weibliche Asexualität« oder »übermäßige Sinnlichkeit« das Libido-Konzept der Frau bestimmten, ob damit Phantasien bürgerlicher oder proletarischer Szenarien assoziiert werden – beiden Positionen ist gemeinsam, bei aller scheinbaren Widersprüchlichkeit, die prinzipielle Entwertung der weiblichen Intelligenz[107], die als bedrohliche Qualität der Frau abgewehrt werden muß.

Während für die Vertreter der Asexualitätsthese die Eigenschaft mangelnder weiblicher Triebhaftigkeit als Grund für die Unfähigkeit zur Sublimation, zur Hervorbringung geistiger Potenz dient, so ist für die Theoretiker der »weiblichen Fleischlichkeit« die Frau mit der Sexualität derart identifiziert, daß ihr Geist von Triebhaftigkeit gewissermaßen umnebelt ist. Die intelligente Frau ist eine Provokation des Mannes. Sie führt seine theoretischen Bemühungen, die Assoziation von Frau und Natur wissenschaftlich zu fundieren, ad absurdum. Die Fixierung der Frau auf ihre Reproduktionsfunktion garantiert den Bestand des herrschenden Geschlechterverhältnisses. Daher liegt es auf der Hand, die eigentliche Bestimmung der Frau ins Verhältnis zu ihrer »geistigen Tätigkeit« zu setzen. Diese – so lautet die furchterregte Drohung – werde »die Frau gebäruntüchtig, das Kind lebensschwach und die Mutter unfähig (machen, F.L.), es zu stillen.«[108] Diese Befürchtung bestätigend tauchen in wissenschaftlichen Untersuchungen 1919, nach Ende des Ersten Weltkrieges, Studentinnen mit »welken Gesichtszügen«[109] als Beleg für unfruchtbar verlaufende Schwangerschaften auf. Sie sollen die Unvereinbarkeit von »geistiger Tätigkeit« und weiblichem »Mutterberuf«[110] belegen; denn die weibliche Intelligenz gefährdet den Fortbestand der herrschenden Nachkriegs-Kultur. Die Entwertung folgt also der Bedrohung, die von der »geistigen Tätigkeit« der Frau ausgeht.

Und in der Tat bestätigen viele Hysterie-Forscher[111] in ihren Untersuchungen die auffallende Klugheit jener Frauen, die als hysterisch, unweiblich, *vermännlicht* und später als *»phallisch«*[112] bezeichnet werden. Alfred Adler, der sich mit Freud 1911 wegen unterschiedlicher Vorstellungen über die Ätiologie der Hysterie überworfen hat, nimmt im Gegensatz zu diesem nicht mehr die Sexualität als Ursache der Hysterie an, sondern einen »männlichen Protest« als Reaktionsbildung auf die kulturelle Entwertung der Frau; denn »das Weib will nicht mehr Weib

107 Siehe dazu auch v. Braun (1988).

108 Kemnitz, M.v. (1919). Das Weib und seine Bestimmung. Ein Beitrag zur Psychologie der Frau und zur Neuorientierung ihrer Pflichten. München, S. 21.

109 Kemnitz (1919), S. 21.

110 Kemnitz (1919).

111 So auch Gross, H. (1898). Criminalpsychologie. Graz, S. 440.

112 Die phallische Frau ist nach Chr.v. Braun durch Selbstliebe und ein starkes Ich gekennzeichnet. Die Psychoanalyse warf der Hysterika vor, »phallisch« fixiert zu sein. Sie leugne ihre passive Weiblichkeit und befände sich noch im »infantilen Wettstreit zwischen Vagina und Klitoris.« Schaps (1992), S. 63.

sein in der Gestalt, wie der Mann es wünscht«[113], nicht ihren Wert durch Anbindung an den Mann bestimmen. »Die Frau, vom Manne als Objekt und Symbol der Sinnlichkeit genommen, strebt zur vollen Loslösung von ihrem Geschlecht.«[114] Sie eignet sich einen »männlichen« Habitus an und durchbricht die Grenzen zwischen den Geschlechtern[115]. Das Strafrecht nimmt sich ihrer an: Im »Archiv für Kriminalanthropologie und Kriminalistik« tauchen sie wieder auf, die hysterischen, unweiblichen und vermännlichten Frauen. In diversen Schattierungen läßt sich eine Kontinuität von weiblicher Normalität über Krankheit zur Devianz der »Verbrecherin« nachzeichnen. Kriminalisierung ist die Antwort auf die Verletzung der Geschlechterordnung.

Pathologisierung und Kriminalisierung: Die »moralische Krankheit«

Die Störung der Ordnung der Geschlechter ist eine *Störung der herrschenden Sexualität* und damit auch der gesellschaftlichen Ordnung: Sie bedroht die männliche Vorherrschaft, stellt die Reduktion der Frau auf ihre Reproduktionsfunktion in Frage und bezweifelt die Geschlechtsrollendifferenz mit ihren kulturellen und politischen Konsequenzen. Auf diese Infragestellung herrschender Sexualitäts- und Ordnungsvorstellungen seitens der Frau reagiert die Medizin, zunächst die Frauenheilkunde, später die Sexualwissenschaft, die den Anspruch erheben, eine rationale Basis des Wissens über die Frau und damit auch über den Mann zur Verfügung zu stellen.

Neben der medizinischen Ordnungsmacht und deren Instrumenten ruft die Geschlechterunordnung auch die ordnende Macht des Rechts auf den Plan. Damit rückt die Frage, ob die Grenzverletzung Symptom einer Erkrankung oder Ausdruck der »moral insanity« und damit Indiz eines Delikts ist, ins Zentrum der Überlegung. Wo liegt in der Konstruktion der Hysterie der Umschlagpunkt von krank in kriminell?

Betrachten wir noch einmal die den theoretischen Erörterungen impliziten bedrohlichen Bilder: Zentral ist die Vorstellung von der weiblichen Sexualität, die – von der natürlichen Asexualität oder der übermäßigen Sexualität der Frau ausgehend – die bedrohlichen Abweichungen konturiert. In der sexuell unabhängigen Frau, die gemäß der beiden Perspektiven entweder wegen »Geschlechtskälte« oder übermäßiger sexueller Gier Mütterlichkeit vermissen läßt und bei »reger Intelligenz«[116] nicht selten die Kriminalität wählt, glauben Mediziner und Juristen eine

113 Adler zitiert nach Jassny, A. (1911). Zur Psychologie der Verbrecherin. In: Archiv für Kriminalanthropologie und Kriminalistik, Bd. 42, S. 97.

114 Jassny (1911), S. 97.

115 Siehe dazu Schmersahl, K. (1994). Die Kreation des ›Mannweibes‹. In: F. Jenny, G. Piller & B. Rettenmund (Hg.), Orte der Geschlechtergeschichte. Zürich, S. 37-55.

116 Wulffen, E. (1923). Das Weib als Sexualverbrecherin. Berlin, S. 13.

»Annäherung an den männlichen Typus«[117] zu erkennen: Ein Männerkopf auf einem weiblichen Körper. Krankheit? Widerstand? Verbrechen?

Die *sexuelle Indifferenz* ist das *bedrohliche Kennzeichen* dieser Konstruktion, die Wulffen mit den Indices von Verbrechen und Krankheit verbindet: »Die geborene Verbrecherin«, so schreibt er, »besitzt jene Leidenschaft für das Böse, um des Bösen willen, die Epileptiker und Hysterische charakterisiert.«[118] Wulffen, Vertreter der Asexualitätsthese, stellt eine Kontinuität von der weiblichen Normalität über die Krankheit zum Verbrechen her. Die niedrige sexuelle Sensibilität, die geringe Wahrheitsliebe und die hohe Affektlabilität, Geiz, Neid und Eifersucht mache die normale Frau zu einem »halbkriminaloiden Wesen«[119]. Die »geborene Verbrecherin« zeichne sich gegenüber der normalen Frau durch eine *»gesteigerte Sexualität«* und eine *Neigung zur Prostitution* aus, die selbst wiederum Zeichen von Degeneration aufweise. Die Prostituierte verschwindet in der Kategorie der von Geburt an Degenerierten. Sie ist, wie der Titel der Studie Lombrosos »Die Delinquentin: die Prostitutierte und die normale Frau« (1893) betont, zu einer degenerierten Form weiblicher Sexualität reduziert.[120] »Ihr fehlt die ... mütterliche Liebe«[121], deren Sexualität im Akt der Fortpflanzung gebunden ist.

Die Sexualität ist – wie Foucault sagt – ein »besonders dichter Durchgangspunkt für die Machtbeziehungen«[122] zwischen Männern und Frauen. Sie finden ihren Ausdruck in den widersprüchlichen Vorstellungen von weiblicher Sexualität. Die Hysterisierung ist dabei eine besondere Strategie, Weiblichkeit auf spezifische Weise zu normieren, indem die Eigenschaften der »normalen« Frau ins Extreme verlängert oder – wie bei Wulffen – ins Entgegengesetzte gesteigert die Pathologie hervorbringen. 1889 schreibt der französische Mediziner Grasset im Enzyklopädischen Wörterbuch der Medizinischen Wissenschaft:

> Ohne es hier an Höflichkeit fehlen lassen zu wollen, will ich darauf hinweisen, daß die meisten Charakterzüge der Hysterikerinnen nur Übertreibungen des Charakters der Frau sind. So kommt man dazu, die Hysterikerin als Übertreibung des weiblichen Temperamentes aufzufassen, des weiblichen Temperamentes, das zur Neurose geworden ist.[123]

»Anima femina est naturaliter hysterica«. Wenn dem so ist, dann ist weibliche »Anormalität«, wie Christina von Braun sagt, nichts anderes als eine »besonders

117 Wulffen (1923), S. 13.
118 Wulffen (1923), S. 13.
119 Wulffen (1923), S. 13.
120 Gilman (1982), S. 255.
121 Wulffen (1923), S. 13. Und seine Folgerung, daß »Mutterschaft ... auf die Frau antikriminell« (ebd.) wirke, entspricht jenen therapeutischen Empfehlungen, die die Mediziner seit Hippokrates für die Hysterika bereithielten: Eheschließung und Schwangerschaft als heilende Kur.
122 Foucault, M. (1986). Sexualität und Wahrheit. Bd. 1: Der Wille zum Wissen. Frankfurt a.M., S. 125.
123 Enzyklopädischen Wörterbuch der Medizinischen Wissenschaft, 4. Jahrgang, Bd. 15, S. 331, zitiert nach Israel (1987), S. 56.

deutliche Form von weiblicher Normalität«[124], d.h., daß die »Störung«, die es zu kontrollieren gilt, die Frau selber ist.

Wenn also die »naturbedingte Unaufrichtigkeit« der Frau gesteigert und in der Hysterie den »antisozialen Simulationstypus«[125] hervorbringt, dann schlägt die weibliche Normalität ins Pathologische um. Die gesteigerte Suggestibilität und Autosuggestibilität, die die Frau zum Spielball »äußerer Einflüsterungen« und »innerer Regungen«[126] werden läßt, kann zu Vorstellungsverfälschungen, Übertreibungen, Illusionsbildungen und Erinnerungslücken führen, wodurch die *Grenzen zwischen Phantasie und Wirklichkeit verschwimmen*.

Ob es sich dabei noch um die im Normbereich zu findende Unaufrichtigkeit der Frau oder um Symptome einer hysterischen Erkrankung[127] handelt, oder ob eine absichtsvolle, lügenhafte Verdrehung von Wirklichkeit vorliegt, wirft neben der sachverständigen Begutachtung für den Kriminalisten auch prinzipielle Fragen nach der Glaubwürdigkeit der Frau als Zeugin und Angeklagte vor Gericht auf. Es geht um die Verwaltung der Grenzen zwischen Normalität und Pathologie.

In seinem »Handbuch für Untersuchungsrichter« (1894) beschäftigt sich Hans Gross[128] mit einer Form des Erzählens unwahrer Geschichten, die sich dem Bewußtsein der Sprechenden entzieht. Er bezeichnet sie als »pathoformes Lügen«. Dieser Art des Lügens liegt kein greifbares Motiv zugrunde, es kommt »zumeist bei phantasievollen Leuten, Frauen und Kindern zum Vorschein und durchläuft alle Grade, von der kleinen Übertreibung bis zur vollständigen Erfindung des ganzen Herganges.«[129] Gross bezieht sich in seinen Ausführungen auf Maudsley, Kraepelin und vor allem auf Delbrück[130], der sich ausführlich mit den »unbewußten Fälschungen« und dem »instinktiven Hange zu Lügen und Täuschungen«[131] auseinandergesetzt hat. Beide unterscheidet er von der »Pseudologia phantastica«, die er ausdrücklich als Krankheit kennzeichnet. Inwieweit der »Trieb zu lügen und zu betrügen« Ausdruck einer hysterischen Erkrankung oder einer hereditären »moral insanity« ist, inwieweit also Schuldunfähigkeit im Krankheitsfall oder Schuld bei pathologischem Moraldefekt angenommen wird, muß, so Gross, der Gerichtsarzt entscheiden. Der Gerichtspsychiater Cramer, Autor eines Leitfadens für Mediziner und Juristen, warnt vor der »mangelnden Reproduktionstreue« der

124 v. Braun (1988), S. 28.

125 Stransky, E. (1918/19). Hysterie und Hysteriefähigkeit. In: Psychiatrisch-Neurologische Wochenschrift, 20. Jg., S. 135.

126 Birnbaum, K. (1915). Die sexuelle Falschbeschuldigung der Hysterischen. In: Archiv für Kriminalanthropologie und Kriminalistik, Bd. 64, S. 2.

127 Siehe dazu auch Cramer, A. (1897). Gerichtliche Psychiatrie. Ein Leitfaden für Mediziner und Juristen. Jena, S. 132ff.

128 Gross, H. (1894). Handbuch für Untersuchungsrichter, Polizeibeamte, Gendarmen usw. Graz. Hans Gross – akademischer Lehrer von Franz Kafka – taucht als Vorlage für den Untersuchungsrichter in Kafkas »Der Prozeß« (1987, Frankfurt a.M.) wieder auf. Siehe dazu Müller-Seidel, W. (1986). Die Deportation des Menschen. Stuttgart.

129 Gross (1894), S. 97.

130 Delbrück (1891).

131 Gross (1894), S. 97.

Hysterika, entzieht sich mit seiner Einschätzung allerdings jeglichem moralischen Vorwurf: »Die Hysterische sagt nicht wissentlich die Unwahrheit, sondern sie lügt, wenn ich so sagen darf, bona fide.«[132]

So wird von Frauen berichtet, die »unwahre Briefe« schreiben, an die sie selbst aber als »wahr« glauben. Diese Gefahr entspräche nicht selten den biologischen Zyklen eines Frauenlebens. Ripping rät daher zu »besondere(r) Vorsicht bei der Vernehmung von Schwangeren und Wöchnerinnen, welche oft Dinge erzählen, die sich nie zutrugen, Frauen, die sonst vollkommen wahrheitsgetreu und zuverlässig sind.«[133] Mit dieser Bewertung biologischer Zyklen korrespondiert die Frage nach der Glaubwürdigkeit weiblicher Zeugen. Die »Natur« der Frau und die mit ihr verbundene Hysterie stellt ein Problem für die Wahrheitsfindung dar.

Gross betont in seiner »Criminalpsychologie« (1898), wie wichtig das Wissen über die Hysterika für den Strafrichter sei, der durch sie schon »unendlich viel genarrt wurde«; denn ihre Einbildungen hätten ihm schon oft Anlaß zu grundlosen Erhebungen gegeben. Meist wollen die hysterischen Frauen

> ... auffallen, sind stets mit sich beschäftigt, sind ebenso oft ganz unbegründet für Jemanden begeistert, als sie Andere mit unerklärlichem Hass verfolgen, weshalb von ihnen vielfach die gröbsten Denunciationen besonders wegen Geschlechtsverbrechen ausgehen. Dabei sind sie meistens gescheidt, und haben oft krankhaft gesteigerte Sinnesschärfe... Die meisten Scherereien hat man mit Hysterischen, wenn sie eine Verletzung erleiden, weil sie nicht nur eine Menge der abenteuerlichsten Erscheinungen dazu machen, sondern solche auch thatsächlich kriegen... Das alles gehört selbstverständlich in das Gebiet des Gerichtsarztes, der immer zu sprechen hat, wenn es sich um eine Hysterische handelt; wir Juristen sollen nur wissen, welche bedeutende Gefahren uns von ihnen drohen und weiters, wann wir eine Hysterische vor uns haben, d.h. wann wir den Gerichtsarzt zu rufen haben.[134]

Die hysterische Frau fällt dem Kriminalisten durch Egozentrik, also Mangel an altruistischen Zügen, Affektlabilität, rege sexuelle Phantasien, Intelligenz und Uneindeutigkeit auf. Das bedrohliche Potential muß in eindeutige Klassifikationen überführt werden, damit die zur Wahrheitsfindung notwendige Kontrolle der Situation gewährleistet ist.

Das Scharnier zur Überführung der Hysterie in ein medizinisches oder ein strafrechtlich relevantes Konstrukt ist die Annahme eines »pathologischen Moraldefekts«[135]. Dieser entscheidet, ob die Hysterie als Krankheit exkulpierende Konsequenzen hat oder als »moral insanity« mit degenerativ bestimmtem Moraldefekt Strafmaßnahmen nach sich zieht. Der Begriff der »*moral insanity*« ist zentral für die Forensische Psychiatrie der Jahrhundertwende. Hoche setzt sich 1901 in seinem Handbuch der gerichtlichen Psychiatrie ausführlich mit dem Konzept auseinander, das eng verknüpft ist mit der aus der italienischen anthropologischen

132 Cramer (1897), S. 132.

133 Ripping (1877). Die Geistesstörung der Schwangeren, Wöchnerinnen und Säugenden. Stuttgart, zitiert nach Gross (1894), S. 98.

134 Gross, H. (1898). Criminalpsychologie. Graz, S. 440f.

135 Birnbaum (1915).

Schule hervorgegangenen Lehre vom »geborenen Verbrecher« (Lombroso). Das moralische Irresein wird dabei als ein wesentliches psychisches Kennzeichen des »delinquente nato« angesehen, obwohl den von Lombroso aufgestellten physischen Merkmalen gegen Ende des 19. Jahrhunderts durch die Kritik an seinem Konzept zunehmend die Bedeutung entzogen wird.[136]

Bis in die siebziger Jahre des vorigen Jahrhunderts hinein ist das auf Prichard zurückgehende Konzept der »moral insanity« ein Sammelbecken verschiedenster Symptome, die als Ausdruck diverser Krankheiten angesehen werden. Doch das Konzept verändert sich zunehmend: Um die Jahrhundertwende ist man sich schließlich weitgehend darüber einig, daß die »moral insanity« als eigenständige Pathologie zu verstehen ist, der ein »angeborener, sittlicher Defekt« [137], ohne kausale Anbindung an eine Grundkrankheit, ohne wesentliches Defizit an Intelligenz, also ohne gleichzeitige »Verstandesmängel«[138], zugrunde liegt.

Wir haben es nun mit einer Klassifikation zu tun, die »Individuen mit ausgeprägter antisozialer Verfassung«[139] als Nicht-Kranke oder »Bös-Kranke«[140] zu erfassen sucht. Diente das ursprüngliche Konzept der »moral insanity« der Pathologisierung und damit auch einer möglichen strafrechtlichen Exkulpation, so eröffnet das Konzept der Jahrhundertwende die *Kriminalisierung mittels Moralisierung*. Die verführerische, berechnende, moralisch verwerfliche »femme fatale« läßt sich nun also jenen Fällen zuordnen, »in denen neben normaler Intelligenz eine tiefe ethische Verkommenheit, völliges Fehlen aller altruistischer Regungen nachzuweisen ist«[141]. Der forensische Psychiater Hoche fordert, daß »Individuen mit tiefer ethischer Verkommenheit neben normaler Intelligenz bei Ausschluß anderweitiger Psychosen (...) heute als zurechnungsfähig gelten«[142] müssen.

Das Reichsgericht hatte festgelegt[143], daß »nach den dem deutschen Strafgesetzbuch zu Grunde liegenden Anschauungen durch den von der Theorie (eines moralischen Irreseins) angenommenen Mangel jeglichen moralischen Haltes die Zurechnungsfähigkeit nur dann für ausgeschlossen gelten kann, wenn der Mangel aus krankhafter Störung zu erklären ist«[144]. Das Konzept der »moral insanity« hat diesen Zusammenhang definitorisch ausgeschlossen. Die Gesetzgebung der Jahrhundertwende versagt damit dem »moralischen Irresein« ausdrücklich die Anerkennung im Sinne des § 51 RStGB.

Die »moral insanity« ist also keine Krankheit im herkömmlichen Sinne, sondern eine moralische Pathologie, in der »das abnorm frühe Auftreten des Ge-

---

136 Frommel, M. (1991). Internationale Reformbewegung zwischen 1880 und 1920. In: J. Schönert (Hg.), Erzählte Kriminalität. Tübingen, S. 482f.

137 Hoche (1901), S. 527.

138 Hoche (1901), S. 527.

139 Hoche (1901), S. 527.

140 Strasser, P. (1984). Verbrechermenschen. Zur kriminalwissenschaftlichen Erzeugung des Bösen. Frankfurt a.M., S. 127.

141 Hoche (1901), S. 33.

142 Hoche (1901), S. 526.

143 Entscheidungen in Strafsachen XV. 97, zit. nach Hoche (1901), S. 33.

144 Hoche (1901), S. 33.

schlechtstriebes«[145] und die »gesteigerte Sexualität« der Frau eine zentrale Rolle spielen. Beide gelten als Zeichen der Degeneration.[146]

Die Entwertung weiblicher Sexualität schützt vor Verführbarkeit und setzt auf Eindeutigkeit. Die Stigmatisierung ist Folge der bedrohlich erlebten Ambivalenz zwischen Anziehung und Beängstigung. Damit zerstört der Mann nicht nur die Frau als Objekt seiner Begierde, sondern löscht gleichzeitig auch sein Begehren aus. Die traditionelle Spaltung des Frauenbildes in Mutter und Hure erlebt ihre Wiederauferstehung und mit ihr ein Männerbild, das sich jeglicher Verführbarkeit zu entledigen sucht und auf Eindeutigkeit setzt. Klarheit, Härte, Unbestechlichkeit, Überlegenheit, Abgegrenztheit, Distanziertheit und Rationalität sollen die männlichen, aber auch die wissenschaftlichen Tugenden im Kampf gegen das »sexuelle Fluidum«[147] der verführerischen Frau sein: Männlichkeit gegen weibliche Verführungsmacht.

Besonders gefährlich für die Objektivität des Gerichts sind Frauen als Angeklagte, »sofern sie jung oder schön sind«[148]. Daher beschäftigt sich der Jurist Klamroth im »Archiv für Kriminalanthropologie und Kriminalistik« mit der Verführbarkeit der Männer in der Strafrechtspflege. Diese ließe sich, so klagt der Autor, nicht nur bei Richtern beobachten, sondern »neuerdings kann man selbst bei Staatsanwälten ähnliches finden. Von gewissen Anwälten, die mit höchstem Aufwand von Lungen- und Zungenkraft aus einer Messaline eine duldende Madonna machen möchten, ist ja hier ganz zu schweigen« [149]. Seiner Meinung nach liegen die Ursachen in der »spezifischen Eigenart der weiblichen Natur, deren Charakteristikum List und Verstellungskunst ist.«[150] Die Mörderin spiele »die schuldlos angeklagte, duldende Frau«[151], breche in Tränen aus, werfe den Geschworenen flehende Blicke zu und falle schließlich in Ohnmacht. »Wer kennt nicht die Wirkung von Weibertränen auf harmlose Gemüter«[152], fragt der Autor den Leser. Die weibliche Schwäche – so der Jurist Klamroth – ist eben ihre Stärke. Letztendlich sei der Grund für die mildere Beurteilung nur der eine,

> ...nämlich die Sentimentalität. Das will man nicht zugeben. Daher die Redensarten von der geringeren Verantwortlichkeit des Weibes, die man auf der anderen Seite durch die Forderung gleicher Rechte bewußt Lügen straft. Hat der Richter das aber begriffen, dann kann es für ihn angesichts einer Angeklagten nur die eine Forderung geben: Landgraf, werde hart.[153]

---

145 Hoche (1901), S. 416.
146 Mit dem Zeichen der Degeneration stigmatisierte der Sexualwissenschaftler Spier auch Phantasieprodukte wie »Lulu« von Wedekind.
147 Klamroth, C. (1914). Frauen als Angeklagte. In: Archiv für Kriminalanthropologie und Kriminalistik, Bd. 57, S. 283.
148 Klamroth (1914), S. 282ff. Siehe dazu auch Kapitel III dieser Arbeit.
149 Klamroth (1914), S. 282.
150 Klamroth (1914), S. 282.
151 Klamroth (1914), S. 283.
152 Klamroth (1914), S. 283.
153 Klamroth (1914), S. 285.

Auch Hans Gross hat sich in seinem »Handbuch für Untersuchungsrichter« (1904) ausführlich mit der geschlechtsspezifischen Glaubwürdigkeit von Zeugen beschäftigt. Im Unterschied zum »gutgearteten Knaben« sei das heranwachsende Mädchen eine »gefährliche Zeugin«, da nie eindeutig sei, ob sie Opfer oder Täterin, Verführte oder Verführerin ist. Wulffen konkretisiert diesen Zusammenhang, indem er von der mit der Menstruation einhergehenden »gefährlichen Mischung von Gefühlen« des jungen Mädchens spricht,

> ...welche dann jene phantastischen Träumereien und Schwärmereien, verbunden mit Lügen, verursachen. Solche Mädchen erfinden oft – halb bewußt, halb unbewußt – angeblich auf sie verübte Sittlichkeitsattentate und machen sich in ihrer romantischen Stimmung ganz unbedenklich der falschen Anschuldigung schuldig.[154]

Die sexuelle Falschbeschuldigung ist ein typisches Delikt von jungen Mädchen und Frauen, das häufig Gegenstand wissenschaftlicher Erörterungen ist und – wie Birnbaum hervorhebt – weit deutlicher und bestimmter als andere Vergehen zugleich auch auf die psychische Störung hinweist, die für sie ursächlich ist. »Es besteht gar kein Zweifel: Wenn man von sexuellen Falschbeschuldigungen hört, von ihnen spricht, denkt man eigentlich stets an Hysterie.«[155] Ihr ist eine »Vorstellungsverfälschung« eigen, die keine »einwandfreie Reproduktion« und keine »objektiv unanfechtbare Wiedergabe«[156] gewährleistet. Eine klare Unterscheidung zwischen Phantasie und Wirklichkeit ist für die Hysterika nicht möglich.[157]

Der im forensischen Bereich tätige Psychiater Birnbaum beobachtet, daß die »vorstellungsverfälschenden Gefühlseinflüsse« sich besonders ausgeprägt bei erotischen Inhalten zeigen, die den Stoff für die »Auffassungstäuschungen« der Hysterika liefern; denn »sexuelle Erwartungen, Wünsche und Hoffnungen geben den indifferenten Ereignissen eine charakteristische erotische Färbung, lassen in zufälligen Begegnungen etwa beabsichtigte Annäherungen, in belanglosen Äußerungen Liebesandeutungen sehen.«[158]

Die Hysterika gibt dem Ereignis einen Kontext, der dem Reich eigener Phantasie entspringt. Birnbaum referiert einen von Cramer[159] vorgetragenen Fall, in dem ein 15jähriges »hysterisches Mädchen«, das – nachdem in der Umgebung ihres Heimatdorfes zwei Notzuchtfälle in aller Ausführlichkeit in den Lokalblättern beschrieben wurden – gegenüber ihrer Mutter über Leibschmerzen klagte:

> Es sei ihr so, als ob da unten etwas heraus wollte. Einige Tage später sagte sie, sie wollte auch sagen, woher es käme und erzählte nun in allen Einzelheiten, wie sie beim Kartoffelroden umgeworfen und vergewaltigt worden sei, wobei sie ohnmächtig geworden sei und »unten« geblutet habe usw. Ärztliche Untersuchung ergab ei-

154 Wulffen (1923), S. 267f.
155 Birnbaum (1915), S. 1.
156 Birnbaum (1915), S. 4.
157 Sie wirft für den Richter wie für den Wissenschaftler die Frage auf, mit welchen Mitteln eine objektive Erkenntnis der Wahrheit (der Hysterie) möglich ist. Dem naturwissenschaftlichen Objektivitätsideal verpflichtet stößt der Forscher an die Grenzen seiner Epistemologie.
158 Birnbaum (1915), S. 4.
159 Cramer (1897).

nen ihren Angaben widersprechenden Befund. Sie selbst wurde auch nachher in ihren Angaben schwankend.[160]

Birnbaum präsentiert den Fall dramaturgisch in dieser Reihenfolge: Zeitungsbericht=Wirklichkeit – Nachahmung/Simulation=Phantasie=Zeichen für Hysterie. Damit ist das Ereignis ein Phantasieprodukt, das als krankhaft bezeichnet werden kann, da Kennzeichen der Hysterie die Unfähigkeit zur Unterscheidung zwischen Wirklichkeit und Imagination ist. Diese »krankhafte Phantasie«[161] verdankt sich dem »Erfindungsdrang« der Hysterie, der sich besonders dann durchzusetzen scheint, wenn Erotik im Spiel ist. Und weil sich bei der Hysterie alles um das eigene Ich[162] dreht, sind die Hysterikerinnen dementsprechend die selbstgeschaffenen »Heldinnen sexueller Sensationen«[163], die mit ihren Geschichten – in Form von Falschanzeigen sexuell gefärbten Inhalts – an die Öffentlichkeit treten.

Obwohl die Sexualität bei Hysterikerinnen eine zentrale Rolle spielt[164], betont Birnbaum, daß man das »erotische Gebaren und Treiben oft genug auch sonst beim weiblichen Element (antreffe), ohne daß ein hysterischer Einschlag vorhanden ist«[165]. Es gäbe einen fließenden Übergang zwischen der weiblichen Normalität und der ins Pathologische gesteigerten Hysterie:

> Vielleicht darf man ganz allgemein das Sexuelle als den besonders gefühlsbetonten Punkt im weiblichen Leben bezeichnen und folgerichtig weiterschließen, daß dieser bei Naturen mit erhöhter Affektivität, gesteigertem Triebleben und ungenügend entwickelten Hemmungen, wie die Hysterischen es vor allem sind, besonders auffällig hervortreten und stark zur Geltung kommen müsse. So wird man es in gewissem Sinne mit der Hysterie in Zusammenhang bringen dürfen, wenn in einem Fall von Hölper[166] ein jugendliches hysterisches Dienstmädchen dadurch zu sexuellen Falschbeschuldigungen – ausführlicher schriftlicher Darstellung eines angeblich mit dem Dienstherrn ausgeübten Geschlechtsverkehrs – kam, weil sie nach eigenem Ge-

160 Birnbaum (1915), S. 5.

161 Birnbaum (1915), S. 5.

162 Über den Zusammenhang von Narzißmus und Hysterie siehe Freud, S. (1895b). Studien über Hysterie. GW I, S. 75-312, sowie Braun (1988).

163 Birnbaum (1915), S. 7.

164 Der Autor identifiziert das beobachtbare Verhalten und das im symbolischen Ausdruck zustande kommende Bild der Sinnlichkeit mit ihrem Wesen. Dabei sieht er nicht die Verschiebung auf die symbolischen Formen, die eine Kompromißbildung zwischen dem Begehren und dem Verbot, also eine Flucht in die Phantasie sind. Freud wird der dem Krankheitsbild zugrundeliegenden kompromißbildenden Ausdrucksform, dem Konflikt zwischen dem körperlichen Begehren, dem kulturellen Verbot und der Repräsentation im Symbolischen ein Stück näher kommen. Er wird die immense Bedeutung der Sprache und der befreienden Möglichkeit, das Unmögliche zur Sprache zu bringen, Raum verschaffen (Siehe dazu Lamott, F. (1998) Phantasierte Unzucht – unzüchtige Phantasien. Über Freuds Erfindung des analytischen Raums. In: L'Homme. Zeitschrift für Feministische Geschichtswissenschaft. 9, S. 26-41). Der mit dem weiblichen Begehren verbundene Tabu- oder Gesetzesbruch kann in keinem Fall umgangen werden, und die Falschbeschuldigungen der hysterischen Frauen stellen vielleicht den Versuch dar, das eigene Begehren mitsamt der ihm immanenten Grenzverletzung auf den Adressaten der Lust und/oder des Hasses zu projizieren.

165 Birnbaum (1915), S. 8.

166 Hölper, E.v. (1913). Einiges über Zeugenaussagen. In: Archiv für Kriminalanthropologie und Kriminalistik, Bd. 51, S. 38-48.

ständnis beim Niederschreiben dieser Dinge Wollust empfand und bis zum Onanieren sinnlich erregt wurde.[167]

Die Imagination führt zur sinnlichen Erregung, der verbotene und daher phantasierte Akt löst sexuelle Sensationen aus.[168] Das daran gebundene Delikt wird als Zeichen der Hysterie als »moral insanity« geprüft.

Birnbaum klassifiziert[169] am Beispiel des Delikts der sexuellen Falschbeschuldigung die zugrundeliegenden hysterischen Störungsformen und systematisiert sie in einem Kontinuum von weiblicher Normalität, medizinisch gerahmter Pathologie und moralisch zu verurteilender Delinquenz:

1. Die erste Gruppe repräsentiert jene Hysterischen, die mit der *»moral insanity«* gezeichnet sind. Die Falschbeschuldigungen geschehen in vollem Bewußtsein und voller *Absicht einer Vortäuschung*. Ihre »Lügenhaftigkeit« ist Zeichen »degenerativer Hysterie« und »pathologischen Moraldefekts«. Ihr »Hang zu unsozialem Treiben, Neigung zu Lug und Trug, zu Intrige und Verleumdung« findet seinen Ausdruck, bei entsprechendem sexuellem Einschlag, in »gemeinster und schamlosester Dirnennatur.«[170] »Das vorherrschende Interesse am Sexuellen gibt dann dem ganzen verlogenen Treiben, das also unmittelbar aus dem unsozialen Charakter hervorgeht, noch den charakteristischen sexuellen Einschlag.«[171] Dazu kommen Rachetendenzen, Eifersuchtsregungen. Auch die Lust, Autoritäten zum Narren zu halten und »einen großen Apparat von Menschen und Untersuchungen um der eigenen Person willen in Szene und Bewegung zu setzen, darf hier als solches charakteristisches hysterisches Motiv für diese sexuellen Sensationslügen genannt werden.«[172]
2. Die zweite Gruppe bilden jene, bei denen die Hysterie als eine vorübergehende pathologische Erscheinung, als eine *krankhafte Episode,* gelten kann. Dieser Gruppe *fehlt die Täuschungsabsicht*. Sie sind »gutgläubig« und haben kein Bewußtsein von der Unrichtigkeit ihrer Aussagen. Doch auch diese Fälle gehen unmittelbar aus der hysterischen Wesensart hervor; hier zeigt die hysterische Suggestibilität respektive Autosuggestibilität ihre Wirkung. Mittels Selbst- oder Fremdbeeinflussung wird »Erdachtes zur Wirklichkeit«, »Erfundenes zur Tatsache«, »Gewünschtes oder Befürchtetes zur vollen Gewißheit«[173]. Selbsttäuschung und Selbstbetrug werden zur festen Überzeugung ihrer Richtigkeit. »Durch Selbstbeeinflussung erhalten diese objektiv-unrealen Gebilde subjektiven Realitätswert, sie werden zu wahnhaften Einbildungen.«[174] Alles den Wahn-

167 Birnbaum (1915), S. 9.

168 Mit der Macht der Phantasie hat sich auch Freud 1896 in seiner Arbeit »Zur Ätiologie der Hysterie« (GW I, S. 423-459) befaßt: »Das Vorstellen sexuellen Inhalts erzeugt bekanntlich ähnliche Erregungsvorgänge in den Genitalien wie das sexuelle Erleben selbst«.

169 Birnbaum (1915), S. 10.

170 Birnbaum (1915), S. 10.

171 Birnbaum (1915), S. 11.

172 Birnbaum (1915), S. 15.

173 Birnbaum (1915), S. 13.

174 Birnbaum (1915), S. 13f.

ideen entgegenstehende wird aus dem Bewußtsein gelöscht. Nehmen die wahnhaften Überzeugungen einen sexuellen Inhalt in Falschbeschuldigungen an, dann haben wir, wie Birnbaum es formuliert, die »hysterischen Liebesverfolgerinnen« vor uns.

3. Neben den beiden Gruppen, der mit dem Bewußtsein der Lüge und jener mit der fehlenden Täuschungsabsicht, gibt es noch eine Übergangsform: Sie kennzeichnet einen Typus, der die am Anfang erfundene Lüge nach innerlicher Hingabe und Autosuggestion selbst glaubt. Ihm geht das Bewußtsein der Täuschung und Lüge verloren. »So kann man ... erleben, daß die innere Stellungnahme der Hysterischen zu ihren eigenen Gedanken- und Phantasiegebilden eine unbestimmte, unsichere ist und bleibt, daß sie halb daran glaubt, halb aber nicht, oder daß sie auch in ihrer *Überzeugung schwankt und wechselt*, bald von deren Realität überzeugt ist, bald wieder sich der Selbsttäuschung klar bewußt ist. In manchen Fällen wird allerdings die Selbsttäuschung zuletzt schließlich doch eine vollkommene, die Person verliert das richtige Realitätsurteil über die selbsterzeugte Lüge, den selbst inszenierten Betrug vollkommen, der anfänglich bewußte Betrüger verfällt dem Selbstbetrug, wird zum Betrogenen, der seinen eigenen Schöpfungen nicht mehr gewachsen ist.«[175]

Wird die erste Gruppe moralisiert und kriminalisiert, kann sich die zweite der Exkulpation in Form hysterischer Erkrankung sicher sein. Die forensische Würdigung der letzten Gruppe allerdings wird von den Gutachtern und dem Gericht als die größte Schwierigkeit beschrieben, da der Realitätswert der hysterischen Erfindungen wechselt. Vermutlich ist diese Kategorie ein flexibles Instrument im Strafprozeß.

Die Entscheidung für eine der Diagnosen mit ihren unterschiedlichen juristischen Konsequenzen von Exkulpation und Schuldzuschreibung ist im wesentlichen an die Fragen von Wahrhaftigkeit vs. Lügenhaftigkeit, Authentizität vs. Simulation, Selbstbetrug vs. Fremdbetrug, Bewußtheit vs. Unbewußtheit[176], Selbstkontrolle vs. Fremdkontrolle, autoplastischem und alloplastischem Agieren gebunden.

> Je mehr es sich um aktive, moralisch defekte Naturen handelt, je mehr diese mit den Produkten ihres Innenlebens nach außen hervortreten und andere damit zu schädigen neigen, desto stärker pflegt naturgemäß der Grad der sozialen Bedenklichkeit, sowie die Störung der öffentlichen Ordnung und Sicherheit, die Gefährdung fremder Ehre und sonstiger Rechtsgüter zu sein. Insofern führt eine Stufenleiter wachsender Gemeingefährlichkeit von jenen hysterisch-schlaffen Naturen, die sich traumverloren mit dem bloßen Spiel ihrer Phantasie begnügen (»femme fragile«, F.L.) bis zu jenen degenerativen Hysterischen mit exquisit-unsozialen und antisozialen Neigungen, wie man sie unter den aggressiven hysterischen Liebesverfolgerinnen (»femme fatale«, F.L.) gelegentlich in charakteristischer Ausprägung antrifft.[177]

175 Birnbaum (1915), S. 16.
176 Dazu auch Stransky (1918/19) und Raimann (1914).
177 Birnbaum (1915), S. 29.

Die Zuschreibungen variieren klassenspezifisch. Wo Selbstkontrolle versagt, ist Fremdkontrolle angesagt. Die »femme fragile«, hier Prototyp bürgerlicher Tochter, und die »femme fatale« (mit »moral insanity« assoziiert) im Habitus der Tochter des Proletariats werden daher unterschiedlich klassifiziert. *Die Kontrolle der »eigenen« Frauen wird medizinisch, die der Frauen unterer Klassen strafrechtlich vollzogen.* Doch als wesentliches Kernstück aller hysterischen Erscheinungen – ob passagerer Episodenhaftigkeit oder degenerativer Eigenart – gilt die Sexualität der Frau, von der die pathologische Affektivität, die erotischen Phantasien und Träume[178] ihren Ausgang nehmen. Pick berichtet von einer hysterischen Patientin mit pathologischer Träumerei:

> Sie las nur Romane von Verliebten oder wie ein Mädchen überfalle wurde...und sie glaubt, daß es mit ihr ebenso sei und daß sie deshalb so unglücklich sei. Sie dachte viel an jenen (bereits verstorbenen, F.L.) Herrn, mit dem sie im Wald zusammengekommen; sie machte sich einen Plan, wie alles sein könnte...Sie ließ sich Liebesbriefe schreiben und schickte sie an sich selbst ab, um ihren erregten Sinn zu beruhigen; einmal schrieb sie sich einen Brief, in welchem sie sich in den Wald bestellte, und als sie den Brief bekam, ging sie sofort in den Wald, lief dort umher und weinte...und glaubte, daß jener Herr dort sein müsse. Als sie sah, daß es nichts helfe, ging sie nach Hause und erzählte ihrer Dienstfrau, daß jener Herr sie erwartet habe.[179]

Um den Zustand der Patientin zu verdeutlichen, läßt Pick die Patientin selbst zu Wort kommen: »Ich bin jetzt so verwirrt, daß ich wirklich nicht weiß, ob ich wirklich das, was ich sehe und höre, glauben kann oder ob es nicht wahr ist ... zuweilen stelle ich mir Dinge vor und sehe dann, daß das gar nicht so sein könne...«[180] Die Grenzen zwischen Phantasie und Wirklichkeit verschwimmen.

Im Gross'schen »Archiv für Kriminalanthropologie und Kriminalistik«[181] berichtet 1899 ein Dr. Altmann aus Wien von einem 16jährigen Mädchen, das der von einem Landaufenthalt zurückkommenden Mutter von einem an ihr durch den Stiefvater verübten Notzuchtakt erzählt. Diese Beschuldigungen hält sie auch bei der Vernehmung aufrecht. Sie gibt an, daß sie eines Nachts gegen Mitternacht davon aufwachte, daß sie ihren Stiefvater auf sich liegen fühlte. Er habe sie geschlechtlich mißbraucht. Sie habe geschrieen und er habe ihr erklärt, daß sie wohl *geträumt* habe. Die Gerichtsärzte konnten kein objektives Zeichen eines sexuellen Übergriffs finden und erklärten die damals vorliegende Menstruation für das Auftreten sexueller Traumvorstellungen verantwortlich.

Die Menstruation als Auftakt geschlechtlicher Reifung wird als besondere Gefährdungszeit zur Ausbildung einer Hysterie angenommen. Auch Hans Gross

178 Pick, A. (1896). Über pathologische Träumerei und ihre Beziehungen zur Hysterie. Jahrbuch für Psychiatrie, Bd. 14, S. 280-301. Auf die Bedeutung traumhafter Zustände haben vor allem französische Autoren wie Gilles de la Tourette (»Die Hysterie nach den Lehren der Salpêtrière «) hingewiesen.

179 Pick (1896), S. 299.

180 Pick (1896), S. 298.

181 Altmann (1899). Traum statt Wirklichkeit. In: Archiv für Kriminalanthropologie und Kriminalistik, Bd. 1, S. 335-336.

schreibt der Menstruation[182] eine große Bedeutung zu, der er durch Hinzuziehung eines Gerichtsarztes im Strafverfahren gerecht werden will. Der Richter sollte also wissen, daß die Menstruation ein psychischer Ausnahmezustand der Frau sei, nach deren Beendigung ein Anstieg des Triebes auch bei frigiden Frauen zu verzeichnen ist.[183] Vor und mit Eintritt in die erste Menstruation lasse sich keine Neigung zum Verbrechen verzeichnen, aber zu Falschaussagen. Das pubertierende Mädchen neige zu schwärmerischen Romanzen, und die Sehnsucht nach interessanten Erlebnissen setze sie der Gefahr aus, »unrichtige Anschuldigungen, falsche Anzeigen über Entführungen, Nothzuchtanfälle, Schändungsversuche, aber auch Brandlegungen, Hetzbriefe, Verleumdungen aller Art«[184] vorzunehmen.[185]

Allerdings ist mit der Gefährdung[186] des heranwachsenden Mädchens meist auch die Gefährlichkeit für den erwachsenen Mann durch die »überströmende Affektivität«, die lebhaften »sexuellen Regungen«, die »überquellende Phantasie« der Pubertierenden gemeint. Hans Gross warnt ausdrücklich in seiner »Criminalpsychologie« vor den »Phantasiedelikten« halbwüchsiger Mädchen, die mit Verleumdung und sexueller Falschbeschuldigung aufwarten. Gleichzeitig äußert er Bedenken gegenüber jugendlichen Zeuginnen, wenn diese sich selbst als Opfer eines Attentats Geltung verschaffen wollen.

Hans Gross stellt – ohne die Sprengkraft seiner These zu explizieren – einen gesellschaftlichen Zusammenhang zwischen dem »erwachenden Geschlechtstrieb« des jungen Mädchens in einer Welt tabuisierter weiblicher Sexualität und der Gefahr für die Männerwelt her. Nach seiner Ansicht – im übrigen Auffassungen Freuds nicht unähnlich – könnte der frustrierte Geschlechtstrieb ein »versteckter Ausgangspunkt« für Krankheit und Verbrechen sein. Gross erläutert:

> Ein solcher versteckter Ausgangspunkt, und zwar der häufigste, ist der sexuelle. Daß er oft nur unsichtbar wirkt, hat seinen Grund im Schamgefühl, und deshalb kommt er auch in deutlicher und ausgeprägter Form nur beim Weibe vor ... überall segelt er

---

182 Gross (1898), S. 413.

183 Gross stützt seine Ausführungen u.a. auf eine Monographie des Franzosen Icard »La femme dans la periode menstruelle«, Paris 1890.

184 Gross (1898), S. 415.

185 Aber auch die erwachsene Frau sei, wenn sie menstruiere, als Zeugin bedenklich bezüglich der Wahrnehmung und Wiedergabe der Realität, da sie während dieser Zeit über eine erhöhte Sensitivität verfüge bis hin zur Reizbarkeit. Daher sei es nicht verwunderlich, wenn sie etwas sieht, riecht, hört, was andere nicht wahrnehmen (Gross, 1898, S. 418). Diese Annahme führe zur Konsequenz, daß Vergehen während der Menstruation nicht vier Wochen später verhandelt werden sollten, da die Verhandlung dann im gleichen Zustand wie die Tat geschehe. Auch Lombroso weist in seinem Buch »Das Weib als Verbrecherin und Prostituierte« (Hamburg 1894) darauf hin, daß die Frau zur Zeit der Menstruation zur Lüge und zum Zorn neige. Die Diebstahlneigung – so beobachtet in den großen Pariser Kaufhäusern – sei während der Zeit der Menstruation erhöht. Die Frau befinde sich im erregten, minder widerstandsfähigen Zustand – wie zu Beginn der Menopause (Gross, 1898, S. 419).

186 Birnbaum (1915), S. 27.

> unter falscher Flagge, niemand läßt die Geilheit gelten, sie muß anders heißen, sogar der Frau gegenüber, die sich selbst von ihr treiben läßt.[187]

Obwohl Hans Gross – keineswegs wie Freud –[188] die Hysterie als Kompromißbildung eines gesellschaftlich verursachten Konflikts zwischen sexuellem Begehren und kulturellem Verbot ansieht, taucht erstaunlicherweise, wenn auch unsystematisch, in seinen theoretischen Erörterungen immer wieder die kulturkritische Überlegung einer gesellschaftlichen Zurichtung der Frau auf[189].

Beim Nachdenken über die Frau führt er in seiner »Criminalpsychologie« neben den physiologischen Besonderheiten der weiblichen Sexualität auch die »Forderungen von Kultur und Sitte« an:

> Man muß es sich klar legen, was es für einen Charakter bedeutet, wenn er von dem Momente, als die Kindheit hinter ihm liegt, alle Monate durch etwas verheimlichen soll, was es bedeutet, wenn diese Heimlichthuerei wenigstens vor Kindern und jüngeren Leuten bei jeder Schwangerschaft auf längere Zeit anhält; man kann auch nicht in Abrede stellen, daß die Sitte, die den Frauen mehr Zurückhaltung auferlegt, einen tiefgreifenden Einfluß auf ihr Wesen ausüben muß. Das Weib darf nach unseren Ansichten gerade noch unverhohlen zeigen, wen es haßt, wer ihr unangenehm ist, sie darf aber weniger kennbar andeuten, wen sie liebt, noch darf sie werbend auftreten, alles muß auf Umwegen, versteckt und beiläufig geschehen, und wenn sich das Jahrtausende hindurch forterbt, so muß dies dem Charakter einen bestimmten Ausdruck verleihen, der dann namentlich für den Criminalisten von größter Wichtigkeit ist; es genügt oft die Erinnerung an diesen Umstand, um Verständnis für eine Reihe von Erscheinungen auszulösen.[190]

Doch diese durchaus kulturkritische Erkenntnis kann sich weder im Alltag noch in der Theorie des forensisch interessierten Strafjuristen und Kriminalisten, dessen Blick auf individuelle Zuschreibung ausgerichtet ist, etablieren. Den Frauen wird diese historisch, gesellschaftlich und kulturell entstandene Bürde als eigene Natur wieder zurückgegeben. Die Suche nach den Ursachen der individuellen Pathologie – genannt Hysterie – wird fortgeschrieben.

---

187 Gross (1898), S. 428.

188 1904 rezensiert er im »Archiv für Kriminalanthropologie und Kriminalistik« die bereits 1895 von Breuer und Freud erschienenen »Studien über Hysterie« (Gross, H., 1904. Rezension von Breuer, J. und Freud, S. »Studien über Hysterie«. Leipzig, Wien 1895. In: Archiv für Kriminalanthropologie und Kriminalistik, Bd. 15, S. 138). Er empfiehlt seinen strafrechlichen Kollegen ausdrücklich die Lektüre, freilich weniger aus Gründen der Kulturkritik als zur Festigung eigener Kontrolle im praktischen Feld: »Der praktische Jurist kommt öfter, als es ihm bekannt ist, in die Lage, von hysterischen Weibern auf das gründlichste irregeführt zu werden, so daß für ihn wenigstens allgemeine Kenntnis über die so absonderliche Form geistiger Erkrankung, wie sie die Hysterie darstellt, unbedingt nötig ist. Ich glaube, daß sich der Kriminalist nicht leicht über diese Frage besser unterrichten kann, als durch die Lektüre des angezeigten, zwar älteren, aber vortrefflichen Buches; namentlich die sehr eingehend geschilderten »Fälle« enthalten eine Fülle von Belehrung.« (Gross, 1904, S. 138)

189 Siehe dazu auch Gross (1898), S. 458, S. 459-467; Wulffen, E. (1923). Das Weib als Sexualverbrecherin, S. 11ff.; Jassny, A. (1911). Zur Psychologie der Verbrecherin. In: Archiv für Kriminalanthropologie und Kriminalistik, Bd. 42, S. 90-108.

190 Gross (1898), S. 413.

Ambivalenzen haben im kriminologischen Diskurs keinen Platz. Sie stellen eine Provokation für die Gleichung Wahrheit=Eindeutigkeit dar, sie müssen aufgehoben werden. Ambivalenzen werden in bipolare Konstruktionen überführt, die klare Zuordnungen zu den Kategorien »Täter« und »Opfer« gestatten. Der wissenschaftliche Positivismus verlangt kategoriale Trennschärfe, wie das kriminologische Selbstverständnis sich auf die herrschende Geschlechterordnung mit dem Ziel der Erhaltung vertrauter Polaritäten richtet. Die Kriminologie übernimmt die Kontrolle über die Ordnung der Geschlechter.

DER HYSTERISCHE MANN

> Hysterie ist die organische Krisis der organischen Verlogenheit des Weibes. Ich leugne nicht, daß es auch, wenngleich relativ nur recht selten, hysterische Männer gibt: denn eine unter den unendlich vielen Möglichkeiten, die psychisch im Manne liegen, ist es, zum Weibe, und damit, gegebenenfalls, auch hysterisch zu werden.[191]

Im ausgehenden 19. Jahrhundert ist die Repräsentation des an Hysterie leidenden Menschen im Bild der Frau geronnen. Die Übertragung auf den Mann mußte zwangsläufig zu einer Feminisierung führen: Der Hysteriker ist ein verweiblichter Mann – nicht selten assoziiert mit dem Bild des Juden und später mit dem des Kriegsneurotikers. Seine Erscheinung ist wie die der Hysterikerin[192] ein Zeichen des Pathologischen. Die Hysterisierung des Mannes als eine medizinische, forensische Reaktion auf die gestörte Männlichkeit, zeigt, in welchem Maße diagnostische Klassifikationen zur Ordnung der Geschlechter herangezogen werden.

Das massenhafte Versagen des Mannes in den Kampfhandlungen des Ersten Weltkrieges und der damit drohende Zusammenbruch des mit physischer und psychischer Stärke ausgestatteten Männlichkeitsstereotyps verdeutlicht, wie zentral die komplementären Geschlechterrollen für die Aufrechterhaltung staatlicher Ordnung und das Überleben der Nation sind. Nicht nur die Kontrolle des weiblichen, sondern auch die des männlichen Körpers stehen im Zentrum der Hysterisierung des vom Normaltypus abweichenden Geschlechts. Die Angst, daß den Männern die Kraft der Verteidigung und des Beschützens versagt, daß sie den »feigen Wunsch« hegen, »lieber wie eine Frau *zu fühlen, statt* wie ein Mann *zu handeln* und zu sterben«[193], zeigt sich deutlich in den verschiedenen Formen der medizinischen, aber auch juristischen Reaktion auf das »nervöse« Versagen des Mannes im Ersten Weltkrieg.

---

191 Weininger, O. (1903). Geschlecht und Charakter. Wien, S. 358f.

192 Gilman, S.L. (1994). Freud, Identität und Geschlecht. Frankfurt a.M., S. 180.

193 Link-Heer, U. (1985). Männliche Hysterie. In: KultuRRevolution, 9, S. 45. In diesem Zusammenhang ist auch die Einlassung Briquets interessant: »Die Frau ist zum Fühlen bestimmt und Fühlen ist fast schon Hysterie; der Mann hingegen ist zum Handeln bestimmt, er hat die Unannehmlichkeiten des Handelns zu tragen.« Briquet, zitiert nach Link-Heer, U. S. 40.

Die Hysterisierung der Geschlechter hat verschiedene Funktionen. Esther Fischer-Homberger[194] schreibt der auf die Frau ausgerichteten Diagnose Hysterie – historisch betrachtet – eine Doppelfunktion zu: Einerseits gibt sie der Diffamierung der Frau einen Namen, andererseits stellt sie einen ärztlichen Schutz vor »tätiger Misogynie« und eine Ent-Schuldigung der Kranken bereit. Beides, Entwertung (Ausgrenzung) und ärztlicher Schutz (Integration), kann in unterschiedlichen Legierungen auftreten, ist nicht, wie Esther Fischer-Homberger nahelegt, entsprechend dem disziplinären Blick in ›gut‹ (Krankheit=Medizin) und ›böse‹ (Verbrechen=Strafjustiz) bipolar gespalten. Das gilt auch, wie wir sehen werden, für die Übertragung auf männliche Störungen.

Die Zunahme der als hysterisch diagnostizierten Symptome im Ersten Weltkrieg hat neben dem Begriff der Kriegshysterie viele Namen: Kriegsneurose, traumatische Neurose, Neurasthenie. Die Auseinandersetzung um die Nomenklatur spiegelt das Ringen um die Aufrechterhaltung eines herrschenden Männlichkeitsstereotyps, die Furcht der Verletzung von Klassengrenzen und Hierarchien sowie den Kampf um die Erhaltung herrschender (Geschlechter-)Ordnung.

Die Übertragung der Hysterie, eines Weiblichkeit repräsentierenden Konstrukts auf den Mann, bringt dessen misogynen Entwurf auf besondere Weise ans Licht: Hysterische Männer sind verweiblichte, kastrierte, impotente, feige und willensschwache Vertreter des männlichen Geschlechts. Diese wenig schmeichelhafte Gleichung von Eigenschaften »gestörter« Männer und ganz »normaler« Frauen verdeutlicht die generelle Entwertung des weiblichen Geschlechts und verweist auf die Ambivalenz der Diagnose Hysterie.

Verfolgt man die Spuren des Auftauchens und Verschwindens männlicher Hysterie in der Geschichte der Krankheit, so zeigt sich, daß zeitgleich mit dem erstmaligen Vorkommen des Terminus »Hysterie« im zweiten Buch der »Hippokratischen Schriften« über die Frauenkrankheiten auch die männliche Hysterie thematisiert wird. Plato merkt dazu in seinem »Timaios« an, daß bei der Entstehung der Welt jene *Männer*, »*die furchtsam waren* und ihr Leben unrichtig verbrachten, bei der zweiten Entstehung in *Weiber* umgestaltet wurden.«[195] Mit der strafweisen Umgestaltung des Mannes zur Frau wurden dem männlichen Organismus durch Platos Götter weibliche Geschlechtsteile zugedacht. Auch die viele Krankheiten verursachende Gebärmutter ist bei Plato nicht Krankheitsfokus, sondern Strafe der Götter. Damit entfällt bei ihm die mit der Diagnose verbundene Entschuldigung. An ihre Stelle tritt moralische Verwerflichkeit.

Weniger von der Strafe als von der Krankheit Hysterie sprechen dagegen die antiken Ärzte, die die Gebärmutter als anatomische Gegebenheit ansehen. Daß der Uterus dazu neige, ein Eigenleben zu führen, daß er im Körper der Frau auf Wanderschaft gehe und die seltsamsten Symptome wie Schwere im Kopf, Ge-

194 Fischer-Homberger, E. (1969). Hysterie und Misogynie – ein Aspekt der Hysteriegeschichte. In: Gesnerus, Bd. 26, S. 117-127.

195 Platons Timaios oder die Schrift über die Natur. Übersetzt von R. Karpferer & A. Fingerle. (1952), Stuttgart, S. 110, zitiert nach Fischer-Homberger (1969), S. 118.

fühllosigkeit und Schlafsucht hervorrufen könne, ist die Vorstellung der antiken Medizin. Männliche Hysterie ist damit gegenstandslos, es fehlt das anatomische Substrat.

Dem hexenverfolgenden Spätmittelalter[196], in dem sich die Symptome der antiken weiblichen Hysterie als »Hexenzeichen« wiederfinden, tritt die Medizin entgegen. Als herausragende Kritiker des Hexenwahns gelten die Ärzte Johan Wier und besonders Edward Jorden, die beide die Überzeugung vertreten, daß die Hexenzeichen typisch für die Hysterie sind, die kein Teufelswerk, sondern eine Erkrankung des Uterus sei. Die Kranke sei für ihre Handlungen nicht verantwortlich. Indem man Sünde durch Krankheit und Therapie ersetzt, befreit man die Handlung der Betreffenden von der Bürde der Schuldigen und Unmoralischen: »Das Bild des Sünders wird mit dem des Patienten vertauscht, einer Person, der man helfen muß, statt sie zur Ordnung zu rufen.«[197] Die »ent-schuldigende« Funktion der medizinischen Diagnostik ermöglicht durch die Feststellung einer hysterischen Erkrankung, strafwürdige Hexen in hilfsbedürftige Kranke zu verwandeln und so vor der tödlichen Bestrafung auf dem Scheiterhaufen zu retten. Die Diagnose Hysterie »antagonisiert«[198] hier also die Effekte der Misogynie.

Anders im Zeitalter der Aufklärung: Hier tritt die Hysterie zunehmend in den Hintergrund und verliert vor allem ihre entwertende Konnotation. Dieselbe Krankheit, die bei den Frauen Hysterie heißt, wird nun bei den Männern Hypochondrie genannt und fällt schließlich in der Hystero-Hypochondrie mit ihr zusammen.[199]

1845 wird die Hysterie Gegenstand einer akademischen Preisaufgabe, die von der Société de médicine de Bordeaux als eine vergleichende Untersuchung »der verschiedenen über die Natur, den Sitz, die Ätiologie, die Symptomatologie, Prognose und Therapie der Hypochondrie und Hysterie vorgebrachten Ansichten und Nachweis der Identität oder der Verschiedenheit beider Krankheiten«[200] ausgeschrieben wird. Die preisgekrönte Arbeit von Frederic Dubois[201] kommt zu dem Ergebnis einer eigenen diagnostischen Zuordnung, daß die Hypochondrie männ-

196 Siehe dazu Honegger, C. (Hg.) (1978). Die Hexen der Neuzeit. Studien zur Sozialgeschichte eines kulturellen Deutungsmusters. Frankfurt a.M.

197 J.R. Gusfield beschreibt den Wandel der Etiketten am Beispiel des Alkoholismus von dem Gesetzesbruch des Trinkers zum Bild des Alkoholkranken. Eine vergleichbare Entwicklung läßt sich im Bereich des Drogenkonsums nachzeichnen. Gusfield, J.R. (1975). Der Wandel moralischer Bewertungen: Devianzdefinition und symbolischer Prozeß. In: F.W. Stallberg (Hg.), Abweichung und Kriminalität, S. 167-180. Siehe dazu auch Habermas, T. (1994). Zur Geschichte der Magersucht. Frankfurt a.M.

198 Fischer-Homberger (1969).

199 Fischer-Homberger (1969), S. 121.

200 de la Tourette, G. (1894). Die Hysterie. Nach den Lehren der Salpêtrière. Bd. 1. Normale oder interparoxysmale Hysterie. Vorwort von J.M. Charcot, dt. Ausgabe von Dr. Karl Grube. Leipzig, S. 14. Der Autor war Assistent von Charcot und Brouardel und unterstützte ihn bei der Abfassung des gerichtsmedizinischen Teils seiner Arbeit.

201 Dubois von Amiens erhält den Preis mit seiner bereits 1833 erschienen Arbeit »Traité philosophique de l'hypochondrie et de l'hystérie«.

lich und die Hysterie weiblich sei.[202] Die weibliche Codierung der Hysterie schreibt damit die Reduktion der Frau auf ihre geschlechtliche Funktion fort, indem das hysterische Leiden – historisch vertraut – auf ein die Fortpflanzungsorgane der Frau betreffendes Problem zurückgeführt wird. Die Differenzierung zwischen männlicher Hypochondrie und weiblicher Hysterie hat den Effekt, daß nun Zeichen der Erkrankung beim jeweils anderen Geschlecht Abweichungen von der Normalität des Geschlechtsrollenstereotyps belegen können. Ist die Hypochondrie an die Intelligenz und den Verstand des Mannes gebunden, so bestätigt das Hysterie-Konzept die Körpergebundenheit der Frau. Ernst von Feuchtersleben[203] stellt daher bei Männern mit hysterischen Symptomen eine Tendenz zur Feminisierung fest, während Frauen umgekehrt nur dann hypochondrisch werden können, wenn sie sich von der »weiblichen Bestimmung«[204] entfernt und maskuline Züge angenommen haben. Ob die Hysterie kausal an die »physische Eigenart« der Frau gebunden ist – sei es in ihrer alten Beziehung zum Uterus, in ihrer moderneren Beziehung zum Ovar, in ihrer modernsten Beziehung zur »spezifischen Zartheit und Schwäche des weiblichen Nervensystems«[205] – oder wie später bei Binswanger an die »psychische Beschaffenheit ... nervöser Eigenart«[206], ist weniger entscheidend als die den Konstrukten immanente Kausalverknüpfung von Hysterie und Weiblichkeit.

Das späte 19. Jahrhundert, das Jahrhundert der Frauenemanzipation, zeigt nun abermals – als Reaktion auf das kämpferische Veränderungsbegehren der Frauen – eine »Renaissance platonischen Frauenhasses«[207] und ein wieder verstärkt aufflammendes medizinisches Interesse an der Hysterie. Die Tatsache, daß jene Frauen, die im Mittelalter als Hexen bezeichnet wurden, eine Bedrohung für die Männer darstellten, erlaubt uns, die Hysterikerinnen, als Hexen des 19. Jahrhunderts, auch unter dem Aspekt ihres angstmachenden Potentials zu sehen. Es ist keineswegs ausgeschlossen, daß sich das Interesse Charcots und anderer zeitgenössischer Mediziner und Psychiater für das Phänomen der Hexen einem ähnlichen unbewußten Affekt verdankt. So nehmen sie zweihundert Jahre später den Faden Wiers und Jordens wieder auf, indem sie mit ihnen die Überzeugung teilen, daß die Mehrzahl der mittelalterlichen Hexen Hysterikerinnen waren. Charcots Patientinnen weisen all jene »Hexenzeichen« auf, die im späten Mittelalter mittels »Nadelprobe«[208] die Frau als bedrohliche Hexe zu überführen vermochten.

---

202 »Die Hypochondrie und die Hysterie unterscheiden sich nicht wesentlich voneinander, es besteht zwischen beiden nur ein sexueller Unterschied. Die Hypochondrie ist die Form, welche die Krankheit beim Manne annimmt, die Hysterie diejenige, welche man bei den Frauen antrifft.« Hufeland, zitiert nach de la Tourette (1894), S. 15.

203 Feuchtersleben, E. (1845). Lehrbuch der ärztlichen Seelenheilkunde. Wien.

204 Siehe dazu Schaps (1992), S. 46.

205 Fischer-Homberger, E. (1984). Krankheit Frau. Darmstadt, S. 30.

206 Binswanger (1901), S. 86f.

207 Fischer-Homberger (1969), S. 121.

208 Zweihundert Jahre später benutzt Charcot in der Salpêtrière das gleiche Instrument wie die Inquisition zur diagnostischen Untersuchung hysterischer Anästhesien.

Während Jorden im 17. Jahrhundert die Diagnose Hysterie als »begriffliches Instrument zur Abwehr misogyner Tendenzen«[209] nutzte, wird sie im ausgehenden 19. Jahrhundert selbst zum Instrument solcher Tendenzen. Die Hysterikerin ist eine »säkularisierte Hexe«. Sie repräsentiert das,

> ... was an Beunruhigendem, Irritierendem und Bedrohlichem von der Frau ausging ... (Die Hysterie, F.L.) fungierte als Argument, um Frauen von wichtigen Angelegenheiten auszuschließen. Sie waren zerbrechlich, das schwache Geschlecht. Man konnte sich nicht auf sie verlassen. Ihrem Geist fehlte es an Logik, an Objektivität. Sie waren flatterhaft und hatten ihre Launen. Kein Fehler, keine Eigenschaft, sei sie moralisch oder intellektuell, die man in den Beschreibungen der Hysterie nicht wiederfinden würde.[210]

Die Hysterie wird, mit erheblich entwertender Konnotation, wieder zu einer vornehmlich weiblichen Störung, und das medizinische Interesse scheint in der Rationalisierung misogyner Tendenzen aufzugehen.

Selbst wenn die Hysterie im 19. Jahrhundert nun nicht mehr ausschließlich als Krankheit der Gebärmutter, sondern als Krankheit des Nervensystems gilt, befällt sie doch hauptsächlich weibliche und nicht männliche Nervensysteme. Das stünde im Zusammenhang mit der zarten weiblichen Konstitution, deren unreifes und unentwickeltes Nervensystem zur hysterischen Reaktionsweise prädisponiere.

Doch die ätiologische Verschiebung auf das Nervensystem eröffnet die potentielle Möglichkeit der Übertragung hysterischer Krankheitsbilder auch auf den Mann. Solange die Hysterie als eine Folge der Erkrankung weiblicher Geschlechtsorgane angesehen und der griechische Ursprung der diagnostischen Kategorie »hystera«=Gebärmutter im Vordergrund stand, bildete der Begriff der männlichen Hysterie einen so offensichtlichen Widerspruch in sich, als spräche man im Rahmen einer medizinischen Untersuchung von »uterinen Schmerzen beim Mann«[211]. Doch das Paradoxe verliert sich, je mehr sich die Hysterie von ihrer Etymologie entfernt und an die Stelle des krankmachenden Uterus das Nervensystem tritt. Mit der Entkoppelung von den weiblichen Geschlechtsorganen wird die Übertragung auf nervöse Störungen des Mannes möglich. Doch was theoretisch denkbar ist, scheint im ausgehenden 19. Jahrhundert praktisch nicht vorzukommen: Von den zeitgenössischen Psychiatern und Hysterie-Forschern wird immer wieder betont, daß höchst selten Männer an Hysterie erkranken.

Die Formulierung einer Diagnose ist ein interaktiver Prozeß und die weibliche Hysterie ein Produkt der Interaktion zwischen Ärzten und ihren Patientinnen. Das bedeutet aber auch, daß die Nicht-Anwendung der Diagnose bei Männern keineswegs heißt, daß diese weniger an Hysterie erkranken als vielmehr, daß die gleichgeschlechtliche Beziehung zwischen Arzt und Patient andere diagnostische Ergebnisse hervorbringt; denn mit der Übertragung auf den Mann werden auch jene Entwertungen transportiert, die den misogynen Entwurf (weiblicher) Hyste-

---

209 Fischer-Homberger (1969).
210 Israel (1987), S. 67.
211 Israel (1987), S. 67.

rie kennzeichnen: Die Diagnose Hysterie ist *für den Mann* ein Zeichen der Schwäche und *Kastration*. Einem Mann zu sagen, er sei hysterisch, heißt, ihm zu sagen, daß er kein Mann, sondern ein *Weib* sei. Ohne die Möglichkeit der Distanzierung müßte eine solche diagnostische Depotenzierung eines nervös Erkrankten auch Schatten auf die seelische Stabilität des Arztes werfen: Was für den Patienten und damit generell für das männliche Geschlecht gilt, müßte auch für ihn Gültigkeit haben. Daher liegt die Vermutung nahe, daß sich die weitgehende Vermeidung der beschämenden Diagnose einer unbewußten Komplizenschaft zwischen Arzt und Patient verdankt, ganz besonders innerhalb der eigenen Klasse.

Konstrukte sind Spiegel und Projektionsflächen für den sie Erschaffenden. Daher folgt der Bedrohung des idealisierten Selbstbildes der Versuch, durch Distanzierung diese Bedrohung abzuwehren. Die Abwehrvorgänge lassen sich als Projektionen in drei verschiedene Richtungen verfolgen: Geschlecht, Klasse, »Rasse«[212].

Strategien der Angstabwehr

Projektionsfläche: Geschlecht – der verweiblichte Mann

Die »Entdeckung« hysterischer Symptome beim Mann wird als unerträglicher Makel, als Insuffizienz und als Mangel an Willenskraft, als »Willenskrankheit«[213] empfunden. Während Organerkrankungen mit Männlichkeit assoziiert werden, gelten nervöse Störungen männlicher Hysterie als »weibische« Furcht vor einer organischen Erkrankung, ähnlich der Hypochondrie[214], oder als Simulation einer Störung.

Betrachtet man die Zeichen der Hysterie, dann zeigt sich, daß die Hysterie der Frau Grundzüge weiblicher Normalität ins Extreme verlängert, während die männliche Hysterie in Form der »Verweiblichung« ein Abbild dieses Weiblichkeitsstereotyps zu sein scheint:

212 Die Begriffe »Geschlecht«, »Klasse« und »Rasse« betrachte ich als Konstruktionen. Daher sollten sie gleichermaßen in Anführungszeichen gesetzt sein. Im folgenden Text werde ich jedoch darauf verzichten und lediglich die Kategorie »Rasse« hervorheben, da ich – über den wissenssoziologischen Aspekt hinaus – den Begriff als ideologisches Konstrukt (somatisch und genetisch fundierter Ausgrenzung) deutlich kennzeichnen möchte. Zur Disqualifizierung des Rassebegriffs in der heutigen Wissenschaft und zur gleichzeitigen Aktualität des alltäglichen Rassismus siehe: Guillaumin, C. (1992). Rasse. Das Wort und die Vorstellung. In: U. Bielefeld (Hg.), Das Eigene und das Fremde. Neuer Rassismus in der alten Welt. Hamburg, S. 159-173. Miles, R. (1992b). Die Idee der »Rasse« und Theorien über den Rassismus: Überlegungen zur britischen Diskussion. In: U. Bielefeld (Hg.). Löschper, G. (1994). »Rasse« als Vorurteil vs. Diskursanalyse des Rassismus. In: Kriminologisches Journal, 26, S. 170-190.

213 de la Tourette (1894).

214 Unter männlicher Hysterie werden Symptome wie Herzklopfen, Herzrasen, Kopfschmerzen, Neuralgien, Schlaflosigkeit, Schluckbeschwerden und unerklärlichen Schwindelanfällen genannt, die sich bei Herzneurosen, Konversionshysterien, Phobien oder Angsthysterien finden.

Die Hysterie/m charakterisiert den »verweiblichten«, kastrierten Mann und diffamiert ihn als »Nicht-Beschützer« und »Nicht-Krieger«. Der Hysteriker sei unfähig, die ihm bestimmte Rolle »*des Beschützens und der Kraft*«[215] zu erfüllen. Die fehlende Willenskraft taucht in einer Kultur bewußter Selbstkontrolle als Symptom pathologischer Männlichkeit auf. Sie basiert auf einer »epochentypischen Basisopposition«[216], die von dem prinzipiellen Antagonismus zwischen Natur (=weiblich) und Kultur (=männlich) ausgeht. Der Kampf zwischen »Sinnlichkeit und Sittlichkeit« kann nur von »willensstarken Charakteren« gewonnen werden.[217] Der hysterische Mann ist das Negativbild. Er wird in der medizinischen Literatur der Jahrhundertwende feminisiert und gilt als labiles und sensibles Subjekt, das sich, einer Frau ähnlich, schnell affizieren läßt.[218]

Die Feminisierung gilt auch in der französischen Konzeption als wesentliches Kernstück männlicher Hysterie. Doch im Gegensatz zur deutschen herrscht in der französischen Psychiatrie ein geschlechtsindifferentes Hysteriekonzept vor. Mit Charcots Entwurf der »traumatischen Hysterie« kann auf ein Konstrukt zurückgegriffen werden, das für beide Geschlechter gleichermaßen Gültigkeit beansprucht, während man in Deutschland geschlechtsspezifisch zu differenzieren versucht: Der »Hysterie« der Frau steht die »traumatische Neurose« des Mannes gegenüber. Oppenheim, der dieses Konzept entwickelte, geht in Anlehnung an Charcot von einem kausalen Zusammenhang zwischen einem mechanischen (später auch psychischen) Trauma oder Schock und einer nervösen Reaktion aus. Während in Deutschland der Begriff »Hysterie« mit Weiblichkeit assoziiert wird, gilt die »*traumatische Neurose*« als ein *für Männer reserviertes Gegenstück*.[219] Sie wird als »Folgelast-Neurose« des Industriezeitalters angesehen, die ihren Anfang im Eisenbahnunfall mit seinen nervösen Krankheitsfolgen[220] und den Entschädigungsansprüchen gegenüber den Gesellschaften und ihren Versicherern nimmt. Als Mythos von der »railway-spine« (Rückenmarkserschütterung) – sine materia, also ohne

---

215 Briquet zitiert nach Link-Heer (1985), S. 45.

216 Lukas, W., Werntz, C. & Lederer, Ch. (1994). Das Sexualdelikt im psychiatrisch-forensischen Gutachten der Jahrhundertwende. In: F. Rotter (Hg.), Psychiatrie, Psychotherapie und Recht. Diskurse und vergleichende Perspektiven. Frankfurt a.M., S. 175-206, hier S. 194.

217 Krafft-Ebing, R. v. (1886). Psychopathia Sexualis. Mit besonderer Berücksichtigung der conträren Sexualempfindung. Wien. Zitiert nach 14. Auflage (1912), S. 5.

218 Alfred Adler hebt in seinem Beitrag »Der psychische Hermaphroditismus im Leben und in der Neurose« (in: Fortschritte der Medizin, Bd. 28, 1910, S. 486-493) hervor, daß unser »Kulturbewußtsein« geschlechtspezifische Wertzuschreibungen vornimmt, die das Kind aufnimmt: »›Schlimm sein‹ bedeutet für das Kind: männlich sein« (488) oder »Hemmungen der Aggression (sind) als weiblich, die Aggressionen selbst als männlich anzusehen.« (488)

219 Die folgende Abhandlung ist stark von den Arbeiten Esther Fischer-Hombergers beeinflußt. Vgl. Dies. (1975). Die traumatische Neurose. Vom somatischen zum sozialen Leiden. Bern.

220 Mit der Zeit verliert das Trauma seine Körperlichkeit und Objektivität, die es im Eisenbahnunfall hatte, und wird zum subjektiven Tatbestand, zum Schreck, zum Erlebnis. Damit ist eine körpermedizinische Betrachtungsweise nicht mehr angemessen. Das Trauma wird psychologisch erfaßt. Die Krise der körpermedizinischen Betrachtungsweise läßt sich auch in Freuds Hysterie-Konzept – als Wechsel vom Ereignis zum Erlebnis, von einem statischen Verständnis des Traumas zu einer dynamischen Betrachtung – beschreiben. Siehe Link-Heer (1985) und Fischer-Homberger (1975).

anatomisch-pathologisch nachweisbare Störungen – nimmt die Entstehung der traumatischen Neurose ihren Lauf. Die mit der Eisenbahn verbundene Unfallneurose entspricht dem Mythos von der »Zivilisationskrankheit«[221] als Schattenseite der mit Begeisterung gefeierten technischen Neuerungen. Die Metaphern, Symbole und Bilder von Eisenbahnen, Dampfkesseln und -maschinen, die Kollisionen, Entgleisungen und Explosionen hervorbringen, suggerieren, daß es sich um Krankheitsursachen handle, »die der außer Kontrolle geratenen extrahumanen Umwelt ... direkt entspringen«[222], also der technischen Welt der Männer. Den Vertretern der Entschädigungsansprüche Eisenbahnverunfallter kam der Mythos von der Zivilisationskrankheit durchaus zugute, denn »falls die Railway Spine eine spezifische Krankheit war, war es klar, daß die Eisenbahngesellschaft für sie haftete.«[223] Und so war es, spätestens seit 1871 nach dem Inkrafttreten des Haftpflichtgesetzes! Der Geschichte der traumatischen Neurose wohnt also von Anfang an eine gerichtsmedizinische Problematik inne, die auch den psychiatrischen Theoriebildungsprozeß und seine Rezeption in der Kriminologie beeinflussen sollte.

Hat die traumatische (=männliche) Neurose ein äußeres Trauma infolge eines Verkehrs- und Arbeitsunfalles zur Voraussetzung, so bedarf die (weibliche=) Hysterie keines von außen kommenden Anstoßes, da die hysterischen Stigmata vom Frauenkörper selbst hervorgebracht werden. Ist also bei der männlichen Störung die auf die Gesundheit einwirkende Technik und industrielle Kultur verantwortlich für sein Leiden, so ist es bei der Frau die ihr zugeschriebene Natur.[224]

Projektionsfläche: Klasse

Die traumatische Neurose hat in ihrer terminologischen Abgrenzung zur Hysterie/w nicht nur *geschlechtsspezifische Aspekte* aufgehoben, sondern weist in ihrem empirischen Erscheinungsbild auch *klassenspezifische Unterschiede* zur weiblichen Hysterie auf: Während die traumatische Neurose oder männliche Hysterie in den unteren Klassen, also fernab der Klassenzugehörigkeit der diagnostizierenden Ärzte, zu suchen ist, findet sich die weibliche Hysterie genau umgekehrt in den höheren Gesellschaftsschichten. Aus der Salpêtrière wird bestätigt, daß

> die männliche Hysterie hauptsächlich in den unteren gesellschaftlichen Klassen vor(kommt); sie befällt besonders Personen, welche Beschäftigungen betreiben, durch die sie Traumen ausgesetzt sind, wie Erdarbeiter, Tagelöhner, Packträger, Heizer, Maschinisten (diese besonders), Taucher und Schwimmer; ferner Arbeiter in

---

221 Fischer-Homberger (1975), S. 38. Siehe dazu auch Schivelbusch, W. (1979). Geschichte der Eisenbahnreise. Zur Industrialisierung von Raum und Zeit im 19. Jahrhundert. Frankfurt a.M.

222 Link-Heer (1985), S. 43.

223 Fischer-Homberger (1975), S. 42.

224 Die Vorstellungen und Konnotationen von Geschlechtlichkeit und Sexualität, die dem Hysterie-Konzept innewohnen, treten in der traumatischen Neurose in einen engen pragmatischen Zusammenhang zu den industriellen Maschinen (Link-Heer, 1985).

> Tabakfabriken, Matrosen, Soldaten, und zwar mit allen Erscheinungen der großen Anfälle, wie man sie bei Frauen beobachtet[225].

Bei dieser terminologischen Differenzierung bedroht die Hysterie kaum Männer der höheren Gesellschaftsschichten, nicht Akademiker, also auch nicht diagnostizierende Ärzte und Wissenschaftler, sondern jene, deren berufliche Tätigkeit durch körperliche Auszehrung gekennzeichnet ist.

Das Repräsentationssystem des proletarischen Mannes ist sein Körper – Medium seiner Arbeit und Zeichen seiner männlichen Produktivität und Potenz. Er ist in seiner Zentrierung auf die körperliche Kraft und Überlegenheit paradoxerweise der Frau in ihrer Anbindung an die Natur näher als der durch seinen Geist und seine Intellektualität repräsentierte Mann der oberen Schicht. Die Traumatisierung des proletarischen Mannes macht sich an seinem Körper fest, der entkräftet, ausgelaugt, seiner Männlichkeit entledigt, die Folgen in Mustern weiblicher Hysterie wiederfindet. Entgrenzt, zügellos, der Kontrolle des Körpers entledigt, gibt sich der hysterische Mann der Krankheit hin. Der Verlust seiner körperlichen Überlegenheit beraubt ihn seiner männlichen Identität, die in der Krise die Reduktion auf den Körper offenbart. Diese Beschränkung auf den Körper als Medium der Arbeit ermöglicht die Distanzierung des diagnostizierenden Arztes von dem mit Weiblichkeit infizierten proletarischen Mann.

Projektionsfläche: »jüdische Rasse«

Während die französische Psychiatrie das Konstrukt der »traumatischen Hysterie« auf Männer und Frauen anwendet, strukturiert in der deutschen Debatte die geschlechtsspezifisch unterschiedliche Begrifflichkeit das Feld. Der französische Psychiater Gilles de la Tourette vermutet dahinter einen eigentümlichen, wie er sagt, »deutschen Rassenstolz«. Mit der Verweigerung der diagnostischen Kategorie »männliche Hysterie« scheinen die Deutschen – so Gilles de la Tourette – sagen zu wollen:

> Ihr Lateiner seid hysterisch, überhysterisch, das muß man zugeben; aber wir Germanen, wir kennen die Hysterie nicht. Man findet sie bei uns nicht, oder, wenn man sie findet, gleicht sie der eurigen nicht. Und daß das von den Israeliten (dieser zur Hysterie vor allen veranlagten Rasse), welche an den deutschen Universitäten so zahlreich vertreten sind, gesagt wird, das ist eine Thatsache, die hervorgehoben zu werden verdient![226]

Doch der Vorwurf, daß gerade jüdische Ärzte das hysterische Potential von Männern verleugneten, ist – wie Sander L. Gilman belegt – unzutreffend[227]. Allerdings

---

225 de la Tourette, G. (1889). L'hystérie dans l'armée allemande. Nouv. Oconogr. de la Salpêtrière.

226 de la Tourette (1894), S. 74.

227 Siehe dazu auch Gilman, S.L., 1994, S. 182. So beschäftigen sich mit der Frage z.B. Leopold Löwenfeld, Christian von Ehrenfels, Martin Engländer, Max Sichel, Hermann Oppenheim, Max Nordau und nicht zuletzt Sigmund Freud.

schützen sie sich vor der eigenen Gefährdung, indem sie die Bedrohung auf spezifische Weise abwehren. Sie betonen nämlich, daß nur eine bestimmte Population von männlichen Juden häufiger an Hysterie ›erkranke‹. Das seien vor allem die den unteren Klassen angehörenden Ostjuden – eine von ihnen weit entfernte Population. Wird der Ort der Angst vor dem Krankheitsrisiko von nichtjüdischen Ärzten auf den jüdischen Mann verschoben, so verschiebt dieser das Risiko vom Westen in den Osten und dort in die untersten Klassen. So kommt der französische Psychiaters Fulgence Raymond – auf den sich auch Charcot und Gilles de la Tourette beziehen – in einer Untersuchung über die weibliche und die männliche Hysterie in Warschau zu dem Ergebnis, daß die »hysterischen Männer fast durchgehend Israeliten«[228] seien. Auch Richard v. Krafft-Ebing führt die »jüdische Krankheit« auf eine besondere Nervenschwäche zurück, die er jedoch ganz im Einklang mit Charcot als durchaus heilbar und nicht als angeborenen Wesenszug einer »jüdischen Rasse« ansieht.[229]

Der jüdische Arzt Martin Engländer wendet sich 1902 in einer Untersuchung über »Die auffallend häufigen Krankheitserscheinungen der jüdischen Rasse« den Erkrankungen der im Ghetto lebenden russischen Ostjuden zu, deren körperlich mißlichen Zustand er mit ihren Lebensbedingungen verknüpft. In seiner Abhandlung greift er zurück auf einen Bericht von Anatole Leroy-Beaulieu:

> Unter allen Völkerschaften des großen russischen Reiches habe ich nichts Elenderes gesehen, als diese armen Juden, die in ihren langen Röcken und hohen Stiefeln, ohne Rast und Ruh, durch die Straßen herumschwirren, auf der Suche nach irgend einer Arbeit. Man spricht jetzt viel von der Hebung des Proletariats und einer Aufbesserung der sozialen Lage; ich darf behaupten, daß in unserem Europa es nichts Ärmeres gibt, nichts, was sich schwerer sein trockenes Brot verdienen muß, als neun Zehntel der russischen Juden.[230]

Welche Veränderung die »dekrepiden Leiber«[231] unter den Bedingungen körperlicher Arbeit und der Bewegung in frischer Luft erfahren könnten, zeigt sich – so

228 Raymond, F. (1889). Résumé des principeaux travaux russes concernant la neurologie. In: Archives de Neurologie. Revue des maladies nerveuses et mentales. Bd. XVII, 51, S. 472, zitiert nach de la Tourette (1894), S. 73. Sander L. Gilman berichtet über die meist falsche Rezeption Raymonds in Deutschland, in deren Folge der unzulässige Umkehrschluß selbst von Isidor Sadger vor der Wiener Psychoanalytischen Vereinigung am 11. November 1908 vollzogen wird: »Es gibt gewisse Rassen (russische und polnische Juden), bei denen fast jeder Mann hysterisch ist.« Nunberg, H. & Federn, E. (1977) (Hg.). Protokolle der Wiener Psychoanalytischen Vereinigung. Bd. 2. Frankfurt a.M., S. 40.

229 Siehe dazu auch Mosse, G.L. (1996). Die Geschichte des Rassismus in Europa. Franfurt a.M., S. 14; sowie Gilman, S.L. (1984). Jews and Mental Illness: Medical Metaphors, Anti-Semitism, and the Jewish Response. In: Journal of the History of the Behavioral Sciences, Bd. XX.

230 Zitiert nach Engländer, M. (1902). Die auffallend häufigen Krankheitserscheinungen der jüdischen Rasse. Wien, S. 10f. Engländer bezieht sich in weiten Teilen auf einen Vortrag von Mandelstamm, den dieser auf dem IV. Zionisten-Kongreß in London gehalten hat: »Es gibt«, sagt Mandelstamm, »kein Volk, an welchem sich Inanitions-Versuche (Aushungerungs-Versuche) und Versuche über Licht- und Luftentziehung bequemer anstellen ließen, als an dem Volke der Ghetto-Juden.« (ebd., S. 11).

231 Engländer (1902), S. 13.

Engländer – in den wenigen russischen Gebieten, in denen Juden dem »nervengesunden Ackerbau«[232] nachgehen konnten und Muskelkraft entwickelten. Die körperliche Arbeit dient also als präventives Gegenmittel zur nervösen Erkrankung. Engländer erteilt den Ostjuden den Rat, sich anders im Lande einzurichten als die Juden im Westen, d.h., sich nicht ausschließlich »geistesaufreibenden Berufen«[233] hinzugeben, die Dekadenzerscheinungen hervorbringen würden.

Bei dieser Verschiebung des für Männer bedrohlichen hysterischen Potentials auf Angehörige der anderen ›Rasse‹ oder der unteren Klasse kommt es zur Komplizenschaft zwischen jüdischen und nichtjüdischen Wissenschaftlern: Zielt die von der Hysterie entlastende Projektion nichtjüdischer Männer auf die als minderwertig erachtete jüdische ›Rasse‹, so projizieren jüdische Ärzte ihre potentielle Gefährdung auf die deklassierten jüdischen Männer[234]. Damit stimmen sie unausgesprochen dem rassistischen Vorurteil zu und liefern aus Angst vor dem Verlust eigener Männlichkeit dem herrschenden Antisemitismus Argumente.

Während die einen ihre Angst vor Potenzverlust und Verweiblichung durch Projektion auf andere »Rassen« kontrollieren und in ihren Ätiologien auf »rassische Disposition«[235], Inzest[236], »rassische Degeneration«[237] verweisen, greifen die anderen in projektiver Absicht auf die unteren Klassen und deren Lebensbedingungen zurück, um sich zu distanzieren. Sie allerdings legen in ihren Ursachenerklärungen weniger Wert auf angeborene Prädispositionen, als verstärktes Augenmerk auf das die hysterische Veranlagung hervorbringende Milieu und die krankheitsfördernde Umwelt der Diaspora[238], die sich verschärft im Osten zeigt.

Betrachtet man die ihnen räumlich näheren Störungen der jüdischen Männer im Westen, so zeigt sich, daß die »nervösen« Belastungen nicht nur eine ihrer Umwelt entsprechende Form annehmen, sondern aufgrund der geringeren Klassendistanz zwischen Arzt und Patient eine andere, weniger bedrohliche diagnostische Kennzeichnung erhalten: Nicht mehr die Hysterie, sondern die Neurasthenie steht hier im Zentrum der Debatte. Dabei ist – laut herrschender Meinung – die Differentialdiagnose zwischen Hysterie und Neurasthenie zwar unmöglich, aber auch unnötig, da sie in den verschiedensten Mischformen vorkommt[239]. Unter dem diagnostischen Etikett tat die Neurasthenie als kategoriale Abwehr-Figur durchaus ihren Dienst.

---

232 Engländer (1902), S. 14.

233 Engländer (1902), S.14..

234 Gilman (1994), S. 177.

235 Vertreter dieser Ansicht waren z.B. v. Ziemssen, Binswanger und Krafft-Ebing, Kraepelin.

236 Zum Beispiel Charcot. Siehe dazu Freuds Übersetzung von Charcots »Neue Vorlesungen über die Krankheiten des Nervensystems insbesondere über Hysterie, Wien 1886.

237 So z.B. Georg Buschan (Hinweis bei Gilman, 1994 , S. 149) und Georg Burgl (»Die Hysterie und die strafrechtliche Verantwortlichkeit der Hysterischen: ein praktisches Handbuch für Ärzte und Juristen, Stuttgart 1912, S. 19), der sich auf Binswanger bezieht.

238 Dazu Maurice Fishberg (The Jews: A Study of Race and Environment, 1911) der sich ausdrücklich gegen den Vorwurf wandte, daß die Juden von Natur aus mit dem Makel der Hysterie behaftet seien.

239 Gilman (1994), S. 150.

Martin Engländer skizziert den gesellschaftlichen Hintergrund des an Neurasthenie erkrankten West-Juden, der als »der nervöseste, und insofern der modernste unter den Männern«[240] gilt:

> Mit der ungeheuren Steigerung der Verkehrsmittel, der Konkurrenzfähigkeit der überseeischen Reiche, deren Konkurrenz rücksichtslos geführt wurde, mit dem Verdrängen des Kleingewerbes durch den maschinellen Großbetrieb entstanden früher ganz ungeahnte Handelsbilanzen und Weltmärkte und impliciter eine bedeutende Verschiebung der Besitzverhältnisse. Unter diesen neuen Verhältnissen brach ein heftiger Kampf um ein materielles und geistiges Dasein aus. In diesem Kampfe befanden sich die Juden im Verhältnis zu ihrer Zahl überaus stark im Vordertreffen. Dieses Kämpfen, Hasten und Treiben, Jagen nach Glück konnte nicht spurlos an den Nerven der Menschen vorübergehen. *Das materielle Kapital wurde auf Kosten des Nervenkapitals errungen.* Breite Schichten der heutigen Gesellschaft aller europäischen und namentlich amerikanischen Staaten wurden nervös und neurasthenisch.[241]

So nimmt es nicht wunder, daß die Neurasthenie auch als westlichste, eben als »amerikanische Krankheit« gilt, und das nicht nur, weil der amerikanische Psychiater George M. Beard für die Begriffsschöpfung »Neurasthenie« verantwortlich zeichnet. Der österreichische Psychiater Richard v. Krafft-Ebing charakterisiert und diffamiert den an Neurasthenie erkrankten jüdischen Mann als »merkantilen, politischen oder sonstigen Streber«, als einen von der Gier nach Erfolg gehetzten Menschen, der als »Bankdirektor, Geschäftsmann« und Börsianer ausschließlich nach der Devise »time is money«[242] lebe. Und der Züricher Arzt Eichhorst konkretisiert die Ätiologie nervöser Störungen, indem er schreibt, »daß mehrfach verfehlte Börsenspekulationen zur unmittelbaren Ursache der Krankheit wurden, und man will sogar entsprechend dem Steigen und Fallen der Kurse Besserung und Verschlimmerung der Krankheit beobachtet haben.«[243] Heinrich Averbeck spricht gar von einer »Neurasthenie der Börse«[244], die – so der Untertitel seiner Arbeit – zu einer »plötzliche(n) Erschöpfung der nervösen Energie« führe. In unermüdlicher Profitgier würde vor allem der jüdische Mann seine »Reserven an Nervenkraft« (Beard) überziehen. Und Krafft-Ebing folgert, daß die Juden, die »unverhältnismäßig schwer« von Neurasthenie heimgesucht seien, aus »ihrem unzähmbaren Erwerbstrieb, der ihnen durch Jahrhunderte auferlegt gewesenen Lebensweise«[245], eine Disposition zur nervösen Störung mitbrächten.

Aber anders als die Hysterie des Ostjuden galt die Neurasthenie des modernen Westjuden als passagere Erkrankung. Dem nervenaufreibenden Konkurrenzkampf

240 Leroy-Beaulieu, A. (1994). Israel Among the Nations: A Study of the Jews and Antisemitism. New York, S. 168, zitiert nach Gilman (1994), S. 150.

241 Engländer (1902), S. 16.

242 Krafft-Ebing, R.v. (1895). Nervosität und neurasthenische Zustände. Wien, S. 57.

243 Eichhorst, M. (1885). Handbuch der speziellen Pathologie und Therapie für praktische Ärzte und Studierende. Bd. IV. Wien, S. 136.

244 Averbeck, H. (1896). Die akute Neurasthenie, die plötzliche Erschöpfung der nervösen Energie: Ein ärztliches Kulturbild. Berlin.

245 Krafft-Ebing (1895), S. 54.

der höheren Schichten entsprungen, war die von außen herangetragene nervöse Störung eine verständliche Reaktion einer Männlichkeit, die übermäßig beansprucht wurde. Die vorübergehende Depotenzierung des Neurasthenikers stand ganz im Gegensatz zu der hereditär verankerten männlichen Hysterie, deren bedrohliches Potential sich in imaginiertem Potenzverlust und irreversibler Verweiblichung ausdrückte.

Verweiblichte hysterische Männer, denen Züge dem Inventar der Rassenbiologie entstammen – antisemitisch und antifeministisch[246] aufgeladen – waren das Gegenbild zu dem mit Nationalstolz ausgestatteten Idealtypus des deutschen soldatisch-preußischen Mannes. Daher konnte die gesunde – wie Klaus Theweleit sagt – »körpergepanzerte«[247] deutsche Nation ein Konzept wie die männliche Hysterie für ihre Repräsentanten kaum akzeptieren.[248]

Der verweiblichte Krieger

> ... lieber wie eine Frau fühlen,
> statt wie ein Mann zu sterben![249]

Mit dem Ersten Weltkrieg treten massenhaft Nervenzusammenbrüche, posttraumatische hysterische Symptome bei Kriegsteilnehmern auf[250], die einfache Soldaten ebenso wie Angehörige der Offizierskorps erfassen: »Sie konnten sich nicht mehr koordiniert bewegen, sie litten an Lähmungserscheinungen, sie schüttelten und zitterten mit dem Kopf und Extremitäten, sie waren ertaubt, näßten ein, wanden sich in Weinkrämpfen wie Kleinkinder, sie krampften in schweren Anfällen.«[251]

Besonders betroffen sind zunächst die jungen Kriegsfreiwilligen der Mittel- und Oberschichten, »die trotz aller chauvinistischen Propaganda die durch die neuen Maschinenwaffen, Flammenwerfer und weitreichenden Sprenggeschosse be-

---

246 Siehe dazu Weininger, O. (1903). Geschlecht und Charakter. Wien. Weininger geht von der These der Bisexualität aus, nach der jeder Mensch Anteile vom jeweils anderen Geschlecht in sich trägt. So gibt es auch »Männer, die zu Weibern geworden, oder Weiber geblieben sind« (ebd., S. 404). Die Verteilung der Geschlechtsanteile divergiert rassenspezifisch, es scheint, so Weininger, daß »über einige Völker ein größeres Quantum von Weiblichkeit insgesamt ausgestreut« sei, wie bei den Juden. Aber auch die chinesischen Männer hätten einen hohen Weiblichkeitsanteil, ähnlich den Negern (»daß man in Amerika bekanntlich anfängt zu fürchten, mit ihrer Emanzipation einen unbesonnenen Streich verübt zu haben.«, ebd., S. 404). Weininger zieht dann eine Parallele zwischen »den Negern und den Juden«. Siehe dazu S. 403-441.

247 Theweleit, K. (1977). Männerphantasien. Bd. 1: Frauen, Fluten, Körper, Geschichte. Frankfurt a.M.

248 Dazu Link-Heer (1985), S. 45.

249 Link-Heer (1985).

250 Die folgenden Überlegungen sind stark geprägt von Roth, K.H. (1987). Die Modernisierung der Folter in den beiden Weltkriegen. Der Konflikt der Psychotherapeuten und Schulpsychiater um die deutschen »Kriegsneurotiker« 1915 –1945. In: 1999 Zeitschrift für Sozialgeschichte des 20. und 21. Jahrhunderts, 3, S. 8-75.

251 Roth (1987), S. 9.

wirkten Massaker nicht verkrafteten.«[252] Doch die Bilder »affektiver Vermeidungsreaktionen«[253] breiten sich zunehmend über alle Fronten aus und passen sich in ihren Erscheinungsformen den alltäglichen Greueln an:

> Hysterische Erblindung' nach organisch heil überstandenen Gasangriffen, Ertaubung nach längerem Trommelfeuer ohne nachweisbare Schädigung des Hörgangs, Verstummen nach dem Überleben von Granattrichtern unter zerfetzten Leichen, Zittern, Schütteln, Krämpfe und Lähmungserscheinungen nach Verschüttungen im Laufgraben.[254]

Ob in diagnostischen Kategorien von »Neurasthenie«, »traumatischer Neurose«, »Kriegsneurose« oder »Kriegshysterie« gefaßt, die Symptome des männlichen Zusammenbruchs nehmen so zu, daß die Militärs eine »gefährliche Destabilisierung von Front und Heimat«[255] befürchteten. Das Vaterland droht an seinen zitternden Männern zu zerbrechen.[256] Damit war klar, als krank oder unbrauchbar galt der Mann, der nichts aushielt, gesund der, der alles aushielt, der fähig war, »schließlich auch das Ungeheure alltäglich werden«[257] zu lassen und weiter zu kämpfen.

Die terminologische Ordnung

Der Streit um die Angemessenheit der Diagnose (traumatische Neurose, Neurasthenie, Kriegsneurose, Kriegshysterie) ist deshalb so brisant, weil die Grenzen der Klassifikationen zwischen Krankheit und unerwünschtem Verhalten zunehmend verschwimmen und gleichzeitig das normative Ideal des deutschen soldatischen Mannes in Mitleidenschaft gezogen wird. Denn schließlich wird mit der Etikettierung »Hysterie« die drohende Verweiblichung, die antisemitische Verknüpfung mit dem Jüdischen und die Depotenzierung des in kriegerischer Auseinandersetzung befindlichen Mannes benannt. Daher verwundert es nicht, daß einige Psychiater, unter ihnen Schottmüller und Holzmann, die zitternden deutschen Soldaten vor der Stigmatisierung durch die Diagnose »Hysterie« bewahren wollen:

> Der Ausdruck Hysterie hat ... einen Beigeschmack angenommen ..., der es wünschenswert erscheinen läßt, unsere tapferen kämpfenden Männer nicht als Hysteriker zu bezeichnen.«[258] Denn, so ergänzt Holzmann, »... die Bezeichnung ›der ist hysterisch‹ (klingt, F.L.) wie ein bissiges Schimpfwort, und das haben sehr oft die mit diesem Na-

252 Roth (1987), S. 11.
253 Roth (1987), S. 11.
254 Roth (1987), S. 12.
255 Roth (1987), S. 12. Siehe dazu auch Binswanger, O. (1914). Die seelischen Wirkungen des Krieges. Stuttgart; Kraepelin, E. (1919). Psychiatrische Randbemerkungen zur Zeitgeschichte. In: Kriegshefte der Süddeutschen Monatshefte, S. 171-183.
256 Fischer-Homberger (1975), S. 87.
257 Hoche, A. (1915). Krieg und Seelenleben. Frankfurt a.M., S. 15.
258 Zitiert nach Fischer-Homberger (1975), S. 139.

men Belegten, im Dienst des Vaterlandes Ermüdeten und Erschöpften, nicht verdient.[259]

Doch der entwertende Zug der Hysterie, auf den Schottmüller und Holzmann ansprechen, ist ein Teil der Funktion, die diese Diagnose zum flexiblen Instrument von Ausgrenzung und Integration, von Normierung und Normalisierung macht, was die meisten Militärpsychiater und Neurologen zu schätzen wußten.

Mit der Diskussion über die Kriegsneurotiker, an der Neurologen, Psychiater und Psychoanalytiker beteiligt sind, versuchen die jungen Wissenschaften ihre Disziplin im militärmedizinischen Dienst zu verankern. Auch die Psychoanalyse ist daran interessiert, über die Therapie von Kriegshysterikern ihre wissenschaftliche und sozialpolitische Anerkennung zu stabilisieren. Die Debatte findet vorwiegend in der medizinischen Fachpresse, in den Publikationsmedien der Neurologen-, Psychiater- und Psychotherapeutenverbände und weniger im Militärsanitätswesen der Heeresleitung statt.

Führende Vertreter der akademischen Medizin wie die Psychiater Hoche[260] und Stransky sehen den Krieg als ein wissenschaftlich fruchtbares »Experiment größten Stils an unserer nervösen und psychischen Volksgesundheit«[261] an. Hoche gerät über die Dichte der Kasuistiken und beobachteten Fälle und über die Möglichkeiten der wissenschaftlichen Forschung geradezu ins Schwärmen: »Besonders wertvoll bei diesen Beobachtungen ist, daß sie einstweilen ganz frei sind von den im Frieden mitspielenden Nebengesichtspunkten, die uns Ärzten die Beschäftigung mit allen nervösen Unfallfolgen zu einer so wenig erfreulichen Aufgabe gemacht haben.«[262] Hoche meint damit die für Mediziner lästige gutachterliche Klärung von Entschädigungsansprüchen seitens Betroffener.

Dient die »traumatische Neurose« zunächst als willkommene diagnostische Alternative zur »Hysterie«, da sie, weniger entwertend, durch ihren Nexus von äußerer Traumatisierung und nervöser Störung eher bei Männern diagnostiziert wurde, so gerät sie durch ihre Anbindung an das deutsche Versicherungswesen mit Beginn des Krieges zusehens in Mißkredit. Das Zusammenhängen von diagnostischer Klassifizierung und Entschädigungsansprüchen verringert zunehmend den Rekurs auf das Oppenheimsche Konzept, in dem die Symptome der Kriegszitterer als posttraumatische Folgen eines an der Front erlebten »Shell-Shocks« interpretiert werden. Sind

---

259 Holzmann, zitiert nach Fischer-Homberger (1975), S. 140. Bei der Zurückweisung der Entwertung dürften die Psychiater Angehörige ihrer Klasse, nämlich Offiziere, im Auge gehabt haben. Gegenüber einfachen Soldaten war man, wie wir sehen werden, weniger einfühlsam.

260 Alfred Hoche war der Doktorvater von Alfred Döblin, der sich in seinem Roman »Hamlet oder die lange Nacht nimmt ein Ende« (1966) mit der Psychoanalyse der Kriegsneurose auseinandersetzte. Siehe dazu: Schäffner, W. (1991). Der Krieg ein Trauma. Zur Psychoanalyse der Kriegsneurose in Alfred Döblins Hamlet. In: M. Stingelin, W. Scherer (Hg.). HardWar/SoftWar. Krieg und Medien 1914-1945. München, S. 31-47.

261 Hoche, A. (1916). Über Hysterie. Vortrag gehalten auf der 40. Wanderversammlung der Südwestdeutschen Neurologen und Psychiater. In: Archiv für Psychiatrie und Nervenkrankheiten, Bd. 56, S. 331. Stransky, E. (1918/19). Hysterie und Hysteriefähigkeit. In: Psychiatrisch-Neurologische Wochenschrift, 20. Jahrgang, S. 134-137, 175-179.

262 Hoche (1916), S. 331.

die Betroffenen zunächst bedauernswerte Kriegsopfer, denen man nach fürsorgerischer Behandlung eine Rente in Aussicht stellt, so wird vor dem Hintergrund des massenhaften Zusammenbruchs der Soldaten diese Diagnose für die Militärärzte zunehmend unbrauchbar. Das nicht nur wegen der Unsummen, die der Staat für Entschädigungen aufzubringen hat, sondern auch, weil dieses Krankheitskonzept eine Gefahr für das soldatische Ideal darstellt. Jenseits punitiver Moral setzt es dem normativen Bild des gesunden, starken, kämpfenden Mannes, der sich heroisch für die Heimat aufopfert, ein Männerbild an die Seite, dessen Kampftüchtigkeit angesichts der Übermacht technisch neuer Waffensysteme[263] zusammenbricht. Vor dem Hintergrund des kriegerischen Grauens ›ent-schuldigt‹ das Konzept der »traumatischen Neurose« die individuelle Reaktion auf diese kollektive Traumatisierung und untergräbt damit die Kampfmoral, indem die Erkrankten durch frühzeitige Verrentung materiell entschädigt werden. Gegen Oppenheim richtet sich retrospektiv der Vorwurf, daß »tausende von Unfallneurotikern viel zu weichlich, mitleidig und prognostisch falsch beurteilt worden«[264] seien. Gefragt sind nunmehr keine ärztlichen Anwälte, sondern medizinische Techniker, wie die Psychiater Hoche, Nonne oder Stransky, die versprechen, das alte Männerideal wieder aufzurichten und die nervös gewordenen Soldaten kriegstauglich zu machen. Denn schließlich hat Feldmarschall Hindenburg, wie Strümpell seinen Vortrag über die Kriegsneurose einleitet, »einmal den Ausspruch getan, daß dasjenige Volk den Endsieg erringen werde, welches die besten Nerven habe.«[265]

Kriegshysterie: Krankheit oder Verbrechen

Die Theorie mußte der vorauseilenden Praxis folgen. Die Psychiatrie paßt ihre Krankheitskonzepte den politischen Erfordernissen an. Sie verändert das Psychose-Konzept, indem sie zum einen die affektiven Krisen zu Psychopathien erklärt, um die davon Betroffenen als *»anlagebedingt minderwertig«* stigmatisieren zu können. Ihnen *fehle* aufgrund ihrer Minderwertigkeit (die meist klassen- und »rassen«spezifisch streute) der *Wille*.[266] Zum anderen können sie auf eine 1911 von Karl Bonhoeffer[267] formulierte These zurückgreifen, die neben den Psychosen psychogene Störungen annimmt, die sich in »hysterischen« und »nicht-hysteri-

263 Der Erste Weltkrieg brachte die Granate hervor, deren Explosion das Trauma par excellence darstellte: »Shell shock«.

264 Saenger, A. (1916). Diskussion zu Nonne, zitiert nach Fischer-Homberger (1975), S. 139.

265 Strümpell zitiert nach Fischer-Homberger, E. (1970). Der Begriff der ›Krankheit‹ als Funktion außermedizinischer Gegebenheiten. Zur Geschichte der traumatischen Neurose. In: Sudhoffs Archiv, 54, 3, S.236.

266 Nonne, M. (1915). Soll man wieder »traumatische Neurose« bei Kriegsverletzten diagnostizieren? In: Medizinische Klinik. Wochenschrift für praktische Ärzte, 31, S. 849-854; Hoche, A. (1915). Krieg und Seelenleben. Frankfurt a.M.; Strümpell, A. (1917). Die Schädigungen der Nerven und des geistigen Lebens durch den Krieg. Leipzig.

267 Karl Bonhoeffer war der Vater des Theologen und Widerstandskämpfers Dietrich Bonhoeffer, der 1945 von den Nationalsozialisten hingerichtet wurde.

schen« Ursprung differenzieren lassen. Aus der Verbindung dieser beiden Thesen folgt dann die Annahme, daß nur derjenige, der »psychopathisch«, also »minderwertig«, veranlagt sei, zu psychogenen Reaktionen neige, die darüber hinaus meist als Simulation, d.h. als Betrug gewertet werden[268]. Das Konzept öffnet sich von der Krankheitsdiagnose hin zur Etikettierung unerwünschten Verhaltens. Dabei kann die sich zunehmend ausbreitende Auffassung, die Kriegshysterie sei psychogen, nur dann den militärischen, politischen und ökonomischen Bedürfnissen Deutschlands dienlich sein, wenn die Symptome als vom Willen abhängige angesehen werden[269]. Der »*Wille zur Krankheit*«, wie Bonhoeffer es formuliert (1911), wird nunmehr als grundlegend angenommen.

Dabei gilt die Kriegshysterie zwar als hysterisches Leiden, aber nicht im Sinne einer tatsächlichen Krankheit, sondern als eine normale, beherrschbare, willens- und wunschabhängige Reaktion. Da man davon ausgeht, daß sie »auf einer gestörten Willenstätigkeit«[270], auf »Willensversagung«, »Willenshemmung« oder »Willenssperrung«[271] beruht[272], wird die Frage der Verantwortlichkeit zentral. Damit eröffnet sich langsam eine Verschiebung der Klassifikation von der medizinischen hin zu einer kriminologischen Kategorisierung.

In Stranskys Hysterie-Konzeption wird diese Verschiebung besonders deutlich: Er stellt die »amoralischen und antisozialen Strebungen« des Betreffenden in den Mittelpunkt und rückt die Hysterie in die Nähe einer »Anlagedefektuosität«[273]. Damit verweist er auf eine Verbindung zwischen Hysterie und »den ›gemeinen‹ moralischen Defektzuständen (...), die zu den ›aktiven‹ Verbrechernaturen führen. Die Hysterie ist im tiefsten Grunde eine ›verschämte‹ Verbrechernatur, eine

268 Der § 83 des Militär-Strafgesetzbuches sah als Folge einer Simulation zur Vortäuschung von Militäruntauglichkeit eine Freiheitsstrafe bis zu 5 Jahren und eine »Versetzung in die zweite Klasse des Soldatenstandes« vor. Siehe dazu Bennecke (1911). Simulation und Selbstverstümmelung in der Armee unter besonderer Berücksichtigung der forensischen Beziehungen. In: Archiv für Kriminalanthropologie und Kriminalistik, Bd. 43, S. 193-272. Doch bevor der Arzt eine Anzeige erstattet, so Bennecke, sollte er zunächst an das Ehrgefühl des Mannes appellieren. »Aber auch aus reinen Zweckmäßigkeitsgründen unterbleibt die Überweisung eines Simulanten an die Gerichte; mag der Arzt fest von der Vortäuschung überzeugt sein, so ist damit nicht gesagt, daß das Material den objektiven Nachweis ermöglicht und dem Juristen den nötigen oder von ihm als nötig erachteten Handhaben zum Einschreiten gibt.« Ebd., S. 198.

269 Fischer-Homberger (1975), S. 143.

270 Strümpell (1917).

271 Cimbal, W. (1918). Taschenbuch zur Untersuchung von Nervenverletzungen, Nerven- und Geisteskrankheiten. Berlin.

272 Adolf Hitler, der als Kriegsfreiwilliger an einer vorübergehenden Blindheit, die als »traumatisch-hysterisch« diagnostiziert wurde, erkrankte, schreibt in »Mein Kampf«: »Es kam die Zeit, da jeder zu ringen hatte zwischen dem Trieb der Selbsterhaltung und dem Mahnen der Pflicht. Auch mir blieb dieser Kampf nicht erspart. Immer, wenn der Tod auf Jagd war, versuchte ein unbestimmtes Etwas zu revoltieren, war bemüht, sich als Vernunft dem schwachen Körper vorzustellen und war aber doch nur die Feigheit, die unter solchen Verkleidungen den einzelnen zu umstricken versuchte... Schon im Winter 1915/16 war bei mir der Kampf entschieden. Der Wille war endlich restlos Herr geworden... Nun erst konnte das Schicksal zu den letzten Proben schreiten, ohne daß die Nerven rissen...« (Hitler, A., 1941. Mein Kampf. München, S. 181 zitiert nach Fischer-Homberger, S. 144f.)

273 Stransky (1918/19), S. 179.

Verbrechernatur mit einem Feigenblatt.«[274] Diese Konstruktion läßt sich antisemitisch aufladen; denn die Hysterie gilt nicht nur in der Vorstellungswelt des Alltags als »jüdische Krankheit«. Wenn auch nicht immer explizit formuliert, so bietet sich die Verknüpfung dem erneut aufflammendem Antisemitismus als Munition an. Schon bald nach Beginn des Krieges verstärken sich, trotz der großen Zahl jüdischer Kriegsteilnehmer, die antisemitischen Töne. 1915 werden die Beschwerden über »jüdische Drückeberger«, die bevorzugt vom Heeresdienst freigestellt würden, immer lauter, was schließlich im Oktober 1916 in der sogenannten »Judenzählung« kulminiert.[275] Offiziell gibt das preußische Kriegsministerium an, den Klagen mit einer Statistik zur Erhebung der Dienstverhältnisse begegnen zu wollen. Doch vielmehr geht es darum, bestätigendes Material in die Hand zu bekommen. Der Protest seitens der jüdischen Organisationen wird ignoriert, der Erlaß nicht zurückgenommen. Die Stigmatisierung jüdischer Soldaten markiert eine Zäsur in der Geschichte des Judentums, womit der »liberal-assimilatorische Traum von einer deutsch-jüdischen Symbiose«[276] nun endgültig zerstört ist. Ein Jahr nach der Erhebung, deren Ergebnisse sich das Kriegsministerium zu veröffentlichen weigert, schreibt die Zeitung des Centralvereins deutscher Staatsbürger jüdischen Glaubens ahnungsvoll, daß den Juden »ein Krieg nach dem Krieg«[277] bevorstehe.

Die Aktivierung des in den Theorien latent enthaltenen antisemitischen Potentials ist jederzeit möglich. Es zeigt sich nicht zuletzt in der im Kielwasser der Dolchstoßlegende formulierten »Rassenhygiene«.

Die theoretischen Erörterungen über die Diagnose und Behandlung der Kriegshysterie haben neben den geschlechts- und klassenspezifischen Aspekten auch den rassistisch-antisemitischen Hintergrund der Konstruktionen mit zu berücksichtigen.

Diagnostik und Behandlung

Welche »therapeutischen« Konsequenzen haben solche Konzepte, wenn es darum geht, den medizinischen Schein zu wahren – wo »Bestrafung« gegenüber jenen »Schwächlingen« angemessener scheint – und den »Kranken« zu helfen, ihren Willen zu stärken, um letztendlich für das Vaterland zu sterben? Unter diesen Umständen sind »nervenstählende« Maßnahmen wie Elektroschocks oder Frontbewährung näherliegend als beruhigende Bäder, die lediglich ›pathogenen‹ Rückzugswünschen entgegenkommen.

274 Stransky (1918/19), S. 179.

275 Siehe dazu Mosse, G.L. (1996). Die Geschichte des Rassismus in Europa, Frankfurt a.M. Dazu auch Ullrich, V. (1996). Dazu hält man für sein Land den Schädel hin. In: Die Zeit, 42, S. 46.

276 Jacob Wassermann zitiert nach Ullrich (1996), S. 46.

277 Zitiert nach Ullrich (1996), S. 46.

Im Laufe des Krieges geht man also wieder dazu über, den diffamierenden Begriff der Hysterie zu nutzen: »Bleiben wir ruhig bei der Bezeichnung hysterisch oder funktionell nervös oder psychogen«, ließ Saenger 1916 verlauten, denn sonst bestehe »die Gefahr, die im Kriege erworbenen Neurosen falsch zu bezeichnen ... dies schließt eine große wirtschaftliche Schädigung unseres Vaterlandes in sich.«[278]

Den Kriegshysterikern wird zunehmend der Schutz des Krankheitsstatus entzogen. Sie finden kein Mitleid, sondern Verachtung, keine Pflege, sondern Erziehung, werden nicht im Lazarett behalten, sondern an die Front zurückgeschickt[279]. Der Schützengraben gilt als »Heilmittel gegen Neurosen«[280], als Kampfmittel gegen »Unmännlichkeit«[281].

Der 1916 auf der Münchener »Kriegstagung« der »Gesellschaft Deutscher Nervenärzte« abgesegnete »Paradigmawechsel« *von der Krankheit zum unerwünschten Verhalten* ermöglicht Behandlungsmaßnahmen, die als medizinisch verhüllte Aversionstechniken Erfolg im Kampf gegen »vaterländische Kampfunwilligkeit«[282] versprechen. Der Erfindungsreichtum der ›Behandlungsspezialisten‹ – allesamt namhafte akademische Psychiater – zur Bestrafung und Wiederaufrichtung kampfunfähiger Männer und »Drückeberger«, deren »Mimikrysymptome«[283] zur Verdeckung »tieferliegender Feigheit, Schwäche und Labilität«[284] dienen, ist unerschöpflich: die »Sinustherapie«[285], die Elektroschocks, das Zwangsexerzieren[286] bis zum Umfallen, die Isolationshaft und die Praxis des »Dauerlangweilens«[287] sollen die Opfer dem Ideal der Männlichkeit wieder näherbringen und sie damit kampf- und frontfähig machen. Diese »Stählungsprogramme« versprechen verhaltenstherapeutische Erfolge; denn die Folgen der »Flucht in die Krankheit« sind schlimmer als der Kampf gegen den Feind.

Oppenheim, der den Vorsitz der Tagung geführt hat, resümiert angesichts dieser Ergebnisse resigniert: »Hysterie – Begehrungsvorstellungen – Simulation, das ist jetzt die bequeme Fahrstraße für jeden Praktiker und Gutachter.«[288]

Später, nach Kriegsende, nimmt Sigmund Freud als Gutachter Stellung zur »elektrischen Behandlung von Kriegsneurotikern«[289]. Er betont in seinem Gut-

---

278 Saenger (1916), zitiert nach Fischer-Homberger (1975), S. 139.

279 Siehe dazu Fischer-Homberger, E. (1970). Der Begriff der ›Krankheit‹ als Funktion außermedizinischer Gegebenheiten. Zur Geschichte der traumatischen Neurose. In: Sudhoffs Archiv, 54, 3, S. 225-241.

280 Naegeli, O. (1917). Unfalls- und Begehrungsneurosen. In: Neue Deutsche Chirurgie, Bd. 22. Stuttgart.

281 Strümpell (1917).

282 Strümpell (1917).

283 Stransky (1918/19).

284 Stransky (1918/19), S. 176.

285 Kaufmann, F. (1916). Die planmäßige Heilung komplizierter psychogener Bewegungsstörungen bei Soldaten in einer Sitzung. In: Feldärztliche Beilage zur Münchener Medizinischen Wochenschrift, 63, S. 802-804.

286 Nonne (1922).

287 Roth (1987) S. 15, schreibt in seiner Arbeit dem Psychiater Otto Binswanger die Entdeckung der Isolationshaft als Praxis des »Dauerlangweilens« zu.

288 Fischer-Homberger (1975), S. 142.

achten, daß es den meisten Neuropsychiatern in dieser Situation zweckmäßig erscheint, die *Neurotiker als Simulanten* zu behandeln und ihnen die »Flucht in die Krankheit« zu versperren, um sie zu einer »Flucht in die Gesundheit« zu zwingen, daher die »Bestrafung« der Krankheit mit elektrischen Strömen. Dieses sogenannte »therapeutische Verfahren« sei allerdings *nicht auf Heilung* ausgerichtet, sondern auf die *Herstellung der Kriegstüchtigkeit.*[290]

Doch nichts anderes wollen letztlich auch die Psychoanalytiker mit den ihnen zur Verfügung stehenden Mitteln.[291] Während des Krieges sind beide Ansätze realitätstüchtig, erfüllen sie doch gleichzeitig verschiedene Funktionen: Erlauben die psychiatrischen Aversionstechniken eine klassenspezifische emotionale Distanzierung bei gleichzeitigem aggressiven Zugriff auf die affektgestörten Opfer aus den Unterschichten[292], so können sich die psychoanalytisch inspirierten Ärzte den Patienten weniger aggressiv zuwenden. Während die Psychiater durch den abschreckenden, ›therapeutisch‹-disziplinierenden Eingriff vor Ort verhindern, daß die zitternden Soldaten in der Heimat zu Märtyrern und zum Symbol gegen die Unmenschlichkeit des Krieges werden, wenden sich die anderen den Gestörten meist in heimatlichen Lazaretten zu.

Die Klientel ist eine andere. Es sind nicht die einfachen Soldaten, sondern die Angehörigen des Offizierskorps, in dem im übrigen kaum jüdische Offiziere sind. Zwar sind diese ebenso von nervösen Störungen betroffen, aber für sie stehen andere Diagnosen, wie die Neurasthenie, bereit, die andere Behandlungsmuster hervorbringen. Die Krankheit der Offiziere gilt als Erschöpfungssyndrom, dessen Therapie sich weniger an Disziplinierung als an Heilung orientiert. So sind ihre Störungen zunächst vom Verdikt der »anlagebedingten Minderwertigkeit« ausgespart und die Symptome an keine hereditären und konstitutionellen Schwächen gebunden. Sie gelten als Folge einer äußeren Traumatisierung, einer »erworbenen nervösen Erschöpfung«[293], die unter der diagnostischen Kategorie der Neurasthenie zusammengefaßt sind. Man bezieht sich auf Richard v. Krafft-Ebing, der zwi-

---

289 Freud, S. (1987). Gutachten über die elektrische Behandlung von Kriegsneurotikern, 23.2.1920 von Prof. Dr. S. Freud. GW Nachtragsband Texte aus den Jahren 1885-1938. Frankfurt a.M., S. 704-710. Es handelte sich dabei um das Verfahren gegen den berühmten Psychiater Wagner-Jauregg.

290 Freud reflektierte im Gutachten die Rolle der Ärzte im Krieg: »Die Medizin stand eben diesmal im Dienste von Absichten, die ihr wesensfremd sind. Der Arzt war eben ein Kriegsbeamter und hatte persönliche Gefahren, Zurücksetzung, und den Vorwurf der Vernachlässigung des Dienstes zu fürchten, wenn er sich durch andere Rücksichten als die ihm vorgeschriebenen leiten ließ. Der unlösbare Konflikt zwischen den Anforderungen der Humanität, die sonst für den Arzt maßgebend sind, und denen des Volkskrieges mußte auch die Tätigkeit des Arztes verwirren.« (1885-1938, S. 708f.) Das Gutachten erschien erstmals in England (Memorandum on the Electrical treatment of War Neurotics, 1920) in Deutschland erst 1972 in Psyche Bd. 26.

291 Siehe dazu Reichmayr, J. (1990). Psychoanalyse im Krieg. In: Ders., Spurensuche in der Geschichte der Psychoanalyse. Frankfurt a.M., S. 48-59; sowie Internationale Psychoanalytische Bibliothek, Bd. 1: Zur Psychoanalyse der Kriegsneurosen. Leipzig und Wien.

292 Roth (1987), S. 14.

293 Isserlin, M. (1916). Über psychische und nervöse Erkrankungen bei Kriegsteilnehmern. In: Würzburger Abhandlungen aus dem Gesamtgebiet der Medizin, Bd. XVI, 10/11, S. 237-267, hier S. 238.

schen der akuten »Ermüdungs- oder Erschöpfungsneurose« und der »chronisch erworbenen, gezüchteten Neurasthenie«[294] unterscheidet. Als häufige emotionale Ursachen beim Mann nennt er die »Angst vor Lues, Schreck über Gefahren der Masturbation, Mißerfolg bei Prüfungen, Kränkung durch Vorgesetzte, besonders bei Offizieren; unglückliche Ehe, Angst wegen drohenden Verlustes des Vermögens (...).«[295] Während Krafft-Ebing diese Gründe freilich zu Friedenszeiten, im Jahre 1895, formuliert, tritt im Laufe des Ersten Weltkrieges die »körperliche und seelische Übermüdung«[296] als kausale Ursache der Neurasthenie in den Vordergrund. Der »Neurasthenie« sowie der »Schockneurose« werden gute Prognosen in bezug auf die Wiederherstellung der Feldtüchtigkeit zugeschrieben, während die Kriegshysterie, die als Schutzmaßnahme »vor den Schrecken des Krieges«[297] zu bewahren verspricht, eine ungünstige Prognose hat.[298]

Die den gehobenen Klassen entsprechende Diagnose der »Neurasthenie« – die ausdrücklich als Männerkrankheit gilt[299] und damit definitorisch der Gefahr einer Verweiblichung entgeht – wird als rein somatisch interpretierbarer Erschöpfungszustand angesehen: »Ein Neurastheniker« – so der zeitgenössische amerikanische Psychiater George M. Beard – »ist ein Mensch, der sein Konto überzieht und wenn er darin fortfährt, droht ihm der ›nervöse Bankrott‹«.[300]

Die an Neurasthenie erkrankten Offiziere werden zur Behebung ihres nervösen Leidens von der Front zur Erholung in heimatliche Bäder- und Kurorte geschickt.[301]

Spätestens seit 1916 sind sich also die Neuropsychiater und Psychoanalytiker einig, daß die Kriegshysterie der Mannschaften »Affektregungen« zum Ausdruck bringen, mit deren Hilfe sich die Erkrankten vor weiteren Kriegsgreueln zu schützen trachteten, ohne daß es ihnen mehrheitlich immer bewußt gewesen wäre. Die Neuropsychiater bedienen sich dabei zunehmend psychoanalytischer Terminologie, freilich instrumentell, wie Max Nonne, der Freuds Konzept für seine Zwecke pragmatisch zurechtstutzt:

> Die Ursache der Abwehrsymptome lag weniger in dem, was das Individuum erlebt hatte, als in dem, was es nicht erleben wollte oder zu erleben fürchtete ... Der Kern der Freudschen Auffassung von dem im Unterbewußten eingeklemmten Affekt kam

294 Krafft-Ebing (1895).
295 Krafft-Ebing (1895), S. 53.
296 Isserlin (1916), S. 239.
297 Isserlin (1916), S. 248.
298 Was sich allerdings nicht auf das bürgerliche Berufsleben erstrecken mußte, wie Isserlin betont.
299 Krafft-Ebing begründete das seltene Vorkommen der Neurasthenie bei der Frau damit, daß Frauen weniger als Männer belastenden beruflichen Umständen ausgesetzt seien. Außerdem seien sie eher hysterisch.
300 Ellenberger, H.F. (1985). Die Entdeckung des Unbewußten. Zürich, S. 345, bezieht sich auf Beard, G.M. (1880). A Practical Treatise on Nervous Exhaustion (Neurasthenia), its Symptoms, Nature, Sequence, Treatment. New York.
301 Dazu Stern, H. (1918). Die hysterischen Bewegungsstörungen als Massenerscheinung. In: Zeitschrift für die gesamte Neurologie und Psychiatrie, 39, S. 246-281.

damit zur Anerkennung, entkleidet von der maßlosen Übertreibung und Einseitigkeit der Einschätzung des sexuellen Faktors[302].

Allerdings unterscheiden sich die Behandlungsmaßnahmen der Neuropsychiater von denen der Psychoanalytiker. Sind diese bereit, sich – unbesehen des Dienstgrades der Männer – der unbewußt aktualisierten Affektebene mittels psychoanalytischer Methoden anzunähern, setzen die Neuropsychiater auf klassenspezifische Behandlungstechniken, die für die einfachen Soldaten einer psychiatrischen Folter gleichkommen. Roth[303] weist in seiner Untersuchung darauf hin, daß die Behandlungsgrenze im Ersten Weltkrieg zwischen Offizieren (=Neurasthenie) und Mannschaften (=Kriegs-Neurose/-Hysterie) verlief. Da Roth den latenten oder manifesten Antisemitismus des Heeres nicht aufgenommen hat, entgeht ihm eine zusätzliche Dimension, die die Behandlungsgrenze auch »rassenspezifisch« konnotiert. Der »therapeutische« Fokus orientiert sich klassenspezifisch am Männlichkeitsbild und richtet seine Behandlungstechniken dementsprechend zur Wiederherstellung der Kampftüchtigkeit auf Leib oder Seele.[304]

Die Psychoanalyse, die sich deutlich gegen die therapeutisch verbrämten, aversiven Körpertorturen der Psychiater stellt, nimmt 1916 die psychoanalytische Behandlung von Kriegsneurotikern auf, allerdings mit keinem anderen Ziel als die Militärpsychiater, die ausschließlich an der Wiederherstellung männlicher Kampftüchtigkeit interessiert sind. Die ersten Speziallazarette für Kriegsneurotiker werden eingerichtet, in denen dienstverpflichtete Psychoanalytiker in leitende Arztpositionen aufrücken. So wird Karl Abraham, ein enger Verbündeter Freuds in Berlin[305], Leiter der psychiatrischen Abteilung beim XX. Armeekorps in Allenstein, Sandor Ferenczi Chefarzt der Nervenklinik im Maria-Valerie-Spital in Budapest und Ernst Simmel königlich-preußischer Oberarzt und Vorsteher des Festungslazaretts für Kriegsneurotiker in Posen.[306]

Ferenczi[307] entdeckt zwei Formen der Kriegsneurose, die Konversionshysterie und die Angstneurose[308], die als »infantile Regression« angesehen werden. Wäh-

302 Nonne zitiert nach Roth (1987), S. 15.

303 Siehe dazu Roth (1987), S. 15.

304 Roth zieht die Behandlungsgrenze im Zweiten Weltkrieg zwischen den Waffengattungen: Landser bekamen Starkstrom oder in ›hoffnungslosen‹ Fällen den Tod im Konzentrationslager, während Fliegerbesatzungen mit Psychotherapie bzw. autogenem Training behandelt wurden.

305 Karl Abraham gehörte zum Kreis der Mittwoch-Gesellschaft und war eng mit der Familie Freud befreundet.

306 Roth weist in seiner Arbeit darauf hin, daß die Geschichte der Psychoanalyse die Kriegsneurotiker-Frage weitgehend ausgeklammert hat, und fragt mit Recht, was Kurt Goldstein, Ernest Jones, Erwin Loewy, Fritz Mohr, Fritz Stern zu dieser Frage beigetragen haben.

307 Ferenczi, S. (1919b). Über zwei Typen der Kriegshysterie. In: Ders., Hysterie und Pathoneurosen. Erschienen in: Internationale psychoanalytische Bibliothek, Nr. 2, S. 59-78.

308 Freud grenzt die Angstneurose ab von der Neurasthenie (symptomatisch, wegen der Angst) und Hysterie (ätiologisch, weil Angstneurose Aktualneurose ist). Freud bezieht Angstneurose auf spezifische Ätiologien: a) Anhäufung sexueller Spannung, b) Fehlen von psychischer Verarbeitung der somatischen sexuellen Erregung. »Wenn die sexuelle Erregung so nicht beherrscht wird, wird sie direkt auf die somatische Ebene in Form von Angst abgeleitet.« Laplanche, J. & Pontalis, J.-B. (1986). Wörterbuch der Psychoanalyse, Frankfurt a.M., S. 66f.

rend Ferenczi sich therapeutisch weitgehend zurückhält und eher Ursachenforschung betreibt, steht Simmel unter stärkerem Erfolgsdruck. Er entschließt sich, anstelle der Psychoanalyse Methoden der »Schnellheilung« zu entwickeln. Indem er seine Patienten mit männlich-idealen Normvorstellungen konfrontiert und sie in ihrer Abweichung davon als »Drückeberger« bezeichnet, gibt er die distanzierte Haltung der Psychoanalyse auf. Mittels hypnotischer und kathartischer Techniken bringt er den Patienten dazu, wie ein Mann zu kämpfen, indem er seine »Angstabfuhr als gezielte Mobilisierung von Racheinstinkten (organisiert, F.L.), die die Klienten wieder frontfähig macht.«[309] In seiner Arbeit über »Kriegsneurosen und ›psychisches Trauma‹« (1918) berichtet er von der Hypnosetherapie eines unter Schüttellähmung und Tics leidenden Landsers, bei dem es ihm angeblich gelang, ihn wieder für den Kampf an der Front zu befähigen:

> Ich lasse den Patienten sein Päckchen aus der Hand nehmen, lasse mir von ihm das Kriegserlebnis erzählen, dem er Schuld gibt, und nach der Aufklärung über die Hypnose schläfere ich ihn ... ein. Dies gelingt, was nicht häufig ist, gleich zum ersten Mal sehr schnell und lasse ihn seine Erzählung spielen. Mitten drin schalte ich die Frage ein: ›Das geht wohl übel her? Jetzt möchten Sie sich wohl am liebsten nach Hause drücken? Ein promptes ›Nein! Ich bin kein Drückeberger!‹ antwortet mir. ›Na, dann los‹, sage ich ›wieder ran an den Feind! Jetzt zum Nahkampf! Bajonett aufgepflanzt! Hier, Gewehr in die rechte Hand! Sie wollen doch kämpfen?‹ Ein promptes: ›Ja!‹ darauf ich: ›Zum Teufel, so können Sie doch gar nicht kämpfen. Ihr rechter Arm schüttelt ja immerzu. Warum denn?‹ Aus gequälter Brust antwortet er mir: ›Ich möchte doch aber mein Leben schonen.‹ Darauf ich: ›Ihr Leben ist ja jetzt geschont. Sie sind zu Haus, kommen Sie nach Haus!‹ Der Schütteltremor und der Tic verschwinden. Und nach 20 Minuten steht der Kranke wieder vor mir, sein Päckchen in der Hand, und sieht sich selbst mißtrauisch von oben bis unten an. Er hatte den Arm ein Jahr lang geschüttelt.[310]

Die unter Hypnose vollzogene Beschämung des Mannes und die daran anschließende Aufrichtung seiner soldatischen Kampftüchtigkeit erscheint offensichtlich als ernstzunehmende Alternative zur Behandlung durch Neuropsychiater; denn die von Binswanger, Gaupp, Hoche, Kaufmann und Nonne für die »verweichlichten« Männer bereitgestellten psychiatrischen »Folterkonzepte« scheiterten am Protest der Kriegsneurotiker. Mit den »Aversionsmethoden« haben sie unfreiwillig zur Radikalisierung der Opfer beigetragen und einen Umschlag von Leid in Widerstand provoziert.

Am 28.9.1918 findet in Budapest der 5. Internationale Psychoanalytische Kongreß statt, dessen Hauptthema die Kriegsneurotikerfrage ist. Ferenczi eröffnet den Kongreß[311] mit einem Vorwurf an die Neuropsychiater: Sie hätten sich der Psychoanalyse bedient, ohne ihren sexualanalytischen Kern, ihr methodisches Gebäude mitsamt den therapeutischen Möglichkeiten anzuerkennen.

---

309 Roth (1987), S. 29.

310 Simmel, E. (1918). Kriegsneurosen und ›psychisches Trauma‹. Leipzig, S. 29f., zitiert nach Roth (1987), S. 21f.

311 Ferenczi, S. (1919a). Die Psychoanalyse der Kriegsneurose. In: Internationale Psychoanalytische Bibliothek. Bd. 1: Zur Psychoanalyse der Kriegsneurosen. Leipzig, S. 9-30.

Die Psychoanalyse bietet sich als einzige Alternative gegenüber den Neuropsychiatern an, und Ferenczis »Geschenk«[312] an die Militärs besteht in einer interpretatorischen Wende der Kriegsneurose: Sie sei begleitet von infantiler »*Disziplinlosigkeit*« der Betroffenen, die er als eine Regression auf eine frühere kindliche Entwicklungsstufe, der Angstneurose ähnlich, interpretiert. Dabei läge der primäre Krankheitsgewinn tief im Unbewußten, warum es auch keinen Sinne mache, sie wie einfache Simulanten zu behandeln und zu bestrafen.

Auch Abraham ist davon überzeugt und betont außerdem die für die Psychoanalyse unabdingbar wichtigen unbewußten sexuellen Motive der Kriegsneurotiker, die alle geläufigen Symptome der männlichen *Impotenz* zeigen: »Das Trauma wirkt auf die Sexualität vieler Personen in dem Sinne, daß es den Anstoß zu einer regressiven Veränderung gibt, welche dem Narzißmus zustrebt.«[313]

Neben der Impotenz führt Abraham noch einen weiteren Parameter ein, der dem Chauvinismus der Militärs Distanzierungsmöglichkeiten bietet. Die Kriegshysteriker seien nicht nur kraftlose Männer, sondern hinter ihrem Narzißmus verberge sich häufig eine *latente Homosexualität*:

> Durchweg... war ihre sexuelle Aktivität verringert, ihre Libido durch Fixierungen gehemmt; viele von ihnen waren bereits vor dem Feldzug schwach potent oder nur bedingungsweise potent. Ihre Einstellungen zum weiblichen Geschlecht wurde durch teilweise Fixierung der Libido im Entwicklungsstadium des Narzißmus in mehr oder weniger erheblichem Grade gestört. Ihre soziale und sexuelle Funktionsfähigkeit war von gewissen Konzessionen an ihren Narzißmus abhängig.[314]

Abraham verbindet seine These mit einem Werturteil: So wie der Narziß zu keiner bedingungslosen Hingabe an das andere Geschlecht fähig sei, so wäre er auch nicht fähig zur Hingabe seines Ich an die Gesamtheit. Daher zeigen sich viele der Kranken »vollkommen weiblich-passiv in der Hingabe an ihr Leiden.«[315] Der *sexuell labile Narziß* versage eben im Ausüben seiner Pflichten, denn schließlich werde »... von ihnen im Felde (...) nicht nur das Erdulden gefahrvoller Situationen – also eine rein passive Leistung – verlangt, sondern noch ein Zweites, das viel zu wenig beachtet wird. Es handelt sich um die aggressiven Leistungen, zu denen der Soldat stündlich bereit sein muß. Neben der Bereitschaft zum Sterben wird die Bereitschaft zum Töten von ihm gefordert.«[316]

Die Psychoanalyse begründet »sexualanalytisch«, was die Neuropsychiater an entwertenden und zu bestrafenden Defiziten an den Kriegshysterikern ausgemacht haben: Die *verweiblichten Männer sind keine geeigneten Krieger*, die zur Rettung der Nation nötig wären. Der »narzißtische«, weibliche und passive, impotente und latent homosexuelle Kriegshysteriker, der zu jeder aggressiven

312 Roth (1987).

313 Abraham, K. (1919). Erstes Korreferat (gehalten auf dem V. Internationalen Psychoanalytischen Kongreß in Budapest 1918). In: Internationale Psychoanalytische Bibliothek. Bd. 1: Zur Psychoanalyse der Kriegsneurosen. Leipzig, S. 31-41, hier S. 32.

314 Abraham (1919), S. 33.

315 Abraham (1919), S. 35.

316 Abraham (1919), S. 34.

(=männlichen) Leistung unfähig ist, hat nun wissenschaftliche Weihen erfahren. Da die neuropsychiatrischen Methoden mehr zerstört als geheilt haben, war nun die Stunde der Psychoanalytiker gekommen. Sie allein haben von allen Behandlungsmethoden, wie Abraham sagte, »eine causale« anzubieten.[317]

Der Kongreß in Budapest ist ein Erfolg.[318] Freud ist von der Etablierung der Psychoanalyse und der Möglichkeit der Einrichtung psychoanalytischer Stationen ebenso begeistert wie die Ärzte der Militärverwaltung, die gegen psychische Epidemien, Befehlsverweigerung und Auflösungserscheinungen der Truppenmoral kämpfen. Die Psychoanalyse verspricht mit den Kriegshysterikern »verständnisvoller« umzugehen und damit weniger Widerstand bei ihnen zu produzieren als die Neuropsychiater.[319] Doch bereits einen Monat später, noch bevor die Psychoanalyse ihre therapeutische Fähigkeit zur Wiederherstellung der Kampfkraft unter Beweis stellen kann, greifen die Soldaten der deutschen Hochseeflotte zu einer wesentlich wirkungsvolleren »Selbst-Therapie«: Sie revoltieren[320] – und mit der Beendigung des Krieges verschwinden die Kriegshysteriker.

---

317 Der psychoanalytische Tribut an die Regierungsvertreter war eindeutig: »Der Regressionsprozeß, den die Psychoanalyse hier beim proklamierten Zugriff auf ihre angeblich regredierte Klientel durchmachte, war historisch einmalig und im Hinblick auf die Weichenstellung eine Generation später hoch bedeutsam.« Roth (1987), S. 26.

318 Im Anschluß an die Budapester Tagung wurden 1919, als erster Band der »Internationalen Psychoanalytischen Bibliothek« (hrsg. vom Internationalen Psychoanalytischen Verlag), die Referate veröffentlicht. Im Anhang findet sich ein Vortrag von Ernest Jones mit dem Titel »Die Kriegsneurosen und die Freudsche Theorie«, den er 1918 vor der »Royal Society of Medicine« gehalten hatte. Damit, so formuliert Roth ironisch, war der »kosmopolitische Zusammenhang der Psychoanalyse« (1987, S. 32) nach Kriegsende wieder hergestellt, nachdem beide Seiten der Front die Soldaten für den Kampf gegeneinander therapeutisch wieder hergestellt hatten.

319 1920 wurde Freud als Gutachter im Prozeß gegen den Wiener Psychiater Wagner-Jauregg berufen, der sich wegen der umstrittenen »Elektrotherapie« vor der Untersuchungskommission unter Vorsitz des Strafrechtlers Alexander Löffler zu verantworten hatte. Im Laufe des Prozesses konfrontierte Wagner-Jauregg Freud mit der Beteiligung der Psychoanalyse an der Therapie von Kriegsneurotikern. Freud verteidigte die 1918 auf dem Kongreß thematisierten Ansätze psychoanalytischer Therapie und betonte die Möglichkeit einer sozialpolitisch eingebundenen Popularisierung der Psychoanalyse. Nur eine kleine Gruppe linker Psychoanalytiker wendet sich 1933, als sich der zweite Integrationsschub abzeichnet, gegen diese Einschätzung. Sie wurden noch vor der »Arisierung« von der Mehrheit der Analytiker aus der 1910 gegründeten DPG ausgeschlossen.

320 Siehe dazu Gaupp, R. (1919). Der nervöse Zusammenbruch und die Revolution. In: Blätter für Volksgesundheit, 19, S. 43ff.; Ders. (1922). Schreckneurose und Neurasthenie. In: K. Bonhoeffer (Hg.), Handbuch der ärztlichen Erfahrungen im Weltkriege, Bd. 4: Geistes- und Nervenkrankheiten. Leipzig, S. 68ff.; Nonne, M. (1922). Therapeutische Erfahrungen an den Kriegsneurosen in den Jahren 1914-1918. In: K. Bonhoeffer (Hg.), Handbuch der ärztlichen Erfahrungen im Weltkriege, Bd. 4: Geistes- und Nervenkrankheiten. Leipzig, S. 102ff.

Hysterie und die Ordnung der Geschlechter

Die Hysterie existiert nicht ohne den Betrachter und dessen Standpunkt. Sie ist eingebunden in die Perspektiven der Zeit, in ihre Diskurse, und abhängig vom Kontext ihrer Konstruktion. Sie ist ein Beziehungsgeflecht, dessen kulturelle Matrix von der drohenden Auflösung herkömmlicher Geschlechterdifferenz geprägt ist. Bilder der Angst vor dem Verlust des eigenen Selbst kursieren: Während die Frauen sich den Männern in der Reduktion auf ihre Reproduktionsfunktion entziehen, droht diesen nahezu unausweichlich der Selbst- und Identitätsverlust. Angst und die Scham über die Abhängigkeit werden abgewehrt und verkehren sich ins Gegenteil, in Entwertung und Verachtung derer, die ursächlich mit den unerträglichen Gefühlen in Verbindung gebracht werden. Die Angst vor der Bloßstellung und Erniedrigung, als Schwächling mit Verachtung gestraft zu werden, bringt dann jene verachtende Aggression hervor, die der Scham innewohnt.[321] Sie findet ihren Ausdruck in der Misogynie und Stigmatisierung, die die vom Geschlechterstereotyp abweichende Frau ebenso trifft wie den Mann: Der maskulinen Nicht-Mutter und phallischen Emanzipierten, der sich verweigernden Jungfrau oder der Prostituierten steht der kastrierte, verweiblichte Mann, der Nicht-Krieger, die »Memme«[322] gegenüber.

Doch neben dem effeminierten Mann verkörpert die phallische Frau in besonderer Weise das Fremde, das eine frühe Repräsentanz dessen ist, was ›Nicht-Mutter‹ bedeutet. Mit anderen Worten: Die früheste Ausbildung einer Fremdenrepräsentanz ist also mit einer Trennung verbunden[323], einer Trennung von der Vertrauten, der Mutter. So nährt sich die von der ›Nicht-Mutter‹ ausgehende Bedrohung auch aus der Quelle frühkindlicher Trennungsängste. Das Fremde ist eben auch das Vertraute. Freud hat sich 1919 in einer luziden Arbeit über »Das Unheimliche«[324] mit diesem Zusammenhang beschäftigt; dort weist er darauf hin, daß das Unheimliche »jene Art des Schreckhaften (sei, F.L.), welche auf das Altbekannte, Längstvertraute zurückgeht«[325], auf das unbewußte Eigene. Das Unheimliche ist also eine Art von Heimlichkeit, etwas Verborgenes, das im Verborgenen bleiben sollte und hervorgetreten ist, etwas, das wiederkehrt und was man im anderen als das Unheimliche, das Fremde kennzeichnet.[326] Oder anders formuliert: Das Unheimliche ist das verdrängte Altvertraute, und die daraus ent-

---

321 Siehe dazu Wurmser, L. (1986). Die Last von tausend unbarmherzigen Augen. Zur Psychoanalyse der Scham und der Schamkonflikte. In: Forum der Psychoanalyse, Bd. 2, S. 111-133.

322 Die Bedeutung des Wortes taucht bereits im 16. Jahrhundert auf. Sie setzt sich aus ›Feigling‹ = ›Weib‹, dieses wiederum aus memme/mamme = Mutterbrust zusammen.

323 Bielefeld, U. (1992a). Das Konzept des Fremden und die Wirklichkeit des Imaginären. In: Ders., Das Eigene und das Fremde. Neuer Rassismus in der alten Welt. Hamburg, S. 97-128, hier S. 103. Siehe dazu auch Erdheim, M. (1988). Die Psychoanalyse und das Unbewußte in der Kultur. Frankfurt, S. 258ff.

324 Freud, S.(1919). Das Unheimliche. GW XII, S. 227-268.

325 Freud (1919), S. 231.

326 Lamott, F. (1993b). Monsterbilder – Spiegelbilder. In: Manuskripte. Zeitschrift für Literatur, Bd. 126, Graz, S. 27-37.

springenden Ängste sind vor allem die Kastrationsangst und die Angst vor dem weiblichen Geschlecht.

Diese unbewußten Ängste werden abgewehrt und bedienen sich dabei unter anderem der Hysterisierung als einer Form der wissenschaftlichen Rationalisierung und Projektion. Welche konkrete Gestalt die Abwehr jeweils annimmt, richtet sich in erster Linie nach der Klassenzugehörigkeit. Je näher das bedrohliche Objekt der gesellschaftlichen Position des Diagnostikers ist, desto umsichtiger und sublimierter sind die Zuschreibungen; je weiter entfernt der Betreffende in seiner sozialen Position ist, desto gröber und aggressiver sind die Stigmatisierungen. Unerträgliches wird also nach außen projiziert, auf die untere Klasse, das andere Geschlecht und die fremde »Rasse«.[327]

Geht es um die Hysterisierung der Frau, dann ist eine weitere Dimension von entscheidender Bedeutung, nämlich die *Sexualität*, die bei der Hysterisierung des Mannes eine wesentlich geringere Rolle spielt; denn weibliche Sexualität wird per se mit Mutterschaft und Natur assoziiert. Doch gemäß der Klassenzugehörigkeit ist sie in zwei Sexualitätskonstruktionen gespalten, die mit dem sozialen Ort variieren. Vom Standpunkt des Betrachters folgt die Konstruktion dem Maßstab des Eigenen und des Fremden. Die Klassenzugehörigkeit ist daher die wesentliche strukturbildende Kategorie, sie differenziert alle weiteren Dimensionen. So verläuft die Hysterisierung der bürgerlichen Frau entlang eines Konzeptes, in dessen Zentrum die Annahme einer geringen weiblichen Sexualität steht. Die andere Konstruktion, die an der proletarischen Frau ausgerichtet ist, geht von einer ausgeprägten Triebhaftigkeit des Weibes aus. Liegt die Hysterie der bürgerlichen Frau im *medizinischen Zuständigkeitsbereich* und ist als passagere Störung dort häufiger vertreten, so wird die Hysterie der Proletarierin ihrer »moral insanity« zugeschrieben, die als hereditäre Störung dem *Strafrecht* zugeführt wird.

Vergleicht man diese Zuordnungen mit der Hysterisierung des Mannes, so zeigt sich eine interessante diagnostische Verschiebung.

Während die bürgerliche Frau an Hysterie leidet, erkrankt der bürgerliche Mann an Neurasthenie und keineswegs wie der Proletarier an männlicher Hysterie. Die mit der Verweiblichung einhergehende ›Kastration‹ bleibt also den Geschlechtsgenossen der herrschenden Klasse erspart. Weiter differenzieren sich die Projektionen im Kontext antisemitisch aufgeladener »Rassetheorien«: Während nichtjüdische Ärzte die Hysterie auf die jüdische »Rasse« projizierten, finden sich Hinweise, daß die Diagnosen jüdischer Ärzte nach räumlicher Nähe und Distanz variieren. So erkranken West-Juden an Neurasthenie oder der sogenannten »amerikanischen Krankheit«, und Ost-Juden an Hysterie. In dem Maße, in dem der

327 Auf den ersten Blick mag es so scheinen, als wären die Frauen der Jahrhundertwende am Antisemitismus unbeteiligt. Doch der Schein trügt, da sie weder in der Politik noch in der Wissenschaft nennenswert repräsentiert waren und daher keine Stimme in der Öffentlichkeit hatten. In den Frauenverbänden sah es anders aus. Siehe Dürkop, M. (1984). Erscheinungsformen des Antisemitismus im Bund Deutscher Frauenvereine. In: Feministische Studien, 3. Jahrgang, 1, S. 140-149.

Konstrukteur selbst in Gefahr gerät, von den eigenen Konstruktionen erfaßt zu werden, kommt es also zu einer Projektion nach ›unten‹.

Da die Hysterisierung des Mannes mit Verweiblichung und dem Verlust eindeutiger Geschlechterdifferenz assoziiert wird, verweist die Projektionsrichtung auf das Ausmaß der Bedrohung. Insbesondere unter den Bedingungen des Krieges, unter denen Frauen nicht mehr unmittelbar als ›Blitzableiter‹ drohenden männlichen Identitätsverlustes fungieren können, ist die »Männerhorde« auf sich selbst verwiesen. Da wird die ›Verweiblichung‹ des Mannes zu einem »brisanten Untergrund«[328], der die Binnenstruktur aufs äußerste gefährdet. Sie geht so nah, daß die Projektion auf die untere Klasse als Abwehr nicht mehr ausreicht, zumal sie die notwendige militärische Einheit mit einer Spaltung des Heeres belasten würde. Die Bedrohung durch das eigene innere Fremde[329] ist so gewaltig, daß nur größtmögliche Distanz hinreichende Sicherheit verspricht. Diese Distanzierung verlangt eine Projektion nach außen, auf eine andere »Rasse«, die sich sowohl somatisch als auch sozial von der eigenen unterscheidet. Die ideologische Konstruktion basiert auf der Vorstellung, daß sich die Menschheit in unterscheidbare, biologisch festgelegte »Rassen« einteilen ließe, die auf einer hierarchischen Skala von Höher- und Minderwertigkeit abbildbar seien.[330] Dabei greifen Rassismus und Sexismus, mit den Kernkonstrukten »Rasse« und »Geschlecht«, bei ihrer Konstitution auf die Naturalisierung gesellschaftlicher Verhältnisse zurück. Sie versehen die biologischen Charakteristika von Menschen mit Bedeutungen, aus denen sie Status und Herkunft als natürlich und unveränderlich ableiten. Die so gekennzeichnete Gruppe wird mit genetischen oder kulturellen Merkmalen ausgestattet, die als minderwertig und gefährlich für die eigene Kultur interpretiert werden. Die so konstruierten, dämonisierten[331] Fremden verursachen in dieser Logik zwangsläufig negative Folgen für alle anderen[332], müssen daher ausgegrenzt werden.

---

328 Schüler-Springorum, H. (1991). Kriminalpolitik für Menschen, Frankfurt a.M.

329 Siehe dazu Lamott, F. (1993a). Alltagsmythen und Politik. In: P.A. Albrecht, A. Ehlers & F. Lamott (Hg.), Festschrift für Horst Schüler-Springorum. Köln. Graf, W. & Ottomeyer, K. (Hg.) (1989). Szenen der Gewalt in Alltagsleben und Kultur. Wien. Bielefeld, U. (Hg.) (1992). Das Eigene und das Fremde. Neuer Rassismus in der alten Welt. Hamburg. Kristeva, J. (1990). Fremde sind wir uns selbst. Frankfurt a.M. Simmel, G. (1992). Exkurs über den Fremden. In: A. Loycke (Hg.), Der Gast, der bleibt. Dimensionen von Georg Simmels Analyse des Fremdseins. Frankfurt. Strasser, P. (1990). Tiere sehen dich an – der Blick des Hasses. In: Manuskripte. Zeitschrift für Literatur 109/90, S. 3-23.

330 Miles (1992), S. 192.

331 Siehe dazu Strasser, P. (1990). Tiere sehen dich an – der Blick des Hasses. In: Manuskripte. Zeitschrift für Literatur 109/90 Sonderheft mit dem Titel »Wie werden aus Menschen Monstren«.

332 Siehe dazu Lamott, F. (1993). Alltagsmythen und Politik. In: P.A. Albrecht, A. Ehlers & F. Lamott (Hg.), Festschrift für Horst Schüler-Springorum. Köln, S. 123-136.

»Rassen« sind primär sozial imaginierte, keine »biologischen Realitäten«[333]. Sie verweisen auf einen Vorgang der Kategorisierung und Repräsentation, in dem ein anderer biologisch oder somatisch definiert wird. Die so definierte Gruppe wird für eine von Natur aus existierende gehalten, die sich mitsamt ihrer genetischen »Minderwertigkeit« bzw. »Höherwertigkeit« reproduziert.

Eine solche Biologisierung von Kultur erlaubt also, die Minderwertigkeit der anderen von der eigenen erblichen Überlegenheit abzuleiten. Dabei fungiert die rassisch begründete Ausgrenzung als ein »gemeinschaftsbildender« Faktor[334], der den Nationalismus stärkt. Beide ideologischen Formen – Rassismus und Nationalismus – verweisen also aufeinander.[335] Mit der Geburt des Nationalstaats im 19. Jahrhundert bedient man sich zur Stärkung nationaler Identität einer Konstruktion des prototypisch Fremden, nämlich des Juden[336]:

> Jude wurde zu einer Kategorie des Ausschließens. Der Jude definierte, was der Arier *nicht* war. Er wurde zu dem, was der Arier weder jemals war noch je sein würde. Der Jude wurde zur Projektion all der Ängste um Kontrollverlust, die der Arier hatte. Es bestand kein Bedürfnis, Aspekte dieses Bildes zu ›schützen‹, weil zwischen Jude und Arier kein notwendiges Band wie zwischen Mann und Frau übrigblieb.[337]

Das Konflikthafte, Verleugnete und Ungeliebte des eigenen Selbst wird auf den anderen projiziert und taucht als Haß auf den Fremd(gemacht)en wieder auf. Horkheimer und Adorno haben in der »Dialektik der Aufklärung« den Mechanismus der »pathischen Projektion«[338] als Kern des Antisemitismus ausgemacht, indem Regungen, die vom Subjekt als dessen eigene nicht durchgelassen werden und ihm doch eigen sind, dem prospektiven Opfer und Feind zugeschrieben werden. Das Andere, das Fremde und das Schwache zieht dann die Vernichtungswut auf sich und reizt den, der seine »Stärke« mit der angespannten Distanzierung zur Natur[339] bezahlt. Die Abwehrstrategie geht einher mit einem hohen Maß an »Fremdmachung« und impliziert das Bedürfnis, die eigene »Rasse« von dieser Gefährdung reinzuhalten. Was uns also »im imaginären Fremdenbild scheinbar von außen entgegentritt, (verweist, F.L.) auf die Imaginationen des Selbst: des ›gereinigten Ichs und des ebenso ›gereinigten‹, ›sauberen‹ Kollektivs (...).«[340]

---

333 Miles, R. (1989). Bedeutungskonstitution und der Begriff des Rassismus. In: Das Argument, Nr. 175, S. 353-367.

334 Bielefeld (1992a), S. 111.

335 Guillaumin (1992), sowie Mosse (1996).

336 Bauman, Z. (1992b). Dialektik der Ordnung. Die Moderne und der Holocaust. Hamburg. Bauman spricht in diesem Zusammenhang von dem »konzeptuellen Juden«, der zum Prototyp des Fremden stilisiert wird, zu einer Zeit, in der die Assimilation der Juden mit ihrem Verzicht auf Differenz eingetauscht wurde.

337 Gilman, S.L. (1994). Freud, Identität und Geschlecht. Frankfurt a.M., S. 28.

338 Horkheimer & Adorno (1986), S. 167ff, insbesondere S. 172.

339 Horkheimer & Adorno (1986), S. 161ff.

340 Bielefeld (1992a), S. 104.

Mary Douglas[341] betont, daß das Erleben einer sozialen Verunreinigung zum einen durch die Bedrohung äußerer Grenzen und zum anderen durch das Überschreiten von Trennlinien innerhalb des Systems entsteht. Zu den inneren Trennlinien zählt die Differenz zwischen den Geschlechtern. Es ist daher kein Zufall, daß Verunreinigungsvorstellungen besonders dann herangezogen werden, wenn die Differenzen nicht mehr eindeutig sind und es darum geht, Frauen und Männer erneut an die ihnen zugewiesenen Rollen zu binden.

Interessant ist in diesem Zusammenhang, daß bei der Hysterisierung der Frau rassische Elemente kaum eine Rolle spielen. Das könnte damit zusammenhängen, daß sich Projektionen auf das andere Geschlecht bereits typischer, hierarchisch strukturierter Basisoppositionen bedienen können, die eine hinreichende Distanzierung und Stabilisierung des männlichen Selbst erlauben. Aber auch die gegenseitige Abhängigkeit der Geschlechter im Reproduktionsprozeß verweist darauf, daß das Weibliche in erster Linie ein »Stereotyp des Einbeziehens« und nicht wie der Jude eine »Kategorie des Ausschließens«[342] ist.

Anders sieht es bei der Hysterisierung des Mannes aus, die sich des Juden »als Inbild jener projizierten Aspekte einer außer Kontrolle geratenen und die Integrität des Ariers bedrohenden Welt«[343] bedient, und dabei auf eine Gleichsetzung von Jüdischsein und Weiblichkeit zurückgreifen kann. »Der männliche Jude wurde zu etwas, was sich vom männlichen Arier unterschied und deshalb weniger war als dieser, etwa so, wie die Frau anders und weniger war als der Mann.«[344] Die Konstruktion einer »jüdischen Rasse« ist also durch eine sexistische Aufladung gekennzeichnet: »Die semitische Rasse besäße die Schwäche der Frauen, die emotional, abergläubisch, raubgierig, katzenartig seien.«[345] Für Weininger[346], der den Rassismus für seine sexuellen Ängste[347] annektierte[348], steht die Polarisation zwischen Mann und Frau Pate bei der Konstruktion der »Rassen«. Während der arische Mann die Klarheit des Denkens und Heldentum repräsentiert, verkörpert die Frau Unentschiedenheit und Ambiguität, was einer Phantasie über den Juden entspricht. Weininger steht mit dem Vergleich von Geschlecht und »Rasse« ebensowenig allein, wie mit der Verknüpfung von »minderwertiger Rasse« und hemmungsloser Sexualität[349], deren Ziel die ausschließliche Befriedigung von Wollust sei. Doch neben der Entwertung weist diese Verbindung auch auf Phantasien hin, die den Juden als sexuellen Rivalen fürchten.[350] Mit Verachtung aufgeladen steht das Stereotyp zur Abwehr der Bedrohung männlicher Identität bereit. Da-

341 Douglas, M. (1988). Reinheit und Gefährdung. Eine Studie zu Vorstellungen von Verunreinigung und Tabu. Frankfurt a.M., S. 184.
342 Gilman (1994), S. 27.
343 Gilman (1994), S. 28.
344 Gilman (1994), S. 28.
345 Mosse (1996), S. 131.
346 Weininger, O. (1903). Geschlecht und Charakter. München.
347 Mosse (1996), S. 124.
348 Mosse (1996), S. 124.
349 Mosse (1996), S. 132.
350 Mosse (1996), S. 132.

her beziehen sich Projektionen, die sich rassistischer Klischees bedienen, kaum auf die Frau, sondern eher auf den Stärke und Kampfesmut repräsentierenden Mann.

Die durch die Ordnungsbegriffe Klasse, Geschlecht und »Rasse« strukturierten Konstruktionen der Hysterie sind also Kompromißbildungen aus Angst und Abwehr. Sie wenden sich gegen eigene verpönte Triebimpulse und wehren die Ängste vor Kastration und Tod, vor Sexualität und Liebe ab, indem sie sie andernorts deponieren. Sie lösen Ambiguitäten zugunsten von Eindeutigkeiten auf und bedienen sich dabei ebenso der Trivialdiskurse der Alltagswelt, wie diese sich wiederum von wissenschaftlichen Rationalisierungen prägen lassen.

V
LEIBESVISITATIONEN

Die Hysterikerinnen und Hysteriker übernehmen in ihren Inszenierungen die auf sie projizierte Triebhaftigkeit. Sie simulieren die Hingabe und die Liebe ebenso wie die Krankheit und gelten in ihrer Körperbezogenheit als gänzlich ihrer Natur ausgeliefert. Hysteriker sind ›Körperwesen‹, die die naturwissenschaftlichen Gesetzmäßigkeiten jedoch außer Kraft setzen. Sie sprengen die Grenzen überlieferter Bilder und verhalten sich so, »als ob es die Anatomie nicht gäbe, als ob sie kein Bewußtsein darüber besäßen«[1]. Die Uneindeutigkeit bedarf einer Klärung an der ›Natur‹ des Leibes, denn die Materie sei der Lüge nicht fähig. Mit den Leibesvisitationen nähert sich die zeitgenössische Wissenschaft dem Körper der Frau und hebt die eigene Ambivalenz von Lust und Angst in der Kontrolle des hysterisch-anderen Leibes auf.

Als »Offenbarungsstätte der Wahrheit«[2] gehört der hysterisierte Körper der Wissenschaft. Nicht nur der Gynäkologe, sondern ebenso der Kriminologe, der Sexualforscher und der Psychoanalytiker der Jahrhundertwende interessieren sich für den weiblichen Körper als Ort der Entdeckung und als Antwort auf die Frage nach Eigenart und Differenz der Geschlechter, nach Normalität und Abweichung. Die Frau ist ein Rätsel, das man zu entziffern sucht. Indem man ihren Körper wie ein Erklärungsobjekt zerlegt[3], hofft man, in jedem Teil die ganze Wahrheit des »dunklen Kontinents« zu finden: pars pro toto.

Die erstaunlichen Diskursgegenstände der akademischen Literatur der Jahrhundertwende lassen ein »Schnittmuster« erkennen, dem die Fragmentierung des weiblichen Körpers[4] nicht zufällig folgt: Der Mund, das Jungfernhäutchen und die Brust repräsentieren als Partialobjekte jene Orte des weiblichen Leibes, die den Austausch mit der Welt und dem anderen Geschlecht regulieren. Ihnen nähert sich die Wissenschaft. Sie verkörpern Grenzpunkte zwischen dem Innen und dem Außen, Orte des Eindringens und Quellen der Entäußerung. Doch sie ver-

---

1 Freud, S. (1893). Quelques Considérations pour une étude comparative des paralysies motrices organiques et hystériques. GW I, S. 37-55, hier S. 50f.

2 Schneider, M. (1992). Liebe und Betrug. München, S. 369.

3 Peter Becker parallelisiert in seiner Arbeit über die »Physiognomie des Bösen. Cesare Lombrosos Bemühungen um eine präventive Entzifferung des Kriminellen« (in: C. Schmölders, 1996, Der exzentrische Blick. Gespräche über Physiognomik. Göttingen, S. 163-186.) die Tätigkeit des Kriminalanthropologen mit der des Jägers: »Sowohl Jäger als auch (Kriminal-)Anthropologen respektierten die körperliche Integrität ihrer Beute nicht. Erst das Zerstückeln des Körpers war das Signal für den erfolgreichen Abschluß der Arbeit. Dann erfolgte die Verarbeitung der Beute als Vorbereitung zum Verzehr beim Jäger, als Aufarbeitung für Forschung und Lehre beim Anthropologen.« Ebd., S. 169f.

4 Die kriminalanthropologische »Zerlegung« des männlichen Körpers sieht anders aus: Dort stehen Haut (Tätowierung) und Schädel des kriminellen Mannes im Vordergrund. Siehe dazu Becker (1996).

weisen auch auf ihre Möglichkeit, sich dem anderen zu verschließen, den Austausch von Säften, Affekten und Personen zu behindern. Potenz kann sich dann nicht entfalten. Der Austausch von Säften ist gesundheitsfördernd und lebenserhaltend, er befriedigt, zeugt, nährt. Aber er kann auch tödlich sein, Quelle der Kastration und der Infektion. Infektion verweist auf Verunreinigung und damit nicht nur auf das Gebot körperlicher, sondern auch moralischer Reinheit.[5] Die spezifischen Verunreinigungsvorstellungen stärken den Moralkodex, während die Verrechtlichungen diesen Sachverhalt geschlechtsspezifisch kodifizieren: Der Virginität der Frau steht die sexuelle Virilität des Mannes gegenüber.[6] Auf der symbolischen Ebene repräsentieren die Partialobjekte ein jeweils spezifisches Begehren des Betrachters, dem besondere Gefahren inhärent sind.

Die folgenden Kapitel zeigen, wie über den weiblichen Körper gesprochen wird; welche symbolische Bedeutung den Partialobjekten zukommt, welche kulturellen Dimensionen in ihnen aufgehoben sind und welche (Angst-)Phantasien auf welche Weise abgewehrt, aber auch erneut beschworen werden.

---

5 Vgl. Douglas, M. (1988). Reinheit und Gefährdung. Eine Studie zu Vorstellungen von Verunreinigung und Tabu. Frankfurt a.M.

6 Schneider (1992).

DER MUND

> Das Lippenrot ist die einzige Stelle vom ganzen menschlichen Körper, die eine ganze Schleimhautpartie offen zutage treten läßt. Dazu kommt, daß diese Stelle sogar in diesem Teil des Körpers gelegen ist, der einzig und allein von jeder Bekleidung frei geblieben ist, im Antlitz.[6]

Nicht nur im Feuilleton großer Tageszeitungen, sondern auch in wissenschaftlichen Archiven der Sexualwissenschaft, Psychoanalyse und Kriminologie findet sich zu Beginn unseres Jahrhunderts ein auffallendes Interesse an der Physiognomik und Pathognomik der Lippen und des Mundes. Während die Worte lügen, sagt der Körper die Wahrheit. Er spricht »stumm die beredteste Sprache«[7] der Zuneigung und Abneigung. Das Studium der Münder verspricht wahrhaftige Auskunft über die Beziehung zwischen den Menschen, vor allem zwischen Mann und Frau zu geben.

Der Mund gehört zweifellos zu den intimen Körperöffnungen und ist als einzige von ihnen unverhüllt. Seine Physiognomie variiert kultur- und vor allem geschlechtsspezifisch: Während die Lippen der Frau Sinnlichkeit symbolisieren, weich und blutgefüllt sind, repräsentieren männliche Lippen Entschlossenheit und Härte.[8] In der Choreographie der Annäherung verhalten sich die Geschlechter komplementär: Während weibliche Münder leicht geöffnet, erotische Bereitschaft signalisieren, zeigt der männliche Mund geschlossene Festigkeit und Entschlossenheit. Genau umgekehrt ist das dazugehörige Spiel der Augen: Während die Frau beim Küssen ihre Augen schließt, vergewissert sich der Mann ihrer Hingabe. Diese aufeinander bezogene, komplementäre Repräsentation – die sich wie eine Verschiebung von unten nach oben liest – spiegelt das herrschende Männer- und Frauenbild, in dem die daraus ableitbare Annäherung der Münder für beide Geschlechter kulturell unterschiedlich normiert und rechtlich codifiziert ist. Die Normierungen prägen die Mikrostrukturen von Pathologie und Devianz.

---

6 Sternberg, W. (1906). Der Kuß. Eine physiologisch-psychologische Skizze. In: Beiblatt »Der Zeitgeist« des »Berliner Tageblatts« vom 5. und 12. November 1906.

7 Sternberg (1906), 5.11.1996.

8 Siehe dazu Akashe-Böhme, F. (1995). Der Mund. In: Dies., Von der Auffälligkeit des Leibes. Frankfurt a.M., S. 26-35.

Oralität

Der Mund ist das Organ, mit dem die erste Aneignung der Welt geschieht. Dabei übernehmen die Lippen die taktilen Erkundungen außerhalb des Mutterleibes, während mit dem Mund die Nahrung und – im übertragenen Sinne – die Mutter einverleibt wird. Die orale Körperzone ist das Zentrum des frühen Triebgeschehens. Mithin stellen orale Bedürfnisse auch eine frühe Form erotischer Lust dar, auf die die weiteren Entwicklungsprozesse aufbauen. Librowicz[9] betont, daß sich aus der innigen Beziehung zwischen Mutter und Kind, durch das Saugen an der Mutterbrust, der Kuß entwickelt: »Es setzt das Kind seine Lippen an der Mutterbrust zuerst in Bewegung und so entsteht der erste Kuß und auch die Lust am Küssen.«[10]

Die Bedeutsamkeit der Oralität für die Libidoentwicklung gehört zum Wissensbestand der Jahrhundertwende. Psychoanalytiker[11] und Sexualforscher[12] betonen die Wichtigkeit des mit der Sättigung einhergehenden Lustgefühls, eben die lustvolle Befriedigung des Lebenstriebes durch die Brust und die wohlige Nähe zum Körper der Mutter.[13] »Der Kuß, der ja auch am Munde, am Anfang des Nahrungskanales, sich betätige, sei der Ausdruck dafür, die Geliebte ganz in sich aufzunehmen, vor ›Liebe zu essen‹.«[14] Die Verbindung zwischen Essen und Liebe[15], zwischen »Ernährung und Fortpflanzung«[16], verdichtet sich also in alltagssprachlichen Wendungen: Man liebt das Essen, hungert nach Liebe und hat den anderen »zum Fressen gern«. Scheuer assoziiert mit dem »physiologischen Sadismus des Bisskusses«[17] ein dem Tierreich entstammendes Erbe: »Stets läuft das liebeshungrige Männchen Gefahr, von dem viel größeren und stärkeren Weibchen gefressen zu werden, bevor es zur Vollziehung des Aktes selbst kommt.«[18] Der symbolische Gehalt dieser Phantasie über die Liebe der Spinnen verweist auf archaische Ängste vor der großen, starken Frau, der Mutter, in deren Macht es steht, anstelle der Lust den Tod zu bringen. Mit der Verbindung zwischen Essen und Liebe und mit der Einverleibung des begehrten Objekts deutet sich also eine Ambivalenz an. Daß

9 Librowicz, S. (1877). Der Kuss und das Küssen. Hamburg.

10 Librowicz zitiert nach Oskar Scheuer, der 1911 (S. 467) in der Zeitschrift »Sexual-Probleme. Zeitschrift für Sexualwissenschaft und Sexualpolitik« einen Beitrag mit gleichnamigem Titel »Der Kuß und das Küssen« (7. Jahrgang, S. 460-479) publizierte.

11 Neben Sigmund Freud auch Karl Abraham und später dann René Spitz, Margaret Mahler und Melanie Klein.

12 Insbesondere der von Freud inspirierte Sexualwissenschaftler Richard v. Krafft-Ebing.

13 Siehe dazu Anzieu, D. (1992). Das Haut-Ich. Frankfurt a.M.

14 Bloch, I. (1907). Das Sexualleben unserer Zeit. Berlin, S. 37.

15 Siehe dazu Kleinspehn, T. (1987). Warum sind wir so unersättlich? Frankfurt a.M., S. 399ff.

16 Siehe dazu Berner, E. (1909). Essen und Küssen. Eine natur- und sprachwissenschaftliche Studie. In: Sexual-Probleme, 5. Jg., S. 809-812. Auch Hans Gross beschäftigt sich in seiner »Criminalpsychologie« (1898, S. 412) mit dem Hunger und der Liebe, die »das Getriebe erhalten«.

17 Scheuer (1911), S. 468.

18 Scheuer (1911), S. 468.

> ...Verliebte, diesem gefährlichen Drang nachgebend, einander beißen, ist nicht bloß schon aus den Hexametern und Distichen der in der ›ars amandi‹ wohlerfahrenen Alten, sondern auch aus den Akten unserer Gerichtshöfe, Kranken- und Irrenhäuser bekannt. Die Gegensätze berühren sich. Der Trieb zur Fortpflanzung schlägt im Augenblick seiner höchsten Ekstase in sein Gegenteil um, in den zur Verletzung und Vernichtung des Geliebten.[19]

Der Umschlagpunkt von Liebe in Haß, von Zuneigung in Zerstörung, beschäftigt vor allem die Künstler der Jahrhundertwende und mit ihnen die Psychoanalytiker ebenso wie die Psychiater[20] und Kriminologen.[21] Entwicklungspsychologisch entspricht dieser Wechsel vom Saugen zum Beißen der von Karl Abraham vorgeschlagenen Differenzierung zwischen oraler und oral-sadistischer oder kannibalischer Phase, in der das Kind erstmals mit den Zähnen destruktiv auf die Außenwelt einwirkt und damit imstande ist, sein Objekt zu vernichten.

Der Vampirismus[22] – literarisches und frühes filmisches Genre[23] – thematisiert diesen oral-sadistischen Zusammenhang und nimmt damit jenen unheimlichen Aspekt auf, der sich der Ambivalenz von Liebe und Haß verdankt. Die bedrohliche Ambiguität erscheint in den belletristischen Verarbeitungen des 19. Jahrhunderts[24] in der Gestalt des Vampirs. Vampire sind Monster, sie kommen aus dem Dunkeln. Und wie Freud die Frauen dem »dark continent« zuordnete, sind die Vampire des 19. Jahrhunderts häufig schöne, junge Frauen, die an ihren Opfern Blut saugen[25]. Oft waren sie vormals selbst Opfer eines ansteckenden Vampirbisses. Die sexuelle Umdeutung der Vampir-Mythologie, in der die starke Anziehung zwischen Eros

19 Berner (1909), S. 810. In einer an das Zitat anschließenden Fußnote weist der Autor auf einen in Queensland üblichen Brauch hin, nach dem die eingeborenen Männer »gewisse Teile der Leiche einer jungen Frau oder eines Mädchens (verzehren, F.L.), um Verwandtschaft oder Zuneigung zu beweisen.« (Fußnote 2, S. 810).

20 Siehe dazu einen Hinweis von Iwan Bloch, der sich auf einen von Metzger referierten Fall bezieht, »wo ein Jüngling das geliebte Mädchen in der Hochzeitnacht tatsächlich ›anbiss‹ und zu verspeisen anfing. Wenn es sich auch in diesem Fall ohne Zweifel um einen Geisteskranken handelte, so wird jene Betätigung sadistischer Gefühle in leichteren Formen beim Küssen so oft beobachtet..« (Bloch, 1907, S. 37). Bloch weist in diesem Zusammenhang darauf hin, daß die Chinesen den europäischen Kuß als ein Zeichen von Kannibalismus betrachten.

21 Hans Gross (1898) schreibt in diesem Zusammenhang: »›Wenn dich eine Frau hasst, so hat sie dich geliebt, liebt dich oder wird dich lieben‹ – dies ist eine zuverlässige Regel für die vielen Fälle, in welchen uns der Hass eines Weibes Arbeit auf den Schreibtisch liefert.« (S. 476).

22 Im Volksglauben (vor allem Ungarns, Rumäniens, Griechenlands) sind Vampire Erscheinungen von Verstorbenen, die nachts ihrem Grab entsteigen und Lebenden das Blut aussaugen. Nach Gábor Klaniczay (1991, Heilige, Hexen, Vampire. Vom Nutzen des Übernatürlichen. Berlin) vereint der Vampir Merkmale aus fünf verschiedenen Kategorien von magischen Glaubensvorstellungen: Dabei handelt es sich um (1) Wiedergänger; (2) alp-ähnliche, nächtlich heimsuchende Geister; (3) Wesen von der Art der blutsaugenden Stryx; (4) Hexen aus slawischen und balkanischen Gebieten, die auch nach ihrem Tode Schaden anrichten; (5) Werwölfe, also Personen, die die Gestalt eines Wolfes annehmen, um Lebende anzufallen und zu verschlingen. Klaniczay (1991), S. 85.

23 Seit 1913 erscheint das Thema »Dracula« im Film (Murnau: 1922 bis Polanski: 1967).

24 Zum Beispiel bei E.T.A. Hoffmann, P. Mérimee, N. Gogol, A.K. Tolstoj.

25 Siehe dazu auch Praz, M. (1988). Liebe, Tod und Teufel. Die schwarze Romantik. München, S. 90ff.

und Thanatos aufgehoben ist, zeigt sich auch in Kleists Penthesilea, mit der eine Figur des weiblichen Vampirs geschaffen wurde. Obwohl in der Literatur des ausgehenden 19. Jahrhunderts viele weibliche Vampire auftauchen, bleiben die Nachfolger des Klassikers »Dracula« meist männlichen Geschlechts. Wie kommt das? Vieles deutet darauf hin, daß die Art und Weise der sexuellen Annäherung männlich konnotiert ist und daß die beißende, penetrierende Sexualität des Vampirs daher zwangsläufig als männlich aufgefaßt werden muß. Dieser männliche Aspekt bleibt auch dann erhalten, wenn er auf Frauen übertragen wird.[26] Der weibliche Vampir, der »Vamp«[27], ist also eine phallische Frau, ein Mannweib, das ungehemmt seiner sexuellen Begierde folgt: ein männliches, der Angstlust entsprungenes Phantasieprodukt.

In einem von Magnus Hirschfeld verfaßten Studienbuch für Ärzte, Kriminologen, Seelsorger und Pädagogen berichtet der Psychoanalytiker Craven, Assistent von Wilhelm Stekel, über einen Fall von »idealem Vampirismus«[28] bei einer Frau. Er greift dabei zurück auf Material aus der Analyse einer hysterisch-nervösen Sängerin und Tänzerin:

> Das Äußere der Patientin paßt zu der Atmosphäre, die sie so bildhaft beschreibt: sie ist schlangenähnlich, mit den Augen und Bewegungen von Reptilien. Mit anderen Worten: sie entspricht wirklich genau der Vorstellung von einem Vampir. Wir wollen nun die Höhle eines Vampirs betreten, sie erforschen und den dort gefangen gehaltenen Geist befreien. (...) Ihre Gedanken und Tagträume kreisen hauptsächlich um das Thema Blut; sie denkt und fühlt in blutigen Metaphern. Sie spricht von Blut als dem Symbol von Liebe, Haß, Ärger und Leidenschaft.(...) Sie saugt und schluckt gern Blut (...) Lieber als normalen Coitus hat sie Blutsaugen, speziell aus der Höhlung am Halsbein. (...) Sie fürchtet sich vor Fellatio, weil sie bei solchen Gelegenheiten den Drang verspürt, Penis und Hodensack abzubeißen. (...) Manchmal liebt sie ihren Gatten leidenschaftlich, das ist der Fall, wenn er ›nachgiebig wie ein Baby in den Armen‹ ist. (...) Sie möchte allzu gerne wissen, was sie täte, wenn ihr ein junges Mädchen in die Hände fallen und sich mit sanfter Unterwürfigkeit benehmen würde. Sie sagt, wörtlich: ›Zunächst würde ich ihre Brüste küssen...dann sie abreißen oder -beißen...und sie aufessen (...) ihr Blut an der einen Seite des Halses aussaugen.[29]

Cravens Beschreibung der Patientin zeigt Spuren einer spezifischen Gegenübertragung: Auch er stülpt – wie viele seiner Zeitgenossen – über die Realität weiblicher Sexualphantasien das bedrohliche Bild eines Vampirs, eines phantasierten Ungeheuers. Die metaphorische Beschreibung der Analyse als einer Befreiung der Patientin von dem ihr innewohnenden Vampir weist Ähnlichkeiten zur Teufelsaustreibung auf: Die vom Satan besessene Hexe soll durch religiöse Riten befreit

---

26 Klaniczay (1991), S. 93.
27 Der Vamp ist im Stummfilm ausgestattet mit den Eigenschaften eines weiblichen Vampirs.
28 Craven zitiert nach Hirschfeld, M. (1938). Geschlechtsanomalien und Perversionen. Paris, S. 526ff. Das Buch wurde von Hirschfelds Schülern und Mitarbeitern im Exil posthum veröffentlicht. Ein Großteil der Arbeiten, wie auch jene, auf die ich mich hier beziehe, lagen bereits als Original-Manuskript vor.
29 Craven zitiert nach Hirschfeld (1938), S. 527.

werden. Diese Art der Annäherung zeigt aber auch die Ängste vor kastrierenden Frauen. Mit dem Fortschreiten des Berichtes über die therapeutische Arbeit wird allerdings deutlich, daß statt einer individuellen und pathologischen Obsession die Beziehung zwischen einem ›schwachen‹ Mann und einer phallischen Frau der casus belli ist. Wie im literarischen Vampirismus geht das Grauen auch hier mit der Umkehr der Geschlechtsrollenstereotype einher.

Der dem 19. und beginnenden 20. Jahrhundert entsprungene Vampirismus ist eine kollektive Phantasie der Zeit, die eine auf oral-sadistische Elemente zurückgehende Angstlust repräsentiert; wobei die Form der Regression auf die Stärke der Angst verweist, die »die Männer auf frühere, vertrautere Formen libidinöser Beziehungen zurückgreifen läßt.«[30] Doch auch diese sind brüchig.

Entwicklungspsychologisch wird an dem Übergang von oraler zu oral-sadistischer Phase der Ambivalenzkonflikt zwischen Nähe und Distanz deutlich. Mißlingt die Autonomieentwicklung (durch frühe traumatische Versagung oder durch Verharren in der Symbiose), dann kann es zu Fixierungen kommen, deren Folgen in konflikthaften Objektbeziehungen wiederzufinden sind.

Die Ambivalenz »zwischen dem Wunsch nach Einheit und Nähe und dem Wunsch nach Zerstörung und Distanz«[31] läßt sich in den unbewußten Phantasien aufspüren, die in den wissenschaftlichen Schriften und literarischen Texten über das Küssen verborgen sind.

Die Paarung der Münder

> Gierig saugt sie seines Mundes Flammen, Eins ist nur im andern sich bewußt.[32]

Die Begegnung der Lippen im Kuß gilt in unserer Kultur als eine der größten Intimitäten, durch die die Trennung zwischen Personen und Geschlechtern aufgehoben, die Distanz überschritten wird: Der eine dringt in die persönliche Zone des anderen ein.

Iwan Bloch, der berühmte Sexualforscher, hat obiges Zitat als poetischen Ausdruck der geschlechtlichen Vereinigung von Mann und Frau für seine Arbeit über das Sexualleben seiner Zeit[33] ausgewählt. Erst im Weiblichen erkennt sich das Männliche, und erst dort bekommt das Andere seine Bestimmung. Die elementare Bedeutung dieses Zusammenspiels für die psycho-sexuelle Identität des Einzelnen sowie für die gesellschaftlich zentrale Geschlechterdifferenz zeichnet sich ab. Die Begegnung im Kuß verknüpft also nicht nur Erotik und Sexualität, sondern

30 Kleinspehn, Th. (1989). Der flüchtige Blick. Sehen und Identität in der Kultur der Neuzeit. Reinbek, S. 118.

31 Kleinspehn, Th. (1987). Warum sind wir so unersättlich? Frankfurt a.M., S. 403.

32 Goethe, J.W.

33 Bloch, I. (1907). Das Sexualleben unserer Zeit. Berlin.

stellt die Frage nach gegenseitiger Identitätssicherung und damit auch nach der Gefahr von Selbstauflösung im Zustand der Verschmelzung.

Zu Beginn unseres Jahrhunderts zeigen nicht nur Sexualwissenschaftler, sondern auch Psychiater, Psychoanalytiker und Kriminologen ein auffallendes Interesse am Küssen und am Kuß. Es scheint, als würde man an der Begegnung der Münder den Verkehr der Geschlechter studieren. Freud thematisiert im Kuß die Verschiebung von unten nach oben:

> Schon der Kuß hat Anspruch auf den Namen eines perversen Aktes[34], denn er besteht in der Vereinigung zweier erogener Mundzonen an Stelle der beiderlei Genitalien. Aber niemand verwirft ihn als pervers, er wird im Gegenteil in der Bühnendarstellung als gemilderte Darstellung des Sexualaktes zugelassen.[35]

Beim Kuß werden die Genitalien also durch andere Organe wie die Zunge und den Mund vertreten. Freud versteht diese Verschiebung im Sinne der Sexualverdrängung[36] und weist in »Die Traumarbeit« darauf hin, daß das weibliche Genitale durch den Mund symbolisiert wird[37]. Die Mundhöhle spielt eine zentrale Rolle in der Traumdeutung. Sie ist ein wesentlicher Topos in Freuds Traum vom 23. auf den 24. Juli 1895, der allgemein als der Initialtraum[38] der Psychoanalyse gilt. Der Traum beschäftigt sich mit einer Arzt-Patientin-Beziehung, in der der Träumer einer Frau namens Irma unter Vorwürfen die Mundhöhle untersucht und dort merkwürdige »krause Gebilde«[39] entdeckt. Die psychoanalytische Erforschung des »dark continent«[40] beginnt also mit einer Verschiebung von unten nach oben und damit vom Organischen zum Symbolischen.

Die alltagssprachliche Symbolisierung der Geschlechtsorgane hingegen bedient sich einer Verschiebung von oben nach unten, indem sie von Scham*lippen* und Mutter*mund*, von Hinter*backen* und von der vagina *dentata* spricht, jener horriblen Männerphantasie, die den Mann nach der Liebesnacht kastriert zurückläßt.

Den sprachlichen Verschiebungen von oben nach unten entspricht in der symbolischen Bedeutung des Kusses die Verschiebung von unten nach oben.[41]

---

34 Freud subsumiert mit gewisser Ironie den Kuß unter die Perversion, da dieser definitionsgemäß eine nicht-genitale Vereinigung von Partialobjekten darstellt.

35 Freud, S. (1916-17). Vorlesungen zur Einführung in die Psychoanalyse. GW XI, S. 333.

36 Freud, S. (1900a). Die Traumarbeit. In: Die Traumdeutung. GW II/III, S. 392.

37 Freud (1900a), S. 364, sowie Ders. (1916-17), Vorlesungen zur Einführung in die Psychoanalyse. GW XI, S. 158.

38 Bis heute versuchen sich Psychoanalytiker und Literaturwissenschaftler an Interpretationen dieses Initialtraumes.

39 Freud, S. (1900a). Die Methode der Traumdeutung. In: Die Traumdeutung. GW II/III, S. 112.

40 Freud, S. (1926b). Die Frage der Laienanalyse. Unterredungen mit einem Unparteiischen. GW XIV, S. 241.

41 Diese Verschiebung von unten nach oben findet sich bei dem Hals-Nasen-Ohrenarzt Wilhelm Fließ, dem engen Vertrauten Freuds, der davon ausging, daß die Nase sich ähnlich wie das Genitale verhielte, daß also die »nasalen Genitalstellen« der Frau mit der Menstruation einem Schwellkörper gleich anschwellen würden. Die Konstruktion, daß sich die Nase wie das Genitale verhielte und Nasenschwellungen auch ein Äquivalent zur Erektion darstellten, wurde auch in der Sexualwissenschaft (siehe dazu Scheuer, 1911, S. 478) der Zeit rezipiert. Zu welchen verheerenden medizinischen Folgen diese Annahme führte, ist in den Arbeiten über Fließ, Freud und

Hier gipfelt die Paarung der Münder[42] im Zungenkuß, den Näcke im Anschluß an Petermann als einen »symbolischen Koitus« bezeichnet.[43] Petermann, Jurist und Direktor der Gehe-Stiftung in Dresden[44], mit dem der Psychiater Näcke ausgiebig korrespondiert, scheint ein Kußexperte zu sein: Im Rückgriff auf Aristophanes, der den Anfang des Kusses im Cunnilingus sieht, meint Petermann, »daß er nichts ist als eine Modifikation des bei Tieren häufigen Beschnüffelns und Leckens der Geschlechtsteile ...«[45] Auch Darwin[46] bemerkte, daß z.B. Hunde ihre *Zuneigung* durch Lecken ausdrücken.

In seiner Auseinandersetzung mit »Neuere(n) Kußtheorien«[47] faßt Näcke seine Forschungen im »Archiv für Kriminalanthropologie und Kriminalistik« zusammen. Er kommt zu dem Ergebnis, daß dem Geruch im sexuellen Erleben eine große Rolle zukommt und daß das Beschnüffeln ein Vorläufer des Kusses ist:

> Und das Wunderbare ist, wie weitere Untersuchungen ergeben haben, daß gerade manche sexuell erregenden Wohlgerüche den Afterdrüsen gewisser Tiere entstammen (Moschus) oder in ihren chemischen Verbindungen gewissen Ausscheidungen der Genitalsphäre nahe stehen. Auch beim Mundkusse kommt die Nase in große Nähe der Haut, so daß hier wahrscheinlich neben dem taktilen Eindruck der Lippenschleimhaut auch der Geruch noch seine Rolle spielt. Ich möchte daher unter den verschiedenen Theorien entschieden der des Beschnüffelns als Urgrund des Kusses den Vorzug geben.[48]

---

die Patientin Emma Eckstein dokumentiert. Siehe dazu die Arbeiten von Schur, M. (1973). Sigmund Freud – Leben und Sterben. Frankfurt a.M.; Masson, J.M. (1986). Was hat man dir, du armes Kind, getan? Hamburg. Auch Freud beschäftigt sich im Traum von Irmas Injektion mit den entsetzlichen Folgen der Überweisung seiner Patientin Emma Eckstein an Fließ, der durch einen Operationsfehler ihren Tod riskierte.

42 Siehe dazu auch die Rezension der Publikation von Baudouin, M. (1905). Le Marachinage. In: Archives d'anthropologie criminelle de criminologie et de psychologie normale et pathologique, S. 853-854, in der sich der Autor ausgiebig mit dem »baiser buccal« als Paarung der Münder beschäftigt.

43 Näcke, P. (1906). Der Kuß bei Geisteskranken. In: Allgemeine Zeitschrift für Psychiatrie und psychisch-gerichtliche Medizin, Bd. 63, S. 106-127, hier S. 108. Es scheint, als spiegele sich in der Symbolik die in der infantilen Sexualtheorie enthaltene Vorherrschaft der erogenen Mundzone, nach der man durch einen Kuß ein Kind bekäme. Siehe dazu Freud, S. (1908b). Über infantile Sexualtheorien. GW VII, S. 185.

44 Die Gehe-Stiftung wurde nach dem Tod von Franz-Ludwig-Gehe (1810-1882), dem Inhaber einer großen pharmazeutischen Firma, gegründet. 1902 erhält die Stiftung den Rang einer Akademie. Den Dozenten der Gehe-Stiftung erkennt man den Professorentitel zu. Die Stiftungsbibliothek wird größte Bibliothek für Staatswissenschaften in Sachsen. In den ersten 15 Jahren besuchten ca. 106.000 Personen die regelmäßig angebotenen Vortragsreihen. Zielsetzung der Stiftung ist es, Bildungsmöglichkeiten für Kaufleute, Beamte, Gewerbetreibende und Arbeiter zu schaffen. Als Gastdozent referierte neben vielen anderen auch der Soziologe Georg Simmel.

45 Näcke korrespondiert mit Theodor Petermann (1835-1917). In seinem Beitrag im Archiv für Kriminalanthropologie und Kriminalistik (Bd. 16, 1904b, S. 355-357) über den »Liebeskuß« zitiert Näcke aus dem Briefwechsel (S. 356).

46 Darwin, Ch. (1872). Der Ausdruck der Gemütsbewegungen bei dem Menschen und den Tieren. Stuttgart; siehe dazu auch Berner (1909).

47 Näcke, P. (1908a). Neuere Kußtheorien. In: Archiv für Kriminalanthropologie und Kriminalistik, Bd. 29, S. 374-376.

48 Näcke (1908a), S. 376f.

Kußtheoretisch sieht Näcke noch einen anderen Zusammenhang zwischen ansaugendem Kuß und Koitus:

> Es liegt ... die Idee nahe, daß der Kuß vielleicht ursprünglich als Fixationsmittel am Körper während des Beischlafes diente, und dann leicht ein Symbol dafür ward: pars pro toto. Ist ja geradezu der wollüstige Liebeskuß ein langes und vehementes Ansaugen.[49]

In seiner Auseinandersetzung mit dem »Liebeskuß«[50] betont er die reale Verbindung zwischen oben und unten. Als Präliminarie zum Koitus habe der Kuß den Zweck, einen Zustand von »Tumeszenz«[51] hervorzurufen. Er greift auf ein Experiment des Italieners Gualino[52] zurück, das nunmehr auch positivistisch belegt, daß die Lippen erogene Zonen seien, »d.h. eine Stelle, deren Reizung reflektorisch Kongestionen nach den Genitalien und erotische Ideen erzeugt ...«[53]. Jahrtausendealtes Erfahrungswissen, längst umgangssprachlich tradiert, spricht in diesem Zusammenhang vom »wollüstigen Kusse, dem sinnlich saugenden, langanhaltenden (der Berliner nennt ihn sehr gut: Fünfminutenbrenner!), von wollüstigen, schwellenden Lippen.«[54] Aber besonders berüchtigt und von »Wollüstlingen bevorzugt ist der Zungenkuß, d.h. die Berührung der Zungenspitzen«[55] oder wenn man beim Küssen »die Zunge des anderen herauszieht«.[56]

Beim leidenschaftlichen Kuß – so betont Sternberger – findet wirkliches Saugen statt;

> denn der Liebeskuß benutzt nicht wie der gewöhnliche Kuß die Ausatmungsperiode, sondern die Einatmungsperiode. Shakespeare stellt daher ganz richtig das Küssen dem Ausreißen einer Pflanze gleich, die man mit der ganzen Wurzel, mit aller Gewalt herausziehen will. Nicht mit Unrecht spricht man daher auch von »tödli-

---

49 Näcke (1906), S. 109.

50 Näcke, P. (1904b). Der Liebeskuß. In: Archiv für Kriminalanthropologie und Kriminalistik, Bd. 16, S. 355-357.

51 Der englische Sexualwissenschaftler Havelock Ellis hat sich in seinem 1903 in deutsch erschienenen Buch über »Das Geschlechtsgefühl« (Würzburg) mit der Tumeszenz, der Gefäßerweiterung der Genitalien als Ausdruck geschlechtlichen Verlangens, auseinandergesetzt.

52 Gualino (1904). Il rifflesso sessuale nell' eccitamento alle labbra. In: Archivio di psichiatria, S. 341. In dem Experiment wurden mit einem Wollfaden die Lippen von Frauen und Männern gereizt. Anschließend wurden die Versuchspersonen nach ihren Phantasien und körperlichen Sensationen gefragt.

53 Näcke (1904b), S. 355.

54 Näcke (1904b), S. 355f.

55 Näcke (1904b), S. 355f.

56 Scheuer (1911), S. 462.

> chen Küssen«, die seit Dalila[57] als eine besondere Eigenheit des zarten Geschlechts gelten.[58]

Shakespeares Metaphorik vom Ausreißen einer Pflanze mit Stumpf und Stiel entspricht eher der von unten nach oben verschobenen Kastrationsangst als einer der Oralität entsprechenden Angst vor dem Verschlungenwerden.

In den Phantasien von den »tödlichen Küssen« taucht sie also wieder auf, die Ambivalenz zwischen Lust und Angst, zwischen dem Wunsch, Eins zu sein, und der Angst, verschlungen oder kastriert zu werden.

Du reizend Ungeheuer,
Neig her den schönen Leib!
Reich mir den Kelch von Feuer,
Du wunderbares Weib.

Willst Du mich küssen, drücken,
Werd' ich mich nicht entziehn,
Spür' ich in meinem Rücken
Den Dolch doch immerhin.

Wie salzlos wär' die Liebe,
Wie matt ihr Himmelsgold
Wenn sie aus Einem Triebe
Allein bestehen sollt'!

Da ist man erst gerühret,
Das ist der rechte Spass,
wenn Hass die Liebe schüret
Und Liebe schürt den Hass.[59]

Was Vischer, Baudelaire oder Heine in Sprache gossen, zeigten Klimt und Stuck in ihren Bildern: die küssende und mordende Sphinx.

Während die Literatur, die Malerei und das Theater die Sehnsucht nach Liebe mit dem Tod durch das Weib verknüpften und ästhetisierten, wurden in den wissenschaftlichen Archiven die kunstvoll schillernden Phantasieprodukte wie Abbilder sozialer Realitäten empirisch ausgelotet. Es liegt daher nicht fern, die wissenschaftliche Thematisierung des Kusses zu Beginn unseres Jahrhunderts auch als einen Versuch zu verstehen, den Geschlechter-Verkehr vor dem Hintergrund der sich ändernden Verhältnisse zwischen Mann und Frau neu zu vermessen. Mithilfe einer Phänomenologie des Küssens hoffte man, den Akteur und die Akteurin zu klassifizieren und anhand signifikanten Kußverhaltens wenn nötig zu

---

57 Dalila=Delila, die Geliebte Samsons, raubte ihm durch das Scheren der Haare seine Stärke, so daß er von seinen Feinden überwältigt und gefangengenommen werden kann. Dieser alttestamentarische Mythos war im 19. Jahrhundert Vorlage für eine Reihe von Theaterstücken, u.a. von Paul Heyse und Frank Wedekind. Siehe dazu auch Hilmes, C. (1990). Die Femme Fatale. Ein Weiblichkeitsmythos in der nachromantischen Zeit. Stuttgart; sowie Mayer, H. (1981). Judith und Dalila. In: Ders., Außenseiter. Frankfurt a.M., S. 31-169.

58 Sternberg (1906), 5.11.1906.

59 Vischer, F.T. (1918). Auch Einer. Eine Reisebekanntschaft. Stuttgart, S. 407.

pathologisieren. Dahinter könnten grundsätzliche Fragen nach der Beziehung der Geschlechter und der Sexualitäten stehen:

Haben sich im Zuge weiblicher Emanzipation und veränderter Sexualitäten Distanzverschiebungen ergeben? Finden die neu zu bestimmenden Grenzverläufe im Kußverhalten von Mann und Frau ihren Ausdruck? Oder läßt sich an der Phänomenologie und der Kuß-Pathologie Hysterie, Vermännlichung des Weibes oder Verweiblichung des Mannes feststellen?

Zur Phänomenologie des Küssens

Das wissenschaftliche Interesse am Kuß basiert darauf, daß er als eine Chiffre für Verborgenes angesehen wird, die es zu entziffern gilt. In seinem Handbuch für Untersuchungsrichter betont Hans Gross ausdrücklich: »Chiffriertes muß dechiffriert werden«[60]. Dazu bedarf es einer Phänomenologie der intimen Erscheinungsformen, die es erlaubt, dahinterliegende Strukturen zu erkennen.

> Phänomenologie ist die Lehre von den Erscheinungen überhaupt, somit in unserem Sinne die systematische Zusammenstellung jener äußeren Symptome, die von inneren Vorgängen bewirkt werden, also auch umgekehrt auf ihr Vorhandensein schließen lassen ... Unsere Phänomenologie (läßt) sich als normalpsychologische Semiotik darstellen.[61]

Eine Semiotik des Kusses verspricht also Hinweise auf innere Motive, das heißt auf Seelenzustände, zu liefern. Doch die Zeichen sind mehrdeutig. Sie können für Liebe, Freundschaft, Ehrerbietung, Friedensangebote oder für pure Leidenschaft stehen. Sie können wahrhaftig und verlogen, altruistisch und egoistisch[62] sein. Doch eine differenzierte, genaue und kontinuierliche Beschreibung des Kußverhaltens könnte – so glaubten die Autoren in der Tradition des Positivismus – Aufschluß über die Motive der Küssenden geben. Aber der Kuß läßt sich in concreto nicht so ohne weiteres studieren. Daher ist es naheliegend, das Kußverhalten an »Primitiven«, an Randgruppen, an Subkulturen oder an jenen zu studieren, die die psychiatrischen Anstalten bevölkern. Bereits Darwin hatte Geisteskranke studiert[63], deren Ausbrüche »stärkster Leidenschaft« sich unkontrolliert zeigten. Er war der Meinung, daß es sich dabei um »die Rückkehr zu früheren Arten nichtbeherrschten Ausdrucks« handelte. Das Studium der Regression im Ausdruck der Gemütsbewegungen erlaubt dann Aussagen über den Kuß des Zivilisierten, des Normalen und des Gesunden.

---

60 Gross, H. (1969). Handbuch für Untersuchungsrichter als System der Kriminalistik. II. Teil. München, S. 799.

61 Gross, H. (1898). Criminalpsychologie. Graz, S. 51.

62 Näcke, P. (1906). Der Kuß bei Geisteskranken. In: Allgemeine Zeitschrift für Psychiatrie und Psychisch-Gerichtliche Medizin, B. 63. Berlin, S. 106-127, hier S. 106.

63 Foucault (1977) beschreibt in »Überwachen und Strafen. Die Geburt des Gefängnisses« über den Forschungsvorteil der Zuchthäuser beim Sammeln wichtiger Beobachtungen an den Insassen.

Kuß-Pathologie

Küsse lassen sich unterscheiden nach den gewählten Objekten[64], den Motiven und den vom Küssenden bevorzugten Körperzonen[65]. Sie liefern Anhaltspunkte für Normalität und Pathologie.

Im »Archiv für Kriminalanthropologie und Kriminalistik« findet sich 1911 eine kleine Mitteilung zum Pygmalionismus, der »Statuenliebe«[66], die auch Hinweise auf die Pathologie des Kusses gibt. Der Autor bezieht sich auf einen Tagebucheintrag des jungen Flaubert aus dem Jahre 1850, der für ihn zum Gegenstand psychiatrisch-kriminologischen Nachdenkens wird. Flaubert kommentiert in seinem später veröffentlichten Werk ein Erlebnis in der Villa Carlotta am Comer See. Dort hatte er – wie er nicht ohne Ironie erzählt – die marmorne »Psyche« von Canova leidenschaftlich geküßt:

> ...das letzte Mal habe ich die zu Tode erschöpfte Frau, die dem Amor ihre beiden langen Statuenarme hinstreckt, unter die Achselhöhle geküßt. Und ihr Fuß! ihr Kopf! ihr Profil! Man verzeih mir's: aber das war seit langem mein erster sinnlicher Kuß. Es war noch etwas mehr. Ich umfing die Schönheit selbst. Der Genius – ihm galt meine glühende Gier. Ich fiel her über die Form, fast ohne zu bedenken, was sie darstellte. Erklärt sie mir, ihr Bureaukraten der Ästhetik, ordnet sie ein in euer System, wischt Eure Brillengläser gut ab und sagt mir, warum das mich beseligt.[67]

Und der kriminologisch interessierte Psychiater antwortet ernsthaft:

> Der Vorgang ist klar genug. Flaubert hat sich in die schöne Psyche verliebt und sie schließlich in sinnlicher Glut, wie er selbst eingesteht, geküßt und wahrscheinlich dabei sogar eine Pollution gehabt. Auch daß er sie unter die Achselhöhle küßte, nicht im Gesicht, ist erschwerend und zeigt einen raffinierten, perversen Liebhaber an.[68]

Perversion und Pathologie des Küssens erweisen sich also durch das gewählte Objekt, das Motiv und die bevorzugte Körperzone: Das Liebesobjekt ist unbelebt, der Kuß wird am »falschen« Ort plaziert und als Motiv wird Flaubert eine unbeherrschbare Erregung unterstellt. Damit scheint er als pervers überführt zu sein.

War das Sexualobjekt eines Mannes ein anderer Mann, so vermutet man ein spezifisches Kußverhalten. Die Hoffnung der Forscher zielt also auf den Kuß als

---

64 Mann oder Frau, Kind oder Erwachsener, Verwandter oder Fremder, Geliebter oder Freund, gleichgeschlechtliches oder andersgeschlechtliches, totes oder lebendiges Objekt.

65 Mund auf Mund = Liebe / Mund auf Wange = Freundschaft, Bruderkuß, Frieden / Mund auf Hand = Ehrerbietung / Mund auf Fuß = Demut gegenüber dem Papst / Mund auf After = Hexen- und Teufelskuß. Die Erfassung über das Objekt und die Körperzone findet sich auch schon in Freuds Theorie der Perversion.

66 Näcke, P. (1911). Zur Statuenliebe. In: Archiv für Kriminalanthropologie und Kriminalistik, Bd. 45, S. 178.

67 Näcke (1911), S. 178.

68 Näcke (1911), S. 178.

Referenz einer Perversion, in diesem Fall der Homosexualität. Näcke[69] betont in seiner Arbeit über den Kuß des Homosexuellen, daß diese gegenüber Heterosexuellen häufig den Zungenkuß praktizieren. Er ersetze die innige Vereinigung, die zwischen Männern nicht möglich sei. Daher habe der Zungenkuß den Stellenwert eines Ersatz-Koitus. Näcke zitiert in seinem Beitrag im »Archiv für Kriminalanthropologie und Kriminalistik«[70] aus dem Briefwechsel mit einem erfahrenen, »vertrauenswürdigen« Homosexuellen:

> Ich habe eine ziemlich große praktische Erfahrung mit Homosexuellen aus allen möglichen Völkern, und mir sind nur zwei bekannt geworden, die den Zungenkuß perhorreszierten ... Zum Sexualakte gehört für mich der Zungenkuß dazu ... Meine Erklärung für das häufige Vorkommen des Zungenkusses beim Homosexuellen ist nun folgende: Es ist beim homosexuellen Geschlechtsakte nicht die Möglichkeit für die intensive Vereinigung vorhanden, wie bei Mann und Weib, – wohl aber der Wunsch danach. Und dieser Wunsch findet in einem Kusse seinen Ausdruck, der nicht nur in einer flüchtigen Berührung der Körper besteht. Aus demselben Grunde ist wohl die Häufigkeit des Cunnilingus bei Homosexuellen zu erklären ... Beim Zungenkusse spielen sicher sehr oft sadistische Momente mit. Ich weiß aus eigener Erfahrung ... daß beim Zungenkusse auch die Zähne mit in Aktion treten.[71]

Und fünf Jahre später schreibt Näcke im gleichen Journal noch einmal über den Zungenkuß, »über diese ekelhafte und sexuell höchst erregende Art des Kusses«[72]. Hier zeigt sich nun die Ambivalenz zwischen Ekel und Erregung, zwischen Anziehung und Abstoßung, die auch ein Hinweis auf latente Motive dieser wissenschaftlichen Beschäftigung sein könnte.

Die Beschäftigung mit der Kußpathologie ist im wesentlichen eine Auseinandersetzung mit dem Kußverhalten von Männern. In seinem Beitrag über den »Kuß bei Geisteskranken«[73] formuliert Näcke als Motiv der Beschäftigung mit der »psychologisch interessanten Handlung«: Ihn interessiere, inwieweit der Kuß dem »egoistische und altruistische Gefühle«[74] zugrundelägen, sich im Laufe einer Erkrankung verändern würde. Seine Fallbeispiele sind allesamt Berichte über unangemessenes, abnormes Kußverhalten männlicher Patienten, das er minutiös protokolliert und übergenau, fast zwanghaft bis zur »wahren Kußmanie« beschreibt.

> 6. Juli. Heute aufgeregt im Garten, sprang über die Beete nahm den Leuten den Hut weg und wollte sie küssen. Beim Gartenfest küßte er einen und bekam Schläge ... 9. Juli. Stürzte im Garten auf alle los, um sie zu küssen, auch wiederholt auf den Arzt ... 10. Juli. Wer ihm zu nahe kommt wird geküßt oder zu küssen versucht,

69 Näcke, P. (1904c). Der Kuß Homosexueller. In: Archiv für Kriminalanthropologie und Kriminalistik, Bd. 17, S. 177-178.

70 Näcke (1904c), S. 177.

71 Näcke (1904c), S. 177.

72 Näcke, P. (1909). Beiträge zum »Zungenkuß«. In: Archiv für Kriminalanthropologie und Kriminalistik, Bd. 34, S. 347-348.

73 Näcke, P. (1906). Der Kuß bei Geisteskranken. In: Allgemeine Zeitschrift für Psychiatrie und Psychisch-Gerichtliche Medizin, Bd. 63. Berlin, S. 106-127.

74 Näcke (1906), S. 106.

> auch besuchende Fremde. Befragt, warum? Eine Stimme sage es. Woher? Von Gott und seiner Braut Franziska ... 11. Juli. Weniger geküßt. Steht viel auf der Stelle, nachdenklich ... 12. Juli. Weniger geküßt. Legte sich ein paar Mal auf die Diele ... 13. Juli ... Hat heute früh ½11 bis abends zum Schlafengehen 39 mal geküßt ... 14. Juli. Fing gleich früh zu küssen an, im ganzen von früh 6 bis ½8 Uhr 22 mal, auch auf dem Saale, wo viele da waren. Bis Mittag ließ er mit Küssen nach ... Küßte heut im ganzen 32 mal. 15. Juli (Warum küssen sie immer?) »Das hat mir der Geist gesagt, daß ich das tun soll«. Im ganzen heute 15 mal geküßt. 16. Juli ... 11 mal geküßt. 17. Juli. Erst nachmittags geküßt. 24 mal, meist einen Greis im Garten, der es sich ruhig gefallen ließ ...[75]

Vor dem Hintergrund des herrschenden Männlichkeitsideals ist der Verlust der Affektkontrolle ein Zusammenbruch des von Männern geforderten Steuerungsvermögens. Ungerichtete Affekt- und Triebdurchbrüche weisen darauf hin, daß die Schutzvorrichtungen versagen, mittels derer der Kulturmensch seinen Gefühlsausdruck kontrolliert.[76]

Es verwundert daher nicht, daß im Fokus seiner Auswertung des Fallmaterials die geschlechtliche Orientierung der Patienten besonders hervorgehoben wird. Nahezu allen Berichten liegt die Matrix geschlechtsspezifischer Sexualitäten zugrunde, und in nahezu allen Fällen wird Homosexualität bzw. Bisexualität konstatiert. Es scheint, als wären in dem Ausdrucksverhalten psychiatrischer Patienten alle Grenzen verwischt und die Geschlechtsidentitäten der Männer unklar.

Näcke unterscheidet nun in seiner Phänomenologie nach »Hauptmotiven« folgende Kußarten bei Geisteskranken:

> 1. den Freundschaftskuß, ohne sexuellen Hintergrund: wohl nur bei Frauen oder höchstens bei männlichen Idioten; 2. den sexuellen Kuß, der vom normalen sich nicht abhebt; 3. den homosexuellen Kuß; 4. den imperativen, auf Grund eines Befehls durch eine Stimme erfolgend; 5. den durch eine Wahnidee oder Sinnestäuschung ausgelösten; 6. den impulsiven Kuß nach Zwangsvorstellungen oder ohne solche; und endlich 7. den mehr rein automatischen Kuß.[77]

Näcke betont, daß der von ihm an zweiter Stelle genannte sexuelle Kuß derjenige ist, der sich vom normalen nicht abhebt, also im Normbereich liegt. In einer dazugehörigen Fußnote konkretisiert er seine Vorstellung von Normalität: »Auf den Frauenabteilungen ist der Kuß oder der Versuch dazu dem Arzte gegenüber bekanntlich nichts Seltenes.«[78] Diese Form des Verlustes weiblicher Affektkontrolle wird nicht als Pathologie erfaßt, sie liegt im Normbereich. Selbstbeherrschung ist schließlich Sache des Mannes und nicht der Frau. So gesehen, steht der Kontroll-

75 Näcke (1906), S. 115ff. berichtet von einem 26jährigen Steuerakzessisten, der die polytechnische Hochschule besuchte. Er kam wegen depressiver Angstzustände in die Klinik, hatte keinerlei »Krankheitseinsicht«, aber eine »Schreibwut«. Bis zum 15. Nov. werden täglich die Küsse gezählt, sie nehmen sukzessive ab, bis der Patient das Küssen gänzlich aufgibt.

76 Gilman, S.L. (1996). Charles Darwin und die Wissenschaft. In: R. Campe & M. Schneider, Geschichten der Physiognomik. Freiburg, S. 453-471.

77 Näcke (1906), S. 111.

78 Näcke (1906), Fußnote 1, S. 111.

verlust des Mannes im Zeichen einer drohenden Verweiblichung, der sich der Psychiater Näcke nur mit Mühe erwehren kann:

> Am 18. Februar 1905 stürzte sich förmlich abends bei der Visite ein stark halluzinierender demens praecox auf mich (er lag zu Bett); nahm heftig meine rechte Hand und saugte sich an den Ringen des vierten Fingers fest, ja so fest, daß nur Gewalt ihn davon abbringen konnte. Auf die Frage, weshalb er das täte, sagte er: ›Die Ringe gefallen mir gut.‹[79]

Der wissenschaftliche Gehalt dieser kleinen Episode mag dürftig sein – Näcke findet kein psychologisches Motiv –, auf der symbolischen Ebene regt sie allerdings zu Phantasien an: Man fragt sich, ob sich die homosexuelle »Entgleisung« an einem prominenten Symbol heterosexueller Ordnung, dem Ehering des Arztes, vollzieht.

Die Studien der Kuß-Pathologie dienten auch der Gefahrenabwehr – der Abwehr von Gefahren, die bei Auflösung klarer und eindeutiger Geschlechterdifferenz drohen. Der Psychoanalytiker Alfred Adler hat in diesem Zusammenhang die besondere Bedeutung des Mundes hervorgehoben, wenn er warnt:

> Perverse Sexualerfahrungen oder Phantasien, bei denen der Mund (...) die Rolle des Sexualorgans spielt, helfen den Unterschied zwischen Mann und Frau verwischen und können zur Fixierung gelangen.[80]

Dem entgegenzuarbeiten, könnte ein verborgenes Motiv der Beschäftigung mit dem Mund und dem Kuß gewesen sein.

---

79 Näcke (1906), S. 125.

80 Adler, A. (1910). Der psychische Hermaphroditismus im Leben und in der Neurose. In: Fortschritte der Medizin, Bd. 28, S. 486-493, hier S. 492.

DAS JUNGFERNHÄUTCHEN

Im Handwörterbuch der Sexualwissenschaft[81] schreibt Max Marcuse unter dem Stichwort »Hymen: Jungfernhäutchen«[82] einen Beitrag, der deutlich werden läßt, in welchem Maße der weibliche Körper kulturell codiert ist, wie diese Codierung das Verhältnis der Geschlechter kontrolliert und welche rechtlichen Normierungen die Beziehung regeln:

> Das »Jungfernhäutchen (ist) die Schleimhautfalte, die im Regelfalle beim jungfräulichen Weibe den Scheideneingang verschließt oder doch so verengt, daß nur unter ihrer Verletzung das männliche Glied eindringen und die Kohabitation vollzogen werden kann.[83] Daher gilt im allgemeinen die Beschädigung des Hymens als Beweis für schon erfolgten Geschlechtsverkehr, seine Unversehrtheit andererseits als Beweis für die bewahrte Jungfräulichkeit. Der anatomische Tatbestand und die Schlußfolgerungen, die er zu erlauben scheint, sind (...) von außerordentlicher Bedeutung für die praktische Regelung und die wissenschaftliche Deutung der Geschlechterbeziehungen, insofern dem erstmaligen Koitus des Weibes ein *natürliches Hindernis* gesetzt wird, das nur gewaltsam beseitigt werden kann und somit von *Natur* aus eine *Unterscheidung* zwischen dem jungfräulichen und dem nicht-mehr-jungfräulichen Weibe ermöglicht wird, während beim *Manne* ähnliche Sachverhalte nicht bestehen.[84]

Das Jungfernhäutchen wird zur »natürlichen« Begründung der Doppelmoral herangezogen, als habe es den »Zweck«, die Jungfräulichkeit eines Weibes zu erweisen.[85] Als Einrichtung der Natur garantiert der Hymen, quasi teleologisch, die Keuschheit der Frau vor der Ehe, gewissermaßen als physiologischer Garant der Unberührtheit für eine In-Besitz-Nahme durch den späteren Ehemann.

Der vorehelichen Sexualität des Mannes steht nichts im Wege, während sexuelle Erfahrungen der Frau mit physiologisch nachweisbarer Beschädigung einher-

---

81 Marcuse, M. (1926a). Handwörterbuch der Sexualwissenschaft. Enzyklopädie der natur- und kulturwissenschaftlichen Sexualkunde des Menschen. Bonn, S. 289-293.

82 Marcuse (1926c), S. 289-293.

83 Iwan Bloch bezieht sich in seiner Untersuchung über »Das Sexualleben unserer Zeit« (Berlin, 1907) auf eine Hypothese Metschnikoffs, die den »ursprünglichen Zweck des Jungfernhäutchens« damit erklärt, »daß die Menschen während der ersten Periode ihrer Existenz die geschlechtlichen Beziehungen in einem sehr jugendlichen Alter beginnen mußten, zu einer Zeit, wo das äußere Geschlechtsorgan des Knaben noch nicht ganz entwickelt war. Das Jungfernhäutchen war also hier nicht nur kein Hindernis der Begattung, sondern ermöglichte eigentlich erst durch die Verengung der weiblichen Geschlechtsöffnung und Anpassung derselben an das relativ kleine männliche Glied den Geschlechtsgenuß. Es wurde also damals nicht brutal zerrissen, sondern allmählich erweitert. Sein Zerreissen stellt nur eine späte unnd sekundäre Erscheinung dar.« Ebd., S. 14.

84 Marcuse (1926c), S. 289.

85 Siehe dazu den kritischen Beitrag von Stechow, E. (1911). Zur Biologie des Hymens. In: Sexual-Probleme, 7. Jahrgang, S. 314-319.

gehen, die moralisch als Verunreinigung gebrandmarkt wird und den Marktwert der Frau zu senken droht. Die Ächtung weiblicher Erfahrung macht die Frauen erfinderisch und die Männer mißtrauisch. Die »Demi-Vierge« ist eine typische Kompromißbildung jener Zeit, in der eine physische Intaktheit der Virginität mit gleichzeitiger moralischer Verdorbenheit einhergeht. Die sexuelle Ehrbarkeit im anatomischen Sinne ist also ein Täuschungsversuch.[86]

Doch Jungfrauen sind offensichtlich nicht nur für zukünftige Ehemänner von Interesse, sondern die Lust an der Defloration scheint sich zur Jahrhundertwende als besonderes Vergnügen des Mannes zu etablieren.

Aber die Liebe zu ganz jungen Mädchen – jenseits jeglicher Heiratsabsichten – ist tabuisierter Bestandteil der Doppelmoral und das wissenschaftliche Interesse daran offenbar anstößig. Denn warum sonst erfordert die Beschäftigung des Vaters der Sexualwissenschaft Iwan Bloch mit der Jungfrauenliebe der Männer ein Doppelleben als anerkannter Wissenschaftler und Verfasser bzw. Herausgeber erotischer Schriften?[87] Unter dem Pseudonym Eugen Dühren berichtete er aus dem London der Jahrhundertwende[88] über das florierende Geschäft von Institutionen, die sich der »künstlichen Restaurierung der verlorenen Virginität«[89] junger Mädchen annehmen. Die »patched up girls« oder »geflickten Jungfrauen« beschäftigen die Öffentlichkeit und – wie wir später sehen werden – auch den Kriminologen und Juristen.

---

86 Siehe dazu Marcuse, Stichwort »Demivierge« im Wörterbuch der Sexualwissenschaft, 1926b, S. 78-83. Er entwickelt dort, nach Motiven geordnet, diverse Typen: die »infantilistische«, »sadistische«, »metatropische« und »rationalistische« Demivierge.

87 Der Dermatologe Iwan Bloch (1872-1922) stellt erstmals ein Konzept für die Etablierung einer eigenständigen Sexualwissenschaft vor, deren Begriffsprägung auch auf ihn zurückgeht. Bloch integrierte in sein Verständnis der Sexologie – über die Medizin und Biologie hinaus – die Geschichtswissenschaft und Anthropologie. Dieser interdisziplinäre Zugriff eröffnete sexualwissenschaftliche Perspektiven, die es erlaubten, z.B. das Konzept der »sexuellen Degeneration« erkenntniskritisch zu hinterfragen. Iwan Bloch bemühte sich in seiner »scientia sexualis« (Foucault, M., 1986. Sexualität und Wahrheit. Bd. 1: Der Wille zum Wissen. Frankfurt a.M., S. 67-95) um objektivierbares Wissen, das im Gegensatz zur »ars erotica« stand, also jener erotischen Literatur, die die Gemüter erregte. Er hält die kontrollierte, sittlich empfindende Natur des Forschers für den wichtigsten Garanten der Wissenschaftlichkeit bei der Erforschung der Sexualität und wettert gegen die der Öffentlichkeit zugänglichen Schriften eines Marquis de Sade: »Man kann die obszönen Schriften, mit Giften der Natur vergleichen, die ja auch genau studiert werden müssen, aber nur denen anvertraut werden, die ihre schädlichen Wirkungen genau kennen, beherrschen und paralysieren können...« (Bloch, I., 1907. Das Sexualleben unserer Zeit, S. 79f.) Umso erstaunlicher ist, daß er gleichzeitig unter dem Pseudonym Eugen Dühren »Neue Forschungen über den Marquis de Sade und seine Zeit« (Berlin, 1904) publiziert. Der Sexologe schreibt, wie wir sehen, über den weitgehend unbekannten, da zu jener Zeit polizeilich verbotenen Marquis de Sade und trägt damit zur Verbreitung seiner Schriften bei, gegen deren Veröffentlichung er sich immer aussprach: Zum Doppelleben des Dr. Bloch und Mister Dühren kam noch ein weiteres: Er schrieb auch unter dem Pseudonym Alfred Hagen.

88 Dühren, E. (1901, 1903). Das Geschlechtsleben in England. Mit besonderer Beziehung zu London. Bd. 1 und 2. Berlin.

89 Näcke, P. (1903). Einiges zur Frauenfrage und zur sexuellen Abstinenz. In: Archiv für Kriminalanthropologie und Kriminalistik, Bd. 14, S. 41-57, bezieht sich auf Näcke, P. (1904a). Berichtigung bzgl. der »patched up girls«. In: Archiv für Kriminalanthropologie und Kriminalistik, Bd. 15, S. 116.

Die intakte Virginität ist zu Beginn des 20. Jahrhunderts ein überaus geschätztes Kulturgut. Sie bestimmt nicht nur den Wert der Braut, sondern gilt als Garant für das zukünftige Glück eines Paares und für den Fortbestand herrschender Kultur.

Freuds »Tabu der Virginität«

Diese Wertschätzung der Virginität ist auch für Freud Ausgangspunkt seiner theoretischen Beschäftigung und rhetorischer Angelpunkt seines Staunens über das der Kultur seiner Zeit so entgegengesetzte »Tabu der Virginität«[90] im Sexualleben primitiver Völker.

Während in unserer Kultur – so beginnt Freud seinen dritten Beitrag zur Psychologie des Liebeslebens[91] – die hochgeschätzte Defloration einer Jungfrau durch den Ehegatten dessen Inbesitznahme besiegelt, während sich durch ihn bei ihr ein »Zustand der Hörigkeit (einstellt), der die ungestörte Fortdauer ihres Besitzes verbürgt und sie widerstandsfähig macht gegen neue Eindrücke und fremde Versuchungen«[92], hat die Defloration bei den primitiven Völkern einen ganz anderen Stellenwert. Sie ist zwar dort ebenfalls ein bedeutungsvoller Akt, aber als solcher Gegenstand eines Tabus, eines Verbots. »Anstatt sie dem Bräutigam und späteren Ehegatten des Mädchens vorzubehalten, fordert die Sitte, daß dieser einer solchen Leistung ausweicht«[93], ja daß die Zerstörung des Hymen keinesfalls Aufgabe des Ehemannes ist, sondern durch auserwählte Männer und Frauen oder durch eigens dafür vorgesehene Phallusnachbildungen[94] zu erfolgen hat. Daß ein Mann »einer solchen Leistung ausweicht«, erstaunt den Zeitgenossen der Jahrhundertwende, für den die Defloration das Glück lebenslanger Abhängigkeit, Hörigkeit und Treue der Frau verheißt und darüber hinaus »unentbehrlich zur Aufrechterhaltung der kulturellen Ehe und zur Hintanstellung der sie bedrohenden polygamen Tendenzen«[95] ist. Offensichtlich folgt das Tabu der Virginität einer anderen Einschätzung der Entjungferung und ihrer Folgen.

Tabus – so Freud – werden immer dort errichtet, wo der Primitive Gefahren fürchtet[96]; sie dienen der kollektiven Angstabwehr. Doch welche Ängste werden durch das Tabu kontrolliert? Folgen wir Freuds Erklärungen, so stoßen wir auf

---

90 Freud, S. (1918). Das Tabu der Virginität. GW XII, S. 159-180.

91 Freud, S. (1910b). Über einen besonderen Typus der Objektwahl beim Manne. Beiträge zur Psychologie des Liebeslebens (I). GW VIII, S. 65-77; Ders., (1912), Über die allgemeinste Erniedrigung des Liebeslebens. Beiträge zur Psychologie des Liebeslebens (II). GW VIII, S. 78-91; Ders., (1918). Das Tabu der Virginität. Beiträge zur Psychologie des Liebeslebens (III). GW XII, S. 159-180.

92 Freud (1918), S. 161.

93 Freud (1918), S. 163.

94 Freud (1918), S. 175.

95 Freud (1918), S. 162.

96 Freud (1918), S. 168. Freud analogisiert im Verlauf seiner Argumentation die Angstabwehr des Primitiven mit der des Neurotikers.

nicht gänzlich Unvertrautes: Die Defloration ist eine blutige Angelegenheit, und ebenso wie die Angst der Männer vor dem monatlichen Blutfluß im Tabu der Menstruation gebändigt wird, wird das Tabu der Virginität gegen die Angstquelle des Blutvergießens errichtet. Die Blutscheu der Primitiven verweist auf die Abwehr archaischer Mordlust. Freuds zweite Erklärung zielt auf die Angst(bereitschaft) selbst: Sie zeigt sich am stärksten bei jenen Gelegenheiten, »die irgendwie vom Gewohnten abweichen, die etwas Neues, Unerwartetes, Unverstandenes, Unheimliches mit sich bringen ...«[97]. Und, so folgert er, »der erste Sexualverkehr ist gewiß ein bedenklicher Akt, um so mehr, wenn bei ihm Blut fließen muß«.[98]

Doch das Tabu der Virginität bezieht sich nicht nur auf die Angst vor dem ersten Koitus, sondern verweist auch – so Freuds dritte Erklärungshypothese – auf die allgemeine Angst des Mannes vor der Frau, vor der Schwächung durch den Sexualverkehr an sich. Daher werden dem Tabu rituelle Regeln an die Seite gestellt, die die sexuellen Begegnungen zwischen Mann und Frau kulturell verankern. In all diesen Vermeidungsvorschriften äußere sich »eine prinzipielle Scheu vor dem Weibe«. Vielleicht, so resümiert Freud, »ist diese Scheu darin begründet, daß das Weib anders ist als der Mann, ewig unverständlich und geheimnisvoll, fremdartig und darum feindselig erscheint.«[99] Dem Tabu läge offenbar die Absicht zugrunde, »gerade dem späteren Ehemann etwas zu versagen oder zu ersparen, was von dem ersten Sexualakt nicht loszulösen ist«.[100] Und er kommt zu dem Ergebnis, daß an all dem nichts ist, »was veraltet wäre, was nicht unter uns weiter lebte«[101], ja, daß der Primitive sich mit dem Tabu gegen eine durchaus richtig geahnte, wenn auch psychische Gefahr verteidige.

Doch wie gehen Freud und seine Zeitgenossen mit diesen Gefahren um, wenn sie ganz offensichtlich jene schützenden Tabus aufgegeben haben? Wie sehen die Ängste des männlichen Kulturmenschen aus, der die Virginität nicht tabuisiert, sondern idealisiert? Welche Abwehrmechanismen stehen ihm zur Verfügung?

So sehr sich diese Fragen beim Lesen des Textes aufdrängen, so wenig werden sie mit den Antworten zu verbinden sein, die Freud gibt.

Der Text über »Das Tabu der Virginität« ist eigenwillig von einem Bruch durchzogen. Er präsentiert sich in zwei Hälften: In der ersten thematisiert Freud das Tabu des Primitiven als Angstabwehr des Mannes vor der Frau; in der zweiten unternimmt er den Versuch, eine tiefere Erkenntnis über das Tabu anhand der Reaktion der zeitgenössischen Frau[102] auf die Defloration zu Tage zu fördern.

97 Freud (1918), S. 167.

98 Freud (1918), S. 167.

99 Freud (1918), S. 168.

100 Freud (1918), S. 169f. Die von Freud angenommene (im »Tabu der Virginität« aufgehobene und abgewehrte) Ambivalenz von Glück und Leid verdankt sich offensichtlich der Annahme, daß die Ehe eine transkulturelle und zeitlich invariante Institution ist. Wie sonst ließe sich das Tabu mit dieser Absicht unterfüttern?

101 Freud (1918), S. 168.

102 Interessant ist in diesem Zusammenhang, daß Freud die weibliche Reaktion auf die Defloration gewissermaßen konstant setzt, d.h. von der Annahme ausgeht, daß die Frau der Jahrhundertwende nicht anders reagiert als die Angehörige einer »primitiven Kultur«.

Der zweite Teil des Beitrags beschäftigt sich also mit den Folgen der Defloration: mit der Enttäuschung der Frau über den desillusionierenden ersten Liebesakt und mit der aus der Verletzung hervorgegangenen Frigidität der Frau. Sie sei Reaktion nicht nur auf die physische Schmerzzufügung seitens des Mannes, sondern auch auf die damit verbundene narzißtische Kränkung, »die aus der Zerstörung eines Organs erwächst, und die in dem Wissen um die Herabsetzung des sexuellen Wertes der Deflorierten selbst eine rationelle Vertretung findet.«[103] Unvermeidbar sei dabei die Erinnerung an die eigene Penislosigkeit. Sie sei Quelle des weiblichen Neides und daher auch des aggressiven Wunsches, den Mann zu kastrieren.

Freud berichtet aus einer Analyse:

> Vor einiger Zeit gab mir ein Zufall Gelegenheit, den Traum einer Neuvermählten zu erfassen, der sich als Reaktion auf ihre Entjungferung erkennen ließ. Er verriet ohne Zwang den Wunsch des Weibes, den jungen Ehemann zu kastrieren und seinen Penis bei sich zu behalten. [...] Hinter diesem Penisneid kommt nun die feindselige Erbitterung des Weibes gegen den Mann zum Vorschein, die in den Beziehungen der Geschlechter niemals ganz zu verkennen ist und von der in den Bestrebungen und literarischen Produktionen der ›Emanzipierten‹ die deutlichsten Anzeichen vorliegen.[104]

Doch die Feindseligkeit der hysterischen ›Emanzipierten‹ ist nicht nur Ausdruck des Penisneides, wie mir scheint, sondern auch Ergebnis weiblicher Abwehr gegen die vom Mann so hoch geschätzte Hörigkeit und Passivität der Frau, gegen die als weibliche Tugend gefeierte Verknüpfung von Lust und Unterwerfung. In der Sicht Freuds allerdings schadet sich die Frau durch die Auflehnung und Emanzipation letztendlich selber, denn mit der nach außen gewandten Aggressivität gegen den Mann geht die nach innen gewandte, selbstzerstörerische Frigidität einher.

Freud greift auf Material aus eigenen Analysen von Patientinnen zurück und diskutiert ausgiebig die ursächlich mit dem ersten Geschlechtsverkehr verknüpfte Sexualstörung des Weibes. Die Thematisierung der männlichen Angst ist nun aus dem manifesten Text verschwunden, sie hat sich in die theoretische Konstruktion des »weiblichen Kastrationswunsches« verflüchtigt und verschiebt damit den Fokus auf die Frau. Die Erörterung der weiblichen Pathologie gewinnt an Eigendynamik: In der editorischen Vorbemerkung betonen daher die Herausgeber, daß der Text »auch eine Diskussion des klinischen Problems der Frigidität der Frau« enthält, die quasi das »Gegenstück zu der Untersuchung über die Impotenz des Mannes im zweiten Beitrag der Folge«[105] darstellt.

Verschiebt man diesen zweiten Beitrag Freuds zur Psychologie des Liebeslebens »Über die allgemeinste Erniedrigung des Liebeslebens« in den Kontext seines Beitrags über »Das Tabu der Virginität«, dann bekommt man eine Antwort auf die Frage nach der spezifischen Angst des Kulturmenschen: Es ist die Angst des

103 Freud (1918), S. 173.
104 Freud (1918), S. 176.
105 Editorische Vorbemerkung zum »Tabu der Virginität«. In: Freud, S. (1982). Studienausgabe, Bd. V. Frankfurt a.M., S. 212.

Mannes vor der Kastration durch die Frau, d.h. vor der durch sie provozierten Impotenz. Der Mann Freud zieht es vor, statt sich mit der männlichen Angst zu konfrontieren, die Position hinter der Couch einzunehmen, um sich von dort aus mit den pathologischen Reaktionen der Frau zu beschäftigen.

Doch wenn die Frigidität eine pathologische Reaktion auf die Defloration ist, die diese »archaische Reaktion von Feindseligkeit«[106] gegen den Mann entfesselt, dann muß der Mann den Kastrationswunsch der Frau fürchten, wie die obige Traumdeutung Freuds und die von ihm in den Zeugenstand gerufene Hebbelsche Tragödie »Judith und Holofernes«[107] nahelegen.

Dort köpft Judith den Mann, von dem sie defloriert wurde.

Sie tötet ihn aus Rache für die Schmerzzufügung, die Enttäuschung und die Mißachtung[108] ihrer Selbstbestimmung. Und da Köpfen als »symbolischer Ersatz für Kastrieren bekannt«[109] ist, wie Freud anmerkt, nimmt der von ihm interpretierte Traum der Neuvermählten eine fast Hebbelsche Gestalt an. Helmut Kreuzer weist in seiner Interpretation der Tragödie darauf hin, daß Hebbel ausdrücklich betont hat, »daß er mit *Judith* die Absicht verfolgt habe, der Frauenemanzipation entgegenzuwirken.«[110], also jener Entwicklung, die auch Freud im Rahmen der oben zitierten Traumdeutung mit den Vorzeichen der Pathologie versehen hat.

Folgt man Freuds Argumentation, so kann die mit dem Glücksversprechen für den Mann verbundene Defloration also auch mit einem Unglück für ihn enden: wenn die von der geschlechtlichen Vereinigung enttäuschte Frau sich gegen ihn aufzulehnen beginnt. Die weibliche Emanzipation konfrontiert den Mann also auch mit der Angst vor der Kastration.

Schützte das *Deflorationsverbot des Mannes* den Primitiven nachhaltig vor der Kastrationsangst, so erstreckt sich das Tabu der Modernen auf das *voreheliche Sexualitätsverbot der Frau*. Kennzeichnete das Tabu des Primitiven einen heiligen Akt, der durch ein ungeschriebenes Gesetz dem Zugriff des Profanen verboten war, so schützt sich der Moderne durch die Codifizierung eines männlichen Deflorationsanspruchs. Der Fokus verschiebt sich: vom Sakralen auf das Profane, vom Kollektiv auf den Einzelnen, vom Mann auf die Frau, vom Verbot zum Anspruch.

---

106 Freud (1918), S. 179.

107 Friedrich Hebbels Tragödie »Judith« (1841) hatte eine große Wirkung auf die bildende Kunst des ausgehenden 19. und beginnenden 20. Jahrhunderts gehabt. Die bildnerischen Umsetzungen des fin de siècle waren, anders als die konkretistischen Interpretationen des Barock, eher nüchtern bis ornamental. Siehe dazu auch Kapitel I dieser Arbeit.

108 Siehe dazu Kreuzer, H. (1973). Die Jungfrau in Waffen. Hebbels ›Judith‹ und ihre Geschwister von Schiller bis Sartre. In: J. Günther (Hg.), Untersuchungen zur Literatur als Geschichte. Festschrift für Benno von Wiese. Berlin, S. 371ff.

109 Freud (1918), S. 178.

110 Kreuzer (1973), S. 374.

Verrechtlichungen

Die Abwehrformen der Zeitgenossen Freuds sind also denen des »Primitiven« entgegengesetzt, sie sind quasi kontraphobisch organisiert:

Um die Jahrhundertwende wird die Jungfräulichkeit und das ausdrückliche Recht des Bräutigams auf die Unberührtheit der Frau als unverzichtbares Kulturgut des Mannes mit dem Gesetz verteidigt. 1926 noch schreibt der Jurist Friedrich Traumann im Handwörterbuch der Sexualwissenschaft: »Daß die Braut virgo intacta sei, wird von der herrschenden Gesellschaftsmoral und der Rechtssprechung für den Regelfall gefordert«[111].

Der § 1300 BGB, nach dem die »unbescholtene Braut bei grundlosem Rücktritt des verlobten Mannes, wenn sie diesem die Beiwohnung gestattet hat, auch für den nicht meßbaren Schaden, der eben in der Befleckung der Geschlechtsehre liegt, ›eine billige Entschädigung in Geld verlangen kann‹«[112], versucht diese Verletzung juristisch zu regeln, denn schließlich ist »durch den Geschlechtsverkehr das Mädchen juristisch ›entehrt‹, in ihrem Marktwerte vermindert.«[113]. Dieser »Deflorationsanspruch«[114] der Frau – so der Jurist Traumann – steht der »unbescholtenen« Braut zu.[115] Die gesetzliche Regelung des dem Verlöbnisvertrag inhärenten Tausches von körperlicher Hingabe gegen materielle und soziale Sicherheit generiert also im Falle des Vertragsbruchs Rechtsfolgen, die nicht nur die vom Mann abhängige Frau schützen, sondern ebenso die Beziehungsmodalitäten und den Deflorationsanspruch des Mannes sichern sollen. Daher ist der Begriff des »Deflorationsanspruches der Frau« doppelzüngig, denn er verkehrt den Anspruch auf Schadensersatz semantisch in einen Anspruch der Frau auf Defloration. Der begrifflich eingefangene Widerspruch scheint mir ein Spiegel der Doppelmoral zu sein. Was als Rechtsanspruch der Frau auftritt, symbolisiert vor allem den hohen Wert weiblicher Keuschheit für den Mann, der über die Unberührtheit der Frau sich der Nicht-Existenz eines »Vorbesitzers« versichern kann. Denn die Forderung, so Freud,

> das Mädchen dürfe in die Ehe mit einem Mann nicht die Erinnerung an einen anderen mitbringen, ist ja nichts anderes als die konsequente Fortführung des aus-

111 Traumann, F.E. (1926b). Stichwort »Verlöbnis«. In: M. Marcuse (Hg.), Handwörterbuch der Sexualwissenschaft, 2. Auflage. Bonn, S. 793.

112 Die Entschädigung in Geld wird in der deutschen Rechtssprache auch »Kranzgeld« genannt. Traumann (1926a), Stichwort »Geschlechtsehre«, S. 221. Siehe dazu auch Fuld (1911). Die Jungfräulichkeit im geltenden deutschen Recht. In: Sexual-Probleme, 7. Jahrgang, S. 455-460. Bis heute sieht der Gesetzgeber das »Kranzgeld« im Falle eines Rücktritts vor.

113 Marcuse (1926d), Stichwort »Jungfernschaft«, S. 320.

114 Traumann (1926b), Stichwort »Verlöbnis«, S. 794.

115 Der Begriff »Unbescholtenheit« ist nicht gleichbedeutend mit dem Begriff (physiologischer) »Jungfräulichkeit«. Er ist insofern weiter gefaßt, als er die (moralische) Dimension der »Reinheit der Geschlechtsehre« mit einschließt.

> schließlichen Besitzrechtes auf ein Weib, welches das Wesen der Monogamie ausmacht, die Erstreckung dieses Monopols auf die Vergangenheit.[116]

Daher gilt die Keuschheit »... als Hauptpflicht des weiblichen Geschlechts und (...) die physische Reinheit der Braut (wird) als erste Forderung und höchstes Recht des Bräutigams angesehen.«[117]

Der Wert der Frau bemißt sich an ihrer Unberührtheit. Im Stand der Unschuld hat sie keine Vergangenheit, keine Geschichte. Es gibt keine Erinnerungsspuren eines anderen Mannes, keine sich zwangsläufig etablierenden Konkurrenzverhältnisse, keine Unruhe unter den Männern. Sie ist ein unbeschriebenes Blatt, in das sich der zukünftige Ehemann unvergleichlich, jenseits jeder Konkurrenz, angstfrei einschreiben kann.

Virginität als Fetisch

In dem Drama »Die Büchse der Pandora« läßt Wedekind seine Protagonistin Fanny, nachdem sie von ihrem Freier wegen fehlender Virginität verschmäht wird, sagen:

> Deswegen also bin ich jetzt nichts mehr?! Das also war die Hauptsache an mir?! Läßt sich eine schmachvollere Beschimpfung für ein menschliches Wesen ersinnen? – als deswegen, um eines solchen Vorzugs willen geliebt zu werden?! —- Als wäre man ein Stück Vieh.[118]

Was die Frau als Reduktion auf einen nahezu animalischen Status erlebt, nämlich als »Virgo« zum entindividualisierten Objekt männlichen Begehrens zu werden, scheint für den »modernen« Mann eine ähnliche Funktion zu haben wie das Tabu für den Primitiven: Denn die Verdinglichung reduziert ebenso wie das kollektive Verbot die Angst des Mannes vor der Frau. Als pars pro toto wird die weibliche Virginität zum Fetisch, der an die Stelle des begehrten Objekts tritt. Als Glücksbringer hat er für den Einzelnen eine ähnliche Funktion wie das Tabu für das Kollektiv: Er dient dem Mann als Schutz vor drohender Kastration.[119]

---

116 Freud (1918), S. 161.

117 Marcuse (1926d), S. 320.

118 Frank Wedekind zitiert nach Kraus, K. (1929). Literatur und Lüge. Wien, S. 9. Karl Kraus eröffnet 1905 die Aufführung des Wedekindschen Dramas mit einleitenden Worten.

119 Seit 1905 (b) (Drei Abhandlungen zur Sexualtheorie) lassen sich in Freuds Werken verschiedene Stränge seiner Fetischismustheorie finden. (1907: Der Wahn und die Träume in W. Jensens ›Gradiva‹; 1909 (c): Bemerkungen über einen Fall von Zwangsneurose; 1910 (a): Eine Kindheitserinnerung des Leonardo da Vinci.) Im März 1910 (Jones, E. 1984. Sigmund Freuds Leben und Werk. Bd. II. München, S. 362f.) hält Freud in der Wiener Vereinigung einen Vortrag »Über einen Fall von Fußfetischismus«, in dem er jenen Schlüsselgedanken entwickelt, der grundlegend für seine Fetischismustheorie ist: der Fetisch dient als Schutz vor Kastrationsangst, ausgelöst durch die Erkenntnis, daß die Mutter kastriert sei. In den späteren Arbeiten 1927 (Der Fetischismus) und 1938 (Die Ich-Spaltung im Abwehrvorgang) kommen die Schlüsselbegriffe der Verleugnung (der weiblichen Kastration) und der Spaltung hinzu.

Das Fetisch-Objekt ist entindividualisiert, ein »kategorielles Objekt«, ein »Prototyp«[120]. Ohne Eigenleben ist es eine Schöpfung des Fetischisten, die an die Stelle des angstauslösenden Objekts getreten ist. Das fetischisierte Objekt unterliegt somit ausschließlich seiner Kontrolle. Béla Grunberger hat in seinem »Versuch über den Fetischismus« vor allem den analen Charakter des Fetisch herausgearbeitet, der sich sowohl in der Bedeutung des ökonomischen Aspekts männlichen Besitzanspruches auf eine »virgo intacta« als auch in der als Leistung codierten männlichen Potenz zur Defloration[121] gezeigt hat. Im Konzept der Analität kommt also den Dimensionen Beherrschung, Ordnung, Leistung und Kontrolle eine besondere Bedeutung zu.

Wie wichtig die Kontrolle der Virginität ist, zeigt sich zu Beginn des 20. Jahrhunderts an verschiedenen gesetzlichen Bestimmungen: So sieht das preußische Feuerbestattungs-Gesetz[122] in seinen Ausführungsbestimmungen vor, »daß weibliche Leichen vor der Einäscherung auf ihre Jungfräulichkeit hin untersucht werden sollen«[123], d.h., daß in der amtsärztlichen Bescheinigung über die Todesursache, wenn ein Verbrechen ausgeschlossen werden kann und ein natürlicher Tod festgestellt worden ist, routinemäßig »der Befund einer Virginität (...) zu erwähnen« sei. Diese Ausführungsbestimmung kann sich daher »nur auf die eines natürlichen Todes verstorbenen unverheirateten Frauen beziehen«[124]. Die Vertreterinnen der Internationalen Abolitionistischen Föderation protestieren gegen diesen Erlaß und richten sich 1911 in einer Resolution an den preußischen Minister des Innern, dieses unsinnige Gesetz ersatzlos zu streichen.

Worum also geht es in dieser gesetzlichen Vorschrift? Begründet wurden die Anordnungen im § 7 der »Vorschriften für die Ausführung der ärztlichen Leichenschau zwecks Feuerbestattung«:

> Bei der Besichtigung der Leiche hat der beamtete Arzt überall den Hauptzweck der Leichenschau – Verhütung der Verschleierung einer strafbaren Handlung, durch die der Tod herbeigeführt worden ist – im Auge zu behalten und alles, was diesem Zwecke dient, genau und vollständig zu untersuchen.[125]

Die Frage, ob eine unverheiratete Frau ihre Jungfräulichkeit verloren habe oder nicht, sei – wie die Vertreterinnen der Internationalen Abolitionistischen Föderation einwandten – »vom Standpunkt der Kriminalistik völlig gleichgültig«. Sie argumentieren zu Recht, daß der Arzt nur mit Hilfe persönlicher Angaben der Patientin in der Lage sei, festzustellen, »ob Defloration oder Verletzung durch

120 Grunberger, B. (1988). Versuch über den Fetischismus. In: Ders., Narziß und Anubis. Bd. I. München, S. 135.

121 Freud (1918), S. 163.

122 Gesetz, betr. die Feuerbestattung vom 14. Sept. 1911, sowie Erlaß des Minister des Innern, betr. die Ausführungsanweisungen zum Feuerbestattungsgesetz, vom 29. Sept. 1911. In: G.A. Grotefend (1912) (Hg.), Preussisch-deutsche Gesetzessammlung 1802-1911. Bd. VII. Düsseldorf.

123 Zitiert nach Papritz, A. (1912). Feuerbestattung und Virginität. In: Der Abolitionist, 1, S. 6f.

124 Papritz (1912), S. 6.

125 Grotefend (1912), S. 1007.

ärztlichen Eingriff oder durch eine sonstige äußere Veranlassung« stattgefunden habe. Dem Zweck der obigen Vorschrift, der Aufdeckung eines Verbrechens, sollte ohnehin nicht gedient werden, denn es geht bei der »Abfassung der amtsärztlichen Bescheinigung über die Todesursache«[126] darum, den »Befund einer Virginität«[127] generell, also jenseits jeder spezifischen Todesursache als statistisch relevante Größe zu erwähnen.

Warum also war es wichtig festzustellen, ob die verstorbene unverheiratete Frau unberührt war?

Dem manifesten Text läßt sich keine Antwort entnehmen, die Hinzunahme des kulturellen Kontextes allerdings erlaubt vorsichtige Deutungen: Geht es vielleicht um die Kontrolle jener Frauen, die sich Zeit ihres Lebens männlicher Liebe entzogen haben, die die Virginität als Lebensform gewählt haben; also jene Gattung »skandalöser alter Jungfern«[128], deren Unberührtheit als beängstigendes Rätsel einerseits als Defizit, als Stigma des »Unvollkommenen«, entwertet wird, während andererseits diese Unabhängigkeit für den Mann anziehend und gleichzeitig bedrohlich ist? Die ungebundene Frau löst Ambivalenzen aus und damit auch die Frage nach der Reichweite des männlichen Zugriffs. Als autonomes Subjekt markiert sie die Grenze des Fetisch und verweist damit auf den drohenden Verlust seiner magischen Kraft; denn die Virginität entzieht sich dort ihrer Fetischisierung und Kontrolle, wo sie unabhängig vom Mann die Entscheidung eines Subjekts darstellt, eben keine kunstvolle Schöpfung des Fetischisten ist. Die selbstbestimmte Enthaltsamkeit ist in diesem Zusammenhang keineswegs eine weibliche Tugend, sondern vor allem Ausdruck »männlichen Protests«, also einer – wie Freud[129] in Anknüpfung an Adler betont – gewissen Grausamkeit gegenüber dem Manne. Dieser neue Frauentypus, »der die sexuelle Ehre nicht aus moralischen Gründen aufgeben, sondern nicht vom Mann besiegt sein will«[130], weist auf eine andere Seite der Virginität hin, auf die sich dem Mann verweigernde Jungfräulichkeit. In ihrer entschiedenen Ablehnung entflammt sie nicht das männliche Begehren wie die Jungfrau, deren Zurückhaltung unter dem Zeichen der Verführung steht. Ganz im Gegenteil, sie löst mit ihrer »zölibatären« Bestimmtheit Angst und Aggressivität aus. Daher verwundert es nicht, daß bereits im Titel eines Beitrags des Kriminologen Hans Gross »Über die kriminalistische Bedeutung der ›alten Jungfer‹«[131] ein Zusammenhang zwischen weiblicher Rollenverletzung und Kriminalität angedeutet wird. In seinen Ausführungen dokumentiert sich das Mißtrauen gegenüber Frauen, die sich den gesellschaftlichen Rollenerwartungen und damit dem biologischen Auftrag entziehen: Sie gelten als lügenhaft und we-

126 Grotefend (1912), S. 1007.
127 Grotefend (1912), S. 1007.
128 Lilienthal, E. (1911). Die skandalösen alten Jungfern. In: Sexual-Probleme, S. 389f.
129 Freud (1918), S. 175.
130 Jassny, A. (1911). Zur Psychologie der Verbrecherin. In: Archiv für Kriminalanthropologie und Kriminalistik, Bd. 42, S. 99.
131 Besprochen in der Zeitschrift »Sexual-Probleme«, 7. Jahrgang, 1911, S. 150f. Gross, H. (1898). Criminalpsychologie. 1. Auflage. Graz, S. 436ff.

gen ihrer meist höheren Bildung und »Civilisation« als männlich und unberechenbar.[132]

Der Berliner Gynäkologe und Psychotherapeut Wilhelm Liepmann weist in seinem Lehrbuch zur »Gynäkologische(n) Psychotherapie«[133] darauf hin, daß sich die »›alte Jungfer‹ und die Hysterische«[134] durch »hypobulische« Zustände auszeichnen, ja daß ihr Bewußtsein durch heftige Affekte zeitweilig getrübt sei. Trotz dieser – für unser heutiges Empfinden – entwertenden Tonlage, distanziert sich Liepmann von jenen Kollegen, die hinter ihrer medizinischen Inaugenscheinnahme und ihrem gynäkologischen Eindringen in den sich männlicher Sexualität verweigernden Frauenkörper nur notdürftig ihre sadistischen Impulse verbergen können. Liepmann berichtet von einem angesehenen Gynäkologen, »der mit besonders konstruierten Instrumenten ernsthaft in einer bekannten ärztlichen Gesellschaft empfahl, den Fluor der Jungfrauen intrauterin mit Ätzflüssigkeiten zu behandeln...«[135] Er kritisiert dieses Verfahren als einen »unnötigen und schweren, die Psyche verletzenden Eingriff« und folgert, daß die unnötige gynäkologische Behandlung von Virgines häufig das Schlüsseltrauma zur Entstehung einer Frigidität darstellt. Damit rückt Liepmann, ähnlich wie Freud, die Beziehung zwischen Mann und Frau ins Zentrum der kausalen Erklärung: Die »Gefühlskälte« der Frau sei das Ergebnis eines durch den Mann induzierten Traumas.

Daß diese Ansicht weniger populär war, liegt auf der Hand. Entlastender ist die individuelle Pathologisierung, in der die frigide Frau nicht nur eine vom »männlichen Protest« (Adler) gekennzeichnete, falsche meist hysterische Frau ist, sondern auch eine unfruchtbare Frau, die ihre biologische Potenz nicht ausgeschöpft hat. Diesen »alten Jungfern« gilt im Volksmund der Spott[136]; ihre Ehelosigkeit und Unfruchtbarkeit wird reichlich mit entwertenden Bildern aus der Natur symbolisiert: der Brachvogel als verwandelte alte Jungfer, »weil der jungfräuliche Körper dem Brachfeld gleicht«[137], die Jungfrau als unfruchtbarer Acker oder als alte Wiese (»Altwis« = alte Jungfer). Die Unfruchtbarkeit wird gar mit dem Zustand des Todes gleichgesetzt, »dem die alten, der Welt ›abgestorbenen‹ Jungfern eigentlich schon im Leben verfallen sind, sowie auch Heide und Wüste ›tot‹ genannt werden«[138]. Den Verstorbenen werden zur »Strafe für ihre Mißachtung der natürlichen Triebe«[139] bestimmte Aufenthaltsorte fernab der anderen Toten zugewiesen. In Luzern ziehen als häßliche alte Weiber verkleidete junge Burschen zu den Häusern von alten Jungfern und nageln einen Strohmann an ihr Haustor. Stroh gilt als Zeichen des Winters und der Unfruchtbarkeit. In Mün-

132 Gross (1898), S. 438.
133 Liepmann, W. (1924). Gynäkologische Psychotherapie. Ein Führer für Ärzte und Studierende. Berlin; Ders. (1920). Psychologie der Frau. Berlin.
134 Liepmann (1924), S. 100.
135 Liepmann (1924), S. 118.
136 Siehe dazu Tobler, L. (1883). Die alten Jungfern im Glauben und Brauch des deutschen Volkes. In: Zeitschrift für Völkerpsychologie und Sprachwissenschaft. Berlin, S. 64-90.
137 Tobler (1883), S. 73.
138 Tobler (1883), S. 76.
139 Tobler (1883), S. 68.

chen – so kann man in einem Beitrag von Tobler 1883 lesen – wird vor die Türen verstorbener Jungfrauen ein Strohwisch gelegt. Auf diese Weise wird der Status der Frau öffentlich angezeigt, so wie später im Feuerbestattungsgesetz die Virginität statistisch erfaßt wird.

In den Arbeiten der französischen Sozialanthropologin Francoise Héritier findet sich ein für unseren Zusammenhang interessanter Hinweis auf den posthumen rituellen Umgang der Samo von Obervolta[140] mit jungfräulichen, also unfruchtbaren Frauen. Der Ritus dient der nachträglichen Beseitigung einer beängstigenden Unordnung und gibt auch eine mögliche Richtung für die Interpretation der fraglichen Bestimmung des Feuerbestattungsgesetzes an.

Die Irritation der Samo ergibt sich – ähnlich der westlicher Kulturen – aus der Störung des Dualismus von Männlichkeit und Weiblichkeit und der daran geknüpften sozialen Ordnung. Die an sie gebundene Zuschreibung von komplementären Eigenschaften allerdings variiert kulturell. So ist ein Charakteristikum der symbolischen Lebens- und Weltordnung der Samo, daß der Mann dem Warmen und die Frau dem Kalten zugeordnet ist.[141] Betrachten wir den Hintergrund des Rituals etwas genauer:

Die Jungfrau und die unfruchtbare Frau entziehen sich einer klaren Zuordnung. Ihr Zustand verdankt sich im Denken der Samo *immer* dem bösen Willen, der Feindseligkeit oder übernatürlichen Kräften. Als unvollkommenem Subjekt kommt ihr ein besonderer Status zu: Sie ist Zeit ihres Lebens im (warmen) Zustand der Kindheit geblieben. Während die schwangere Frau Sperma, Blut und Wärme sammelt, in dem das Kind entsteht, speichert die unfruchtbare Frau ihr eigenes Blut, ohne es abzugeben. Ihr weibliches Schicksal ist also noch nicht »hervorgetreten«, »ihre Hüften sind noch nicht gebrochen«[142]. Bei ihrem Tode wird sie daher nicht wie eine Frau geehrt, sondern erfährt eine besondere rituelle Operation, die ihr die Hüften bricht: »Man stößt durch ihren Rücken, in Höhe des Beckens, einen zugespitzen Stab aus Holz, der keine Früchte trägt.«[143] So »erfährt ihr Leib, der zu nichts nutze war, der nie den Schmerz des Gebärens, das durch diesen Schmerz aufgewühlte Becken gekannt hat, diesen Schmerz nach seinem Tod«[144].

---

140 Héritier, F. (1978). Die Übertragung der Begriffe Fruchtbarkeit und Unfruchtbarkeit auf den Bereich der Ideologie im vorwissenschaftlichen Stadium. In: E. Sullerot & O. Thibault (Hg.), Die Wirklichkeit der Frau. Verlag Steinhausen, S. 468-481.

141 »Das Gleichgewicht zwischen dem Warmen und dem Kalten zu sichern durch Vermittlung der Personen, die die beiden gegensätzlichen Prinzipien verkörpern, ist notwendig, um die harmonische Wiederkehr der Jahreszeiten, den dörflichen Frieden und den Zusammenhalt zu garantieren«. (Héritier, 1978, S. 473) Auch in unserer Kultur finden sich übrigens Spuren dieser Dichotomie zwischen warm und kalt, die mit der Unterscheidung von männlich und weiblich legiert sind. Sie zeigen sich in den Metaphern der Volkssprache und verweisen auf dieses unbewußte Substrat: »Die Frau ist frigide, der Mann ist ein hitziger Kerl, die sterile Frau ist eine trockene Frucht« (Héritier, 1978, S. 481).

142 Die erste Regelblutung heißt tyi yu = gebrochene Hüften, Héritier (1978), S. 476.

143 Héritier, (1978), S. 476.

144 Héritier, (1978), S. 476.

Die unfruchtbare Frau wird posthum penetriert und symbolisch defloriert. Die Operation, die ihr »die Hüfte bricht«, stellt also die Ordnung wieder her: Sie entzieht dem Körper, bevor er kalt wird, den Wärmeüberschuß, den er hätte verlieren sollen, aber nie verloren hat.

> Über diese Wiederherstellung der Lebensordnung hinaus ist es eine Wiederherstellung der Weltordnung, um die es hierbei geht. Wenn man der Frau die Hüften bricht, damit der Wärmeüberschuß frei wird, kann sie normal erkalten im Innern der Erde, die auch warm ist; so werden die unheilvollen Auswirkungen auf die menschliche Umgebung durch ein Aufeinanderlegen von warm auf warm vermieden. In dem Augenblick, in dem die (unfruchtbare F.L.) Frau (...) ohne diesen Eingriff beerdigt wird, ist sie eine Art Vampir, der voll Blut ist und nur langsam erkaltet: das Leben wohnt weiter in ihr, denn das Blut ist Träger des Lebens. Es geht darum, sie an einer Rückkehr zu hindern, bevor sie endgültig in die Stadt der Toten eingeht, voll mit bösen Absichten gegenüber fruchtbaren und besonders gegenüber schwangeren Frauen, die sie eifersüchtig mit in den Tod nehmen will.[145]

Die Frau, die ihrer biologischen Bestimmung entsagt hat, ist eine gefährliche Frau, nicht nur für die Kultur der Samo. Als Repräsentantin »weiblicher Anomalie« befindet sie sich in einer unglücklichen Lage, weil sie als Nicht-Frau gewissermaßen zum Mann wird. Bei den Samo von Obervolta erhalten diese Frauen als Zeichen ihrer Unweiblichkeit einen hölzernen Phallus und die europäischen alten Jungfern einen Strohwisch. Sie werden zur Wiederherstellung der Ordnung gekennzeichnet wie jene unverheirateten Frauen der Jahrhundertwende durch das Feuerbestattungsgesetz.

So erlaubt die Vorschrift der Feststellung einer Virginität dem Mann das, was ihm das Leben verweigert hat: die ungestörte Annäherung an das unabhängige, angstmachende »phobogene Objekt«. Symbolisch gesprochen wird auch die Verstorbene der Jahrhundertwende posthum »penetriert«. Sie wird im Totenschein für immer gekennzeichnet, entindividualisiert, zum »kategoriellen Objekt«, zum »Prototyp«. Durch die Feststellung der Unordnung wird die Ordnung symbolisch wiederhergestellt.

Wie wir gesehen haben, ist die Bedeutung der Virginität niemals eindeutig, immer ambivalent. Als kollektives, weiblich akzeptiertes Keuschheitspostulat ist sie ein Glücksversprechen für den Mann, ein unverzichtbares Kulturgut, als Chiffre weiblicher Unabhängigkeit hingegen löst sie Unsicherheit und Aggressivität aus. Diese Ambivalenz kennzeichnet strukturell auch den Fetisch. Er dient im Konzept Grunbergers sowohl dem Narzißmus wie der Analität; er ist Glücksbringer *und* Haßobjekt in einem.

Schon Freud[146] hebt den doppelten Aspekt des Fetischismus hervor, indem er betont, daß der Fetischist seinen Fetisch als Glücksbringer zwar anbetet, dieser aber gleichzeitig, als Symbol seiner Abhängigkeit, Objekt seines Hasses ist. Der

145 Héritier, (1978), S. 477f.

146 Freud, S. (1927). Der Fetischismus. GW XIV, S. 309-317. Siehe auch Grunberger (1988), S. 138.

ambivalente Charakter zeigt sich auch dort, wo ihm ausdrücklich eine heilende Kraft zugeschrieben wird.

So gilt nach überliefertem Aberglauben der Geschlechtsverkehr mit einer Jungfrau als reinigende und heilende Kur[147] zur Befreiung des Mannes von der Syphilis. Doch der Glücksbringerin gelten auch die Zerstörungswünsche, schließlich wird durch die Defloration das zukünftige Leben einer Frau zerstört.[148]

1860 – so wird im »Handwörterbuch des deutschen Aberglaubens« berichtet – wurde in Berlin ein Mann »wegen Notzucht an einem achtjährigen Kind verurteilt, der geglaubt hatte, sich durch Übertragung auf ein unschuldiges Kind von der Krankheit zu befreien.«[149] Selbst 1908 noch konnte der Psychiater Paul Näcke im »Archiv für Kriminalanthropologie und Kriminalistik« aus einem von Magnus Hirschfeld berichteten Fall zitieren. Der Sexologe schrieb in der ersten Nummer der von ihm herausgegebenen »Zeitschrift für Sexualwissenschaften«:

> Vor einiger Zeit suchte mich ein Mädchen aus guter Familie auf, die unverheiratete Tochter eines Rittergutsbesitzers, in gravidem Zustand mit florider Syphilis. Als ich der Geschichte ihres Leidens nachging, erfuhr ich, daß sie einen Bräutigam hatte, einen Beamten, der ihr gesagt hatte, und zwar ihrer Meinung nach selbst in gutem Glauben, er sei in einer schwachen Stunde zu einer schweren Geschlechtskrankheit gekommen; um diese zu beseitigen, sei es notwendig, daß er mit einem unschuldigen Mädchen verkehre; dies hatte sie ihm geglaubt und deshalb hatte sie sich ihm hingegeben.(...) Dieser sexuelle Aberglauben ist forensisch sehr wichtig, weil manche Notzuchtattentate an Mädchen sich so erklären und der Täter also nicht als ein gemeiner Verbrecher zu betrachten ist.[150]

Der Aberglaube[151] von der heilenden Kraft der Jungfräulichkeit taucht nicht nur im forensischen Kontext als schuldentlastender Mythos syphilitischer Männer auf, sondern wird auch von Vertretern der Wissenschaft benutzt. So meinen Wulffen und Krauss, »daß die unversehrte sexuelle Ehre beim Weibe einen Talisman gegen das Verbrechen«[152] darstelle, gegen das Verbrechen der »Verschmelzung mit dem männlichen Typus« (Lombroso/Ferrero): die Virginität als Fetisch gegen das Ver-

---

147 Im Gegensatz zu dieser abergläubischen Haltung, die im letzten Jahrhundert in unserem Kulturraum noch weit verbreitet war, interpretiert Mary Douglas den Status der Virginität als einen bedrohlichen, da schmutzigen. Douglas, M. (1988). Reinheit und Gefährdung. Frankfurt a.M.

148 Die Rechtskommission zur Strafrechtsreform hatte sich 1908 in Bezug auf die venerische Ansteckung auf den Standpunkt Franz von Liszts gestellt, der »die Gesundheitsgefährdung durch Geschlechtsverkehr in ansteckungsfähigem Zustand als öffentliches Delikt mit Gefängnis bis zu 2 Jahren bestraft haben will.« (In: Der Abolitionist, Bd. 10, 1908, S. 86.) Es lassen sich deutliche Parallelen zur heutigen Aids-Diskussion ziehen.

149 Stemplinger (1929/30). Stichwort »Franzosen (Krankheit)«. In: E. Hoffmann-Krayer (Hg.), Handwörterbuch des deutschen Aberglaubens. Bd. II. Berlin, S. 1732.

150 Näcke, P. (1908b). Ein interessantes Beispiel sexuellen Aberglaubens. In: Archiv für Kriminalanthropologie und Kriminalistik, Bd. 30, S. 177.

151 Siehe dazu auch Hellwig, A. (1919). Die Bedeutung des kriminellen Aberglaubens für die gerichtliche Medizin. Berlin. Hellwig widmet das Buch seinem Lehrer »Hans Gross, dem Schöpfer und Meister der modernen Kriminalistik«.

152 Zitiert nach Jassny (1911), S. 98.

brechen der Emanzipierten, die einen »starken Geschlechtstrieb«, »geringes Muttergefühl« und »andere Eigentümlichkeiten des Mannes« aufwiesen.[153] Die Fetischisierung erlaubt dem Mann, über die mit der Emanzipation der Frau befürchtete Kastrationsdrohung zu triumphieren. Triumphierte der Fetischist in Freuds Konzept über die Angst vor Kastration, indem er die ihn bedrohende Penislosigkeit der Mutter verleugnete und an die Leerstelle der kastrierten Frau einen symbolischen Penis=Fetisch setzte[154], so richtet sich der Fetisch der Virginität im hier verstandenen Sinn gegen die Angst vor der kastrierenden, phallischen und omnipotenten Frau.

Aber die Virginität ist nicht nur ein Talisman gegen das Verbrechen, sondern schützt, wie der Jurist Hellwig berichtet, als »krimineller Aberglaube«[155] auch den Verbrecher:

> Ein Strumpfband oder ein Schuh einer reinen Jungfrau schützt den Einbrecher vor Entdeckung. Der Gegenstand muß jedoch gestohlen sein und ist nur dann wirksam, wenn die ursprüngliche Besitzerin noch tatsächlich Jungfrau war. (Wird der Einbrecher trotz des Amuletts gefaßt, so erklärt er sich dies damit, daß die frühere Eigentümerin des Strumpfbandes doch keine Jungfrau mehr gewesen sei.)[156]

Der Fetisch muß gestohlen sein, wie die Unschuld der Jungfrau geraubt werden muß, um sich des Zaubers wirklich sicher sein zu können. Auch Grunberger weist im übrigen auf die besondere Art der Aneignung eines Fetisch durch Diebstahl hin:

> Diese Art, ihn zu erwerben, verleiht ihm eine besondere Eigenschaft, in der der Vorgang des Einfangens und der Kontention von Anfang an enthalten ist. Es handelt sich um den uneingeschränkten Besitz ohne Gegenleistung; wir nähern uns hier dem *Sadismus* und der Klepto*manie*, aber auch der mystischen Verehrung von Idolen.[157]

Deflorationsmanie

Bestand die Angstabwehr des Primitiven in der Tabuisierung der Virginität, so nimmt die Fetischisierung der Virginität um die Jahrhundertwende nahezu manischen Charakter an: Die Deflorationsmanie – so berichtet Eugen Dühren[158] 1900 dem deutschen Leser – ist die neueste Mode Londons.

1885 berichtet die Pall Mall Gazette darüber. Sie hatte eine geheime Kommission gebildet, die unabhängig von der Polizei und anderen staatlichen Organen versuchte, Verbrechen des Handels mit Kindern und Mädchen aufzudecken. Die

153 Die »Verschmelzung mit dem männlichen Typus« weist Ähnlichkeiten mit der Adlerschen Konstruktion des »männlichen Protestes« auf.

154 Siehe dazu Freud (1927), S. 385.

155 Hellwig, A. (1910). Allerlei krimineller Aberglaube. In: Archiv für Kriminalanthropologie und Kriminalistik, Bd. 39, S. 299.

156 Hellwig (1910), S. 299.

157 Grunberger (1988), S. 136.

158 Dühren, E. (1901). Das Geschlechtsleben in England. Mit besonderer Beziehung zu London. Bd. 1. Berlin.

Enthüllungen bezogen sich auf »geschlechtliche Frevelthaten«, zu denen u.a. die Beschaffung und Schändung von Jungfrauen gehörten. Daß die Initiative von einer unabhängigen Kommission ausging, der philanthropische und religiöse Vereine und Gesellschaften angehörten, ist ein Hinweis auf den begründeten Verdacht stillschweigender Akzeptanz seitens staatlicher Institutionen. Nach der Skandalisierung durch die Gazette und großer Empörung in der Öffentlichkeit sah sich die Regierung genötigt, die Vorwürfe zu überprüfen und geeignete Schritte in die Wege zu leiten: Die Staatsanwaltschaft schonte die Kunden und die Polizei und überprüfte die beschuldigten Organisationen.[159]

1885 kann man also in der Pall Mall Gazette, die in drei aufeinanderfolgenden Nummern eine Artikelreihe unter dem Titel »The Maiden Tribute of Modern Babylon« Sexualskandale aufdeckt, lesen, daß London der größte Marktplatz der Erde ist, »auf welchem menschliches Fleisch versteigert wird«[160]. Das Besondere an dem Londoner Mädchenhandel sei jenes in England »weit verbreitete Verlangen nach Jungfrauen, die spezifische Deflorationsmanie«[161]. Eugen Dühren berichtet im Rückgriff auf die Skandalisierungen der Gazette über das Geschlechtsleben in London:

> Es bestand im Jahre 1885 ein systematisch organisierter Handel mit Jungfrauen in London. Besonders verrufen war die ›Firma‹ der Kupplerinnen X... und Z..., welche die Lieferung von Jungfrauen als Spezialität betrieb. Das Haus wurde im Jahre 1881 (fast unmittelbar nach ihrer eigenen Defloration) von Fräulein X..., einer jungen, energischen, sehr geriebenen (sic.F.L.) Person gegründet. Sie war damals 16 Jahre alt! Ein kleines schon verführtes Mädchen stellte sie einem Herrn vor und steckte die Hälfte des Preises ihrer Unschuld als Kommissionsgebühr ein. Die Leichtigkeit, mit der ihre Vermittlerin ein paar Pfund erworben hatte, war ihr wie eine Offenbarung, und unmittelbar nach ihrem eigenen Falle, begann sie junge Mädchen zu suchen. Nach zwei Jahren hatte das Geschäft einen solchen Umfang angenommen, dass sie sich genötigt sah, Frl. Z..., ein etwas älteres Mädchen, als Arbeitsgenossin aufzunehmen. ›Wir handeln mit Jungfräulichkeiten‹, sagte dieses würdige Mädchen zu Stead[162], ›aber nicht mit Jungfrauen. Meine Gesellschafterin holt die Mädchen, welche verführt werden sollen und bringt sie ihren Angehörigen nach erfolgter Verführung wieder zurück. Damit ist das Geschäft für uns zu Ende. Wir machen nur in ›ersten Verführungen‹; ein Mädchen geht nur einmal durch unsere Hände. Unsere Kunden verlangen Jungfrauen, nicht havarierte Artikel, und gewöhnlich sehen sie dieselben nur ein einziges Mal.‹[163]

---

159 Siehe dazu Pall Mall Gazette (1885). Der Jungfrauen-Tribut des modernen Babylon. Einzige vollständige deutsche Übersetzung. Budapest, zitiert nach Dühren, E. (1901), S. 344.

160 Dühren (1901), S. 342.

161 Dühren (1901), S. 350.

162 Der Journalist W.T. Stead war einer der geistigen Urheber des Unternehmens, das staatliche Schutzmaßnahmen für die Minderjährigen bewirken wollte und aus diesem Grunde die Vorfälle in der Pall Mall Gazette skandalisiert hatte. Siehe dazu auch Praz, M. (1988). Liebe, Tod und Teufel. Die schwarze Romantik. München, S. 360ff.

163 Zitiert nach Dühren (1901), S. 362f. Dühren selbst zitiert aus den Enthüllungen der Pall Mall Gazette (1885), S. 50.

Die Nachfrage nach Jungfrauen oder »fresh girls«, so läßt Dühren die Zeitzeugen der Branche berichten, reißt nicht ab. Bordelle und Kupplerinnen haben eigene Ärzte angestellt, die sogenannte »Jungfrauschaftsatteste« ausstellen, von den Kunden gewünschte Zertifikate. 1903 berichtet der promovierte Jurist und Polizeikommissar Anton Baumgarten aus Wien im »Archiv für Kriminalanthropologie und Kriminalistik« über die mittlerweile offiziell bestätigten Enthüllungen der Pall Mall Gazette:

> So giebt es in London Kupplerinnen, die sich damit befassen, Jungfrauen (fresh girls), deren Virginität durch ärztliches Attest nachgewiesen ist, Wüstlingen zuzuführen. Die Nachfrage nach solchen fresh girls soll (...) eine so große sein, daß behufs Täuschung von Männern deflorierten Mädchen durch Zustopfen oder Zunähen der zerrissenen Hymenränder der Schein der Jungfräulichkeit verliehen wird. Es sind dies die künstlich gefälschten Jungfrauen (patched up).[164]

Daß das Begehren, etwas zu haben, »was nur einmal und nur von einem besessen werden kann«, kein »ursprünglicher Befehl der von der Natur eingegebenen Wollust« ist und daß dies »leidenschaftliche Begehren der Virginität«[165] keinesfalls angeboren ist, zeigt sich für Dühren an dem gänzlich anderen Stellenwert der Defloration in anderen Kulturen. Für ihn ist diese spezifische Leidenschaft der europäischen Männer auch eine Folge vieler Erfahrungen mit Frauen, die aus Überdruß zu neuen Wünschen führen, und so hält er

> ...in Wahrheit den Genuß einer Jungfrau, sowohl mit Rücksicht auf die physischen als auch auf die psychischen Empfindungen des Verführers, für den Höhepunkt sinnlicher Lust. An erster Stelle wird seine Phantasie durch die Aussicht auf den Genuß eines Weibes entflammt, [...] die er schon lange zu gewinnen getrachtet hat, die niemals vorher mit einem anderen Mann (wie er glaubt) im Bette gewesen ist, in deren Armen niemals ein Mann geruht hat, und deren jungfräuliche Reize er zuerst triumphierend erblickt und genießt. Diese köstliche Arbeit der *Phantasie* bereitet im höchsten Grade den Körper für die sinnliche Lust vor.[166]

Die »köstliche Arbeit der Phantasie«, deren Stellenwert schon Dühren erkannte, schafft ein Objekt ohne eigene Geschichte, in der der Phantasieproduzent der alleinige Besitzer ist. Er arbeitet mit Kunstgriffen, um die Angst zu mildern[167]. Dabei ist die Vorstellung von der Überwindung eines »jungfräulichen« Widerstandes offensichtlich luststeigernd. Dühren weist darauf hin, daß die Schmerzzufügung die eigentliche »Essenz ihres Genusses«[168] ist, und kommt zu dem Schluß, daß das sadistische Element bei der Deflorationsmanie als besonders bemerkenswert hervorzuheben sei. Der österreichische Schriftsteller Karl Hauer, der 1906 unter dem Pseudonym Lucianus in der »Fackel« einen Beitrag über die »Erotik der Keusch-

164 Baumgarten, A. (1903). Die Beziehungen der Prostitution zum Verbrechen. In: Archiv für Kriminalanthropologie und Kriminalistik, Bd. 11, S. 21.
165 Dühren (1901), S. 352.
166 Dühren (1901), S. 354.
167 Siehe dazu Stoller, R.J. (1979). Perversion. Die erotische Form des Hasses. Hamburg, S. 160.
168 Dühren (1901), S. 366.

heit«[169] publiziert, geht weiter, wenn er den Sadismus als inhärenten Bestandteil der »Heiligkeit der Virginität«[170] annimmt. Er schreibt dort, daß das Virginitätspostulat des Christentums zuallererst eine »sinnlose Grausamkeit am Weibe«[171] sei, die eine sadistische Verrohung des Mannes«[172] zur Folge habe. Die Erziehung der Mädchen, »die unwissende ›Engel‹ produziert, die das natürliche Schamgefühl ins Groteske steigert, ist eine offenkundige Förderung der sadistischen Deflorationsmanie. Der unwissende ›Engel‹, den die Mädchenerziehung für den passionierten Deflorateur formt, ist überdies gewöhnlich so sehr von unklaren, aber überhitzten Sündenvorstellungen erfüllt, daß er von der wirklichen Sexualität unbefriedigt bleibt«[173], ebenso wie der Mann, der »der Keuschheit nur als Deflorateur«[174] bedarf.

Die »Jungfrauenwut«[175] der Männer hat neben dem manischen Aspekt also auch den destruktiven in sich aufgehoben. Die Doppeldeutigkeit des Wortes zeugt von der Ambivalenz: Das fetischisierte Objekt wird als begehrtes idealisiert und im Akt der Begierde entwertet und zerstört. In der erotischen Form von Haß (Stoller) ist demnach immer beides gleichzeitig aufgehoben: die Lust und die aus der Bedrohung entstandene Aggression.

In diesen Liebesbeziehungen sind sich die Liebenden entfremdet[176] und – so könnte man in Anlehnung an Karl Marx sagen – die Beziehungen haben »die phantasmagorische Form eines Verhältnisses von Dingen«[177] angenommen, sie stehen damit im Zeichen des Fetischismus.

Doch die fetischisierte Virginität ist im London der Jahrhundertwende längst auch ein profitables Produkt weiblicher Kunstfertigkeit geworden, für die sich nun auch die Staatsanwaltschaft zu interessieren beginnt. Die augenscheinlich von »höchst anständigen Hebammen« geführten Häuser sind betrügerische Unternehmungen, in denen »Kinder von Kupplern vor der Schändung gebracht wurden, damit ihre Jungfräulichkeit bestätigt werde, und wohin sie nach der Schändung gebracht wurden, um ›zusammengeflickt‹ zu werden«[178].

Das Interesse des Kriminologen an den »geflickten Jungfrauen«, den »patched up girls«, war neben dem Aufdecken »geschlechtlicher Frevelthaten« auch die

---

169 Lucianus (1906). Erotik der Keuschheit. In: K. Kraus (Hg.), Die Fackel, Nr. 192, 7. Jahrgang, S. 8-14.

170 Lucianus (1906), S. 12.

171 Lucianus (1906), S. 12.

172 Lucianus (1906), S. 12.

173 Lucianus (1906), S. 12.

174 Lucianus (1906), S. 13f.

175 Dühren (1901), S. 354.

176 Die Entfremdung nimmt Khan als ein wichtiges Kriterium bei Perversion an. Vgl. Khan, M.M.R. (1983). Entfremdung bei Perversion. Frankfurt a.M.

177 Marx, K. (1972). Der Fetischcharakter der Ware und sein Geheimnis. In: Ders., Das Kapital. Frankfurt a.M., S. 86.

178 Dühren zitiert (1901), S. 376 aus dem Kommissionsbericht der Pall Mall Gazette (1885).

Empörung über die »künstliche Restaurierung der verlorenen Virginität«[179], die eben auch ein betrügerisches, den Männern die »Intaktheit« einer Jungfrau vortäuschendes Unternehmen von Frauen war. Indem sie die Virginität nun als eigenes Kunstprodukt dem Mann anbieten, nehmen sie ihm die Produktion des illusionären Objekts aus der Hand. Sie lüften den Schleier und beschämen ihn als Schöpfer eines Fetisch, dessen Macht allein seiner Phantasietätigkeit entspringt: Die Virginität als Fetisch ist ihres magischen Zaubers beraubt.

179 Näcke, P. (1904a). Berichtigung bezüglich der »patched up girls«. In: Archiv für Kriminalanthropologie und Kriminalistik, Bd. 15, S. 116, sowie ders. (1903). Näcke bezieht sich auf Eugen Dühren (1901).

DIE WEIBLICHE BRUST

1911 schreibt der Berliner Gynäkologe Max Hirsch im »Archiv für Kriminalanthropologie und Kriminalistik« einen Beitrag mit dem erstaunlichen Titel »Die kriminelle Bedeutung der weiblichen Brust«. Der Autor präsentiert dem Kriminalisten eine akribisch genaue, ausführliche Phänomenologie der Brüste mit ihren diversen Form- und Funktionsveränderungen. Pseudowissenschaftlich exakt entwickelt er eine Semiotik zur Dechiffrierung körperlicher Anomalien, die vorgibt, Rückschlüsse auf weibliche Delinquenz zu erlauben. Denn der Kriminalist ist verwirrt über »Das Weib in seiner geschlechtlichen Eigenart«[180]. Er kommt zu dem Ergebnis, daß »... der erfahrene Frauenarzt (...) unter allen Männern der (ist), welcher am meisten befähigt ist, das Weib objektiv zu beurteilen.«[181]

Fortan schreiben regelmäßig Fachärzte für Gynäkologie und Geburtshilfe im »Archiv für Kriminalanthropologie und Kriminalistik«; auch Max Runge, Direktor der Universitäts-Frauenklinik Göttingen und Professor für Geburtshilfe und Gynäkologie, dessen oben genanntes Buch Hans Gross so begeistert jedem »denkenden Kriminalisten«[182] empfohlen hat.

Der Sexualforscher Max Marcuse ist ständiges Mitglied des »Archivs« und dortiger Berichterstatter aus Gynäkologie und Sexualwissenschaft. Der 1877 in Berlin geborene Marcuse[183] gründet 1905 zusammen mit Helene Stöcker den Bund für Mutterschutz, als dessen Präsidentin sie sich für die Belange lediger Mütter und für das Recht auf Schwangerschaftsabbruch einsetzt. Mit ihr gibt er von 1905 bis zu seiner Trennung vom Bund für Mutterschutz 1907 die Zeitschrift »Mutterschutz« heraus, die dann unter seiner Federführung ab 1908 mit dem neuen Titel »Sexual-Probleme« erscheint. 1909 integriert er die von Magnus Hirschfeld, Hermann Rohleder und Friedrich S. Krauss herausgegebene »Zeitschrift für Sexualwissenschaft« in die »Sexual-Probleme«, die seitdem im Untertitel des Organs aufscheint. Ab 1915 zeichnet er für das »Archiv für Sexualforschung«, seit 1918 für die »Abhandlungen auf dem Gebiete der Sexualforschung« verantwortlich. Neben seinen Forschungsarbeiten publiziert er zahlreiche Handbuchartikel und gibt in den 20er Jahren ein Kompendium über die Ehe und das weithin bekannte »Handwörterbuch der Sexualwissenschaft« heraus. Marcuse hat

180 Runge, M. (1900). Das Weib in seiner geschlechtlichen Eigenart. Göttingen.

181 Gross, H. (1900). Rezension von Runge, M. »Das Weib in seiner geschlechtlichen Eigenart«. In: Archiv für Kriminalanthropologie und Kriminalistik, Bd. 4, S. 190.

182 Gross (1900), S. 190. Runge kommt dort zu dem Schluß: »...das Weib ist mehr dazu geschaffen als der Mann schmerzliche Lücken, die das sociale Leben und die moderne Gesellschaft klaffen läßt, durch seine Thätigkeit auszufüllen: mehr Liebe, mehr Mitleid: Mutterinstinkt.«, ebd., S. 190.

183 Siehe dazu Haeberle, E.J. (1983). Anfänge der Sexualwissenschaft. Berlin, S. 18ff.

eine enge Beziehung zur Kriminologie und ganz besonders zum Groß'schen »Archiv für Kriminalanthropologie und Kriminalistik«. Seit 1913, nach dem Tod des Mitherausgebers Paul Näcke, ist er ständiges Mitglied der Redaktion und schreibt regelmäßig medizinische und sexualwissenschaftliche Beiträge. Ein zentrales Verbindungsstück zwischen medizinischer Forschung und kriminologischem Interesse ist die Beschäftigung mit weiblicher und männlicher Homosexualität. Marcuse vertritt dabei die Auffassung, daß die Abweichung von der heterosexuellen Norm Ausdruck einer Psychopathologie sei. Mit dieser Einschätzung kann er innerhalb des juristischen Diskurses an »progressive« Tendenzen anknüpfen, die die Strafbarkeit homosexueller Handlungen im § 175 RStGB kritisieren und stattdessen forensisch kategorisieren. Damit distanzieren sie sich von jenen Sexualforschern, die das Ausleben verschiedener Spielarten der Sexualität als Ausdruck einer Emanzipationsbestrebung anerkennen. Homosexualität wird also als Abweichung von der Norm pathologisiert[184], Heterosexualität damit als Maßstab von Gesundheit fortgeschrieben.

Ebenso wie Max Marcuse geht es auch Max Hirsch um männliche und weibliche Normalität. Als Privatgelehrter und eigentlicher Begründer der Sozialen Gynäkologe publiziert er, unter Nutzung sozialhygienischer und medizinalstatistischer Methoden, seine Erfahrungen aus der frauenärztlichen Praxis. Im Zentrum seiner wissenschaftlichen und klinischen Arbeit steht die Stabilisierung der weiblichen Reproduktionsfunktion, die er als das entscheidende »Kernproblem der Frauenfrage« versteht. Hirsch verknüpft in seinen Forschungen Fragen der Arbeitsmedizin (berufsbedingte Schädigungen der Frau), der qualitativen (Eugenik und Vererbungslehre) und der quantitativen Bevölkerungspolitik (Probleme des Aborts, der Empfängnisverhütung und der Sterilisation).[185] So leitet er aus den Ergebnissen seiner Forschung über die gesundheitlichen Schäden von Frauenarbeit die Unvereinbarkeit von Mutterschaft und außerhäuslicher Erwerbsarbeit ab. Neben der kritischen Analyse der Frauenarbeit und des Frauenstudiums[186] verdeutlicht seine Beschäftigung mit der Abtreibungsfrage die Absicht, die generative Funktion der Frau zu stabilisieren[187].

So begegnen sich am Schnittpunkt zwischen Strafrecht, Gynäkologie und Bevölkerungspolitik der Kriminologe Hans Gross und der Frauenarzt Max Hirsch in ihrem Bemühen, die weibliche Reproduktionsfunktion rechtlich und medizinisch zu normieren. Die Gynäkologie hält Einzug in die Kriminologie: Am Körper der

184 Dose, R. (1993). Max Marcuse. In: R. Lautmann (Hg.), Homosexualität. Handbuch der Theorie- und Forschungsgeschichte. Frankfurt a.M., S. 195-197. Marcuse emigrierte 1933 nach Israel, wo er 1963 starb.

185 Schneck, P. (1996). Zur Geschichte der Sozialen Gynäkologie. In: M. Rauchfuß, A. Kuhlmey & P. Rosemeier (Hg.), Frauen in Gesundheit und Krankheit. Die neue frauenheilkundliche Perspektive. Berlin, S. 33-64, hier S. 40.

186 Hirsch, M. (1920). Über das Frauenstudium. Eine soziologische und biologische Untersuchung auf Grund einer Erhebung. Leipzig.

187 1914 gründete Max Hirsch die Zeitschrift »Archiv für Frauenkunde und Konstitutionsforschung«. 1939, kurz vor dem Ausbruch des Zweiten Weltkrieges, emigrierte er nach Großbritannien, wo er 1948 starb.

Frau würden sich – so die positivistischen Träume – Spuren weiblicher Abweichung und Delinquenz finden lassen.

In diesem Zusammenhang steht der Beitrag des Berliner Gynäkologen Max Hirsch über »Die kriminelle Bedeutung der weiblichen Brust«. Hier und da spürt man die Lust des Autors an der ausufernd genauen Beschreibung. Doch der Text erzeugt eine seltsame Melange von Neugier und Langeweile. Der Autor verspricht viel, doch die Erwartungen werden enttäuscht. Es bleibt die Frage: Warum betätigt sich der Gynäkologe als Kriminalist, und was interessiert den Kriminalisten an der weiblichen Brust? Was könnte an ihr kriminell sein? Und welche symbolische Bedeutung kommt den »Mammae« zu ?

Die symbolische Bedeutung

Über die Geschichte der »Mammae« liefert die amerikanische Historikerin Londa Schiebinger[188] einige interessante Hinweise: Im 18. Jahrhundert führt der Arzt und Naturforscher Carl von Linné im Rahmen der Entwicklung einer neuen Taxonomie den Ordnungsbegriff »Mammalia« ein. Die Klassifikation »Säugetier« setzt sich durch, trotz der Zuspitzung auf ein weibliches Charakteristikum, die milchproduzierende Brust[189]. Londa Schiebinger weist darauf hin, daß sich die Akzeptanz dieser Kategorie dem kulturellen und (geschlechter-)politischen Hintergrund des 18. Jahrhunderts verdankt. Im Kontext der Auseinandersetzung um die Rolle der Frau im öffentlichen und privaten Leben bekommt die weibliche Brust ihre *symbolische Bedeutung*. Als Zeichen der natürlichen weiblichen Reproduktionsfunktion krönt die »Mamma« den Kampf gegen das »widernatürliche« Ammenwesen. Ärzte, Politiker und Philosophen, allen voran Jean-Jacques Rousseau, preisen die heilsame Wirkung der Muttermilch und ermutigen die Frauen der gehobenen Klassen des 18. Jahrhunderts, ihre Kinder von nun an selbst zu stillen. In »Emil«, seiner Abhandlung »über die Erziehung« (1762)[190], hebt Rousseau hervor, daß das Stillen nicht nur eine engere Bindung zwischen Mutter und Kind und damit der Familie herstellt, sondern auch die Basis für eine gesellschaftliche Erneuerung bildet; denn wenn Frauen wieder stillende Mütter werden, werden Männer auch wieder Männer und Ehemänner. Unter der Devise »Gesunde Frauen stillen selbst!« (anstatt in Frauenclubs zu politisieren) wird die weibliche Brust zur Legitimation der Geschlechtsrollendifferenz herangezogen.

---

188 Schiebinger, L. (1995). Am Busen der Natur. Erkenntnis und Geschlecht in den Anfängen der Wissenschaft. Stuttgart.

189 Neben dieser Spezifikation trägt der Begriff »Säugetier« aber auch der Tatsache Rechnung, daß menschliche Wesen als Säuglinge geboren werden, d.h. es geht um den Doppelaspekt des Säugens und des Saugens.

190 Rousseau, J.J. (1762). Emil oder über die Erziehung. (1983) Paderborn.

Das Bild von der natürlichen Bestimmung der Frau als *»Säuge-Tier«* fügt sich in die politische Linie, die die öffentliche Macht von Frauen zu unterlaufen versucht, indem es das »Muttern« als neuen Wert etabliert.[191]

Das 18. Jahrhundert ist die Blütezeit des Ammenwesens. Mehr Europäerinnen als je zuvor lassen ihre Kinder außerhalb der Städte – auf dem Land – von Ammen stillen. Doch das Ammenwesen bringt Probleme mit sich[192]. Die Kindersterblichkeit steigt. Es werden Zweifel laut, ob die Ammen aufgrund eigener Armut nicht zuviele Kinder in ihre Obhut nehmen, denen sie nicht gerecht werden können und letztendlich ihnen – wie ein Zeitgenosse formuliert – »von der Arbeit ausgedörrt und todmüde (...) eine dampfende Brust reicht(en), aus der nur mühsam saure und erhitzte Milch fließt.«[193] Mit der Kindersterblichkeit steigt die Angst vor der mangelnden (Re-) Produktivität des Staates. Die Sorge um die sinkende Geburtenrate ist so groß, daß in Dänemark ein Gesetz erlassen wird, das junge Frauen autorisiert, soviele Kinder als möglich zu gebären, selbst wenn es uneheliche, sog. »Bastarde« seien. Für das sinkende Bevölkerungswachstum in Frankreich macht man die Vernachlässigung der Kinder durch ihre Mütter sowie Luxus und Dekadenz verantwortlich[194]. Die Erhaltung der Familie und der *mütterlichen Pflichten* werden zu einer *Staatsangelegenheit.* Medizinische Autorität (Ausbildung von Kinder- und Frauenärzten) und Rechtssystem beginnen Hand in Hand zu arbeiten und schaffen damit ein neues Interesse am mütterlichen Stillen. In Deutschland, vor allem in Preußen, befürworten führende Ärzte Gesetze, die gesunde Frauen zwingen können, ihre Kinder zu stillen. 1794 wird dieser Sachverhalt dann tatsächlich im »Allgemeinen Landrecht für die Preußischen Staaten« (ALR), das bis 1900 gilt, codifiziert. Im (Teil II. Titel 2.) § 67 des Ehe- und Familienrechts findet sich der Passus, daß »eine gesunde Frau (...) ihr Kind selbst zu säugen verpflichtet« sei. Sie kann sich in diesem Zustand »der Beywohnung des Ehemannes« zwar mit Recht entziehen, denn damals herrschte die Auffassung, eine stillende Mutter solle sich des Geschlechtsverkehrs enthalten[195]. Aber: »Wie lange sie (...) dem Kind die Brust reichen soll, hängt von der Bestimmung des Vaters ab.« (Teil II. Titel 2. § 68)[196]. Damit ist die Verteilung der Geschlechtsrollen rechtlich sanktioniert und die Kontrolle über die Fortpflanzung in die Hände des Mannes gelegt.

Die Regeneration des Staates und seiner ökonomischen und moralischen Strukturen orientiert sich am »Zurück zur Natur« und bedient sich dabei des Mediums

---

191 Siehe dazu auch Yalom, M. (1998). Eine Geschichte der Brust. München, Düsseldorf.

192 Donzelot, J. (1979). Die Ordnung der Familie. Frankfurt a.M.; Badinter, E. (1980). Die Mutterliebe. Geschichte eines Gefühls vom 17. Jahrhundert bis heute. München.

193 Ballexerd, zitiert nach Donzelot (1979).

194 Siehe dazu Donzelot (1979); Badinter (1980).

195 Schiebinger (1995), S. 108.

196 Alder, D. (1989). Im »wahren Paradies der Weiber«? Naturrecht und rechtliche Wirklichkeit der Frauen im Preußischen Landrecht. In: V. Schmidt-Linsenhoff (Hg.), Sklavin oder Bürgerin: Französische Revolution und neue Weiblichkeit, 1760-1830. Frankfurt a.M., S. 9-17.

der Mutter-Kind-Beziehung[197], die als Band der zivilen Gesellschaft idealisiert wird. Für das aufgeklärte Europa *symbolisiert die Brust die Synthese von Natur und Gesellschaft* und die Verbindung zwischen privater und öffentlicher Welt[198]. Dabei fungieren die Mammae als Symbol für den Verzicht der Frau auf Teilhabe am öffentlichen Leben und an den Bürgerrechten.

Schon lange vor Linné repräsentiert die Brust als *Ikone des Weiblichen* sowohl das Erhabene als auch das Tierische der weiblichen Natur. Die Ästhetik der Brüste spielt dabei eine wesentliche Rolle: So stellt die welke, verdorrte Brust (geronnen im Bild der Hexe) Geilheit und Begierde, eben die Sünde des Fleisches dar, während die feste, kugelrunde Brust der Aphrodite für überirdische Schönheit, Reinheit, Unbeflecktheit und Jungfräulichkeit steht. Von der vielbrüstigen Diana von Ephesus zur fruchtbar-nährenden Natur symbolisiert die Brust Fortpflanzung, Regeneration und Erneuerung.[199]

> In der Ikonographie der Französischen Revolution wimmelte es von barbusigen Frauen. Weibliche Figuren, nach klassischem Vorbild in Tuniken gekleidet, die eine Brust oder beide Brüste freigaben, wurden zu allgemein verbreiteten Symbolen der Republik. Manchmal erschien die Republik als Kriegerin, mit einem der Göttin Athene abgeschauten Helm...und einem Speer in der Hand. Auf anderen Darstellungen war sie – dem Modell der vielbrüstigen Artemis folgend – mit einem Dutzend Brüsten ausgestattet, die populäre Ideale wie die Natur repräsentierten. Zahllose Gemälde und Stiche verwandelten die Brust in ein nationales Emblem.[200]

Als Frankreich 1793 den ersten Jahrestag der Repubik mit dem »Fête de l'unité« feierte, wurde der »Brunnen der Erneuerung« auf den Ruinen der Bastille errichtet. Der regenerativen Kraft der Natur gab Isis, die ägyptische Göttin der Fruchtbarkeit, allegorische Gestalt. »Die Figur preßte aus ihren mütterlichen Brüsten die Milch der nationalen Erneuerung«[201], von der jeder der 86 Wahlmänner einen Becher trank. Die Frauen allerdings waren von dieser Inszenierung ausgeschlossen. Die Republik, das Volk und der neue Mensch waren männlich; Weiblichkeit erschien im wesentlichen auf die biologischen Funktionen reduziert.[202]

Paradoxerweise kamen Frauen gerade in dem Augenblick ins Bild, als sie vom öffentlichen Leben definitiv ausgeschlossen waren. Die neuen Gesetze sahen staatsbürgerliche Rechte für religiöse Minderheiten und ehemalige Sklaven vor – aber nicht für Frauen. Gleichzeitig wurden weibliche Brüste in Anspruch genommen, um republikanische Ideale wie Freiheit, Gleichheit, Brüderlichkeit, Mut, Gerechtigkeit symbolisch darzustellen. Die Vorstellung von der Republik

---

197 Siehe dazu Lamott, F. (1985). Der Risikofaktor ›Frau‹. Kriminalprävention und Mütterlichkeit. In: Monatsschrift für Kriminologie und Strafrechtsreform, 68, S. 325-340.

198 Schiebinger (1995), S. 108.

199 Schiebinger (1995), S. 86.

200 Yalom (1998), S. 178 f.

201 Schmidt-Linsenhoff, V. (Hg.) (1989). Sklavin oder Bürgerin: Französische Revolution und neue Weiblichkeit, 1760-1830. Frankfurt a.M., S. 451.

202 Ebd., S. 451.

als einer freigebig spendenden Mutter, an deren schwellenden Brüsten alle Schutz und Nahrung finden, war omnipräsent.

Darüber hinaus verknüpfte die milchspendende Brust Menschliches mit Tierischem, wohingegen die Vernunft als männlicher Charakterzug die Trennung von Tierischem markiert.

In mythischen Darstellungen und Legenden sind menschliche und tierische Brüste austauschbar: So säugt die Ammen-Ziege Amaltheia den jungen Zeus, die kapitolinische Wölfin säugt Romulus und Remus, die Gründer Roms, und in den Legenden des Mittelalters bis ins 18. Jahrhundert säugen Bären und Wölfe ausgesetzte Kinder.

Der Muttermilch als Quelle des Lebens schreibt man einen alltäglichen medizinischen Nutzen zu. So wird sie z.B. von Sizilianern zur Behandlung von Taubheit getrunken (allerdings nur die Milch einer Frau, die als erstes Kind einen Sohn geboren hat) oder andernorts zur Heilung von Ohrenschmerzen, Fieber und Wunden eingesetzt. Im 16. Jahrhundert wird sie in Deutschland als Abtreibungsmittel angesehen, und Linné empfiehlt sie als Abführmittel für Erwachsene. Im Elsaß benutzt man sie als Heilmittel gegen Schwindsucht, und schließlich gilt sie als allgemein regenerierender Stoff.[203]

Dem Stillen wird dann ein besonderer Nutzen zugeschrieben, wenn die Frauen auf ihre Reproduktionsfunktion verpflichtet werden. Insofern hat das Stillen in bestimmten historischen Situationen auch einen unmittelbar politischen Wert. Gegen Ende des 19. und Anfang des 20. Jahrhunderts läßt sich abermals ein die Wissenschaft alarmierender Rückgang des Stillens verzeichnen. Anna Fischer-Dückelmann, eine der ersten Frauenärztinnen Deutschlands[204], deren Arbeiten auch im »Archiv« rezipiert werden, klagt in einem Nachschlagewerk für Frauen über diesen Mangelzustand am Anfang unseres Jahrhunderts:

> Leider müssen wir es hier aussprechen, daß die Zahl der Frauen, die nach der Entbindung leere Brüste behalten oder nur spärlichen Zudrang haben, in unseren Städten immer größer wird; die Milchdrüse verkümmert langsam! Durch schädliche Kleidung (Korsett!), durch falsche Ernährung (Fleisch und Alkohol), durch Untätigkeit der Muskeln des Oberkörpers sind wohl Fettbrüste entstanden, nicht aber leistungsfähige Milchorgane. Der Verlust der natürlichen Nahrung des Säuglings aber bedeutet Entartung der Nachkommenschaft, hohe Sterblichkeit der Neugeborenen, vermehrtes Siechtum und Krankheit der heranwachsenden Kinder. Es fehlte die von der Natur für sie bestimmte, für ihr Wachstum vollständig ausreichende Nahrung, und sie mußten mit unvollkommen und falsch zusammengesetzten künstlichen Nahrungsmitteln vorlieb nehmen. Von welcher großen Bedeutung ist es also für die zukünftige Menschheit, daß alle jungen Mütter ihre Mutterpflichten auch wirklich nach allen Seiten hin zu erfüllen vermögen.[205]

203 Schiebinger (1995), S. 95.

204 Anna Fischer-Dückelmann hatte bereits vor der Zulassung von Frauen zum Studium in Deutschland, 1901, in der Schweiz studiert und auch dort promoviert.

205 Fischer-Dückelmann, A. (1908). Die Frau als Hausärztin. Ein ärztliches Nachschlagewerk für die Frau. Dresden, S. 335f.

Industrialisierung, städtische Körperkultur und Dekadenz haben – so die Autorin – der weiblichen Natur ihre ursprüngliche Kraft entzogen. Die »Natur« der Frau gerate durch die Kultur der Zeit in die Gefahr, eine »Entartung der Nachkommenschaft« zu befördern. Der Degeneration im Tierreich analog werden die Folgen der Kulturerscheinungen als Dekadenz biologisiert und als Fortpflanzungsschwäche und Krankheitsanfälligkeit mit der Gefahr des Aussterbens der Art assoziiert. Anna Fischer-Dückelmann appelliert daher an die natürliche Bestimmung und die generative Funktion der Frau zur Sicherung zukünftiger Generationen.

Die Emanzipation der Frau und ihre sexuelle Selbstbestimmung sind also die umstrittensten Themen der Jahrhundertwende, das von einer bedrohlich sinkenden Geburtenrate begleitet wird. Wurde im 18. Jahrhundert der geringe Bevölkerungszuwachs an die hohe Kindersterblichkeit geknüpft, so wurde die niedrige Geburtenrate des 19. und beginnenden 20. Jahrhunderts an die Gebärunlust sich emanzipierender Frauen, an illegale Verhütungsstrategien und an Abtreibungen[206] gebunden.

Max Hirsch, jener Berliner Gynäkologe, der sich so ausgiebig mit der »kriminellen Brust« beschäftigt hat, schreibt im Kriegsjahr 1914 in einer Arbeit über »Fruchtabtreibung und Präventivverkehr im Zusammenhang mit dem Geburtenrückgang«, daß die größte politische Frage weniger die nach Krieg und Frieden als die nach der Fortpflanzungskraft und dem Zeugungswillen des Volkes sei. Schließlich hingen alle gesellschaftlichen Leistungen von dem biologischen Faktor der Fortpflanzungskraft ab.[207]

Hat man im 18. Jahrhundert zur Abwehr einer ähnlichen Angst die »Mammae« als Symbol der Fruchtbarkeit gegen die hohe Kindersterblichkeit ins Feld geführt, so dient die weibliche Brust zur Jahrhundertwende als strafrechtliches Beweismittel im Kampf gegen den abortiv verursachten Geburtenrückgang. Vor diesem Hintergrund bekommt der Text von der »kriminellen Bedeutung der weiblichen Brust« aus dem Jahre 1911 seinen bevölkerungs- und kriminalpolitischen Kontext. Die »kriminelle« Bedeutung der weiblichen Brust findet sich – pars pro toto – in der Verweigerung der weiblichen Reproduktionsfunktion.

Der Gynäkologe als Kriminalist, der Kriminalist als Gynäkologe

Strafrechtlich versucht man bereits im Vorfeld einer möglichen Schwangerschaft mit einem »Gesetz gegen die Verhinderung von Geburten« den Frauen die Geburtenkontrolle aus den Händen zu nehmen. Empfängnisverhütung in den Hän-

---

206 Die Geschichte des § 218 des Kaiserlichen Strafgesetzbuches aus dem Jahre 1871 zeigt, daß die »kriminelle« wie medizinische Entfernung des Fötus im 19. Jahrhundert zur Rechtssache wird. Das hängt nach Barbara Duden (Dies., 1991. Der weibliche Körper als öffentlicher Raum. Hamburg) damit zusammen, daß sich die Berechtigung des Arztes zum therapeutischen Abortus durchsetzt. Die Kriminalisierung der Abtreibung geht historisch einher mit einer Sicherung der ärztlichen Machtbefugnis gegenüber eigenmächtigen Bestrebungen der Frau. Mit der medizinischen Indikation, die später in die Eugenik überging, wurde die Entscheidungsbefugnis über die Fortpflanzung in die Hände von Medizinern und Juristen gelegt.

207 Hirsch (1914), S. 1.

den der Frau wird unter Strafe und die nur von ihnen anzuwendenden Schutzmittel unter Verbot gestellt, während Kondome frei für den Mann zu kaufen sind. Werden die Polizeibehörden angewiesen, Werbung und Vertrieb von antikonzeptionellen Mitteln für die Frau strenger zu verfolgen, so zieht die Staatsanwaltschaft in Fällen von vermuteter Schwangerschaftsunterbrechung vermehrt medizinische Sachverständige zu Rate.

Mit der kriminalistischen Spurensuche rückt die weibliche Brust ins Zentrum der Aufmerksamkeit, nun allerdings zur Dechiffrierung von Zeichen erfolgter oder willentlich unterbundener Mutterschaft. Die Gynäkologen und ihre juristischen Kollegen sind der Überzeugung, daß in Fällen, in denen eine Schwangerschaft im Brennpunkt der Verhandlung steht, der Jurist und Kriminalist nicht auf die weibliche Brust als ein wichtiges Erkenntnis- und Beweismittel verzichten könne:

> In den gerichtlichen Verfahren wegen Fruchtabtreibung, Kindsmord, Kindesaussetzung und Kindesunterschiebung werden Richter und Sachverständige oft vor die schwierigen Fragen gestellt: Ist Schwangerschaft vorhanden? Hat eine Geburt oder Fehlgeburt stattgefunden? In welchem Schwangerschaftsmonat ist der Abgang der Frucht erfolgt? Ist das Kind lebensfähig, ist es ausgetragen gewesen? Wie lange Zeit ist seit der Geburt verstrichen?[208]

Auch die Angst des Mannes vor den betrügerischen Absichten der Frau, ihm etwa ein Kind unterzuschieben, indem Schwangerschaft vorgetäuscht werde, ist ein ausdrückliches Motiv der Kriminologen zur Beschäftigung mit der Spurensuche am Körper der Frau. Die weibliche Brust als Erkenntnis- und Beweismittel vorhandener oder vergangener Gravidität ist in der Einschätzung des Gynäkologen Hirsch ein bedeutungsvolles, wenn auch ein unzuverlässiges Instrument.

Das ästhetische Ideal

Als Maßstab für die körperlichen Abweichungen von der »Normalform« wählte Hirsch das Ideal der jungfräulichen, unberührten Brust. Auch in der griechischen und christlichen Tradition ist die ideale Brust eine jungfräuliche: klein, fest und kugelförmig. So sind die mythischen Frauengestalten – wie die Göttinnen Artemis und Aphrodite, die Amazonen und die stillende Mutter Gottes – allesamt Jungfrauen. Obwohl das ästhetische Ideal der Brust mit den Zeiten wechselt, scheint sich die ideale, klassische Form weiterhin bei jenen Frauen der oberen Klassen zu finden, die ihre Kinder der Brust einer Amme übergeben haben. Deren Brust imponiert durch Fülle. Selbst als es im späten 18. Jahrhundert nach den Aufklärungskampagnen Rousseaus langsam in Mode kam, daß auch Upper-Class-Mütter die Kinder selber stillen, wird von der Form und Größe der Brüste die Qualität der Milch abgeleitet. Der klassenspezifische Charakter ästhetischer Ideale wird fortgeschrieben. Man vertritt die Ansicht, daß eine moderate Größe

---

208 Hirsch, M. (1911). Die kriminelle Bedeutung der weiblichen Brust. In: Archiv für Kriminalanthropologie und Kriminalistik, Bd. 42, S. 206.

und hübsche ovale Brüste mit kleinen hervorstehenden Nippeln bessere Milch produziere als übergroße schwere Brüste mit dunklen Nippeln.[209]

Seit dem späten 18. und frühen 19. Jahrhundert klassifizieren Anthropologen die Schönheit der weiblichen Brust[210] auf die gleiche Weise wie Kriminologen, die an der vom Schönen und Guten abweichenden häßlichen Physiognomie die böse Natur des Verbrechers[211] zu erkennen glaubten. Georg L. Mosse weist auf das von Linné betonte ästhetische Schönheitsideal der Mäßigung und Ordnung hin, das sich an den anatomischen Proportionen griechischer Skulpturen orientiert.[212] Die klassische Schönheit wird zum allgemeinen, für alle Zeiten gültigen Prinzip erhoben und liefert ein wesentliches Stereotyp, auf das der Rassismus zurückgreifen kann.

Wird die Abweichung des Mannes von der »Normativität des Schönen«[213] an seiner Schädelform, an seinem Kopf, dem Ort der Vernunft festgemacht, so ist der Gegenstand der vergleichenden Semiotik bei der Frau die ihre Natur repräsentierende Brust.

Während die idealtypischen Formen die schalenförmige und die halbkugelige Form die Norm der weißen Frau darstellen, nähert sich die konische, herabhängende Form der Verkörperung der Abweichung, die mit dem Euter einer Ziege verglichen, also mit Tierischem, assoziiert wird[214]. Die konische Form repräsentiert die schwarze Frau und kommt in ihrer Formgebung jenen Phantasiebildern nahe, die mit Triebhaftigkeit und Geilheit aufgeladen sind: die Hexe, die Zigeunerin, die Prostituierte. Die Angst vor der Frau[215] und der Wunsch, sich von ihr zu entlasten, scheint die Quelle der Projektion zu sein. 1932 schreibt die Psychoanalytikerin Karen Horney[216] über eine vertraute Form der Angstbeschwichtigung des Mannes:

---

209 Siehe dazu Schiebinger (1995).

210 Siehe dazu auch Laqueur, T. (1992). Auf den Leib geschrieben. Die Inszenierung der Geschlechter von der Antike bis Freud. Frankfurt a.M., S. 152, sowie Mosse (1996), S. 46.

211 Zur Klassifikation der Physiognomien von Verbrechern siehe Lombroso. Becker, P. (1995). Der Verbrecher als »monstruoser Typus«. Zur kriminologischen Semiotik der Jahrhundertwende. In: Hagner, M. (Hg.), Der falsche Körper. Beiträge zu einer Geschichte der Monstrositäten. Göttingen, S. 147-173; Strasser, P. (1984). Verbrechermenschen. Zur kriminalwissenschaftlichen Erzeugung des Bösen. Frankfurt a.M.

212 Mosse (1996), S. 46.

213 Becker, P. (1996). Physiognomie des Bösen. Cesare Lombrosos Bemühungen um eine präventive Entzifferung des Kriminellen. Göttingen, S. 179.

214 Ploss, H. & Bartels, M. (1927). Das Weib in der Natur- und Völkerkunde, Bd. 1, Berlin, S. 440 wenden sich in dem VIII. Kapitel ihres Werkes dem Thema der »Weiberbrust« zu und legen ein besonderes Augenmerk auf die »Rassengestaltung« derselben. Akribisch genau vergleichen die Autoren die Brüste der Europäerinnen, Amerikanerinnen, Afrikanerinnen, Asiatinnen und Ozeanerinnen im Hinblick auf ihre Größe, Festigkeit und Form.

215 Horney, K. (1932). Die Angst vor der Frau. Über einen spezifischen Unterschied in der männlichen und weiblichen Angst vor dem anderen Geschlecht. In: Internationale Zeitschrift für Psychoanalyse, Bd. 18, 1, S. 5-18.

216 Karen Horney (1885-1952) gilt innerhalb der psychoanalytischen Bewegung als Dissidentin. Ihre Kritik an Freuds Triebtheorie, seiner Weiblichkeitskonzeption, dem Herrschaftsgebaren und den Machtstrukturen in der psychoanalytischen Bewegung wurde als respektloses Verhal-

> ...nicht ich habe Angst vor ihr, sondern sie ist böse, verbrecherisch, sie ist ein Raubtier, ein Vampyr, eine Hexe, sie ist unersättlich in ihrer Gier, sie ist das Unheimliche schlechthin.[217]

Als Projektionsfläche männlicher Angst-Lust kommt keine ungestraft davon: Mit Wildheit stigmatisiert, gelten sie als verrucht, männermordend, erfahren und daher böse; nach Lombroso die geborene Prostituierte und Verbrecherin, die im übrigen als dem Manne näher stehend phantasiert wurde. »Langgestreckt mit abwärts gerichteter Spitze«[218] nähern wir uns der symbolischen Gleichung: *Brustform = Penisform = phallische Frau.* Die Analogie zwischen weiblicher Brust und männlichem Penis wird über die Form hinaus, auch durch die Äquivalenz von Milch und Samen[219] sowie durch die Erektionsfähigkeit von Penis und Brustwarze[220] gesehen. Diese Erektion verdanke sich ähnlich der des Penis der Einbildungskraft, der Phantasie und vor allem der Wollust. Die mit dem Zeichen des Phallus, also mit eigenständiger Sinnlichkeit ausgestattete Brust, ist die einer phallischen Frau. Sie weckt Lust und Kastrationsängste[221] zugleich und stellt durch die phantasierte »Ent-Mannung« den Primat des Phallus auf den Kopf. Sie droht, den Mann mit Weiblichkeit, also mit Passivität und Zurückgenommenheit, zu infizieren und sich an seiner Stelle mit Aktivität und Macht auszustatten. Zur Beschwichtigung der Angst ist die Spaltung des Frauenbildes in Gut und Böse ein zentraler Abwehrmechanismus. Dabei tragen Idealisierung und Entwertung zur Stützung des Selbstwertgefühls bei.

Die divergierenden Frauentypen werden symbolisch durch unterschiedliche Brüste – die jungfräuliche, kleine und die erfahrene, reife Brust – repräsentiert. Da-

---

ten interpretiert und brachte ihr auf theoretischer Ebene den Vorwurf des Kulturismus und der Soziologisierung psychoanalytischer Zusammenhänge ein. Karen Horney begreift die Psychoanalyse als ideologiekritisches Instrumentarium. Sie kann mit einer gewissen Berechtigung durchaus als Vorläuferin der in den 80er Jahren eröffneten Sex & Gender-Debatte gelten; auch sie betont die gesellschaftliche und kulturelle Produktion von Weiblichkeit gegenüber biologischen Fixierungen. Siehe dazu Stephan, I. (1992). Die Gründerinnen der Psychoanalyse. Eine Entmythologisierung Sigmund Freuds in zwölf Frauenporträts. Zürich; Olvedi, U. (1992). Frauen um Freud. Die Pionierinnen der Psychoanalyse. Freiburg.

217 Horney (1932), S. 7.

218 Ploss & Bartels (1927).

219 Hans Peter Duerr hat sich in seiner Arbeit (1995, Obszönität und Gewalt. Der Mythos vom Zivilisationsprozeß. Frankfurt a.M.) ebenfalls mit der Gleichung weibliche Brust = Penis beschäftigt und dort die Parallelität zwischen milchspritzender Brust und ejakulierendem Penis herausgearbeitet. Mit Beispielen aus verschiedenen Kulturen belegt er die aggressive Entblößung der weiblichen Brust als Mittel des Aufbegehrens.

220 Siehe dazu Richter, S. (1996). Erectionen machen: Wieland und die Erotik der weiblichen Physiognomik. In: R. Campe & M. Schneider, Geschichten der Physiognomik. Freiburg, S. 313-329.

221 Der Psychoanalytiker Otto Fenichel schreibt über die Mythologie und Träume von Männern mit Kastrationsangst, daß diese voll von Bildern schreckenserregender phallischer Frauen sind, zu denen die Vorstellungen vom Medusenhaupt (dessen Schlangen phallische Symbole sind) ebenso gehören wie die von Hexen mit hervorstehendem Zahn, die auf einem Besen reiten. (In: Ders., 1983. Psychoanalytische Neurosenlehre, Bd. II, Frankfurt a.M., S. 195) Siehe dazu auch Freud, S. (1922). Das Medusenhaupt. GW XVII, S. 45-48.

bei sind die zugrundeliegenden Leitdifferenzen Unschuld und Erfahrung, wobei die erste angstfrei die Lust des Mannes anzusprechen scheint und die zweite vorwiegend Ambivalenz und Furcht erzeugt. Jungfräulichkeit gilt als Fetisch gegen die männliche Angst vor Kastration, vor der wissenden, erfahrenen Frau, vor der alles verschlingenden Mutter.

Für den Gynäkologen Max Hirsch ist die Ideal-Brust jungfräulich und ihre Normalform ist – wie er schreibt – »wiederum die Brust eines gesunden Mädchens mit schöner, d.h. gesunder Körperbildung und proportionalen Formen«.[222] Gesundheit, Schönheit und Unberührtheit verweisen in dieser Vorstellung aufeinander. In einen unberührten Leib scheinen sich die Spuren von Krankheit, Abweichung und Sexualität einzuschreiben, die der Gynäkologe lesen zu können vorgibt. Max Hirsch fährt fort, dem Kriminalisten die »Normativität des Schönen«[223] lustvoll, ja fast lyrisch, näherzubringen:

> Die Übergänge der Brust in die angrenzenden Körperflächen sollen sanft sein und ohne Furchen und Hautfalten. Warzenhof und Warze sind meist rosarot gefärbt, jedoch ist die Färbung von der Haarfarbe der Individuen abhängig und zeigt alle Nuancen bis zum dunklen Braun. Die Brustwarzen sind in ein Grübchen eingebettet und erheben sich bei Reizung durch Betasten oder bei geschlechtlicher Erregung.[224]

Und damit sich der kriminalistische Kollege auch ein Bild von der dem Ideal nicht entsprechenden Brust machen kann, erläutert der Gynäkologe »die häufigste Abweichung von der normalen Form«, die darin besteht,

> daß die Brust nicht die Gestalt einer Halbkugel hat, sondern daß ihr oberes Segment flach ist und dem Brustkorb näher anliegt, während das untere Segment an ihm herab hängt, mehr oder weniger gewölbt ist und sich mit einer Falte gegen die Umgebung absetzt, welche bisweilen so tief ist, daß die Hautflächen einander berühren.[225]

Wir nähern uns dem »dark continent«[226]. Und in einer Randbemerkung tauchen sie wieder auf, die ethnozentrischen Mythen, oder wie der Autor im Begriff seiner Zeit sagt, die »Rasseeigentümlichkeiten«. So werden die Frauen des Erzfeindes Frankreich, die einen ausschweifenden Lebenswandel führen, »ausnahmslos mit erschlafften Brüsten« (trotz Nicht-Stillens) ausgestattet, während die prüden Engländerinnen (trotz Stillens) dieses Phänomen angeblich selten aufweisen.[227] Eigenständige weibliche Sexualität wird also symbolisch geächtet, während sexuelle Passivität symbolisch gratifiziert wird. Die den Schönheitsidealen inhärenten

---

222 Hirsch (1911), S. 210.

223 Becker (1996), S. 179. Strasser, P. (1984). Verbrechermenschen. Zur kriminalwissenschaftlichen Erzeugung des Bösen. Frankfurt a.M.

224 Hirsch (1911), S. 211.

225 Hirsch (1911), S. 211f.

226 Freud, S. (1926b), Die Frage der Laienanalyse. Unterredungen mit einem Unparteiischen. GW XIV, S. 207-296, hier S. 241. Freud spricht vom Geschlechtsleben des Weibes als einem »dark continent« für die Psychologie.

227 Hirsch (1911), S. 213f.

Normierungen sind darüber hinaus nationalistisch, d.h. in der Kennzeichnung der Zeit »rassistisch« und klassenspezifisch aufgeladen.

In der Argumentationslogik des Textes zeigt sich die parallelisierende Annahme, daß Abweichungen vom Schönheitsideal auch Hinweise auf Abweichungen im biologischen Sinne, wie Gravidität, liefern: Doch ist an der Form der Brust zu erkennen, ob eine Frau schwanger war, geboren und gestillt hat? Läßt sich mittels der Ästhetik der Brüste auch eine Abweichung im strafrechtlichen Sinne ausmachen?

Mit der vergleichenden Phänomenologie der Brüste führt der Autor den gynäkologisch interessierten Kriminalisten langsam zu der Erkenntnis, daß die Gestalt dieses »formreichen Organs« nicht nur durch Gravidität, sondern auch durch andere Einflüsse, wie individuelle Konstitution, Alter, Lebensweise und Körperpflege, bestimmt wird, also als solche nun leider doch kein allzu brauchbares Instrument ist:

> Bei größeren Abweichungen von der normalen Form ist es nur mit einem geringen Grad von Wahrscheinlichkeit möglich zu erkennen, ob die Trägerin geboren hat oder nicht. Aber auch die Bedeutung der normalen Form verliert dadurch für den Gutachter an Wert, daß bisweilen auch bei Frauen, welche geboren haben, die durch Schwangerschaft und Geburt hervorgerufenen Veränderungen durch zweckmäßige Lebensweise, Körperpflege und Kleidung soweit verschwinden, daß die Brust von der jungfräulichen sich kaum unterscheidet.[228]

Von der äußeren Form und ihrer Veränderungen dringt der Gynäkologe nun in die Untersuchung der vom Körper abgesonderten Säfte vor. Da sich die gynäkologische Semiotik auf die Basisannahme stützt, daß »die Brustdrüse (...) nach der Ausstoßung der gereiften Leibesfrucht, der Geburt, eine Flüssigkeit (erzeugt, F.L.), welche der Ernährung des Säuglings dient«[229], wird die Milchabsonderung der Frau auch für kriminalistische Zwecke interessant. Der teleologisch konstruierte Zusammenhang von Schwangerschaft und Sekretproduktion suggerierte ein unumstößliches Beweismittel. Doch die Schwangerschafts- und Laktationsveränderungen würden sich nach der Geburt um so schneller verlieren, je kürzer die Stillzeit gewesen sei, und wenn nicht gestillt würde, »was bei verheimlichten Geburten wohl immer der Fall ist«[230], könne man ohnehin nur für eine begrenzte Zeit eine Aussage machen. Max Hirsch kann bei seinen Ausführungen auf eine Arbeit von Hertzsch mit dem Titel »Die Frauenmilch und ihre kriminelle Bedeutung« im Archiv für Gynäkologie[231] zurückgreifen. Selbst die Colostrumsekretion sei kein sicheres Zeichen, berichtet Hertzsch. Sie sei an einer »virginellen Brust« bei geschlechtlicher Erregung, bei Erkrankungen der Unterleibsorgane sowie nach Jahren beendigten Stillgeschäfts beobachtet worden. In der Wiener Klinischen Wochenschrift aus dem Jahre 1908 berichtet der Frauenarzt Foges in einem Bei-

228 Hirsch (1911), S. 212.
229 Fischer-Dückelmann (1908), S. 46.
230 Hirsch (1911), S. 225.
231 Hertzsch (1910). Die Frauenmilch und ihre kriminelle Bedeutung. In: Archiv für Gynäkologie, Bd. 92, Berlin, S. 116-122.

trag über die Beziehungen zwischen Mamma und Genitale[232] von Milchsekretionen im Zustand anhaltender Amenorrhöe. Er unterlegt diesen Zusammenhang mit der Annahme, daß die Atrophie des Uterus und die Laktation in einer gewissen Unterfunktion des Ovars ihre Ursache haben und stützt seine These mit dem Hinweis auf »die Milchergiebigkeit kastrierter Kühe« sowie durch »reichliche Milchsekretion bei einer 24 Stunden nach dem Wurfe kastrierten Häsin«[233]. Die Absicherung seiner Thesen mit empirischen Beobachtungen aus dem Tierreich verdankt sich dem Versuch, widersprüchliche Zeichen zu desambiguieren. Die vorherrschende Annahme, daß die Absonderung reifer Muttermilch ein »Zeichen des Säugungsgeschäftes und der voraufgegangenen Geburt«[234] sei, scheint durch eine Reihe von Befunden widerlegt. Hirsch berichtet von einem Fall, in dem »mehrere Zeichen, unterstützt durch den Befund von Milch in den Brüsten«[235] auf einen »puerperalen Zustand«[236] hinwiesen, woraufhin wegen des Verdachts auf Kindesmord Untersuchungshaft verhängt wird. Die Frau bringt im Gefängnis einen 5 Monate alten Fötus zur Welt, und der Gerichtsarzt wird auf Schadensersatz verklagt. In erster Instanz wird er verurteilt, in zweiter mit der Begründung freigesprochen, »daß der Sachverständige für den *nicht* aus Fahrlässigkeit begangenen Irrtum nicht haftbar gemacht werden könne.«[237] Denn die Spuren am Körper der Frau lassen sich nicht eindeutig dechiffrieren: Im Zustand der Unfruchtbarkeit werden Zeichen der Fruchtbarkeit produziert und vice versa, Gravidität ist mit den Chiffren eigener Negation verknüpft. Dem Konstrukt der Hysterie vergleichbar scheint der Frauenkörper Virginität und Unfruchtbarkeit ebenso wie Gravidität und Potenz physiologisch simulieren zu können.[238] Die »organische Verlogenheit des Weibes« (Weininger) kann potentiell immer die falschen Zeichen hervorbringen.

Der im Text latent bleibende Betrugsvorwurf könnte ein erster Hinweis darauf sein, warum – für die heutigen Leser irritierend – von der »kriminellen« statt von der kriminalistischen Bedeutung der weiblichen Brust die Rede ist.

---

232 Diesen Hinweis habe ich Keitler (1909) der Rubrik »Verschiedenes« aus dem »Zentralblatt für Gynäkologie«, S. 613f., entnommen.

233 Siehe Keitler (1909), S. 614.

234 Hirsch (1911), S. 219.

235 Hirsch (1911), S. 219f.

236 Hirsch (1911), S. 219.

237 Hirsch (1911), S. 220.

238 Freud berichtet von einer Hysterika, die nach der Geburt ihrer Kinder – trotz Laktation – diese nicht nähren konnte. Immer dann, wenn sie sie anlegte, versagte ihr Körper die Milch, so daß sie sie schließlich einer Amme übergeben mußte. Freud behandelte sie durch Hypnose, ihr Zustand besserte sich. Freud, S. (1895a). Ein Fall von hypnotischer Heilung. GW I, S. 3-17.

Die kriminelle Bedeutung der weiblichen Brust

Der Ballon kehrt zurück – die Luft ist raus: kriminalistisch bringt die vergleichende Phänomenologie nichts. Die semiotische Hoffnung, am Körper der Frau ihr verbrecherisches oder betrügerisches Tun entziffern zu können, wird enttäuscht. Die Macht der Frau, über Leben und Tod zu entscheiden, konnte durch kriminalistische Spurensicherung nicht eingedämmt werden. Die Zeichen bleiben unklar, und das Versagen der Kontrolle weiblicher Reproduktion erzeugt aggressive, sadistische Phantasien.

Max Hirsch versichert dem nicht-medizinischen Leser, daß »die weibliche Brust ... dem Juristen und Kriminalisten in seiner beruflichen Tätigkeit noch in anderen Zusammenhängen begegnen«[239] wird. Und gegen Ende des Artikels taucht sie wieder auf, die im Titel angekündigte und im Laufe des Beitrags verlorengegangene »kriminelle Bedeutung der weiblichen Brust, *(nun)* als ›sexuelles Reiz- und Lockmittel‹«:

> Die weibliche Brust vermag sowohl ihrer Trägerin wie dem männlichen oder weiblichen Partner in sexualibus geschlechtliche Wollustgefühle erregen. Diese können durch bloße sinnliche Vorstellung, durch Anblick oder durch taktile Reize vermittelt werden. *Daher* ist die weibliche Brust mannigfachen Angriffen seitens sadistisch veranlagter Personen ausgesetzt, deren Wirkungen sich vom oft gefundenen Saugfleck bis zu den grausamsten Verstümmelungen des Lustmordes[240] steigern können.[241]

Nun tritt das Objekt der Begierde hervor und sei es nur – wie beim Autor – »durch bloße sinnliche Vorstellung«. Der Sadismus richtet sich auf das, was begehrt und gefürchtet wird. Die »geschlechtlichen Wollustgefühle« scheinen übermächtig und müssen abgewehrt werden. *Daher* folgen Attacken gegen die Brust, das Symbol weiblicher Macht und (frühkindlich) erfahrener Ohnmacht. Es scheint, als richte sich die Aggression gegen die versagende oder, wie Melanie Klein sagt, die »böse Brust«. Freud weist darauf hin, daß das Kind das Verlieren der Mutterbrust nach dem Saugen als narzißtischen Verlust und im gewissen Sinne daher als Kastration erlebt[242]. In Anlehnung an Lou Andreas-Salomé und Franz Alexander erwähnt er in seiner »Analyse der Phobie eines fünfjährigen Knaben«, »daß der Säugling schon das jedesmalige Zurückziehen der Mutterbrust als Kastration, d.h. als Verlust eines bedeutsamen, zu seinem Besitz gerechneten

239 Hirsch (1911), S. 226.

240 Friedemann Pfäfflin weist in einer Arbeit über die »Lust am Lustmord« (Ders., 1982. Zur Lust am Lustmord. In: Nervenarzt, 53, S. 547-550.) darauf hin, daß der kombinierte Begriff »Lustmord« im ersten Teil des Wortes nicht das Motiv kennzeichnet, sondern das Objekt der Tat. Das heißt, gemordet wird nicht aus Lust, sondern der Täter tötet mit dem Opfer seine eigene Lust.

241 Hirsch (1911), S. 227.

242 Freud, S. (1923). Die infantile Sexualorganisation. GW XIII, S. 291-298.

Körperteils empfinden mußte...«[243]. Wird das Zurückziehen der Mutterbrust als Kastration erlebt, so könnte sich auf kollektiver Ebene die symbolische Bedeutung der versagenden Brust auf die Reproduktionsfunktion beziehen. Auch in diesem übertragenen Sinne käme die Verweigerung einer Kastration männlicher Potenz gleich. Die Drohung wird mit Aggression beantwortet, und das mit Aggressionen verfolgte Objekt wird im projektiven Akt zum Verfolger[244]: Die weibliche Brust ist kriminell, gefährlich, ja tödlich.[245]

Und da die idealisierte »gute« Brust – Inbegriff nie endender Befriedigung – das Gegenstück zum versagenden, d.h. zum verfolgenden Objekt[246] ist, dient die Idealisierung, wie die Spaltung in Gut und Böse der Abwehr tödlicher Vernichtungsangst. Mißlingt die angstabwehrende, idealisierende Besetzung und dominiert das böse Objekt, so muß es beherrscht, verstümmelt oder gar zerstört werden.

---

243 Freud, S. (1909b). Analyse der Phobie eines fünfjährigen Knaben. GW VII, S. 243-377, hier S. 246.

244 Dazu Klein, M. (1983). Das Seelenleben des Kleinkindes. Stuttgart. Interessant schiene mir, Melanie Kleins Theorie in einen kulturtheoretischen und zeitgeschichtlichen Kontext zu stellen und ihre häufig mythisch anmutenden Produktionen auf dem Hintergrund der unbewußten Phantasien ihrer Zeit zu reflektieren.

245 Nach dem Zweiten Weltkrieg, Ende der 40er Jahre, taucht das Bild des »Atombusens« auf; aufgeblasen von gierigen Wünschen und tödlichen Ängsten, der von den Schlachtfeldern heimkehrenden Soldaten. Die Sexbombe mit dem Atombusen scheint mit einer Sprengkraft ausgerüstet, die das unermeßliche Verlangen nachhaltig zerstören kann: Am 1. Juli 1946 nehmen die Vereinigten Staaten ihre Atomversuche auf und zünden über dem Bikini-Atoll der Nördlichen Marschall-Inseln eine Atombombe. Diese Bombe, von ähnlichem Typ wie die beiden Atombomben, die ein Jahr zuvor Hiroshima und Nagasaki verwüsten, erregt weltweit die Aufmerksamkeit der Medien, während in Paris der Modeschöpfer Louis Réard im selben Monat des Jahres 1946, einige Tage nach dem Abwurf der Bomben, seinen atemberaubend sparsamen, zweiteiligen Badeanzug der Öffentlichkeit vorstellte. Seine Schöpfung taufte er auf den Namen des Atolls. Die Ambivalenz zwischen Lust und Angst zeigt sich auch in japanischen Cartoons und Comics, in denen übergroße pfeilschießende Brüste und vergiftete Nippel sehnsüchtige Männer verfolgen, die ihrerseits die bedrohlichen Brüste an die Kette legen, bevor sie von ihnen – wie in Woody Allens Film »Was sie immer schon über Sex wissen wollten« –, übermächtig groß, erdrückt und erstickt werden. Woody Allens Monsterbrust, die aus dem Labor eines wahnsinnigen Wissenschaftlers ausgebrochen ist, bewegt sich blubbernd und alles niederwalzend durch die Landschaft bis sie durch das Kruzifix gebannt, in einem riesigen Büstenhalter eingefangen werden kann. Und in Philip Roths Novelle »Die Brust« verwandelt sich der Protagonist kafkaesk durch Identifikation mit dem Objekt frühkindlicher Begierde in eine riesige Version des weiblichen Organs.

246 Siehe dazu auch Kleinspehn, T. (1987). Warum sind wir so unersättlich? Frankfurt a.M., der sich in einem Exkurs »Über Brüste und das Stillen« mit der Ambivalenz von Versagen und Sehnsucht, Sättigung und Entbehrung, Befriedigung und Aggression beschäftigt hat.

DER WAHRE UND EINDEUTIGE KÖRPER

Die Leibesvisitationen sind eine Antwort auf die hysterische Körperkultur, in der das Spiel der Verkleidungen und die Künstlichkeit des theatralischen Ausdrucks Fragen nach dem Eigentlichen, dem wahren Selbst stellen. Die Sehnsucht nach dem ›Echten‹ ist nicht nur eine Antwort auf die ›falsche‹, verkleidete lüsterne Sinnlichkeit, sondern auch eine Reaktion auf die Ambivalenz der Moderne, die sich in den Mehrdeutigkeiten des körperlichen Ausdrucks und seiner symbolischen Verschlüsselungen zeigt. Klare Unterscheidungen zwischen Männlichkeit und Weiblichkeit scheinen ein dringendes Gebot des modernen Zeitalters zu sein, in dem die gesellschaftliche Dynamik der Geschlechter außer Kontrolle zu geraten droht. Eindeutige Geschlechterdifferenz garantiert die »materielle Vitalität der Nation«[247] und den Schutz der bestehenden Ordnung.

Die Wiederentdeckung des Körpers gegen Ende des 19. Jahrhunderts verdankt sich also nicht nur der avangardistischen, antibürgerlichen Sinnlichkeit, sondern sie ist auch eine Antwort auf die Dekadenz und die sexuellen Verführungen des Großstadtlebens. Mithin ist sie auch Teil einer »ästhetischen Praxis bürgerlicher Fluchtbewegungen«[248], die sich mit dem »Zurück zur Natur« den Auflösungstendenzen entgegenstellt. Orientiert an griechischen Vorbildern, deren körperliche Schönheit weder Sexualität noch Sinnlichkeit repräsentieren, wählt man ein ästhetisches Ideal, das moralisch Höherstehendes verkörpert, die »klassische Schönheit« zum Maßstab erhebt und damit gleichzeitig ein rassistisch nützliches Stereotyp etabliert. Dieses zeitlose und beständige Ideal stemmt sich gegen die schnelle Veränderung und beharrt auf einer Identität von Innen und Außen. Äußere Schönheit spiegelt innere Anmut und symbolisiert – wie die Natur – Unberührtheit und Unerfahrenheit. Daher ist die Jungfräulichkeit des Körpers und der Seele Maßstab alles Schönen und Guten. Propagiert wird also das »Klischee einer die Sinnlichkeit transzendierenden menschlichen Schönheit.«[249] Natürlichkeit transportiert also Moral, und die bestimmt die Sexualitätsvorstellungen, die unterschiedlich konnotiert sind: Unerfahrenheit ist weiblich, ›gezügelte‹ Erfahrung männlich. Die Beherrschung der Leidenschaft und nicht der sexuelle triebhafte Rausch garantieren Männlichkeit und die Aufrechterhaltung der Nation. Körperliche und charakterliche Stärke prägen das klassische Schönheitsideal. Gemes-

247 Mosse, G.L. (1985). Nationalismus und Sexualität. Bürgerliche Moral und sexuelle Normen. München, S. 34.

248 Siehe dazu Frecot, J., Geist, J.F. & Kerbs, D. (1972). Fidus 1868-1948. Zur ästhetischen Praxis bürgerlicher Fluchtbewegungen. München. Damit sind Phänomene, wie zum Beispiel Jugendbewegung, Nacktkultur, Kleider- und Lebensreform, Vegetarismus und Wandervögelbünde gemeint, die später zum Teil in völkische und nationalsozialistische Verbände übergingen.

249 Mosse (1985), S. 20.

sen daran läßt sich das Böse – so die Hoffnung der Zeit – am häßlichen Körper identifizieren, lassen sich die Spuren der Abweichung an ihm entziffern.

Die Angst vor der Auflösung der Geschlechterdifferenz kulminiert in der Angst vor der Uneindeutigkeit des weibischen Mannes und der phallischen oder androgynen Frau, jener Erscheinung, die in der literarischen Phantasie die Gestalt des Vampirs annimmt und die der Sexualforscher Krafft-Ebing mit einer »männlichen Seele in einem weiblichen Körper« ausstattet. Beunruhigend, da sexuell und moralisch ambivalent, zieht sie die männlichen Sexualängste und damit den abgrundtiefen Haß auf sich. Die Beziehungen zwischen Männern und Frauen werden zunehmend mit oral-aggressiven Bildern beschrieben. Verschlingende, kannibalistische, blutsaugende und kastrierende Frauen, die seit der Antike wiederholt und nun auch in der Literatur des 19. Jahrhunderts auftauchen – wie Salome, Judith, Delilah und Penthesilea – belegen die zeitgenössischen Männerphantasien.

Die Rituale der Wiederherstellung von Ordnung zwischen den Geschlechtern und die Wiederaufrichtung des männlichen Prinzips gegenüber der Bedrohung durch die ›Nicht-Frau‹ finden sich in Phantasiewelten vieler Kulturen: Werden die weiblichen Vampire mit einem Pfahl durchbohrt[250], damit die von ihnen ausgehende Gefahr gebannt wird, so werden den amenorrhoischen und unfruchtbaren Frauen der Soma nach ihrem Tode die »Hüften gebrochen«, damit ihr böser Geist keine schwangeren Frauen beseele. Nicht zuletzt erinnern die Ausführungsbestimmungen des bis 1911 gültigen Feuerbestattungsgesetzes, unverheiratet verstorbene Frauen auf ihre Jungfräulichkeit hin zu untersuchen, auch an eine »posthume Penetration« »skandalöser alter Jungfern«, die sich zu Lebzeiten zwar dem Mann entzogen, aber nach dem Tode seinem Zugriff doch nicht entkommen können.

Die Ordnung der Geschlechter wird also wiederhergestellt, sei es durch Rituale, gesetzliche Bestimmungen oder alltägliche Verhaltensnormierungen, die sich in Anstands- und Benimmbüchern für die Frau[251] finden. Hier werden Träume von Männern festgeschrieben, die den Angstvisionen vampiristisch-blutsaugender Zärtlichkeiten jene jungfräulich-unerfahrenen Küsse entgegensetzen, die so sind, als erfolgten sie »fast ohne Muskel«[252]; so die konkrete Utopie: »Sanft, zart und schwach sollen sie sein, ohne verlangende, fordernde, drängende oder gar saugende Muskelaktivität.«[253] Und das gilt natürlich auch für die genitale weibliche Lust, soll sie nicht an männliche Kastrationsängste rühren.

Die Virginität ist ein Fetisch, und der weibliche Leib in seiner Ambivalenz ein begehrtes und gleichzeitig phobogenes Objekt auch der Wissenschaft. Vor diesem Hintergrund könnte die Fragmentierung des Körpers und der angstvolle wie fas-

---

250 Klaniczay (1991), S. 86.

251 Siehe dazu Mixa, E. (1994). Erröten Sie, Madame. Anstandsdiskurse der Moderne. Pfaffenweiler.

252 Bachmann, I. (1982). Ein Schritt nach Gomorrha. In: Werke. Bd. 2, München, S. 196.

253 Waldeck, R. (1993). Zur Produktion des »schwachen Geschlechts«. Körpergeschichte eines Weiblichkeitsideals. In: Ethnopsychoanalyse. Körper, Krankheit und Kultur. Frankfurt, S. 200.

zinierte Blick – besonders auf den Mund und die weiblichen Brüste – noch einen weiteren Sinn machen. Er könnte zeigen, daß die verdrängte Sexualität auf der oralen Ebene im Sinne der Angstminderung neutralisiert werden kann, indem sie auf frühere orale Stufen psychischer Entwicklung regrediert.

Die Geschlechterordnung hat diese Bedürfnisse zu befriedigen, indem sie die Frau an ihre Vorgabe als Mutter bindet und die bedrohlichen Aspekte weiblicher Leiblichkeit als marginale umdenkt: In diesem Rahmen ist die intellektuelle Frau unfruchtbar, weil sie die reproduktiven Erwartungen des Mannes nicht erfüllt, und die Prostituierte destruktiv und kriminell, weil sie die männliche Angst vor der Ausbreitung sexueller Krankheiten schürt. Doch alle Konstrukte und erweiternde Variationen vom »verinnerlichten ›bösen‹ Anderen« sind stets verbunden mit dem Bild »vom ›guten‹ Anderen, von der ›guten‹ Mutter (the good (m)Other).«[254]

Die unbewußten Phantasien sind alt, aber beständig. Sie beziehen sich auf die idealisierte und gehaßte mütterliche Omnipotenz, die in Männerphantasien den Erwachsenen am Busen der Frau Befriedigung suchen und zum Säugling schrumpfen läßt. Der Furcht vor Infantilisierung und Regression folgt die aggressive Abgrenzung. Die unbewußten Phantasien entzünden sich an der weiblichen Macht, Leben zu schenken oder Nachkommenschaft zu verhindern, Vaterschaft zu ermöglichen oder zu vereiteln. Die Macht der Phantasien zeigt sich in ihren medizinischen, »sozialhygienischen« und (straf-) rechtlichen Folgen, um die es im Folgenden gehen soll.

254 Gilman (1994), S. 27.

VI
DIE ORDNUNGSPOLITISCHE AUFHEBUNG DER HYSTERIE

Emanzipation, Geburtenrückgang und Tod

Der weibliche Körper ist ein öffentlicher Ort[1], an dem die generative Funktion der Frau wissenschaftlich geprüft und staatlich kontrolliert wird. Doch wie die Hysterikerinnen gezeigt haben, ist er auch ein Ort weiblichen Widerstandes gegen den biologischen Reduktionismus und für eine eigensinnige Sexualität. Wenn Sexualität für Frauen nicht mehr untrennbar mit Fortpflanzung verknüpft ist, schwindet die biologische Angewiesenheit auf den Mann. Lebensentwürfe, die sich durch bewußten[2] Verzicht auf Kinder auszeichnen, ermöglichen eine Weiblichkeit, die sich von herrschenden Frauenbildern unabhängiger macht.

Die sexuelle Selbstbestimmung der Frau ist *das* Thema der Jahrhundertwende, sie erschüttert das bürgerliche Ordnungsprinzip mit seinem gespaltenen Weiblichkeitsentwurf. Die Bilder von der Mutter und der Hure und die damit verknüpften Vorstellungen von der »Fortpflanzung ohne Lust«[3] und der »Lust ohne Fortpflanzung« beginnen sich einander anzunähern. Zwar hatte Krafft-Ebing gerade diese Spaltung, die die weibliche Sinnlichkeit zur Verfügung des Mannes an die Hure gebunden hat, mit seiner wissenschaftlichen Konstruktion vom geringen sinnlichen Verlangen der normalen Frau bekräftigt, aber die Norm wird brüchig. Sinnlichkeit läßt sich nicht mehr ausschließlich an die käufliche Liebe der Prostituierten binden, und das Primat lustloser Fortpflanzung gilt in der modernen Ehe auch nicht mehr als unumstößlich.

Die Geburtenrate sinkt seit den 70er Jahren des 19. Jahrhunderts stetig, und ihr Fall gewinnt »gleich einer Lawine – zumal mit dem Eintritt ins neue Jahrhundert – immer größere Geschwindigkeit«[4]. Damit steigt die Sorge um die »Erhaltung der Volkskraft«[5] und die Angst vor dem »sterbenden Europa«[6], man spricht

1 So auch Duden, B. (1991). Der weibliche Körper als öffentlicher Raum. Hamburg.

2 Es gab auch einen staatlich verordneten Verzicht auf Mutterschaft: Der Zölibat bezog sich auf die verbeamteten Lehrerinnen, Post- und Telegraphengehilfinnen. Siehe kritisch dazu Scheven, K. (1916b). Der Geburtenrückgang. In: Der Abolitionist, 4, S. 25-32, hier S. 29. Die Zeitschrift stand unter dem Motto »Es gibt nur eine Moral, sie ist gleich für beide Geschlechter.«

3 Bergmann, A. (1986). Von der »Unbefleckten Empfängnis« zur »Rationalisierung des Geschlechtslebens«. Gedanken zur Debatte um den Geburtenrückgang vor dem Ersten Weltkrieg. In: J. Geyer-Kordesch & A. Kuhn (Hg.), Frauenkörper, Medizin, Sexualität. Düsseldorf, S. 127-158.

4 Wolf (1912) zitiert nach Scheven, K. (1916a). Der Geburtenrückgang. In: Abolitionist 3, S. 17-22, hier S. 18.

5 Scheven (1916a), S. 20.

6 Paul Näcke widersprach im »Archiv für Kriminalanthropologie und Kriminalistik«, Bd. 28, 1907 dieser Todesphantasie: »Wir sterben noch lange nicht aus oder ab, und die ›gelbe Gefahr‹ ist hoffentlich auch nur eine Chimäre.« (ebd., S. 199).

gar vom »Untergang der Menschheit«[7] und vom »großen Tod des 20. Jahrhunderts«[8]. Als Hauptursache für diesen bedrohlich erlebten Zustand wird die Emanzipation der Frau angeführt, die es dem Manne gleichtun will. Erst jüngst hatte sie die Zulassung zum Universitätsstudium erhalten, freilich gegen den Widerstand vieler Professoren, den der Jurist Otto Giehrke formuliert: »Unsere Universitäten sind Männeruniversitäten, (sie sind) in ihrem ganzen inneren Leben dem männlichen Geiste angepaßt (...). Sorgen sie vor allem, daß unsere Männer Männer bleiben!«[9] Die Aufhebung tradierter Geschlechterdifferenz bedroht offenbar die männliche Identität. Selbst Julius Wolf, aufgeklärter Verfasser eines umfangreichen Werkes über den Geburtenrückgang und Vorsitzender der Gesellschaft für Bevölkerungspolitik, vertritt 1916 bei der Gründungsversammlung dieser Gesellschaft einen ähnlichen Standpunkt.[10]

Mindestens unbewußt muß also die Emanzipation der Frau in den Phantasien des Mannes mit Sterben und Tod assoziiert worden sein. Diese Angst und ihre spezifische Abwehr finden sich in Phantasmagorien von Weiblichkeit; formalisiert im Strafrecht, rationalisiert in Medizin und Anthropologie, ästhetisiert in der Literatur, sublimiert im künstlerischen Ausdruck.

So läßt sich in den literarischen Phantasien der Schriftsteller des 18. und 19. Jahrhunderts eine Beziehung zwischen tötenden und getöteten Frauen herstellen. Der Tod einer schönen Frau ist – wie Edgar Allen Poe formuliert – das »poetischste Thema der Welt«[11], und es scheint als handele es sich bei den literarischen Bildern des 19. Jahrhunderts um kollektive Phantasien.

An der »schönen Leiche« des 19. Jahrhunderts zeigen Elisabeth Bronfen[12] wie Klaus Theweleit[13] die literarische Ästhetisierung des weiblichen Todes und dessen Funktionen für den kunstproduzierenden Mann: Die schöne Tote ist Quelle der Inspiration des Künstlers, also Muse. Die »entlebendigte« Frau produziert und gebiert selber nicht, sondern setzt durch ihre Abwesenheit den Akt des Schreibens eines Mannes in Gang. Sie gebiert nicht Leben, das er gezeugt hat, sondern verhilft ihm zur Geburt seiner Kunst. Zum anderen – so Julia Kristeva[14] – verweist

7 Fischer-Dückelmann (1900), S. 10.

8 Borntraeger, J. (1912). Der Geburtenrückgang in Deutschland, seine Bewertung und Bekämpfung. In: Veröffentlichungen auf dem Gebiete der Medizinalverwaltung, 1. Bd., 13, S. 631-794, hier S. 732.

9 Giehrke, O. (1897). In: A. Kirchhoff (Hg.), Die akademische Frau. Gutachten hervorragender Universitätsprofessoren, Frauenlehrer und Schriftsteller über die Befähigung der Frau zum wissenschaftlichen Studium, Berlin, S. 23f.

10 Scheven (1916b), S. 28. Es erstaunt, wie hartnäckig sich diese Hypothese auch in aufgeklärten Kreisen hielt, obwohl eine ganze Palette von Erklärungen in der Diskussion waren: Die Ausbreitung der Geschlechtskrankheiten und ihre sozialen und physiologischen Folgen, die außereheliche Sexualbefriedigung durch Prostitution, der steigende Wohlstand und selbst der Einfluß der Politik der Sozialdemokraten auf den Geburtenrückgang wurden ins Feld geführt.

11 Poe, E.A. (1846). The Philosophy of Composition. Essay and Review. New York.

12 Bronfen, E. (1987). Die schöne Leiche. In: R. Berger & I. Stephan (Hg.), Weiblichkeit und Tod in der Literatur. Köln, S. 87-115.

13 Theweleit, K. (1994/1996) Buch der Könige. Band 1-4. Frankfurt a.M., Basel.

14 Kristeva, J. (1978). Die Revolution der poetischen Sprache. Frankfurt a.M.

die schöne Tote auf eine vormals lebendige, chaotische und dynamisierende Kraft, welche die Ordnung störte. Indem sie geopfert wird, wird die bedrohte Ordnung wiederhergestellt: Der symbolische Tod der Frau stabilisiert die Norm. Das Weibliche repräsentiert das Chaotische, das Irrationale und das Mystische. Es ist das Andere der Vernunft, der Ordnung und des Gesetzes. Das Weibliche zu opfern, bedeutet in den Kategorien der Rationalität die Auslöschung des Irrationalen. Damit ist die Grenze zwischen Chaos und Ordnung wiederhergestellt und die gesellschaftliche Machtstruktur gesichert.

Die Destruktion weiblicher Autonomie bringt also jene Ambivalenz zum Verschwinden, auf die mit eben dieser Zerstörung reagiert wurde, nämlich die zwischen Lust und Angst. Wie nah beieinander Angstvision und Wunschphantasie liegen, zeigt die Faszination für die »femme fatale«, die Nicht-Mutter, die sinnliche, aber tödliche Leidenschaft provozierende Frau. Mit ihr beschäftigte sich auch Freud in seinem Text »Wir und der Tod«, in dem er – nach einer Interpretation von Bernd Nitzschke – sich u.a. mit der Angst des Mannes vor der leidenschaftlichen Liebe auseinandersetzt:

> Es geht (...) um die Angst vor der Liebe in Gestalt einer neuen, leidenschaftlichen Bindung an ein Objekt, das Nicht-Mutter bedeuten könnte. Ein solches Objekt wäre aber nur dann zu erreichen, hätten ›wir‹ weniger Angst vor diesem Schritt (weg von der Mutter und von all dem, was sie repräsentiert).[15]

Um die Jahrhundertwende tauchen sie auf, die bedrohlichen und faszinierenden Imaginationen, die männlichen Wunschphantasien von nichtmütterlicher Weiblichkeit: Lulu, Salome, Judith und Dalila[16], verführerische, begehrenswerte, männermordende, kastrierende Frauen. Mit Lulu schafft Wedekind[17] die Figur einer Frau im kindlichen »Urzustand«, deren Verführungskraft in ihrer Unbewußtheit liegt. In den Erläuterungen seines Stückes sagt er, daß es ihm darum ging, »das menschlich Bewußte, das sich selbst immer so maßlos überschätzt, am menschlich Unbewußten scheitern (zu) lassen«.[18] An Lulus Verführungskraft läßt er die Vertreter der bürgerlichen Gesellschaft zugrunde gehen. Wedekinds »Lulu«, so schreibt Spier 1913 in der Zeitschrift »Sexual-Probleme«,

> ...ist die Personifikation des weiblichen Elementes der rein (...) losgelösten weiblichen Gier und Sexualität. Diese Lulu leidet an ›moral insanity‹. Sie weiß nichts von Ethik und Schuld, sie kennt keine Moralgesetze, keine Verantwortlichkeit (...) Sie braucht die Männer, sie lockt sie an sich wie das Licht die irrenden Falter und besitzt auch für sie den unheimlichen Anziehungsreiz der großen Flamme auf die Insekten (...)Wenn sie sich ihr nähern, so werden alle Brünste wach und alle Überle-

---

15 Nitzschke, B. (1991). Freuds Vortrag vor dem Israelitischen Humanitätsverein ›Wien‹ des Ordens B'nai Brith: ›Wir und der Tod‹ (1915). Ein wiedergefundenes Dokument. In: Psyche, 45, S. 97-142, hier S. 114.

16 Siehe dazu auch Mayer, H. (1981). Judith und Dalila. In: Ders., Außenseiter. Frankfurt a.M., S. 31ff.

17 Frank Wedekind arbeitete von 1892 bis 1913 immer wieder an seiner Lulu-Tragödie. Siehe dazu Wedekind, F. (1989). Lulu. Erdgeist. Die Büchse der Pandora. Stuttgart.

18 Wedekind (1989), S. 199.

> gung, jeder Vorsatz stirbt. Sie vergessen Bande des Blutes, Gesetze des Anstandes, der sozialen Pflichten, Ehrlichkeit und Treue beginnen zu wanken, nur ein Gedanke beherrscht sie alle: nach dem Besitze des Luluwesens (...) Der tolle Wirbeltanz, der Brunstkampf der geil gewordenen Männchen beginnt.[19]

Lulu bedient sich des Mannes, »saugt ihm das Mark aus den Knochen«[20], »erniedrigt«, »zermürbt« und »verkleinert« ihn, »sie macht aus dem geistigen Helden einen elenden, wimmernden Schwächling und Schurken (...) Wo ein männliches Wesen mit ihr in Kontakt kommt, wird es ihr verfallen[21] und sie wird es vernichten, nachdem sie ihm die größten Süssen des irdischen Lebens geschenkt hat: ein süßes Gift, ein wollüstiger Tod.«[22]

Doch Lulu ist eine männliche Angst-Lust-Phantasie, die in Abwendung vom mütterlichen Frauentypus nur die verbotene Tochter findet; eine Wunschphantasie, in der die Angst vor der raffinierten, sinnlichen Kindlichkeit und den inzestuösen Wünschen denunziatorisch gegen sie gewendet wird.

Klarheit, Härte, Unbestechlichkeit, Überlegenheit, Abgrenzung, Distanziertheit und Rationalität sind die Tugenden[23] im Kampf gegen das »sexuelle Fluidum«[24] der verführerischen Frau. Affektkontrolle soll den Träger von Fortschritt und Kultur vor dem Sog der Regression und das heißt auch vor Verweiblichung schützen.[25]

Freud kennzeichnet in seinen »Beiträgen zur Psychologie des Liebeslebens« die Angst des Mannes vor Kontrollverlust folgendermaßen:

> Der Mann fürchtet, vom Weibe geschwächt, mit dessen Weiblichkeit angesteckt zu werden und sich dann untüchtig zu zeigen. Die erschlaffende, Spannungen lösende Wirkung des Koitus mag für diese Befürchtung verbindlich sein, und die Wahrnehmung des Einflusses, den das Weib durch den Geschlechtsverkehr auf den Mann gewinnt, (...) die Ausbreitung dieser Angst rechtfertigen...[26]

Ist das herrschende Weiblichkeitskonzept im wesentlichen durch den »Defekt« der Frau gegenüber dem Mann gekennzeichnet, so vervollständigt sich dieses Modell durch die Freudsche Konstruktion eines »Infekts«, also der Gefahr einer

---

19 Spier, J. (1913). Lulucharaktere! In: Sexual-Probleme. Zeitschrift für Sexualwissenschaft und Sexualpolitik, 9, S. 676-688, hier S. 676.

20 Spier (1913), S. 680.

21 Die Kultivierung der Lust an der Unterwerfung ist literarisch überliefert in der Figur des Sklaven Wanda von Dunajews bei Sacher-Masoch, L.V. (1980). Venus im Pelz, Frankfurt a.M., siehe dazu auch Salewski, M. (1990). Julian, begib dich in mein Boudoir. Weiberherrschaft und Fin de siècle. In: Ders. (Hg.), Sexualmoral und Zeitgeist im 19. und 20. Jahrhundert, Opladen, S. 45-71.

22 Spier (1913), S. 680.

23 Zur Abwehrfunktion von Wissenschaft siehe auch Lamott, F. (1989b). Von den sexuellen Störungen haben wir in diesem Semester schon einige zeigen können. Anmerkungen zur Forensischen Hochschulpsychiatrie. In: Recht und Psychiatrie, 7, S. 101-110.

24 Klamroth (1914), S. 283.

25 Lombroso, Darwin und Haeckel haben die Regression als Atavismus beschrieben und den Kriminellen als Repräsentanten einer früheren Entwicklungsphase des Menschengeschlechts charakterisiert. Die Angst vor Regression findet auch hier ihre Entsprechung.

26 Freud (1918), S. 168.

Ansteckung. Die Angst vor jenem »weibischen« Infekt ist im Freudschen Modell »zwar Angst vor Kastration, aber nicht vor einer Kastration *durch* die Frau, sondern eine Angst vor der Kastration als Angleichung an die Frau.«[27] Diese Annahme ist bemerkenswert. Sander L. Gilman weist in seiner Analyse über Freuds Konzept weiblicher Sexualität darauf hin, daß seiner Konstruktion der Geschlechter eine Umwandlung der Rhetorik der Rasse zugrunde liege und daß Freud ein spezifisches Bild des Weiblichen konstruiere, auf das er die Eigenschaften des männlichen Juden projiziere. Diese Konstruktion, die aus der festen Annahme eigener Neutralität resultiere, erlaube ihm, »seine eigenen Ängste (die er im privaten Rahmen äußerte) hinsichtlich der Begrenzungen, die man dem Denken und Wesen des jüdischen Mannes zuschrieb, in seinen wissenschaftlichen Schriften auszuradieren. Die ›Erfindung‹ des Bildes von der Frau war somit ein Reflex der zentralen Konstruktion der Männlichkeit in Freuds Schriften.«[28]

Dieses Konstrukt weist Idealisierungen auf, wo Männlichkeit als Grundlage von Staat und Gesellschaft fungiert, mithin kein Ort für den antisemitisch deklassierten jüdischen Mann ist. Hat Freud also eine Definition des Geschlechts mit Wesensmerkmalen des »dark continent« konstruiert, die neben dem Weiblichen auch Projektionsflächen für den männlichen Juden einräumt, dann hätte die Angst vor dem »weibischen Infekt« eine besondere Brisanz. Für den kategorial infizierten jüdischen Mann brächte die Angleichung an die Frau zwangsläufig den (in der Rasserhetorik ohnehin enthaltenen) wesensmäßigen Defekt gegenüber dem Männlichkeitsideal mit sich. Es wäre durchaus denkbar, daß sich die große Dunkelheit um die Konstruktion weiblicher Sexualität[29] bis in Freuds Spätwerk[30] dieser impliziten und von ihm als potentiell Betroffenen tabuisierten Feminisierung des jüdischen Mannes verdankt.[31] Es liegt auf der Hand, daß die Phantasien und Bedrohungsszenarien niemals neutral, sondern abhängig vom sozialen Ort des Produzenten sind. Laut Gilman verweist Freuds umstrittene Annahme vom »Penisneid« der Frau darauf, daß die Klitoris als »verkleinerter Penis« in Konkurrenz zum männlichen Glied trete. Doch im Verständnis der geschlechtlichen Homologie sei dieser verkleinerte Penis nicht als eine Analogie zum Körper des idealisierten Mannes mit seinem großen, intakten Penis zu sehen, sondern zum beschnittenen (»verkleinerten«) Penis des jüdischen Mannes[32]. Gilman zeigt, wie sich diese Verbindung im Straßenjargon der damaligen Zeit ausdrückte: Die Klitoris war unter der Bezeichnung »der Jud« bekannt, und dementsprechend wurde die weibliche Selbstbefriedigung als »mit dem Jud spielen« bezeichnet. In

27 Schlesier, R. (1990). Mythos und Weiblichkeit bei Sigmund Freud. Frankfurt a.M., S. 170.

28 Gilman (1994), S. 67f.

29 Siehe dazu Reinke, E. (1978). Zur heutigen Diskussion der weiblichen Sexualität in der psychoanalytischen Bewegung. In: Psyche, 8, S. 695-731.

30 Noch 1923 schreibt Freud in einer Arbeit über »Die infantile Genitalorganisation« (GW, XIII, S. 295): »Leider können wir diese Verhältnisse nur für das männliche Kind beschreiben, in die entsprechenden Vorgänge beim kleinen Mädchen fehlt die Einsicht.«

31 Anders C.G. Jung, der umstandslos das »rassistische Anderssein der Juden« mit der Feminisierung des männlichen Juden zusammenbringt. Siehe dazu Gilman (1994), S. 66.

32 Gilman (1994), S. 69ff.

der über die defekten Sexualorgane hergestellten »pejorative(n) Synthese beider Körper scheint die im damaligen Wien gängige Definition des eigentlichen Mannes als die Antithese zur Frau und zum jüdischen Mann auf.«[33] Doch für Freud ist der »Jud« der im Körper der Frau verborgene Mann, den sie überwinden muß, um zu einer wahrhaft weiblichen Identität zu finden: Daher muß der klitorale Orgasmus durch den vaginalen ersetzt werden, die Lust am Spiel mit dem eigenen Körper der Bereitschaft zur Mutterschaft Platz machen.

Die auf Befriedigung bestehenden phallischen Frauen provozieren Männerphantasien vom entmannten, weibischen Mann und von männlichen Weibern, Projektionen, die Frauen zu Tätern und Männer zu Opfern machen.

Die Phantasieszenarien entfalten sich weiter. Alexander Jassny schreibt im »Archiv für Kriminalanthropologie und Kriminalistik«:

> Fassen wir die letzten Ausschreitungen der Suffragisten ins Auge, so wird es uns klar, daß sogar das Weib aus besseren Kreisen ihre ›Weiblichkeit‹ und weiblichen Mittel fallen lassen und zur rohen Gewalt greifen kann, was als ein Privilegium des Mannes angesehen wird. (...) Durch ihren starken Geschlechtstrieb, ihr geringes Muttergefühl, ihre Freude an einem herumschweifenden, zerfahrenen Dasein, ihre Intelligenz, Kühnheit und ihre Fähigkeit, schwächere Individuen durch Suggestion zu beherrschen, durch ihre Vorliebe für männlichen Sport, männliche Laster, ja für männliche Tracht verkörpert sie bald die eine bald die andere Eigentümlichkeit des Mannes...[34]

Die emanzipierte, intelligente, als hysterisch oder phallisch kategorisierte Frau zeichnet sich durch die Verschmelzung mit dem männlichen Typus, durch die Auflösung der Grenze zwischen den Geschlechtern aus. Unzweideutige Geschlechtsideale sind gefragt. So klagt der Sexualforscher Albert Moll, daß die Frauen den Männern und die Männer den Frauen immer ähnlicher würden und daß daher die geschlechtliche Abgrenzung aufrechterhalten werden müsse, wenn die Kultur gedeihen solle.[35] Alle Abweichungen von den Geschlechtsrollenvorstellungen werden als Alarmzeichen für die Stabilität der Nation gewertet.[36] Der Hermaphroditismus als Verkörperung sexueller und moralischer Ambiguität wird um die Jahrhundertwende auf die androgyne Frau projiziert, die als maskuline femme fatale dann in der Literatur auftaucht: Dort tötet sie ihre Liebhaber, vor allem jene, die sich gerade deshalb in sie verlieben, weil sie unerreichbar ist.[37] Aber die Unterscheidung der Geschlechter wird auch von Lesbierinnen gefährdet, die die Wurzeln der Gesellschaft durch die Verweigerung der Mutterschaft direkt angreifen. Der sexuellen Entdifferenzierung folgt die Ausgrenzung. Die als unweib-

33 Gilman (1994), S. 70.
34 Jassny (1911), S. 93.
35 Mosse (1987), S. 35.
36 Siehe dazu auch Hirschauer, S. (1992). Hermaphroditen, Homosexuelle und Geschlechtswechsel – Transsexualität als historisches Projekt. In: F. Pfäfflin & A. Junge, Geschlechtsumwandlung. Abhandlungen zur Transsexualität. Stuttgart, S. 55-95.
37 Siehe dazu Mosse (1985), S. 126, sowie Praz, M. (1988). Liebe, Tod und Teufel. Die schwarze Romantik. München.

lich gekennzeichnete Frau erhält das Stigma der Verbrecherin: Sie stiehlt dem Mann seine Rolle, leistet Widerstand gegen ihre biologische Funktion und tötet selbstsüchtig seine Frucht. Ihre Reproduktionsfunktion verweigernd, raubt sie dem Mann die Möglichkeit, durch die Zeugung von Nachkommen die Vaterposition einzunehmen. Sie raubt ihm, indem sie nicht Mutter seiner Kinder wird, die »Schöpfungskraft« und damit die Macht über die Verwaltung der Grenze zwischen Leben und Tod.

»Den Gipfel des Kampfes und der Verhetzung« – so der Gynäkologe Max Hirsch in seinem Buch »Über das Frauenstudium« – »bildete die durch die Forschungen Jacques Loebs, welcher unbefruchtete Eier von Seeigeln durch chemische Mittel zur Entwicklung brachte, genährte utopische Hoffnung einiger begeisterter Feministen, künftig das Zeugungsgeschäft ohne den Mann besorgen zu können.«[38]

Durch solche Utopien genährt, verflüchtigt sich die Potenz des Mannes schon vor jeder Zeugung. Als fruchtabtreibende Frau hingegen vernichtet das Weib postkoital seine Zeugungskraft und verweist ihn zurück in die infantile Position des Abhängigen. Ihm bleibt die Identifikation mit dem abgetriebenen Fötus, er stirbt durch die Hände »männermordender« und »kastrierender«, kurz »phallischer« Frauen. Ein zeitgenössischer Gynäkologe spricht gar vom »Uterus als Todesschleuder«[39].

Vor dem Hintergrund dieser Phantasien symbolisiert die niedrige Geburtenrate tötende Frauen, ein Schlachtfeld toter Babys und depotenzierte Männer, eben einen »erschlafften Volkskörper«[40]. Der Staat, »welcher sich auf das natürliche Verhältnis zwischen den Geschlechtern gründet«[41], ist männlich codiert. Wenn die Frau, »das nach dem Willen des Mannes als Gebärerin in Tätigkeit tretende Staatsorgan«[42], die ihr zugedachte Funktion verweigert, dann ist mit ihr kein Staat mehr zu machen, denn von der Geburtenfrequenz hängt nicht zuletzt die »Wehrkraft« und die »Existenzbedingung für die Zukunft ab«[43].

Das Ausmaß der Bedrohung läßt sich an der Reaktion auf diese unbewußten Phantasien ablesen: Das *(Straf-)*Gesetz wird zur Abwehr dieser Angst eingesetzt, denn schließlich geht es um Leben und Tod.

---

38 Hirsch, M. (1920). Über das Frauenstudium. Eine soziologische und biologische Untersuchung auf Grund einer Erhebung. Leipzig, S. 17.

39 Barker-Benfield, G.J. (1976). The Horrrors of the Half-Known Life: Male Attitudes Toward Women and Sexuality in Nineteenth-Century America. New York, S. 288, zitiert nach Martin, E. (1989). Die Frau im Körper. Weibliches Bewußtsein, Gynäkologie und die Reproduktion des Lebens. Frankfurt a.M., S. 87.

40 Scheven (1916a), S. 17.

41 Dühren, E. (1903). Das Geschlechtsleben in England. Mit besonderer Beziehung zu London. Bd. 2. Berlin, S. 8.

42 Democh, I. (1918). Entwurf eines Gesetzes gegen die Verhinderung von Geburten: In. Der Abolitionist, 6, S. 41-44, hier S. 43.

43 Herbst (1913). Zur Frage des Geburtenrückganges und die Mittel zu seiner Bekämpfung unter besonderer Berücksichtigung der Verhältnisse im Kreise Kempten. In: Zeitschrift für Medizinalbeamte, 26. Jahrgang, S. 85-101.

Der Leib als Politikum und das Verschwinden der Hysterie

Wurde die Hysterie wie die Emanzipation als Abweichung vom traditionellen Weiblichkeitsbild angesehen, so wurde der Geburtenrückgang quasi als Symptom dieser neuen »Krankheit Frau«[44] interpretiert. Das Symptom wurde politisiert, der Körper und die Sexualität der Frau zum Angriffs- und Kontrollziel verschiedenster Politikstrategien. Zum ersten Mal – so Foucault[45] – reflektiert sich das Biologische im Politischen, und zum ersten Mal geht es in den kriminalpolitischen Strategien um die Existenzsicherung der Gattung selbst. Die Sexualität befindet sich am Kreuzungspunkt zwischen Körperdisziplinierung und Bevölkerungsregulierung. »Rationalisierung des Sexuallebens« nennt Julius Wolf 1912 die mit »steigender Kultur« verknüpfte Unterordnung der Sexualität unter die Vernunft. Sie wird zum Thema der Politik, was sich sowohl am Neomalthusianismus[46] als auch an der strafrechtlichen Normierung der Benutzung von Kontrazeptiva zeigt.

Mit der Einflußnahme auf die individuelle Geburtenkontrolle mischt sich das Strafrecht in Bevölkerungs-, Gesundheits- und Sexualpolitik ein. Der Kampf gegen antikonzeptionelle und Abtreibungsmittel sollte die Geburtenrate erhöhen. »Die unverschämte Reklame, die für diese Mittel getrieben wird,« – so ein Zeitgenosse – »muß unterbunden und der Handel mit ihnen mindestens erheblich eingeschränkt bzw. für die Abtreibungsmittel ganz aufgehoben werden.«[47] Mit Hilfe des § 184 Ziff. 3 RStGB, dem sogenannten »Unzuchtparagraphen«, wird im Jahre 1900 der Versuch unternommen, die strafrechtliche Verfolgung der Werbung für und des Handels mit Verhütungsmitteln zu regeln. 18 Jahre später konkretisieren sich in dem »Entwurf eines Gesetzes gegen die Verhinderung von Geburten«[48] noch einmal die Vorschläge zur Geburtenkontrolle. Doch insbesondere das »Gesetz gegen die Schutzmittel« gerät in den Strudel der doppelbödigen Moral; empfängnisverhütende Mittel, insbesondere Präservative dienen ja auch als Schutzmittel gegen die »Lustseuche« Syphilis. Daher wird auch Skepsis gegenüber einem gänzlichen Verhütungsverbot formuliert:

> Dies wäre (....) zu weit gegangen; denn es gibt Fälle (z.B. Krankheit), in denen ihre Anwendung als entschuldbar bezeichnet werden kann. Deshalb müssen sie in irgend einer Form dem Publikum noch zugänglich bleiben; ihre Anwendung muß aber möglichst erschwert sein. Von vielen Seiten wird deshalb empfohlen, den Handel

---

44 Fischer-Homberger, E. (1984). Krankheit Frau. Darmstadt.

45 Foucault, M. (1986). Sexualität und Wahrheit. Bd. 1: Der Wille zum Wissen. Frankfurt a.M.

46 Zurückgehend auf den Nationalökonom Thomas R. Malthus, setzten sich die Neomalthusianisten sowohl für die Bevölkerungseinschränkung durch empfängnisverhütende Mittel als auch für die Freigabe des Schwangerschaftsabbruchs ein.

47 Herbst (1913), S. 98.

48 Scheven, K. (1918). Entwurf eines Gesetzes gegen die Verhinderung von Geburten. In: Der Abolitionist, 5, S. 36.

mit antikonzeptionellen Mitteln lediglich auf die Apotheken und evt. sogar nur auf ärztliche Verordnung zu beschränken.[49]

Der »Entwurf eines Gesetzes gegen die Verhinderung von Geburten« versucht das Problem dadurch zu lösen, daß er dem Mann die Möglichkeit der Reproduktionskontrolle weitgehend straffrei zugesteht, während er die Geburtenkontrolle in den Händen der Frau unter Strafandrohung stellt[50]. Noch 1918 berichtet »Der Abolitionist«, daß aus den dem Gesetzesentwurf beigegebenen Bundesratsverordnungen hervorgehe, »daß nur die von Frauen anzuwendenden Schutzmittel unter Verbot gestellt werden sollen, während das wichtigste und weitestverbreitete Männermittel, der Condom, freigegeben werden soll.«[51]

1913 schrieb ein gewisser Dr. Rauch in der »Zeitschrift für Medizinalbeamte« mit Empörung über die »schamlose Weise«, in welcher die sozialdemokratische Referentin Alma Wartenburg Empfehlungen zur Empfängnisverhütung der Frau im Rahmen eines öffentlichen Vortrages gab.

> Sie erklärte unter anderem: Wenn der Staat auch noch soviel Gesetze gegen den Rückgang der Geburten schaffe, so müsse die Frau doch Herrin über ihren eigenen Körper bleiben. Das Recht, sich gegen Geburten zu schützen, stehe ihr selbst gegen den Willen ihres Ehemannes zu. Sie habe es sich zur Aufgabe gemacht, Frauen und Mädchen der arbeitenden Klassen[52] über die Verhütung des Kindersegens aufzuklären, und würde sich freuen bei ihren Bestrebungen die Unterstützung der Versammlung zu finden. Darauf wurde an Hand von Lichtbildern gezeigt, wie die Empfängnis zustande kommt. Weiter wurde ausgeführt: die besten Mittel zur Verhütung der Empfängnis seien Schutzpessare und Reinigung (...) Auch vor dem Geschlechtsverkehr empfehle sich die Anwendung des Seifentuches; denn Seife reinige nicht nur am besten, sie töte auch die Samentierchen ab. Auf Grund des § 184 StGB ist bei der Königlichen Staatsanwaltschaft Strafantrag gestellt worden.[53]

Verhütung in den Händen der Frauen ist unter allen Umständen verboten; jede Form der Aufklärung[54] muß als ein Affront gegen das männliche Gesetz verstan-

---

49 Herbst (1913), S. 98.

50 Die unter Verbot stehende Verhütung seitens der Frau lieferte diese Kurpfuschern und Scharlatanen aus: So berichtet J.R. Spinner (1913) im »Archiv für Kriminalanthropologie und Kriminalistik«, Bd. 54, über den rentablen Schwindel mit »Periodenstörungsmittel. Ein Beitrag zur Kenntnis des kriminellen Kurpfuschertums« zur angeblichen Wiederherbeiführung der durch mögliche Schwangerschaft ausgebliebenen Menstruation. Mit Präparatsnamen wie »Ohne Sorge«, »Tee gegen Blutstocken« oder, medizinische Indikation vortäuschend, »Dr. Adlers Periodenstörungsmittel« wurde den Frauen suggeriert, es handle sich bei den angezeigten Mitteln um ein äußerlich wirkendes Abortivum, das den Abgang der Frucht bewirken würde.

51 Scheven (1918), S. 36.

52 Jassny (1911), S. 100, weist in seinem Beitrag darauf hin, daß die Fruchtabtreibung in den besseren Kreisen nicht seltener geschieht als in den unteren, nur daß die Mittel tauglicher seien. Max Marcuse bestätigt diesen Befund in seinem Beitrag »Zur Frage der Verbreitung und Methodik der willkürlichen Geburtenbeschränkung in Berliner Proletarierkreisen«. In: Sexual-Probleme. Zeitschrift für Sexualwissenschaft und Sexualpolitik, 11, 1913.

53 Rauch (1913). Sozialdemokratie und Geburtenrückgang. In: Zeitschrift für Medizinalbeamte. Zentralblatt für das gesamte Gesundheitswesen, 26, S. 107-108, hier S. 108.

54 Demgegenüber war die »Gegenaufklärung« der Kirche durchaus erwünscht: Predigten, die immer wieder das Sündhafte der Geburtenverhütung betonten, schienen erfolgreich zu sein, wie Born-

den werden und strafrechtliche Reaktionen auf den Plan rufen. Alma Wartenburg wird zu einer viermonatigen Haftstrafe verurteilt.

Die Abolitionistinnen folgern aus der Gesetzesvorlage, daß diese Regelung, die die (vorwiegend außereheliche) Benutzung des Kondoms zum Schutze vor Infektionen zuließ,

> nur der männlichen Sittenlosigkeit Vorschub (leistet), ohne ein sicheres Schutzmittel gegen Infektionen zu sein, er fördert direkt den Geburtenrückgang durch Anreiz zum außerehelichen oder vorehelichen Verkehr, welcher keine Folgen haben darf, damit die Gesellschaft nicht über zunehmende Sittenlosigkeit in Erregung gerät. Denn außereheliche Kinder in die Welt setzen ist vorläufig sittenlos, aber außerehelicher Geschlechtsverkehr ist Privatsache.[55]

Kondome schützen vor Kindern *und* Geschlechtskrankheiten. Der bevölkerungspolitisch sensibilisierte Strafrechtler hatte den Balanceakt zu vollbringen, strafrechtlich so geschickt einzugreifen, daß die Risiken eines weiteren Geburtenrückgangs möglichst geringgehalten wurden. Der straffreien Benutzung des Kondoms entspricht eine strafrechtliche Sanktionierung der durch ungeschützten Verkehr hervorgerufenen Ansteckung. Die Rechtskommission zur Strafrechtsreform hat sich 1908 in bezug auf die venerische Ansteckung auf den Standpunkt Franz von Liszts gestellt, »der die Gesundheitsgefährdung durch Geschlechtsverkehr in ansteckungsfähigem Zustand als öffentliches Delikt mit Gefängnis bis zu 2 Jahren bestraft haben will«[56]; denn diese Art der Körperverletzung hat eine lebenslange Sterilität, frühes Sterben, langes Siechtum und eine genetische Belastung der Nachkommen zur Folge.

Herrschte im Kaiserreich noch die Diskussion um die Geburtenregelung durch Empfängnisverhütung vor, so zentriert sich nach 1918 die bevölkerungspolitische Debatte um die Abtreibung. Die Diskurse verweisen auf kollektive Ängste nach dem verlorenen Krieg. Der »nationale Wiederaufstieg« drohte zu scheitern[57].

Seit Beginn des 20. Jahrhunderts breitete sich parallel zur medizinischen Prophylaxe auch in der Kriminologie zunehmend der Präventionsgedanke aus.[58] Das aus der Psychiatrie des 19. Jahrhunderts gebräuchliche Konzept der Gefahrenabwehr setzt sich zunehmend auch im kriminologischen Kontext durch.

Während Kriminologie und Strafrecht dem Steuerungsdefizit und Kontrollverlust bislang durch Sanktionen zu begegnen versuchten, hatte sich innerhalb der Medizin eine Strömung entwickelt, die an einer positiven Umwertung der ge-

---

traeger berichtet: »Es hat sich wiederholt gezeigt, daß die Geburtenzahl nach solchen Predigten anschwoll, so z.B. in der Bürgermeisterei Anrath des Landkreises Crefeld.« (1912, S. 656).

55 Scheven (1918), S. 43.

56 Scheven, K. (1908). Frauenforderungen zur Strafrechtsreform. In: Der Abolitionist, 10, S. 85-92, hier S. 86.

57 Keitz, U.v. (1999). Vom weiblichen Crimen zur kranken Frau. Narration und Argumentation zu »Abtreibung« und »Vernichtung lebensunwerten Lebens« im Film der Weimarer Republik und der NS-Zeit. In: J. Linder & C.-M. Ort (Hg.), Verbrechen – Justiz – Medien. Positionen und Entwicklungen in Deutschland von 1900 bis zur Gegenwart. Tübingen, S. 357-387.

58 Siehe dazu Frommel, M. (1987). Präventionsmodelle in der deutschen Strafzweck-Diskussion. Berlin.

sellschaftlichen Folgen des Neomalthusianismus anknüpft: Die bislang unberechenbare individuelle Geburtenbeschränkung könnte, aus »rassehygienischen« Gründen unter wissenschaftliche Kontrolle gestellt, durchaus nützlich sein.[59] So hält es August Forel, Direktor der Psychiatrischen Klinik Burghölzli und forensisch interessierter Professor an der Universität Zürich, nicht für ausgeschlossen, daß mit Hilfe antikonzeptioneller Mittel eine Art »Zuchtwahl«[60] getroffen werden könnte, indem »zur Erzeugung tüchtiger Menschen voraussichtlich ungeeignete Leute von der Fortpflanzung ausgeschlossen werden, während Individuen von besonderer geistiger Kraft, ethischer Stärke und körperlicher Gesundheit die Erzeugung von Nachkommen möglichst erleichtert werden würde, sei es selbst auf dem Wege des Konkubinates und der Polygamie.«[61]

Dieses Konzept wissenschaftlich gesteuerter Geburtenkontrolle verspricht den Zeitgenossen einen »Sieg des Lebens über den Tod«[62], einen Sieg der Wissenschaft über eine (Quasi-)Naturwüchsigkeit und damit auch einen Sieg des Mannes über die Frau. Der außer Kontrolle geratene Geburtenrückgang, ob als »Gebärstreik«[63], weiblicher Widerstand gegenüber biologistischen Rollenzumutungen oder als Folge weiblicher Hysterie interpretiert, wird nun mittels medizinischer, kriminal- und gesellschaftspolitischer Strategien steuerbar: Die »quantitative Verminderung der Bevölkerung« soll durch eine »qualitative Verbesserung« der Nachkommenschaft kompensiert werden.

1912 findet in London der erste internationale Eugenik-Kongreß statt. Er hat das Ziel, »den Ursachen für die Schwächungen, die die menschliche Rasse zu bedrohen scheinen, (...) Hindernisse entgegenzusetzen.«[64] Der Hysterisierung folgt nun das Konzept der Selektion[65] – eine politische Antwort auf die eigenständige Geburtenkontrolle der Frau. Sie führt in Form wissenschaftlich geleiteter »Zuchtwahl« direkt zu Eugenik und »Rassenhygiene«. Es verwundert nicht, daß gerade jene Psychiater und Kriminologen, die sich *gegen* die Freigabe der Abtreibung aussprechen, *für* die Legalisierung von Sterilisation und Schwangerschaftsunterbrechung im Kontext staatlicher »Rassehygiene« eintreten.[66]

---

59 Borntraeger (1912), S. 666.

60 Siehe dazu Borntraeger (1912), S. 670, über Forel und dessen berühmtes Werk »Die sexuelle Frage«, München, 1905.

61 Borntraeger (1912), S. 670.

62 Naumann, zitiert nach Borntraeger (1912), S. 670.

63 Siehe dazu Linse, U. (1972). Arbeiterschaft und Geburtenkontrolle im Deutschen Kaiserreich von 1891 bis 1914. In: Archiv für Sozialgeschichte, 12, S. 205-271.

64 Kaluszynski, M. (1994). Das Bild des Verbrechers in Frankreich am Ende des 19. Jahrhunderts. Kriminologisches Wissen und seine politische Anwendung. In: Kriminologisches Journal, 1, S. 13-35, hier S. 23.

65 Martine Kaluszynski weist in diesem Zusammenhang auf Binet Sangle hin, der 1918 vorschlägt »die Einrichtung eines Instituts für Euthanasie (zu schaffen, F.L.), wo die lebensmüden Entarteten mit Hilfe von Stickstoff-Oxydul oder Lachgas zu Tode anästhesiert werden.« (zitiert nach Kaluszynski 1994, S. 335, Fußnote 11).

66 Siehe dazu Bergmann, A. (1993). Fruchtbarkeit als Todeskult im Patriarchat. Historisch-philosophische Hintergründe des Erlanger Experiments an Marion Ploch. In: M. Enigl & S.

Im Jahr 1905 hält Hans Gross vor dem Wiener Verein für Psychiatrie und Neurologie einen Vortrag mit dem Titel »Inwiefern ist beim Vorliegen einer Neurose oder Psychose künstliche Unterbrechung der Schwangerschaft medizinisch indiziert und juristisch gestattet?«[67].

Gross kommt zu dem Ergebnis, daß »dank dem modernen einträchtigen Arbeiten von Arzt und Kriminalist (...) es gelungen (ist, F.L.), manches zur Lösung oder wenigstens zur korrekten Fragestellung zu bringen«[68] und daß ein Schwangerschaftsabbruch »unter gewissen Umständen wissenschaftlich angezeigt ist, es fragt sich nur darum, wie wir eine zweifellos vorliegende Tötung eines Menschen durch dritte Hand mit dem Gesetz in Vereinbarung bringen können.«[69] Es ist also auch hier »der wissenschaftlichen Erwägung sowohl der medizinischen als der juristischen überlassen, festzustellen, was im einzelnen Falle ›ein größeres Übel‹ darstellt«[70]. Das seien zweifelsohne »Degenerierte«, nicht vollwertige Menschen.[71] Der Fokus hat sich verändert von den gesetzlichen Bestimmungen gegen die »Verhinderung von Geburten« hin zu Gesetzen, die einen selektiven Schwangerschaftsabbruch aus »rassehygienischen« Gründen erlauben. Es scheint, als sei dies eine Verschiebung von der moralisch kranken Hysterikerin als ursprünglichem Objekt der Aggression hin auf ein »kleineres Übel«, auf ihr als minderwertig erachtetes Produkt.

Der »Selektionswert« des Degenerierten – so konstatiert Hans Gross 1908 –

> ist jedenfalls gering und wenn wir es auch kaum, wenigstens nicht in absehbarer Zeit, zu einer besonderen Selektionsgesetzgebung bringen werden, so sind doch die soziologisch-anthropologischen wissenschaftlichen Anschauungen heute dahingehend, daß wir wahrlich keinen Grund haben, um mit sehenden Augen den Selektionswert unserer ohnehin so erschreckend stark zur Degeneration neigenden Rasse noch weiter herabzusetzen. Vergessen wir nicht, daß unsere Kultur Degeneration erzeugt, weil sie der natürlichen Zuchtwahl, wie sie die Natur betreibt, gewaltsam Widerstand leistet.[72]

Die Rechtfertigungsstrategien können sich des Zeitgeistes bedienen. Und mit dem Gestus der Ritterlichkeit gibt Gross vor, das »schwache Geschlecht« zu schützen, während er gleichzeitig die sozialdarwinistische Destruktion des Schwachen betreibt und im Interesse der Wohlfahrt die »Umwertung aller Werte«[73] fordert:

> Wir haben lange genug den Wert des Individuums viel zu hoch eingewertet, so hoch, daß uns der ungeborene Fötus wert schien, nicht bloß das Leben der Mutter gefährden zu dürfen, sondern auch durch seine voraussichtlich minderwertige Qua-

---

Perthold (Hg.), Der weibliche Körper als Schlachtfeld. Neue Beiträge zur Abtreibungsdebatte. Wien, S. 14-28.

67 Gross, H. (1908). Gesammelte kriminalistische Aufsätze. Bd. II. Leipzig, S. 52-66.

68 Gross (1908), S. 52.

69 Gross (1908), S. 54.

70 Gross (1908), S. 55.

71 Siehe dazu auch Lamott (1988).

72 Gross (1908), S. 64.

73 Gross (1908), S. 64.

> lität der Gesellschaft eine unwillkommene Last zu sein. Eine herankommende Zeit, und wenn Goethe recht hat, ›eine vorschreitende Epoche‹ geht kühl an einer quantite negligeable, wie es ein Fötus ist, vorüber und erklärt, das Leben der Mutter und die Wohlfahrt der Gesellschaft, die auf hereditär belastete Individuen zweifelhaften Wertes gerne verzichte, sei ihr wichtiger.[74]

»Hoffen wir«, so beendet Gross seinen Vortrag vor dem medizinischen Publikum, »daß auch die kommende Generation der Kriminalisten von ähnlichen Anschauungen ausgehen wird«[75]. Sein Wunsch sollte auf das Schrecklichste in Erfüllung gehen.

Wie bedrohlich die Auflösung herkömmlicher Geschlechterdifferenzen für den Bestand der Nation ist, welche staatstragenden Funktionen der weiblichen Reproduktionsfähigkeit und der männlichen militärischen Verteidigungskraft zugeschrieben werden, zeigt der wissenschaftliche, gesundheits- und militärpolitische, der medizinische und juristische Umgang mit Abweichungen vom Geschlechtsrollenstereotyp. Die »Hysterisierung« gilt dabei als effektive Strategie; denn das zugrundeliegende psychiatrische Konzept eröffnet in seiner hereditären Verankerung die Möglichkeit, sowohl von der Jurisprudenz als auch von der Rassenhygiene in den Dienst genommen zu werden.

Gegen Ende des Krieges formuliert Stransky für die herrschende Psychiatrie[76] wohl am deutlichsten die Konsequenzen der auf einem »Anlagedefekt« beruhenden und mit dem Vorzeichen des Antisemitismus versehenen Hysteriekonzeption: Dem hysterischen Charakter gegenüber seien vor allen Dingen »die Indikationen des *Gesellschaftsschutzes und der Rassenhygiene*« angezeigt; denn der Hysteriker sei als »ethisch Defekter in erster Linie ein Schädling und erst in zweiter Linie als ein Kranker zu behandeln.«[77] Stransky skizziert in rassentheoretischer Semantik eine Abwehrstrategie gegen die Hysteriker: Die menschliche Gesellschaft muß geschützt werden vor der »hohen seelischen Infektiosität der Hysterie«. Mitleid gegenüber diesem »Ballast, der einer Fußfessel gleich den Aufstieg hemmt«, sei unangemessen. Daher müsse »unser Mitleid ... hygienisch orientiert sein, nicht philosophisch oder sentimental«. Die »bedingt Anfälligen« würden am besten dadurch »zurechtgezügelt«, daß wir ihnen die Hysterie als »Abgrund (aufzeigen), der zum seelischen Verfall des einzelnen wie schließlich des Volksganzen jäh hinabführt.«[78]

Versteht man Stranskys Konzept der Hysterie als Reaktion auf die bedrohlich erlebte Brüchigkeit der Geschlechterdifferenz, die sich in angsterzeugenden Phantasmagorien von der Vermännlichung der Frau und der Verweiblichung des Mannes ausdrückt, so zeigt sich eindrucksvoll der Zusammenhang zwischen den die Diagnose des Einzelnen (»seelischer Verfall«) betreffenden Phantasien und den Konsequenzen der Übertragung auf das »Volksganze« (Auflösung in Anomie). Die

---

74 Gross (1908), S. 64.
75 Gross (1908), S. 66.
76 Ausdrücklich zu erwähnen sind die Psychiater Hoche, Stransky, aber auch so ehrenwerte Namen wie Kraepelin und Forel tauchten in der Reihe der Vorläufer rassenhygienischer Programme auf.
77 Stransky (1918/19), S. 179.
78 Stransky (1918/19), S. 179.

auf eine solche »Gesellschaftsdiagnose« abgestimmte »Therapie« sollte sich am Gesellschaftsschutz und an der »Rassenhygiene« orientieren. In der Synthese sexistischer und rassistischer Konstruktionen, zwischen Weiblichkeit und ›Jüdischsein‹, verschwindet die Hysterie als Massenphänomen von der Oberfläche, um in weiten Teilen des Rassendiskurses absorbiert zu werden.

Es sind also jene Konzepte, die aus Angst vor der Auflösung der Geschlechterdifferenz den Boden für die Vernichtung alles Ambivalenten[79] und mit Schwäche Assoziierten bereiteten.

Die Hysterie war verschwunden und mit ihr die schillernde Ambivalenz. Die bunten Zeiten theatralischer Auftritte von Hysterikerinnen schienen der Vergangenheit anzugehören. Hatten sie den öffentlichen Raum verlassen und nun die wahrhaftige Bühne des Theaters und Kinos betreten?[80] War die Hysterie ein Artefaktum[81], eine mediale Täuschung, eine »fotografische Ikonograpie«[82]? Oder hatten sie sich mit der Verbannung des arc de cercle ins Ornamentale des Jugendstils abgefunden?[83] Waren die hysterischen Inszenierungen restlos dechiffriert, die Körpersignale so durchsichtig, daß Konflikte nicht mehr symbolisch repräsentiert werden konnten?[84] Hatte sich die Hysterie nunmehr in eine andere, dem Kulturkonflikt angemessenere »ethnische Störung« verflüchtigt?[85]

Vielleicht trifft alles zu. Vielleicht hatten die Frauen ornamentale Abdrücke hinterlassen, bevor sie die neuen Räume betraten, um ihr Unbehagen oder ihre Lüste zu formulieren, sei es auf der Bühne oder der Couch[86]. Vielleicht hatte die veränderte Sexualität und ein neues psychologisches Verständnis der Hysterie den Krankheitswert geraubt und einen Symptomwandel im Hinblick auf »stille Intimformen«[87] provoziert. Vielleicht waren die Hysterikerinnen auch die Geburtshelferinnen jener Ordnungs- und Kontrollwissenschaften, durch die sie später erfolgreich abgeschafft wurden. Sie hatten ihnen ihr Geheimnis entlockt und damit ihre körperlich-symbolischen Ausdrucksmittel zerstört. Angesichts der Todesdrohung verschwand die Hysterie als kollektives Refugium expressiver, wider-

---

79 Siehe dazu Bauman (1992a).

80 v. Braun (1988).

81 Schuller, M. (1989). Hysterie als Artefaktum. Zum literarischen und visuellen Archiv der Hysterie um 1900. In: G. Grossklaus & E. Lämmert, (Hg.), Literatur in einer industriellen Welt. Stuttgart.

82 Didi-Huberman, G. (1982) Invention de l'hystérie. Charcot et l'Iconographie photographique de la Salpêtrière. Editions Macula, Paris. Deutsche Übersetzung: Erfindung der Hysterie. Die photographische Klinik von Jean-Martin Charcot. München 1996.

83 Schneider, M. (1985). Hysterie als Gesamtkunstwerk. Aufstieg und Verfall einer Semiotik der Weiblichkeit. In: Merkur. Zeitschrift für europäisches Denken, Bd. 35, 9/10, S. 879-895.

84 Mentzos, St. (1980). Hysterie. In: U.H. Peters (Hg.), Psychologie des 20. Jahrhunderts. Weinheim, S. 200-220.

85 Essen, C.v. & Habermas, T. (1994). Hysterie und Bulimie. Ein Vergleich zweier ethnisch-historischer Störungen. In: T. Habermas, Zur Geschichte der Magersucht. Eine medizinpsychologische Rekonstruktion. Frankfurt a.M., S. 164-194.

86 Lamott (1998).

87 v. Essen & Habermas (1994), S. 172. Die Autoren beziehen sich in diesem Zusammenhang auf eine Untersuchung aus dem Jahre 1948. Der Verfasser v. Baeyer vertritt dort die These eines Symptomwandels von der Hysterie zu Psychosomatosen und Charakterneurosen.

spenstiger und emanzipierter Frauen[88]. Die Hysterisierung hatte sich erschöpft und wurde als Kontrollmodus zur Aufrechterhaltung der Geschlechterdifferenz obsolet. Damit hatte sich die Hysterie als Massenphänomen verflüchtigt[89].

Das Spiel mit der Differenz

Heute ist die Hysterie als individualisierte, psychische Störung mit all ihren schillernden, erregenden und theatralischen Aspekten weitgehend verschwunden. Doch es scheint, als formuliere sich stattdessen die Gegenwartskultur zunehmend in Theatralisierungen. Was im 19. Jahrhundert als beunruhigendes Zeichen sich auflösender Geschlechterdifferenzen gewertet und als Hysterie pathologisiert wurde, erscheint heute als wesentlicher Bestandteil sich selbst inszenierender Kultur. In unzähligen Abhandlungen über die Postmoderne werden Ambivalenz, Geschlechterindifferenz, Identitätsvielfalt, Simulation und Theatralität als Zeitphänomene zur Jahrttausendwende beschrieben[90]. War die Ambivalenz in der Moderne ein am Weiblichen und Hysterischen festgemachtes Skandalon, dem interventionistische Projekte folgten, so gilt sie heute als zentrale Grunderfahrung einer pluralistischen Gesellschaft.

Für die Moderne des ausgehenden 19. und beginnenden 20. Jahrhunderts war die klare, scharf umgrenzte Identität das angestrebte Ideal, und die Vorstellung von einem sich in verschiedenen Lebenslagen stabil durchhaltenden ›Ich‹ galt als natürlich. Die Identitätskonstrukte waren durch Festigkeit, Eindeutigkeit und

88 Dennoch blieb die »Hysterie« als Potential erhalten. Wir finden sie heute in der nosologischen Kategorie des »hysterischen Charakters«, dessen moralische Disqualifizierung – wie v. Essen und Habermas betonen – nunmehr einer neutraleren Haltung gewichen ist. Galt die Hysterika als durch und durch unvernünftig und unmoralisch, so betont man heute meist ihre Infantilität. Doch die Geschichte des Wandels der Hysterie läßt sich nicht nur als Zugewinn an klinischer Rationalität lesen, sondern ist auch vor dem Hintergrund der Inkorporation des Hysteriekonzeptes in eugenische und »rassehygienische« Programme zu sehen, die nur eine bestimmte Population von Frauen erfaßte. Patientinnen, die heute mit der Diagnose »Hysterie« konfrontiert werden, sind meist Frauen, die einen Psychotherapeuten aufsuchen und mithin einer anderen Klasse angehören als jene, die damals im Zeichen der Heredität für alle Zeiten diffamiert und ausgegrenzt wurden.

89 Doch der Haß gegen das hysterische, emanzipierte Weib bestand fort und nahm im Nationalsozialismus besondere Formen an. In einer Rede vor der NS-Frauenschaft verdeutlichte Adolf Hitler die für sein völkisch-nationales Weltbild notwendig rassistisch gerahmte Geschlechterdifferenz: »Das Wort von der Frauen-Emanzipation ist nur ein vom jüdischen Intellekt erfundenes Wort, und der Inhalt ist von demselben Geist geprägt«. Die arischen Frauen hingegen seien »echte« Frauen, die in ihrer »kleinen Welt« das Fundament für die große Welt der Männer legten (Frevert, U. 1990, »Wo du hingehst...« – Aufbrüche im Verhältnis der Geschlechter. In: Nitschke u.a. (Hg.), S. 89-118, hier S. 114). Mit der Machtergreifung der Nationalsozialisten sollte der endgültige Sieg des »männlichen Prinzips« über das weibliche festgeschrieben werden.

90 Zum Beispiel Bauman, Z. (1992a). Moderne und Ambivalenz. Das Ende der Eindeutigkeit. Hamburg; Keupp, H. (Hg.) (1997). Identitätsarbeit heute. Klassische und aktuelle Perspektiven der Identitätsforschung. Frankfurt a.M.; Lasch, C. (1995). Das Zeitalter des Narzißmus. Hamburg.

Verläßlichkeit, eben durch traditionell männlich konnotierte Ideale gekennzeichnet, und Abweichungen von diesen, wie Polyvalenz, Widersprüchlichkeit, Unberechenbarkeit und Kontingenz waren weiblich codiert. Heute ist die Leitvorstellung einer stabilen Ich-Identität weitgehend obsolet. Stattdessen lesen sich die postmodernen Identitätskonstrukte wie jene damals aufruhrerzeugenden und als »hysterisch« entwerteten Formen weiblicher Repräsentanz. Robert Jay Lifton spricht in diesem Zusammenhang von dem Erfordernis eines »proteischen Selbst«[91], das zu raschen Wandlungen fähig ist, während vor fast hundert Jahren der Psychiater Binswanger, im Rückgriff auf Sydenham, die Hysterika mit Proteus verglich, der wie ein Chamäleon ständig seine Farbe wechsle[92], in der Absicht die Unberechenbarkeit der Frau zu verdeutlichen.

Diente das Identitätskonzept der Moderne also der Zementierung herrschender Geschlechterdifferenzen mithin eindeutiger Identität, so gehen die postmodernen Konstrukte von einem flexiblen nicht-unitären Selbst aus, das sich eher in Widersprüchen und Ambivalenzen einrichten und flexibel auf die vielfältigen Anforderungen reagieren kann.

Was der theoretische Überbau an neuen Identitäten diskutiert, inszeniert die Populärkultur. Ihre Protagonisten provozieren durch ein »hysterisches« dezentriertes Ich, indem sie sich der Fragmente zusammengesetzter Geschlechterbilder, aus »Resten klischeehafter Identität«[93] bedienen; die Verkörperung einer wahren »Patchwork-Identität«[94]. Im Gleiten zwischen den Geschlechterrollen versperrt man sich gezielt einer eindeutigen und stabilen Geschlechtsidentität.[95] Der binäre Code der Geschlechter wird in der Performance aufgehoben und stattdessen breitet sich eine hermaphroditische Perspektive der Sexualität aus, die sich machtvoll, aber letztendlich »ohne sexuelle Identität«[96] präsentiert.

Was die Populärkultur inszeniert, diskursiviert der theoretische Überbau: Sollte die Einführung des Gender-Begriffs[97] das hervorheben, was im Begriff des Sex unterzugehen drohte – nämlich seine sozialen und psychischen Konnotationen – so verflüchtigte sich im Laufe der Debatte die sinnlich-körperliche Dimension des Sex zusehens. Mit »Gender Trouble« hat Judith Butlers[98] diskurstheoretische Kritik dazu einen wesentlichen Beitrag geliefert. Sie wies auf den Wider-

91 Lifton, R.J. (1993). The Protean Self: Human Resilience in an Age of Fragmentation. New York.

92 Binswanger, O. (1904). Die Hysterie. In: H. Nothnagel (Hg.), Spezielle Pathologie und Therapie, XII. Bd., Wien.

93 Klinger, J., Schmiedtke-Rindt, C. (1996). Fantome einer fremden Welt. Über subkulturellen Eigensinn. In: H.H. Hartmann, R. Haubl (Hg.), Freizeit in der Erlebnisgesellschaft. Opladen, S. 147-167.

94 Keupp, H. (1990). Identitäten im Umbruch: Das Subjekt in der Postmoderne. In: Initial, Heft 7, S. 698-710.

95 Lousie Veronica Ciccone, bekannt unter dem Namen Madonna, schreibt im Prolog ihres Tourbooks: »Is it male? Is it female? Is it a combination of the two?«

96 Schultz, I. (1992). Madonna – das ewige und wirkliche Idol. In: Akashe-Böhme (Hg.), Reflexionen vor dem Spiegel. Frankfurt a.M., S. 91-112.

97 Stoller, R.J. (1968). Sex and Gender. Vol. I: The development of masculinity and feminity. New York.

98 Butler, J. (1990). Das Unbehagen der Geschlechter. Frankfurt a.M.

spruch hin, daß lediglich die Gender-Kategorie als soziokulturelle Konstruktion anerkannt werde, während das was wir als »Sex« bezeichnen, unhinterfragt im Bereich von Biologie und Natur verbliebe. Doch auch der Körper sei keineswegs »natürlich«, sondern ebenso Produkt einer soziokulturellen Konstruktion. Er werde nur deshalb als natürlich angesehen, weil die Art und Weise des Bezeichnungsprozesses diese Natürlichkeit herstelle. So gesehen werde der als männlich oder weiblich bezeichnete Körper diskursiv produziert. Doch in diesem radikalen Konstruktivismus, der alles Sinnlich-Körperliche als essentialistisch eliminiert, existiert nichts außerhalb der Sprache, denn alles, was letztendlich mit Sprache bezeichnet wird, ist dann auch Produkt dieser Sprache selbst. Und da es in dieser Radikalität »nichts außerhalb des sprachlichen Zeichensystems gibt, (...) wird der Körper zum Text«[99]; dann gibt es keine anatomischen Geschlechtsunterschiede, denn alle Geschlechtsunterschiede sind letztendlich ausschließlich diskursiv hergestellt.

Die auf die Weise möglich erscheinende Aufhebung der Differenz entspricht einem alten Wunsch, die narzißtische Begrenzung auf das eigene Geschlecht zu überschreiten und durch die biologisch-körperliche Gebundenheit nicht festgelegt und einschränkt zu sein. Der »Sieg von Gender über Sex« – so Reimut Reiche[100] – sei ein Sieg der theorieproduzierenden (= konstruktivistischen) Kultur über die triebhafte (= essentielle) Natur. Das scheint die Illusion zu nähren, wenn man der Anatomie und damit der geschlechtsspezifischen Grenzen nur entkäme, könnte man dem Schicksal ein Schnippchen schlagen, und der Grandiosität stünde nichts mehr im Wege. »Gender ohne Sex« verführt zu der Illusion, daß es keine (anatomische) Differenz der Geschlechter gibt, und es scheint, als entspreche diese konstruktivistische Loslösung vom Leib, als Ort sinnlicher Erfahrung, dem Wunsch nach einer »konfliktfreien, triebbereinigten Sexualität«, in der die Spannung zwischen den Geschlechtern sowie im einzelnen Individuum aufgehoben ist.[101]

Was im fin de siècle durch die Zementierung der Differenz beruhigt wurde, wird heute durch die Verleugnung der Differenz stillgestellt. Was damals als Abweichung ausgegrenzt wurde, wird heute kulturell inszeniert. Was damals pathologisiert wurde, wird heute ästhetisiert. Doch auch Ästhetisierungen haben eine abwehrende Funktion. Das wissen wir seit Freud, der im »Unbehagen in der Kultur« auf die narkotisierende Funktion ästhetischer Überhöhung hingewiesen hat. Nicht zuletzt hebt diese nämlich die Widersprüche kunstvoll auf und dient der Versöhnung mit den herrschenden Verhältnissen. Vielleicht macht sie aber

99 Lorey, I. (1993). Der Körper als Text und das aktuelle Selbst: Butler und Foucault. In: Feministische Studien, 2, S. 10-23.

100 Reiche, R. (1997). Gender ohne Sex. Geschichte, Funktion und Funktionswandel des Begriffs »Gender«. In: Psyche 51, S. 926-958.

101 Reimut Reiche spricht von »Geschlechterspannung« (Frankfurt a.M. 1990) als einer gesellschaftlichen Erscheinungsform der biologischen Zweigeschlechtlichkeit. Dieser Begriff hebt gleichermaßen ab auf eine Spannung zwischen den Geschlechtern und auf eine Spannung im Individuum, also im Mann und in der Frau.

auch blind für das fatale Versprechen einer Wissenschaft, die Unabhängigkeit vom eigenen Körper und von dem des anderen verspricht, weil sie so weit gekommen ist, daß sie den Fortbestand einer Gesellschaft nunmehr weniger über das Festzurren der Geschlechterdifferenz als durch die Arbeit im Labor der Reproduktionsmedizin sichern kann.

LITERATUR

Abraham, K. (1919). Erstes Korreferat. Zur Psychoanalyse der Kriegsneurosen. In: Internationale Psychoanalytische Bibliothek, Nr. 1, Leipzig, S. 31-41.

Ackerknecht, E. (1967). Kurze Geschichte der Psychiatrie. Stuttgart.

Adler, A. (1910). Der psychische Hermaphroditismus im Leben und in der Neurose. In: Fortschritte der Medizin, Bd. 28, S. 486-493.

Akashe-Böhme, F. (1995). Der Mund. In: Dies., Von der Auffälligkeit des Leibes. Frankfurt a.M., S. 26-35.

Alder, D. (1989). Im »wahren Paradies der Weiber«? Naturrecht und rechtliche Wirklichkeit der Frauen im Preußischen Landrecht. In: V. Schmidt-Linsenhoff (Hg.), Sklavin oder Bürgerin: Französische Revolution und neue Weiblichkeit, 1760-1830. Frankfurt a.M., S. 9-17.

Altmann (1899). Traum statt Wirklichkeit. In: Archiv für Kriminalanthropologie und Kriminalistik, Bd. 1, S. 335-336.

Anzieu, D. (1992). Das Haut-Ich. Frankfurt a.M.

Aronsohn, O. (1912). Die Hysterie als Kulturprodukt. In: Berliner Klinische Wochenschrift, 9, S. 1185-1186.

Averbeck, H. (1896). Die akute Neurasthenie, die plötzliche Erschöpfung der nervösen Energie: Ein ärztliches Kulturbild. Berlin.

Bachmann, I. (1982). Ein Schritt nach Gomorrha. In: Werke, Bd. 2. München.

Badinter, E. (1980). Die Mutterliebe. Geschichte eines Gefühls vom 17. Jahrhundert bis heute. München.

Barker-Benfield, G.J. (1976). The Horrrors of the Half-Known Life: Male Attitudes Toward Women and Sexuality in Nineteenth-Century America. New York.

Barthes, R. (1968). La morte de l'auteur. Paris.

Barthes, R. (1974). Die Lust am Text. Frankfurt a.M.

Barthes, R. (1976). Mythen des Alltags. Frankfurt a.M.

Baudouin, M. (1905). Le Marachinage. In: Archives d'anthropologie criminelle de criminologie et de psychologie normale et pathologique, 11, S. 853-854.

Bauer, A. (1993). Die allgemeine Semiotik als Instrument medizinhistorischer Erkenntnis. Vortrag an der medizinischen Hochschule Hannover am 18. Januar 1993. Unveröffentlichtes Manuskript. Hannover.

Bauman, Z. (1992a). Moderne und Ambivalenz. Das Ende der Eindeutigkeit. Hamburg.

Bauman, Z. (1992b). Dialektik der Ordnung. Die Moderne und der Holocaust. Hamburg.

Baumgarten, A. (1903). Die Beziehungen der Prostitution zum Verbrechen. In: Archiv für Kriminalanthropologie und Kriminalistik, Bd. 11, S. 1-35.

Beard, G.M. (1880). A Practical Treatise on Nervous Exhaustion (Neurasthenia), its Symptoms, Nature, Sequence, Treatment. New York.

Becker, P. (1995). Der Verbrecher als »monstruoser Typus«. Zur kriminologischen Semiotik der Jahrhundertwende. In: M. Hagner (Hg.), Der falsche Körper. Beiträge zu einer Geschichte der Monstrositäten. Göttingen, S. 147-173.

Becker, P. (1996). Physiognomie des Bösen. Cesare Lombrosos Bemühungen um eine präventive Entzifferung des Kriminellen. In: C. Schmölders (Hg.), Der exzentrische Blick. Gespräche über Physiognomik. Göttingen, S. 163-186.

Beyer, H., Lamott, F. & Meyer, B. (Hg.) (1983). Frauenhandlexikon. Stichworte zur Selbstbestimmung. München.

Bennecke (1911). Simulation und Selbstverstümmelung in der Armee unter besonderer Berücksichtigung der forensischen Beziehungen. In: Archiv für Kriminalanthropologie und Kriminalistik, Bd. 43, 10, S. 193-272.

Berger, M. (1996). Durch diese schöne Anstrengung mit sich selbst bekannt gemacht... Über Texte zu Töchtern und Vätern. In: M. Berger & J. Wiese (Hg.), Geschlecht und Gewalt. Göttingen, S. 120-160.

Berger, P.L. & Luckmann, Th. (1972). Die gesellschaftliche Konstruktion der Wirklichkeit. Stuttgart.

Bergmann, A. (1986). Von der »Unbefleckten Empfängnis« zur »Rationalisierung des Geschlechtslebens«. Gedanken zur Debatte um den Geburtenrückgang vor dem Ersten Weltkrieg. In: J. Geyer-Kordesch & A. Kuhn (Hg.), Frauenkörper, Medizin, Sexualität. Düsseldorf, S. 127-158.

Bergmann, A. (1993). Fruchtbarkeit als Todeskult im Patriarchat. Historisch-philosophische Hintergründe des Erlanger Experiments an Marion Ploch. In: M. Enigl & S. Perthold (Hg.), Der weibliche Körper als Schlachtfeld. Neue Beiträge zur Abtreibungsdebatte. Wien, S. 14-28.

Berner, E. (1909). Essen und Küssen. Eine natur-und sprachwissenschaftliche Studie. In: Sexual-Probleme. Zeitschrift für Sexualwissenschaft und Sexualpolitik, 5, S. 809-812.

Bielefeld, U. (1992a). Das Konzept des Fremden und die Wirklichkeit des Imaginären. In: Ders., Das Eigene und das Fremde. Neuer Rassismus in der alten Welt. Hamburg, S. 97-128.

Bielefeld, U. (Hg.) (1992b). Das Eigene und das Fremde. Neuer Rassismus in der alten Welt. Hamburg.

Binswanger, O. (1901). Zur Pathogenese der Hysterie. Vortrag vor der Versammlung mitteldeutscher Psychiater und Neurologen. In: Archiv für Psychiatrie und Nervenkrankheiten, Bd. 34, S. 332-337.

Binswanger, O. (1904). Die Hysterie. In: H. Nothnagel (Hg.), Spezielle Pathologie und Therapie, Bd. XII. Wien.

Binswanger, O. (1914). Die seelischen Wirkungen des Krieges. Stuttgart.

Binswanger, O. (1922). Die Kriegshysterie. In: K. Bonhoeffer (Hg.), Handbuch der ärztlichen Erfahrungen im Weltkrieg, Bd. 4: Geistes- und Nervenkrankheiten. Leipzig, S. 45-67.

Birnbaum, K. (1915). Die sexuelle Falschbeschuldigung der Hysterischen. In: Archiv für Kriminalanthropologie und Kriminalistik, Bd. 64, S. 1-40.

Bleibtreu, K. (1886). Schlechte Gesellschaft. Realistische Novellen. Leipzig.

Bloch, I. (1907). Das Sexualleben unserer Zeit. Berlin.

Bogdal, K.-M. (1978). Schaurige Bilder. Der Arbeiter im Blick des Bürgers. Frankfurt a.M.

Bogdal, K.-M. (Hg.) (1990). Neue Literaturtheorien. Eine Einführung. Opladen.

Bonß, W. (1982). Die Einübung des Tatsachenblicks. Zur Struktur und Veränderung empirischer Sozialforschung. Frankfurt a.M.

Borntraeger, J. (1912). Der Geburtenrückgang in Deutschland, seine Bewertung und Bekämpfung. In: Veröffentlichungen auf dem Gebiete der Medizinalverwaltung, 1. Bd., 13, S. 631-794.

Bourdieu, P. (1990). Die autorisierte Sprache: die gesellschaftlichen Bedingungen der Wirkung des rituellen Diskurses. In: Ders., Was heißt sprechen? Die Ökonomie des sprachlichen Tausches. Wien, S. 73-84.
Braun, Ch. v. (1988). NichtIch. Frankfurt a.M.
Braun, Ch. v. (1989a). Die Erotik des Kunstkörpers. In: I. Roebling (Hg.), Lulu, Lilith, Mona Lisa... Frauenbilder der Jahrhundertwende. Pfaffenweiler, S. 1-19.
Braun, Ch. v. (1989b). Männliche Hysterie und weibliche Askese. In: Dies., Die schamlose Schönheit des Vergangenen. Frankfurt a.M., S. 51-79.
Bronfen, E. (1987). Die schöne Leiche. In: R. Berger & I. Stephan (Hg.), Weiblichkeit und Tod in der Literatur. Köln, S. 87-115.
Burgl, G. (1912). Die Hysterie und die strafrechtliche Verantwortlichkeit der Hysterischen. Ein praktisches Handbuch für Ärzte und Juristen. Stuttgart.
Butler, J. (1990). Das Unbehagen der Geschlechter. Frankfurt a.M.

Carotenuto, A. (Hg.) (1986). Tagebuch einer heimlichen Symmetrie. Sabina Spielrein zwischen Jung und Freud. Freiburg.
Charcot, J.M. (1886). Neue Vorlesungen über die Krankheiten des Nervensystems insbesondere über Hysterie. Wien.
Cimbal, W. (1918). Taschenbuch zur Untersuchung von Nervenverletzungen, Nerven- und Geisteskrankheiten. Eine Anleitung für Ärzte, insb. bei gerichtlichen, militärischen und Unfallbegutachtung. Berlin.
Cramer, A. (1897). Gerichtliche Psychiatrie. Ein Leitfaden für Mediziner und Juristen. Jena.
Crefeld, W. (1983). Über das Verhältnis zwischen Juristen und Psychiatern. In: Recht und Psychiatrie. Werkstattschriften zur Sozialpsychiatrie, Bd. 35, S. 7-16.
Cremerius, J. (1987). Sabina Spielrein – ein frühes Opfer der psychoanalytischen Berufspolitik. Forum der Psychoanalyse, 3, S. 127-142.

Darwin, Ch. (1872). Der Ausdruck der Gemütsbewegungen bei dem Menschen und den Tieren. Stuttgart.
de la Tourette, G. (1889). L'hystérie dans l'armée allemande. Nouv. Oconogr. de la Salpêtrière.
de la Tourette, G. (1894). Die Hysterie. Nach den Lehren der Salpêtrière. Bd. 1. Normale oder interparoxysmale Hysterie. Leipzig.
Delbrück, A. (1891). Die pathologische Lüge und die psychisch abnormen Schwindler. Stuttgart.
Democh, I. (1918). Entwurf eines Gesetzes gegen die Verhinderung von Geburten. In: Der Abolitionist, 6, S. 41-44.
Devereux, G. (1973). Angst und Methode in den Verhaltenswissenschaften. München.
Devereux, G. (1974). Normal und Anormal. Frankfurt a.M.
Didi-Huberman, G. (1982). Invention de l'hystérie. Charcot et l'Iconographie photographique de la Salpêtrière. Editions Macula, Paris. Deutsche Übersetzung (1996). Erfindung der Hysterie. Die photographische Klinik von Jean-Martin Charcot. München.
Döblin, A. (1966). Hamlet oder die lange Nacht nimmt ein Ende. Olten.
Donzelot, J. (1979). Die Ordnung der Familie. Frankfurt a.M.
Dörner, K. (1969). Bürger und Irre. Frankfurt a.M.
Dörner, K. (1975). Diagnosen in der Psychiatrie. Frankfurt a.M.
Dose, R. (1993). Max Marcuse. In: R. Lautmann (Hg.), Homosexualität. Handbuch der Theorie- und Forschungsgeschichte. Frankfurt a.M., S. 195-197.

Douglas, M. (1988). Reinheit und Gefährdung. Eine Studie zu Vorstellungen von Verunreinigung und Tabu. Frankfurt a.M.
Duden, B. (1991). Der weibliche Körper als öffentlicher Raum. Hamburg.
Dühren, E. (1901). Das Geschlechtsleben in England. Mit besonderer Beziehung zu London. Bd. 1. Berlin.
Dühren, E. (1903). Das Geschlechtsleben in England. Mit besonderer Beziehung zu London. Bd.1 und 2. Berlin.
Dühren, E. (1904). Neue Forschungen über den Marquis de Sade und seine Zeit. Berlin.
Duerr, H.P. (1995). Obszönität und Gewalt. Der Mythos vom Zivilisationsprozeß. Frankfurt a.M.
Dürkop, M. (1984). Erscheinungsformen des Antisemitismus im Bund Deutscher Frauenvereine. In: Feministische Studien, 3, 1, S. 140-149.

Eagleton, T. (1994). Einführung in die Literaturtheorie. Stuttgart.
Eichhorst, M. (1885). Handbuch der speziellen Pathologie und Therapie für praktische Ärzte und Studierende. Bd. IV. Wien.
Ellenberger, H.F. (1985). Die Entdeckung des Unbewußten. Zürich.
Ellis, H. (1903). Das Geschlechtsgefühl. Würzburg.
Engländer, M. (1902). Die auffallend häufigen Krankheitserscheinungen der jüdischen Rasse. Wien.
Erdheim, M. (1982). Die gesellschaftliche Produktion von Unbewußtheit. Frankfurt a.M.
Erdheim, M. (1987). Ethnopsychoanalytische Beiträge zum Verständnis der Gewalt. In: I. Dröge-Modelmog & G. Mergner (Hg.), Orte der Gewalt. Herrschaft und Macht im Geschlechterverhältnis. Opladen, S. 164-167.
Erdheim, M. (1988). Die Psychoanalyse und das Unbewußte in der Kultur. Frankfurt a.M.
Essen, C.v. & Habermas, T. (1994). Hysterie und Bulimie. Ein Vergleich zweier ethnisch-historischer Störungen. In: T. Habermas, Zur Geschichte der Magersucht. Eine medizinpsychologische Rekonstruktion. Frankfurt a.M., S. 164-194.
Eulenburg, A. (1895). Sexuale Neuropathie, genitale Neurosen und Neuropsychosen der Männer und Frauen. Leipzig.

Faulstich, W. & Korte, A. (1994). Fischer Filmgeschichte. Bd. 1, 1895-1924. Frankfurt a.M.
Fenichel, O. (1983). Psychoanalytische Neurosenlehre. Bd. II. Frankfurt a.M.
Ferenczi, S. (1919a). Die Psychoanalyse der Kriegsneurose. In: Internationale Psychoanalytische Bibliothek. Bd. 1: Zur Psychoanalyse der Kriegsneurosen. Leipzig, S. 9-30.
Ferenczi, S. (1919b). Über zwei Typen der Kriegshysterie. In: Ders., Hysterie und Pathoneurosen. Internationale Psychoanalytische Bibliothek, Nr. 2, S. 59-78.
Feuchtersleben, Baron E.v. (1845). Lehrbuch der ärztlichen Seelenkunde. Wien.
Fischer-Dückelmann, A. (1900). Das Geschlechtsleben des Weibes. Eine physiologisch-soziale Studie. Berlin.
Fischer-Dückelmann, A. (1908). Die Frau als Hausärztin. Ein ärztliches Nachschlagewerk für die Frau. Dresden.
Fischer-Homberger, E. (1969). Hysterie und Misogynie – ein Aspekt der Hysteriegeschichte. In: Gesnerus, Bd. 26, S. 117-127.
Fischer-Homberger, E. (1970). Der Begriff der ›Krankheit‹ als Funktion außermedizinischer Gegebenheiten. Zur Geschichte der traumatischen Neurose. In: Sudhoffs Archiv 54, 3, S. 225-241.
Fischer-Homberger, E. (1975). Die traumatische Neurose. Vom somatischen zum sozialen Leiden. Bern.

Fischer-Homberger, E. (1977). Geschichte der Medizin. Berlin.
Fischer-Homberger, E. (1984). Krankheit Frau. Zur Geschichte der Einbildungen. Darmstadt.
Fishberg, M. (1911). The Jews: A Study of Race and Environment. London.
Forel, A. (1905). Die sexuelle Frage. München.
Foucault, M. (1971). Die Ordnung des Diskurses. Frankfurt a.M.
Foucault, M. (1973). Die Geburt der Klinik. Eine Archäologie des ärztlichen Blicks. München.
Foucault, M. (1977). Überwachen und Strafen. Die Geburt des Gefängnisses. Frankfurt a.M.
Foucault, M. (1986). Sexualität und Wahrheit. Bd. 1: Der Wille zum Wissen. Frankfurt a.M.
Foucault, M. (1988). Archäologie des Wissens. Frankfurt a.M.
Foucault, M. (1989). Die Ordnung der Dinge. Frankfurt a.M.
Frecot, J., Geist, J.F. & Kerbs, D. (1972). Fidus 1868-1948. Zur ästhetischen Praxis bürgerlicher Fluchtbewegungen. München.
Freud, A. (1936). Das Ich und die Abwehrmechanismen. Frankfurt a.M. (1986)
Freud, S. (1893). Quelques considérations pour une étude comparative des paralysies motrices organiques et hystériques. GW I, S. 37-55.
Freud, S. (1895a). Ein Fall von hypnotischer Heilung. GW I, S. 1-17.
Freud, S. (1895b). Studien über Hysterie. GW I, S. 75-312.
Freud, S. (1895). Studien über Hysterie: Zur Psychotherapie der Hysterie. GW I, S. 252-312.
Freud, S. (1896). Zur Ätiologie der Hysterie. GW I, S. 423-459.
Freud, S. (1900a). Die Traumdeutung. GW II/III, S. 1-642.
Freud, S. (1900b). Über den Traum. GW II/III, S. 643-700.
Freud, S. (1905a). Bruchstück einer Hysterie-Analyse. GW V, S. 161-286.
Freud, S. (1905b). Drei Abhandlungen zur Sexualtheorie. GW V, S. 27-145.
Freud, S. (1906). Tatbestandsdiagnostik und Psychoanalyse. GW VII, S. 1-10.
Freud, S. (1907). Der Wahn und die Träume in W. Jensens ›Gradiva‹. GW VII, S. 31-125.
Freud, S. (1908a). Hysterische Phantasien und ihre Beziehung zur Bisexualität. GW VII, S. 191-199.
Freud, S. (1908b). Über infantile Sexualtheorien. GW VII, S. 169-188.
Freud, S. (1909a). Allgemeines über den hysterischen Anfall. GW VII, S. 233-240.
Freud, S. (1909b). Analyse der Phobie eines fünfjährigen Knaben. GW VII, Werke aus den Jahren 1906-1909, S. 243-377.
Freud, S. (1909c). Bemerkungen über einen Fall von Zwangsneurose. GW VII, S. 381-463.
Freud, S. (1910a). Eine Kindheitserinnerung des Leonardo da Vinci. GW VIII, S. 127-211.
Freud, S. (1910b). Über einen besonderen Typus der Objektwahl beim Manne. In: Beiträge zur Psychologie des Liebeslebens (I). GW VIII, S. 65-77.
Freud, S. (1912a). Ratschläge für den Arzt bei der psychoanalytischen Behandlung. GW VIII, S. 376-387.
Freud, S. (1912b). Über die allgemeinste Erniedrigung des Liebeslebens. In: Beiträge zur Psychologie des Liebeslebens (II). GW VIII, S. 78-91.
Freud, S. (1916/17). Vorlesungen zur Einführung in die Psychoanalyse. GW XI.
Freud, S. (1917-1920). Eine Schwierigkeit der Psychoanalyse. GW XII, S. 3-12.
Freud, S. (1918). Das Tabu der Virginität. GW XII, S. 159-180.
Freud, S. (1919). Das Unheimliche. GW XII, S. 227-268.
Freud, S. (1922). Das Medusenhaupt. GW XVII, S. 45-48.
Freud, S. (1923). Die infantile Sexualorganisation. GW XIII, S. 291-298.

Freud, S. (1926a). Hemmung, Symptom und Angst. GW XIV, S. 113-205.
Freud, S. (1926b). Die Frage der Laienanalyse. Unterredungen mit einem Unparteiischen. GW XIV, S. 207-296.
Freud, S. (1927). Der Fetischismus. GW XIV, S. 309-317.
Freud, S. (1930). Das Unbehagen in der Kultur. GW XIV, S. 419-506.
Freud, S. (1938). Die Ich-Spaltung im Abwehrvorgang. GW XVII, S. 57-62.
Freud, S. (1972). Über Kriegsneurosen, Elektrotherapie und Psychoanalyse. In: Psyche, 26, S. 939-951.
Freud, S. (1982). Editorische Vorbemerkung zum »Tabu der Virginität«. In: S. Freud, Studienausgabe, Bd. V. Frankfurt a.M., S. 212.
Freud, S. (1986). Briefe an Wilhelm Fließ 1887-1904 (hg. von Jeffrey M. Masson), Frankfurt a.M.
Freud, S. (1987). Gutachten über die elektrische Behandlung von Kriegsneurotikern, 23.2.1920 von Prof. Dr. S. Freud. GW Nachtragsband, Texte aus den Jahren 1885-1938. Frankfurt a.M., S. 704-710.
Freud, S. & Jung, C.G. (1984). Briefwechsel. Frankfurt a.M.
Frevert, U. (1990). »Wo du hingehst...« – Aufbrüche im Verhältnis der Geschlechter. In: A. Nitschke, G.A. Ritter u.a. (Hg.), Jahrhundertwende. Der Aufbruch in die Moderne 1880-1930, Bd. 2, S. 89-118.
Friedlaender, H. (1919). Interessante Kriminal-Prozesse von kulturhistorischer Bedeutung. Berlin, Bd. I-XII.
Friedlaender, H. (1919). Ein Liebesdrama im Berliner Tiergarten. In: Ders., Interessante Kriminal-Prozesse von kulturhistorischer Bedeutung. Bd. XII. Berlin, S. 195-254.
Frommel, M. (1987). Präventionsmodelle in der deutschen Strafzweck-Diskussion. Beziehungen zwischen Rechtsphilosophie, Dogmatik, Rechtspolitik und Erfahrungswissenschaften. Berlin.
Frommel, M. (1991). Internationale Reformbewegung zwischen 1880 und 1920. In: J. Schönert (Hg.), Erzählte Kriminalität. Tübingen, S. 467-495.
Fuld (1911). Die Jungfräulichkeit im geltenden deutschen Recht. In: Sexual-Probleme. Zeitschrift für Sexualwissenschaft und Sexualpolitik, 7, S. 455-460.

Gaupp, R. (1911). Über den Begriff der Hysterie. In: Zeitschrift für die gesamte Neurologie und Psychiatrie, 2, S. 457-466.
Gaupp, R. (1916). Kriegsneurosen, erweitertes Referat auf der Kriegstagung der Gesellschaft deutscher Nervenärzte, S. 225-229, sowie S. 247-248.
Gaupp, R. (1919). Der nervöse Zusammenbruch und die Revolution. In: Blätter für Volksgesundheit, 19, S. 43-50.
Gaupp, R. (1922). Schreckneurose und Neurasthenie. In: K. Bonhoeffer (Hg.), Handbuch der ärztlichen Erfahrungen im Weltkriege, Bd. 4: Geistes- und Nervenkrankheiten. Leipzig, S. 68-101.
Gay, P. (1986). Erziehung der Sinne. Sexualität im bürgerlichen Zeitalter. München.
Georgen, H.T. (1984). Die Kopfjägerin Judith – Männerphantasie oder Emanzipationsmodell. In: C. Bischoff (Hg.), Frauen, Kunst, Geschichte: Zur Korrektur des herrschenden Blicks. Gießen, S. 111-125.
Giehrke, O. (1897). In: A. Kirchhoff (Hg.), Die akademische Frau. Gutachten hervorragender Universitätsprofessoren, Frauenlehrer und Schriftsteller über die Befähigung der Frau zum wissenschaftlichen Studium. Berlin, S. 21-27.
Gilman, S.L. (1982). Das männliche Stereotyp von der weiblichen Sexualität im Wiener Fin de Siècle. In: Jahrbuch der Psychoanalyse, 14, S. 236-263.

Gilman, S.L. (1984). Jews and Mental Illness: Medical Metaphors, Anti-Semitism, and the Jewish Response. In: Journal of the History of the Behavioral Sciences, Bd. XX.
Gilman, S.L. (1994). Freud, Identität und Geschlecht. Frankfurt a.M.
Gilman, S.L. (1996). Charles Darwin und die Wissenschaft. In: R. Campe & M. Schneider, Geschichten der Physiognomik. Freiburg, S. 453-471.
Gödde, G. (1994). Charcots neurologische Hysterietheorie – Vom Aufstieg und Niedergang eines wissenschaftlichen Paradigmas. In: Luzifer-Amor. Zeitschrift zur Geschichte der Psychoanalyse, 14, S. 7-55.
Graf, W. & Ottomeyer, K. (Hg.) (1989). Szenen der Gewalt in Alltagsleben und Kultur. Wien.
Green, M. (1976). Else und Frieda – die Richthofen-Schwestern. Kempten.
Gross, H. (1894). Handbuch für Untersuchungsrichter, Polizeibeamte, Gendarmen. Graz.
Gross, H. (1898). Criminalpsychologie. 1. Auflage. Graz.
Gross, H. (1900). Rezension von Runge, M. »Das Weib in seiner geschlechtlichen Eigenart«. In: Archiv für Kriminalanthropologie und Kriminalistik, Bd. 4, S. 190.
Gross, H. (1904). Rezension von Breuer, J. und Freud, S. »Studien über Hysterie«. Leipzig, Wien 1895. In: Archiv für Kriminalanthropologie und Kriminalistik, Bd. 15, S. 138.
Gross, H. (1908). Gesammelte kriminalistische Aufsätze. Bd. II. Leipzig, S. 52-66.
Gross, H. (1911). Über die kriminalistische Bedeutung der ›alten Jungfer‹. In: Sexual-Probleme. Zeitschrift für Sexualwissenschaft und Sexualpolitik, 7, S. 150-153.
Gross, H. (1969). Handbuch für Untersuchungsrichter als System der Kriminalistik. II. Teil. München.
Grotefend, G.A. (Hg.) (1912). Preussisch-deutsche Gesetzessammlung 1802-1911, Bd. VII, Düsseldorf.
Grubrich-Simitis, I. (1987). Trauma oder Trieb – Trieb und Trauma. In: Psyche, 41, 11, S. 992-1023.
Grunberger, B. (1988). Versuch über den Fetischismus. In: Ders., Narziß und Anubis, Bd. I. München, S. 123-158.
Gualino (1904). Il rifflesso sessuale nell' eccitamento alle labbra. In: Archivio di psichiatria, S. 341.
Guillaumin, C. (1992). Rasse. Das Wort und die Vorstellung. In: U. Bielefeld (Hg.), Das Eigene und das Fremde. Neuer Rassismus in der alten Welt. Hamburg, S. 159-173.
Gusfield, J.R. (1975). Der Wandel moralischer Bewertungen: Devianzdefinition und symbolischer Prozeß. In: F.W. Stallberg (Hg.), Abweichung und Kriminalität. Frankfurt a.M., S. 167-180.

Haas, J.P. (1987). Bemerkungen zum sogenannten »Hysteriegefühl«. In: Der Nervenarzt, 58, S. 92-98.
Habermas, T. (1994). Zur Geschichte der Magersucht. Frankfurt a.M.
Haeberle, E.J. (1983). Anfänge der Sexualwissenschaft. Berlin.
Häring, W. (Hg.) (1841). Der neue Pitaval. Eine Sammlung der interessantesten Criminalgeschichten aus älterer und neuerer Zeit. Leipzig.
Hardin, H.T. (1994). Das Schicksal von Freuds früher Mutterbeziehung. In: Psyche, 48, 2, S. 97-123.
Hartmann, A. (1991). Über die Kulturanalyse des Diskurses. In: Zeitschrift für Volkskunde, 87, S. 19-28.
Haubl, R. (1991). Modelle psychoanalytischer Textinterpretation. In: U. Flick, E.v. Kardorff, H. Keupp, L.v. Rosenstiel & St. Wolff (Hg.), Handbuch qualitativer Sozialforschung. München, S. 219-223.

Haubl, R. (1993a). Die Ästhetisierung des Häßlichen als ethisches Problem – Bausteine einer psychohistorischen Theorie der Erschütterung. In: H.A. Hartmann (Hg.), Augsburger Beiträge zur Ökonomischen Psychologie und Kulturanalyse, Bd. 5 von R. Haubl, Aesthetica II. Fallstudien zur visuellen Kommunikation, S. 169-189.

Haubl, R. (1993b). Szenisches Verstehen als Aspekt psychoanalytischer Deutungspraxis. Zu Geschichte und Systematik psychoanalytischer Hermeneutik. In: texte, 13, S. 7-50.

Haubl, R. (1995). Die Gesellschaftlichkeit der psychischen Realität. Über die gruppenanalytische Konstruktion multipler Wirklichkeiten. In: Gruppenpsychotherapie und Gruppendynamik. Beiträge zur Sozialpsychologie und therapeutischen Praxis, 27, 1, S. 27-51.

Hausen, K. (1976). Die Polarisierung der »Geschlechtscharaktere« – Eine Spiegelung der Dissoziation von Erwerbs- und Familienleben. In: W. Conze (Hg.), Sozialgeschichte der Familie in der Neuzeit Europas. Stuttgart, S. 363-393.

Hebbel, F. (1841). Judith. Ein Tragödie in fünf Acten. Hamburg.

Hellpach, W. (1904). Grundlinien einer Psychologie der Hysterie. Leipzig.

Hellpach, W. (1906). Die geistigen Epidemien. In: M. Buber (Hg.), Die Gesellschaft. Sammlung Sozialpsychologischer Monographien, Bd. 11. Frankfurt a.M.

Hellwig, A. (1910). Allerlei krimineller Aberglaube. In: Archiv für Kriminalanthropologie und Kriminalistik, Bd. 39, S. 296-303.

Hellwig, A. (1919). Die Bedeutung des kriminellen Aberglaubens für die gerichtliche Medizin. Berlin.

Herbst (1913). Zur Frage des Geburtenrückganges und die Mittel zu seiner Bekämpfung unter besonderer Berücksichtigung der Verhältnisse im Kreise Kempten, In: Zeitschrift für Medizinalbeamte, 26, S. 85-101.

Héritier, F. (1978). Die Übertragung der Begriffe Fruchtbarkeit und Unfruchtbarkeit auf den Bereich der Ideologie im vorwissenschaftlichen Stadium. In: E. Sullerot & O. Thibault (Hg.), Die Wirklichkeit der Frau. Steinhausen, S. 468-481.

Hertzsch (1910). Die Frauenmilch und ihre kriminelle Bedeutung. In: Archiv für Gynäkologie, Bd. 92. S. 116-122.

Hiebel, H.H. (1990). Strukturale Psychoanalyse und Literatur (Jacques Lacan). In: K.-M. Bogdal (Hg.), Neue Literaturtheorien. Eine Einführung. Opladen, S. 56-81.

Hilmes, C. (1990). Die Femme Fatale. Ein Weiblichkeitsmythos in der nachromantischen Zeit. Stuttgart.

Hirsch, M. (1911). Die kriminelle Bedeutung der weiblichen Brust. In: Archiv für Kriminalanthropologie und Kriminalistik, Bd. 42, S. 206-228.

Hirsch, M. (1914). Fruchtabtreibung und Präventivverkehr im Zusammenhang mit dem Geburtenrückgang. Würzburg.

Hirsch, M. (1920). Über das Frauenstudium. Eine soziologische und biologische Untersuchung auf Grund einer Erhebung. Leipzig.

Hirschauer, S. (1992). Hermaphroditen, Homosexuelle und Geschlechtswechsel – Transsexualität als historisches Projekt. In: F. Pfäfflin & A. Junge, Geschlechtsumwandlung. Abhandlungen zur Transsexualität. Stuttgart, S. 55-95.

Hirschfeld, M. (1938). Geschlechtsanomalien und Perversionen. Paris.

Hitler, A. (1941). Mein Kampf. München.

Hoche, A. (1901). Handbuch der gerichtlichen Psychiatrie. Berlin.

Hoche, A. (1915). Krieg und Seelenleben. Frankfurt a.M.

Hoche, A. (1916). Über Hysterie – Vortrag gehalten auf der 40. Wanderversammlung der Südwestdeutschen Neurologen und Psychiater. In: Archiv für Psychiatrie und Nervenkrankheiten, Bd. 56, S. 331-335.

Hoffmann, S.O. (1987). Die psychoanalytische Abwehrlehre – aktuell, antiquiert oder obsolet. In: Forum der Psychoanalyse, 3, S. 22-39.
Hoffmann-Krayer, E. (Hg.) (1929/30). Handwörterbuch des deutschen Aberglaubens. Bd. II. Berlin.
Hölper, E. v. (1913). Einiges über Zeugenaussagen. In: Archiv für Kriminalanthropologie und Kriminalistik, Bd. 51, S. 38-48.
Honegger, C. (1978). Die Hexen der Neuzeit. Studien zur Sozialgeschichte eines kulturellen Deutungsmusters. Frankfurt a.M.
Honegger, C. (1980). Überlegungen zu Michel Foucaults Entwurf einer Geschichte der Sexualität. Bremen.
Honegger, C. (1991). Die Ordnung der Geschlechter. Die Wissenschaften vom Menschen und das Weib. 1750-1850. Frankfurt a.M.
Honegger, C. & Heintz, B. (1984). Listen der Ohnmacht. Zur Sozialgeschichte weiblicher Widerstandsformen. Frankfurt a.M.
Horkheimer, M. & Adorno, Th.W. (1986). Dialektik der Aufklärung. Frankfurt a.M.
Horney, K. (1932). Die Angst vor der Frau. Über einen spezifischen Unterschied in der männlichen und weiblichen Angst vor dem anderen Geschlecht. In: S. Freud (Hg.), Internationale Zeitschrift für Psychoanalyse, Bd. 18, 1, S. 5-18.
Hügel, F. (1895). Zur Geschichte, Statistik und Regelung der Prostitution. Socialmedizinische Studien in ihrer praktischen Behandlung und Anwendung auf Wien und andere Großstädte. Wien.
Hurwitz, E. (1979). Otto Gross. Paradiessucher zwischen Jung und Freud. Zürich.
Hutter, J. (1992). Die gesellschaftliche Kontrolle des homosexuellen Begehrens. Medizinische Definitionen und juristische Sanktionen im 19. Jahrhundert. Frankfurt a.M.

Icard (1890). La femme dans la periode menstruelle. Paris.
Israel, L. (1987). Die unerhörte Botschaft der Hysterie. München.
Isserlin, M. (1916). Über psychische und nervöse Erkrankungen bei Kriegsteilnehmern. In: Würzburger Abhandlungen aus dem Gesamtgebiet der Medizin, Bd. XVI, 10/11, S. 237-267.

Japp, U. (1988). Der Ort des Autors in der Ordnung des Diskurses. In: J. Fohrmann & H. Müller (Hg.), Diskurstheorien und Literaturwissenschaft. Frankfurt a.M., S. 223-235.
Jassny, A. (1911). Zur Psychologie der Verbrecherin. In: Archiv für Kriminalanthropologie und Kriminalistik, Bd. 42, S. 90-108.
Jensen, W. (1903). Gradiva. Ein pompejanisches Phantasiestück. Dresden.
Jones, E. (1919). Die Kriegsneurosen und die Freudsche Theorie. In: Internationale Psychoanalytische Bibliothek, Bd. 1, S. 61-82.
Jones, E. (1984). Sigmund Freuds Leben und Werk. Bd. II. München.
Jung, C.G. (1906). Die Hysterielehre Freuds. In: Münchener Medizinische Wochenschrift, Nr. 47, S. 2301-2303.

Kächele, H. & Steffens, W. (1988). Bewältigung und Abwehr. Beiträge zu einer Psychologie und Psychotherapie schwerer körperlicher Krankheiten. Heidelberg.
Kafka, F. (1975). In der Strafkolonie. Berlin.
Kafka, F: (1987). Der Prozeß. Frankfurt a.M.
Kaluszynski, M. (1994). Das Bild des Verbrechers in Frankreich am Ende des 19. Jahrhunderts. Kriminologisches Wissen und seine politische Anwendung. In: Kriminologisches Journal, 25, 1, S. 13-35.

Kant, I. (1800). Anthropologie in pragmatischer Hinsicht. Königsberg. Herausgegeben von A. Buchenau (1923). Berlin.

Kasten, J. (1994). Dramatik und Leidenschaft. Das Melodram der frühen zehner Jahre. In: W. Faulstich, & A. Korte (Hg.), Fischer Filmgeschichte. Bd. 1, 1895-1924. Frankfurt a.M., S. 233-245.

Kaufmann, F. (1916). Die planmäßige Heilung komplizierter psychogener Bewegungsstörungen bei Soldaten in einer Sitzung. In: Feldärztliche Beilage zur Münchener Medizinischen Wochenschrift, 63, S. 802-804.

Keitler (1909). Besprechung eines Beitrags von Foges, A. (1908). Beiträge zu den Beziehungen von Mamma und Genitale. In: Zentralblatt für Gynäkologie, Nr. 17, S. 613-614.

Keitz, U.v. (1999). Vom weiblichen Crimen zur kranken Frau. Narration und Argumentation zu »Abtreibung« und »Vernichtung lebensunwerten Lebens« im Film der Weimarer Republik und der NS-Zeit. In: J. Linder & C.M. Ort (Hg.), Verbrechen – Justiz – Medien. Positionen und Entwicklungen in Deutschland von 1900 bis zur Gegenwart. Tübingen, S. 357-387.

Kemnitz, M.v. (1919). Das Weib und seine Bestimmung. Ein Beitrag zur Psychologie der Frau und zur Neuorientierung ihrer Pflichten. München.

Kessler, A.S. (1989). Zur Entwicklung des Realitätsbegriffs bei Sigmund Freud. Würzburg.

Keupp, H. (1990). Identitäten im Umbruch: Das Subjekt in der Postmoderne. In: Initial, 7, S. 698-710.

Keupp, H. (1994). Grundzüge einer reflexiven Sozialpsychologie. In: Ders. (Hg.), Zugänge zum Subjekt. Perspektiven einer reflexiven Sozialpsychologie. Frankfurt a.M., S. 226-274.

Keupp, H. (Hg.) (1997). Identitätsarbeit heute. Klassische und aktuelle Perspektiven der Identitätsforschung. Frankfurt a.M.

Khan, M.M.R. (1983). Entfremdung bei Perversion. Frankfurt a.M.

Kirchhoff, A. (Hg.) (1897). Die akademische Frau. Gutachten hervorragender Universitätsprofessoren, Frauenlehrer und Schriftsteller über die Befähigung der Frau zum wissenschaftlichen Studium. Berlin.

Kisch, H. (1904). Das Geschlechtsleben des Weibes. Bern, Wien.

Klamroth, C. (1914). Frauen als Angeklagte. In: Archiv für Kriminalanthropologie und Kriminalistik, Bd. 57, S. 282-287.

Klaniczay, G. (1991). Heilige, Hexen, Vampire. Vom Nutzen des Übernatürlichen. Berlin.

Klein, M. (1983). Das Seelenleben des Kleinkindes. Stuttgart.

Kleinspehn, Th. (1987). Warum sind wir so unersättlich? Frankfurt a.M.

Kleinspehn, Th. (1988). Der Ort der psychoanalytischen Theorie in der historischen Forschung – Versuch einer Zwischenbilanz der Psychohistorie. In: Psychologie und Gesellschaftskritik, 3, S. 89-110.

Kleinspehn, Th. (1989). Der flüchtige Blick. Sehen und Identität in der Kultur der Neuzeit. Reinbek b. Hamburg.

Klinger, J., Schmiedtke-Rindt, C. (1996). Fantome einer fremden Welt. Über subkulturellen Eigensinn. In: H.H.Hartmann, R. Haubl (Hg.), Freizeit in der Erlebnisgesellschaft. Opladen, S. 147-167.

Klüger, R. (1994). Lesen Frauen anders? Heidelberg.

Kraepelin, E. (1913). Über Hysterie. In: Zeitschrift für die gesamte Neurologie und Psychiatrie, Bd. 18, S. 261-279.

Kraepelin, E. (1919). Psychiatrische Randbemerkungen zur Zeitgeschichte. In: Kriegshefte der Süddeutschen Monatshefte, S. 171-180.

Krafft-Ebing, R.v. (1876). Lehrbuch für gerichtliche Psychopathologie. Wien.
Krafft-Ebing, R.v. (1886). Psychopathia Sexualis. Mit besonderer Berücksichtigung der conträren Sexualempfindung. Wien. 14. Auflage (1912), Wien. Neu aufgelegt bei Matthes + Seitz (1984), München.
Krafft-Ebing, R.v. (1895). Nervosität und neurasthenische Zustände. Wien.
Kraus, K. (1929). Literatur und Lüge. Wien.
Kreuzer, H. (1973). Die Jungfrau in Waffen. Hebbels ›Judith‹ und ihre Geschwister von Schiller bis Sartre. In: J. Günther (Hg.), Untersuchungen zur Literatur als Geschichte. Festschrift für Benno von Wiese. Berlin, S. 363-384.
Kristeva, J. (1978). Die Revolution der poetischen Sprache. Frankfurt a.M.
Kristeva, J. (1990). Fremde sind wir uns selbst. Frankfurt a.M.
Krüll, M. (1979). Freud und sein Vater. München.
Kuhn, Th.S. (1978). Die Struktur wissenschaftlicher Revolutionen. Frankfurt a.M.
Kundera, M. (1987). Die unerträgliche Leichtigkeit des Seins. Frankfurt a.M.
Kurella, H. (1893). Naturgeschichte des Verbrechers. Stuttgart.

Lamott, F. (1985). Der Risikofaktor ›Frau‹. Kriminalprävention und Mütterlichkeit. In: Monatsschrift für Kriminologie und Strafrechtsreform, 68, S. 325-340.
Lamott, F. (1988). Die Kriminologie und das Andere. Versuch über die Geschichte der Ausgrenzungen. In: Kriminologisches Journal, 20, S. 168-191.
Lamott, F. (1989a). Prof. Dr. Hans Gross gegen seinen Sohn. Zum Verhältnis von Wissenschaft und Subjektivität. In: J. Clair, C. Pichler & W. Pircher (Hg.), Wunderblock. Eine Geschichte der modernen Seele. Wien, S. 611-621.
Lamott, F. (1989b). Von den sexuellen Störungen haben wir in diesem Semester schon einige zeigen können. Anmerkungen zur Forensischen Hochschulpsychiatrie. In: Recht und Psychiatrie, 7, S. 101-110.
Lamott, F. (1993a). Alltagsmythen und Politik. In: P.A. Albrecht, A. Ehlers & F. Lamott (Hg.), Festschrift für Horst Schüler-Springorum zum 65. Geburtstag. Köln, S. 123-136.
Lamott, F. (1993b). Monsterbilder – Spiegelbilder. In: Manuskripte. Zeitschrift für Literatur, Bd. 126. Graz, S. 27-37.
Lamott, F. (1994). Übertragung und Gegenübertragung. In: R. Haubl & F. Lamott (Hg.), Handbuch Gruppenanalyse. München, S. 181-195.
Lamott, F. (1995). Texte und Kontexte der Mißbrauchsdebatte 1890/1990. In: Traverse. Zeitschrift für Geschichte, 1. S. 32-44.
Lamott, F. (1998). Phantasierte Unzucht – unzüchtige Phantasien. Über Freuds Erfindung des analytischen Raums. In: L'Homme. Zeitschrift für Feministische Geschichtswissenschaft. 9, S. 26-41.
Lamott, F. (1999). (Dis)Kurs-Korrektur – Kulturhistorische Anmerkungen zur Mißbrauchsdebatte. In: J. Linder & C.M. Ort (Hg.), Verbrechen – Justiz – Medien, Positionen und Entwicklungen in Deutschland von 1900 bis zur Gegenwart. Studien und Texte zur Sozialgeschichte der Literatur, Tübingen, S. 155-170.
Laplanche, J. & Pontalis, J.B. (1986). Das Vokabular der Psychoanalyse. Frankfurt a.M.
Laqueur, T. (1992). Auf den Leib geschrieben. Die Inszenierung der Geschlechter von der Antike bis Freud. Frankfurt a.M.
Lasch, C. (1995). Das Zeitalter des Narzißmus. Hamburg.
Lautmann, R. (Hg.) (1993). Homosexualität. Handbuch der Theorie- und Forschungsgeschichte. Frankfurt a.M.
Leroy-Beaulieu, A. (1895). Israel among the Nations: A Study of the Jews and Antisemitism. New York.

Librowicz, S. (1877). Der Kuss und das Küssen. Hamburg.
Liepmann, W. (1920). Psychologie der Frau. Berlin.
Liepmann, W. (1924). Gynäkologische Psychotherapie. Ein Führer für Ärzte und Studierende. Berlin.
Lifton, R.J. (1993). The Protean Self: Human Resilience in an Age of Fragmentation. New York.
Lilienthal, E. (1911). Die skandalösen alten Jungfern. In: Sexual-Probleme. Zeitschrift für Sexualwissenschaft und Sexualpolitik, 7, S. 389-390.
Linder, J. (1990). ›Verarbeitung‹ im Rechtssystem? Zu den Austauschbeziehungen zwischen Literatursystem und Rechtssystem. In: SPIEL. Siegener Periodicum zur Internationalen Empirischen Literaturwissenschaft, 9, S. 37-67.
Linder, J. (1991a). Deutsche Pitavalgeschichten in der Mitte des 19. Jahrhunderts. Konkurrierende Formen der Wissensvermitlung un der Verbrechensdeutung bei W. Häring und W.L. Demme. In: J. Schönert, K. Imm & J. Linder, Erzählte Kriminalität. Zur Typologie und Funktion von narrativen Darstellungen in Strafrechtspflege. Publizistik und Literatur zwischen 1770 und 1920. Tübingen, S. 313-348.
Linder, J. (1991b). Sie müssen entschuldigen, Herr Staatsanwalt, aber es ist so: wir trauen Euch nicht.... Strafjustiz, Strafrechtsreform und Justizkritik im März, 1907-1911. In: J. Schönert, K. Imm & J. Linder, Erzählte Kriminalität. Zur Typologie und Funktion von narrativen Darstellungen in Strafrechtspflege. Publizistik und Literatur zwischen 1770 und 1920. Tübingen, S. 533-570.
Link, J. (1986). Diskurs, Interdiskurs, Macht. In: KultuRRevolution, 11, S. 4-6.
Link, J. (1988). Literaturanalyse als Interdiskursanalyse. Am Beispiel des Ursprungs literarischer Symbolik in der Kollektivsymbolik. In: J. Fohrmann, Diskurstheorien und Literaturwissenschaft. Frankfurt a.M., S. 284-307.
Link-Heer, U. (1983). Über den Anteil der Fiktionalität an der Psychopathologie des 19. Jahrhunderts. In: Zeitschrift für Literaturwissenschaft und Linguistik, 51/52, S. 280-302.
Link-Heer, U. (1985). Männliche Hysterie. In: KultuRRevolution, 9, S. 39-47.
Linse, U. (1972). Arbeiterschaft und Geburtenkontrolle im Deutschen Kaiserreich von 1891 bis 1914. In: Archiv für Sozialgeschichte, 12, S. 205-271.
Lombroso, C. (1894). Das Weib als Verbrecherin und Prostituierte. Hamburg.
Lorenzer, A. (1984). Intimität und soziales Leid, Frankfurt a.M.
Lorenzer, A. (1986). Tiefenhermeneutische Textanalyse. In: Ders. (Hg.), Kultur-Analyse. Frankfurt a.M., S. 11-99.
Lorenzer, A. (1990). Verführung zur Selbstpreisgabe – psychoanalytisch-tiefenhermeneutische Analyse eines Gedichtes von Rudolf Alexander Schröder. In: KulturAnalysen. Zeitschrift für Tiefenhermeneutik und Sozialisationstheorie, 3, S. 261-277.
Lorenzer, A. (1984). Intimität und soziales Leid. Frankfurt a.M.
Lorey, I. (1993). Der Körper als Text und das aktuelle Selbst: Butler und Foucault. In: Feministische Studien, 2. S. 10-23.
Löschper, G. (1994). »Rasse« als Vorurteil vs. Diskursanalyse des Rassismus. In: Kriminologisches Journal, 26, S. 170-190.
Löwenfeld, L. (1899). Sexualleben und Nervenleiden. Wiesbaden.
Lucianus (1906). Erotik der Keuschheit. In: K. Kraus (Hg.), Die Fackel, Nr. 192, 7, S. 8-14.
Lüdtke, A. (1994). Stofflichkeit, Macht-Lust und Reiz der Oberflächen. In: W. Schulze (Hg.), Sozialgeschichte, Alltagsgeschichte, Mikro-Historie. Göttingen, S. 65-81.
Lukas, W., Werntz, C. & Lederer, Ch. (1994). Das Sexualdelikt im psychiatrisch-forensischen Gutachten der Jahrhundertwende. In: F. Rotter (Hg.), Psychiatrie, Psy-

chotherapie und Recht. Diskurse und vergleichende Perspektiven. Frankfurt a.M., S. 175-206.

Mantegazza, P. (1889). Die Physiologie des Weibes. Jena.

Marcuse, M. (1913). Zur Frage der Verbreitung und Methodik der willkürlichen Geburtenbeschränkung in Berliner Proletarierkreisen. In: Sexual-Probleme. Zeitschrift für Sexualwissenschaft und Sexualpolitik, 11, S. 752-780.

Marcuse, M. (1914). Männer als Opfer von Kindern. Archiv für Kriminalanthropologie und Kriminalistik, Bd. 56, 2, S. 188-190.

Marcuse, M. (1926a). Handwörterbuch der Sexualwissenschaft. Enzyklopädie der natur- und kulturwissenschaftlichen Sexualkunde des Menschen. Bonn.

Marcuse, M. (1926b). Stichwort »Demivierge«. In: Ders. (Hg.), Handwörterbuch der Sexualwissenschaft. Bonn, S. 78-83.

Marcuse, M. (1926c). Stichwort »Hymen«. In: Ders. (Hg.), Handwörterbuch der Sexualwissenschaft. Bonn, S. 289-293.

Marcuse, M. (1926d). Stichwort »Jungfernschaft«. In: Ders. (Hg.), Handwörterbuch der Sexualwissenschaft. Bonn, S. 319-322.

Marques, M. (1990). Foucault und die Psychoanalyse. Zur Geschichte einer Auseinandersetzung. Tübingen.

Martin, E. (1989). Die Frau im Körper. Weibliches Bewußtsein, Gynäkologie und die Reproduktion des Lebens. Frankfurt a.M.

Marx, K. (1972). Der Fetischcharakter der Ware und sein Geheimnis. In: Ders., Das Kapital. Frankfurt a.M., S. 85-98.

Masson, J.M. (1986). Was hat man dir, du armes Kind, getan? Reinbek b. Hamburg.

Mayer, H. (1981). Judith und Dalila. In: Ders., Außenseiter. Frankfurt a.M., S. 31-169.

Menschik, J. (Hg.) (1976). Grundlagentexte zur Emanzipation der Frau. Köln.

Menschik, J. (1977). Feminismus. Geschichte, Theorie, Praxis. Köln.

Mentzos, St. (1980). Hysterie. In: U.H. Peters (Hg.), Psychologie des 20. Jahrhunderts. Weinheim, S. 200-220.

Mentzos, St. (1989). Hysterie. Zur Psychodynamik unbewußter Inszenierungen. Frankfurt a.M.

Miles, R. (1989). Bedeutungskonstitution und der Begriff des Rassismus. In: Das Argument, Nr. 175, S. 353-367.

Miles, R. (1992). Die Idee der »Rasse« und Theorien über den Rassismus: Überlegungen zur britischen Diskussion. In: U. Bielefeld (Hg.), Das Eigene und das Fremde. Neuer Rassismus in der alten Welt. Hamburg.

Miller, A. (1981). Du sollst nicht merken. Frankfurt a.M.

Mixa, E. (1994). Erröten Sie, Madame. Anstandsdiskurse der Moderne. Pfaffenweiler.

Moll, A. (1897). Das nervöse Weib. Berlin.

Moraglia, B.G. (1897). Die Onanie beim normalen Weibe und bei der Prostituierten. Berlin.

Mosse, G.L. (1985). Nationalismus und Sexualität. Bürgerliche Moral und sexuelle Normen. München.

Mosse, G.L. (1996). Die Geschichte des Rassismus in Europa. Frankfurt a.M.

Müller-Seidel, W. (1986). Die Deportation des Menschen. Stuttgart.

Mutzenbacher, J. (1991). Die Geschichte einer wienerischen Dirne, von ihr selbst erzählt. Reinbek b. Hamburg.

Näcke, P. (1899). Kritisches zum Kapitel der Sexualität. In: Archiv für Psychiatrie, 31, S. 340-348.

Näcke, P. (1903). Einiges zur Frauenfrage und zur sexuellen Abstinenz. In: Archiv für Kriminalanthropologie und Kriminalistik, Bd. 14, S. 41-57.
Näcke, P. (1904a). Berichtigung bzgl. der »patched up girls«. In: Archiv für Kriminalanthropologie und Kriminalistik, Bd. 15, S. 116.
Näcke, P. (1904b). Der Liebeskuß. In: Archiv für Kriminalanthropologie und Kriminalistik, Bd. 16, S. 355-357.
Näcke, P. (1904c). Der Kuß Homosexueller. In: Archiv für Kriminalanthropologie und Kriminalistik, Bd. 17, S. 177-178.
Näcke, P. (1906). Der Kuß bei Geisteskranken. In: Allgemeine Zeitschrift für Psychiatrie und psychisch-gerichtliche Medizin, Bd. 63. S. 106-127.
Näcke, P. (1908a). Neuere Kußtheorien. In: Archiv für Kriminalanthropologie und Kriminalistik, Bd. 29, S. 374-376.
Näcke, P. (1908b). Ein interessantes Beispiel sexuellen Aberglaubens. In: Archiv für Kriminalanthropologie und Kriminalistik, Bd. 30, S. 177.
Näcke, P. (1909). Beiträge zum »Zungenkuß«. In: Archiv für Kriminalanthropologie und Kriminalistik, Bd. 34, S. 347-348.
Näcke, P. (1911). Zur Statuenliebe. In: Archiv für Kriminalanthropologie und Kriminalistik, Bd. 45, S. 178.
Naegeli, O. (1917). Unfalls- und Begehrungsneurosen. In: Neue Deutsche Chirurgie, Bd. 22. Stuttgart.
Nitzschke, B. (1991). Freuds Vortrag vor dem Israelitischen Humanitätsverein ›Wien‹ des Ordens B'nai Brith: ›Wir und der Tod‹ (1915). Ein wiedergefundenes Dokument. In: Psyche, 45, S. 97-142.
Nonne, M. (1915). Soll man wieder »traumatische Neurose« bei Kriegsverletzten diagnostizieren? In: Medizinische Klinik. Wochenschrift für praktische Ärzte, XI, 31, S. 849-854.
Nonne, M. (1922). Therapeutische Erfahrungen an den Kriegsneurosen in den Jahren 1914-1918. In: K. Bonhoeffer (Hg.), Handbuch der ärztlichen Erfahrungen im Weltkriege, Bd. 4: Geistes- und Nervenkrankheiten. Leipzig, S. 102-111.
Nunberg, H. & Federn, E. (Hg.) (1977). Protokolle der Wiener Psychoanalytischen Vereinigung. Bd. 2. Frankfurt a.M.

Olvedi, U. (1992). Frauen um Freud. Die Pionierinnen der Psychoanalyse. Freiburg.
Ottomeyer, K. (1992). Prinzip Neugier. Einführung in eine andere Sozialpsychologie. Heidelberg.

Pall Mall Gazette (1885). Der Jungfrauen-Tribut des modernen Babylon. Einzige vollständige deutsche Übersetzung. Budapest.
Papritz, A. (1912). Feuerbestattung und Virginität. In: Der Abolitionist, 1, S. 6-7.
Peukert, D.J.K. (1990). Die Jahrhundertwende – eine Epoche? Eine Diskussion zwischen Reinfried Hörl, August Nitschke, Detlev J.K. Peukert und Gerhard A. Ritter. In: A. Nitschke u.a. (1990). Jahrhundertwende. Der Aufbruch in die Moderne, Bd. I. Reinbek b. Hamburg.
Pfäfflin, F. (1982). Zur Lust am Lustmord. In: Nervenarzt, 53, S. 547-550.
Pfäfflin, F. & Junge, A. (1992). Geschlechtsumwandlung. Abhandlungen zur Transsexualität. Stuttgart.
Pick, A. (1896). Über pathologische Träumerei und ihre Beziehungen zur Hysterie. Jahrbuch für Psychiatrie, Bd. 14, S. 280-301.
Placzek, S. (1922). Das Geschlechtsleben der Hysterischen. Bonn.

Platon (1952). Platons Timaios oder die Schrift über die Natur. Übersetzt von R. Karpferer & A. Fingerle. Stuttgart.

Ploss, H. & Bartels, M. (1927). Das Weib in der Natur- und Völkerkunde. Berlin.

Plumpe, G. & Kammler, C. (1980). Wissen ist Macht. Über die theoretische Arbeit Michel Foucaults. In: Philosophische Rundschau. Eine Zeitschrift für philosophische Kritik, 27, S. 185-218.

Poe, E.A. (1984). The Philosophy of Composition. Essay and Review. New York.

Praz, M. (1988). Liebe, Tod und Teufel. Die schwarze Romantik. München.

Rabinowitz, P. (1987). Before Reading. London.

Raguse, H. (1992). »Freie Assoziation« als Sprache der Psychoanalyse – einige linguistische Reflexionen. In: Zeitschrift für psychoanalytische Theorie und Praxis, 7, S. 293-306.

Raguse, H. (1993). Fiktion und Realität im literarischen Lesen und in der Psychoanalytischen Situation. In: Zeitschrift für psychoanalytische Theorie und Praxis, 8, S. 176-190.

Raguse, H. (1994). Der Raum des Textes. Stuttgart.

Raimann, E. (1914). Zur Hysteriefrage. In: Wiener Klinische Wochenschrift, Bd. 27, S. 1412-1419.

Rauch (1913). Sozialdemokratie und Geburtenrückgang. In: Zeitschrift für Medizinalbeamte. Zentralblatt für das gesamte Gesundheitswesen, 26, S. 107-108.

Raymond, F. (1889). Résumé des principeaux travaux russes concernant la neurologie. In: Archives de Neurologie. Revue des maladies nerveuses et mentales. Bd. XVII, 51, S. 469-479.

Reich, W. (1933). Charakteranalyse. Technik und Grundlagen. Berlin.

Reiche, R. (1990). Geschlechterspannung. Frankfurt a.M.

Reiche, R. (1997). Gender ohne Sex. Geschichte, Funktion und Funktionswandel des Begriffs »Gender«. In: Psyche 51, S. 926-958.

Reichmayr, J. (1990). Psychoanalyse im Krieg. In: Ders., Spurensuche in der Geschichte der Psychoanalyse. Frankfurt a.M., S. 48-59.

Reif, A. (Hg.) (1973). Antworten der Strukturalisten. Hamburg.

Reinke, E. (1979). Schwierigkeiten mit Foucault. In: Psyche, 33, S. 364-376.

Reinke-Köberer, E. (1978). Zur heutigen Diskussion der weiblichen Sexualität in der psychoanalytischen Bewegung. In: Psyche, 32, S. 695-731.

Reinke-Köberer, E. (1983). Stichwort »Psychotherapie«. In: I. Beyer, F. Lamott & B. Meyer (Hg.), Frauenhandlexikon. Stichworte zur Selbstbestimmung. München, S. 238-242.

Rohde-Dachser, Ch. (1989). Unbewußte Phantasie und Mythenbildung in psychoanalytischen Theorien über die Differenz der Geschlechter. In: Psyche, 43, S. 193-218.

Rohde-Dachser, Ch.(1990). Weiblichkeitsparadigmen in der Psychoanalyse. In: Psyche, 44, S. 30-51.

Richter, S. (1996). Erectionen machen: Wieland und die Erotik der weiblichen Physiognomik. In: R. Campe & M. Schneider, Geschichten der Physiognomik. Freiburg, S. 313-329.

Ripping (1877). Die Geistesstörung der Schwangeren, Wöchnerinnen und Säugenden. Stuttgart.

Roebling, I. (Hg.) (1989). Lulu, Lilith, Mona Lisa... Frauenbilder der Jahrhundertwende. Pfaffenweiler.

Roth, K.H. (1987). Die Modernisierung der Folter in den beiden Weltkriegen. Der Konflikt der Psychotherapeuten und Schulpsychiater um die deutschen »Kriegsneurotiker«

1915-1945. In: 1999 Zeitschrift für Sozialgeschichte des 20. und 21. Jahrhunderts, 3, S. 8-75.
Rousseau, J.J. (1762). Emil oder über die Erziehung. (1983) Paderborn..
Runge, M. (1900). Das Weib in seiner geschlechtlichen Eigenart. Göttingen.
Rupprecht-Schampera, U. (1997). Das Konzept der ›frühen Triangulierung‹ als Schlüssel zu einem einheitlichen Modell der Hysterie. In: Psyche, 51, S. 637-664.

Sacher-Masoch, L.V. (1980). Venus im Pelz. Frankfurt a.M.
Salewski, M. (1990). Julian, begib dich in mein Boudoir. Weiberherrschaft und Fin de siècle. In: Ders. (Hg.), Sexualmoral und Zeitgeist im 19. und 20. Jahrhundert. Opladen, S. 45-71.
Sarasin, Ph. (1994). Autobiographische Ver-Sprecher. Diskursanalyse und Psychoanalyse in alltagsgeschichtlicher Perspektive. In: Werkstatt Geschichte, 7, »Diskurs-Experimente«, 4, S. 31-43.
Schäffner, W. (1991). Der Krieg ein Trauma. Zur Psychoanalyse der Kriegsneurose in Alfred Döblins Hamlet. In: M. Stingelin, W. Scherer (Hg.), HardWar/SoftWar. Krieg und Medien 1914-1945. München, S. 31-47.
Schaps, R. (1992). Hysterie und Weiblichkeit. Wissenschaftsmythen über die Frau. Frankfurt a.M.
Scheuer, O. (1911). Der Kuß und das Küssen. In: Sexual-Probleme. Zeitschrift für Sexualwissenschaft und Sexualpolitik, 7, S. 460-479.
Scheven, K. (1908). Frauenforderungen zur Strafrechtsreform. In: Der Abolitionist, 10, S. 85-92.
Scheven, K. (1916a). Der Geburtenrückgang. In: Der Abolitionist, 3, S. 17-22.
Scheven, K. (1916b). Der Geburtenrückgang. In: Der Abolitionist, 4, S. 25-32.
Scheven, K. (1918). Entwurf eines Gesetzes gegen die Verhinderung von Geburten. In: Der Abolitionist, 5, S. 36-37.
Schiebinger, L. (1995). Am Busen der Natur. Erkenntnis und Geschlecht in den Anfängen der Wissenschaft. Stuttgart.
Schivelbusch, W. (1979). Geschichte der Eisenbahnreise. Zur Industrialisierung von Raum und Zeit im 19. Jahrhundert. Frankfurt a.M.
Schlesier, R. (1990). Mythos und Weiblichkeit bei Sigmund Freud. Frankfurt a.M.
Schmersahl, K. (1994). Die Kreation des ›Mannweibes‹. In: F. Jenny, G. Piller & B. Rettenmund (Hg.), Orte der Geschlechtergeschichte. Zürich, S. 37-55.
Schmid Noerr, G. (1982). Psychoanalytische Mythendeutung. Psyche, 36, S. 577-608.
Schmidt-Linsenhoff, V. (Hg.) (1989). Sklavin oder Bürgerin: Französische Revolution und neue Weiblichkeit, 1760-1830. Frankfurt a.M.
Schneck, P. (1996). Zur Geschichte der Sozialen Gynäkologie. In: M. Rauchfuß, A. Kuhlmey & P. Rosemeier (Hg.), Frauen in Gesundheit und Krankheit. Die neue frauenheilkundliche Perspektive. Berlin, S. 33-64.
Schneider, M. (1985). Hysterie als Gesamtkunstwerk. Aufstieg und Verfall einer Semiotik der Weiblichkeit. In: Merkur. Zeitschrift für europäisches Denken, Bd. 35, 9/10, S. 879-895.
Schneider, M. (1992). Liebe und Betrug. München.
Schönert, J., Imm, K. & Linder, J. (1991). Erzählte Kriminalität. Zur Typologie und Funktion von narrativen Darstellungen in Strafrechtspflege, Publizistik und Literatur zwischen 1770 und 1920. Tübingen.
Schorsch, E. (1989). Versuch über Sexualität und Aggression. In: Zeitschrift für Sexualforschung, 2, S. 14-28.
Schüler-Springorum, H. (1991). Kriminalpolitik für Menschen, Frankfurt a.M.

Schuller, M. (1982). »Weibliche Neurose« und Identität. Zur Diskussion der Hysterie um die Jahrhundertwende. In: D. Kamper & Ch. Wulf (Hg.), Die Wiederkehr des Körpers. Frankfurt a.M., S. 180-192.

Schuller, M. (1985a). Hysterie – eine strafbare Krankheit?. In: KultuRRevolution, 9, S. 34-38.

Schuller, M. (1985b). Literatur und Psychoanalyse: Zum Fall der hysterischen Krankengeschichte bei Sigmund Freud. In: KultuRRevolution, 9, S. 48-52.

Schuller, M. (1989). Hysterie als Artefaktum. Zum literarischen und visuellen Archiv der Hysterie um 1900. In: G. Grossklaus & E. Lämmert (Hg.), Literatur in einer industriellen Kultur. Stuttgart, S. 445-467.

Schultz, I. (1992). Madonna – das ewige und wirkliche Idol. In: Akashe-Böhme (Hg.), Reflexionen vor dem Spiegel. Frankfurt a.M., S. 91-112.

Schur, M. (1973). Sigmund Freud – Leben und Sterben. Frankfurt a.M.

Seeßlen, G. & Roloff, B. (1980). Kino der Gefühle. Geschichte und Mythologie des Film-Melodrams. Reinbek b. Hamburg.

Sello, E. (1910a). Vorwort. In: H. Friedlaender, Interessante Kriminal-Prozesse von kulturhistorischer Bedeutung. Berlin, S. 3-7.

Sello, E. (1910b). Zur Psychologie der cause célèbre. Berlin.

Sello, E. (1911). Die Irrtümer der Strafjustiz und ihre Ursachen. Berlin.

Showalter, E. (1979). Hystorien. Hysterische Epidemien im Zeitalter der Medien. Berlin.

Simmel, E. (1918). Kriegsneurosen und ›psychisches Trauma‹. Leipzig.

Simmel, E. (1919). Zweites Korreferat zur Psychoanalyse der Kriegsneurose. In: Internationale Psychoanalytische Bibliothek, Nr. 1, Leipzig, S. 42-60.

Simmel, G. (1992). Exkurs über den Fremden. In: A. Loycke (Hg.), Der Gast, der bleibt. Dimensionen von Georg Simmels Analyse des Fremdseins. Frankfurt a.M.

Smith-Rosenberg, C. (1984). Weibliche Hysterie. Geschlechtsrollen und Rollenkonflikt in der amerikanischen Familie des 19. Jahrhunderts. In: C. Honegger & B. Heintz, Listen der Ohnmacht. Zur Sozialgeschichte weiblicher Widerstandsformen. Frankfurt a.M., S. 191-216.

Sombart, W. (1906). Das Proletariat. Bilder und Studien. Frankfurt a.M.

Spier, J. (1913). Lulucharaktere! In: Sexual-Probleme. Zeitschrift für Sexualwissenschaft und Sexualpolitik, 9, S. 676-688.

Spinner, J.R. (1913). Periodenstörungsmittel. Ein Beitrag zur Kenntnis des kriminellen Kurpfuschertums. In: Archiv für Kriminalanthropologie und Kriminalistik, Bd. 54, S. 226-251.

Stechow, E. (1911). Zur Biologie des Hymens. In: Sexual-Probleme. Zeitschrift für Sexualwissenschaft und Sexualpolitik, 7, S. 314-319.

Steffens, W. & Kächele, H. (1988). Abwehr und Bewältigung – Mechanismen und Strategien. Wie ist eine Integration möglich? In: H. Kächele & W. Steffens. Bewältigung und Abwehr. Beiträge zu einer Psychologie und Psychotherapie schwerer körperlicher Krankheit. Heidelberg, S. 1-50.

Stekel, W. (1921). Die Geschlechtskälte der Frau. Eine Psychopathologie des weiblichen Liebeslebens. Berlin.

Stemplinger (1929/30). Stichwort »Franzosen (Krankheit)«. In: E. Hoffmann-Krayer (Hg.), Handwörterbuch des deutschen Aberglaubens. Bd. II. Berlin, S. 1731-1732.

Stephan, I. (1992). Die Gründerinnen der Psychoanalyse. Eine Entmythologisierung Sigmund Freuds in zwölf Frauenporträts. Zürich.

Stephanos, S., Biebl, W. & Pflaum, F.G. (1979). Der Begriff der Konversion. In: T.v. Uexküll (Hg.), Lehrbuch der Psychosomatischen Medizin. München, S. 441-452.

Stern, H. (1918). Die hysterischen Bewegungsstörungen als Massenerscheinung. In: Zeitschrift für die gesamte Neurologie und Psychiatrie, 39, 246-281.
Sternberg, W. (1906). Der Kuß. Eine physiologisch-psychologische Skizze. In: Beiblatt »Der Zeitgeist« des »Berliner Tageblatts« vom 5. und 12. November 1906.
Sternberger, D. (1974). Panorama oder Ansichten vom 19. Jahrhundert. Frankfurt a.M.
Stoller, R.J. (1968). Sex and Gender. Vol. I: The development of masculinity and feminity. New York.
Stoller, R.J. (1979). Die erotische Form des Hasses. Hamburg.
Stransky, E. (1918/19). Hysterie und Hysteriefähigkeit. In: Psychiatrisch-Neurologische Wochenschrift, 20, S. 134-137, 175-179.
Strasser, P. (1984). Verbrechermenschen. Zur kriminalwissenschaftlichen Erzeugung des Bösen. Frankfurt a.M.
Strasser, P. (1990). Tiere sehen dich an – der Blick des Hasses. In: Manuskripte. Zeitschrift für Literatur, 109/90, S. 3-23.
Strathmann, C. (1910). Judith und Holofernes. In: E. Fuchs & A. Kind (Hg.), Die Weiberherrschaft in der Geschichte der Menschheit. Bd. I.
Strümpell, A. (1917). Die Schädigungen der Nerven und des geistigen Lebens durch den Krieg. Leipzig.

Theweleit, K. (1977). Männerphantasien. Bd. 1: Frauen, Fluten, Körper, Geschichte. Frankfurt a.M.
Theweleit, K. (1994/96). Buch der Könige. Bd. 1–4. Frankfurt a.M., Basel.
Thomas, W.I. & Thomas, D.S. (1928). The Child in America. Behavior Problems and Programs. New York.
Titzmann, M. (1989). Kulturelles Wissen – Diskurs – Denksystem. Zu einigen Grundbegriffen der Literaturgeschichtsschreibung. In: Zeitschrift für französische Sprache und Literatur, 99, S. 47-61.
Tobler, L. (1883). Die alten Jungfern im Glauben und Brauch des deutschen Volkes. In: Zeitschrift für Völkerpsychologie und Sprachwissenschaft, 23, S. 64-90.
Tömmel, S. (1985). Die Evolution der Psychoanalyse. Beiträge zu einer evolutionären Wissenschaftssoziologie. Frankfurt a.M.
Traumann, F.E. (1926a). Stichwort »Geschlechtsehre«. In: M. Marcuse (Hg.), Handwörterbuch der Sexualwissenschaft, 2. Auflage. Bonn, S. 220-223.
Traumann, F.E. (1926b). Stichwort »Verlöbnis«. In: M. Marcuse (Hg.), Handwörterbuch der Sexualwissenschaft, 2. Auflage. Bonn, S. 792-795.

Ullrich, V. (1996). Dazu hält man für sein Land den Schädel hin. In: Die Zeit, Nr. 42, S. 46.

Vischer, F.T. (1918). Auch Einer. Eine Reisebekanntschaft. Stuttgart.
Vogt, R. (1986). Psychoanalyse zwischen Mythos und Aufklärung, Frankfurt a.M.

Waldeck, R. (1993). Zur Produktion des ›schwachen Geschlechts‹. Körpergeschichte eines Weiblichkeitsideals. In: Ethnopsychoanalyse, 3, Körper, Krankheit und Kultur. Frankfurt a.M., S. 198-214.
Wedekind, F. (1905/1989). Lulu. Erdgeist. Die Büchse der Pandora. Stuttgart.
Weininger, O. (1903). Geschlecht und Charakter. Wien.
Widmer, P. (1983). Medizinischer, psychotherapeutischer und psychoanalytischer Diskurs. In: Psyche, 37, S. 193-203.
Widmer, P. (1990). Subversion des Begehrens. Jacques Lacan oder die zweite Revolution der Psychoanalyse. Frankfurt a.M.

Wittels, F. (1931). Der hysterische Charakter. Psychoanalytische Bewegung, 3, S. 138-165.

Wolf, J. (1912). Der Geburtenrückgang. Die Rationalisierung des Sexuallebens in unserer Zeit. Jena.

Wulffen, E. (1923). Das Weib als Sexualverbrecherin. Berlin.

Wurmser, L. (1986). Die Last von tausend unbarmherzigen Augen. Zur Psychoanalyse der Scham und der Schamkonflikte. In: Forum der Psychoanalyse, Bd. 2, S. 111-133.

Yalom, M. (1998). Eine Geschichte der Brust. München, Düsseldorf.

Ziegenspeck, R. (1902). Frauenleiden und Hysterie. In: Ärztliche Rundschau. Wochenschrift für die gesamten Interessen der Heilkunde, XII. Jahrgang, Nr. 7, S. 73-76.